Grundwerk
C. G. JUNG
Band 4

WV

Grundwerk
C.G. JUNG

in neun Bänden, herausgegeben von

Helmut Barz, Ursula Baumgardt,
Rudolf Blomeyer, Hans Dieckmann,
Helmut Remmler, Theodor Seifert

Vorwort zur Reihe in Band 1

C. G. JUNG

Menschenbild und Gottesbild

WALTER-VERLAG
OLTEN UND FREIBURG IM BREISGAU

Gesamtwerk
ISBN 3-530-40780-1

Band 1
ISBN 3-530-40781-X

Band 2
ISBN 3-530-40782-8

Band 3
ISBN 3-530-40783-6

Band 4
ISBN 3-530-40784-4

Band 5
ISBN 3-530-40785-2

Band 6
ISBN 3-530-40786-0

Band 7
ISBN 3-530-40787-9

Band 8
ISBN 3-530-40788-7

Band 9
ISBN 3-530-40789-5

2. Auflage 1987

Gesamtherstellung in den grafischen Betrieben
des Walter-Verlags
Printed in Switzerland

Inhalt

Psychologie und Religion

Das Wandlungssymbol in der Messe

Antwort auf Hiob

Psychologie und Religion

Vorrede

Ich habe bei der Revision der mir vorgelegten deutschen Übersetzung der Terry Lectures die Gelegenheit wahrgenommen, eine Reihe von Verbesserungen, meist in Gestalt von Erweiterungen und Zusätzen, anzubringen. Letztere betreffen hauptsächlich die zweite und dritte Vorlesung.

Schon die englische Originalausgabe enthält beträchtlich mehr, als in den mündlichen Vortrag hineingebracht werden konnte. Trotzdem hat sie den Sprechstil der Vorlesung möglichst beibehalten, nicht zum geringen Teil auch darum, weil der amerikanische Geschmack sich diesem Stil gegenüber zugänglicher erweist als dem einer wissenschaftlichen Abhandlung. Die deutsche Ausgabe weicht auch in dieser Hinsicht vom englischen Original einigermaßen ab. Änderungen prinzipieller Natur sind keine vorgenommen worden.

Oktober 1939 — Der Verfasser

I. Die Autonomie des Unbewußten

Da es die Absicht des Gründers der Terry Lectures zu sein scheint, Vertretern der Naturwissenschaften sowohl wie der Philosophie und anderer Gebiete des menschlichen Wissens Gelegenheit zu geben, ihren Teil zur Klärung des ewigen Problems der Religion beizutragen, und da die Yale University mich mit dem Auftrag der Terry Lectures von 1937 geehrt hat, nehme ich an, es sei meine Aufgabe, zu zeigen, was die Psychologie, oder vielmehr jener spezielle Zweig der medizinischen Psychologie, den ich vertrete, mit Religion zu tun hat oder über Religion sagen kann. Da die Religion unstreitig eine der frühesten und allgemeinsten Äußerungen der menschlichen Seele ist, versteht es sich von selbst, daß jede Art von Psychologie, welche sich mit der psychologischen Struktur der menschlichen Persönlichkeit befaßt, nicht darum herumkommt, wenigstens die Tatsache zu beachten, daß Religion nicht nur ein soziologisches oder historisches Phänomen ist, sondern für eine große Anzahl von Menschen auch eine wichtige persönliche Angelegenheit bedeutet.

Obwohl man mich häufig einen Philosophen genannt hat, bin ich Empiriker und halte mich als solcher an den phänomenologischen Standpunkt. Ich bin der Ansicht, daß es nicht gegen die Grundsätze der wissenschaftlichen Empirie verstößt, wenn man gelegentlich Überlegungen anstellt, welche über eine bloße Anhäufung und Klassifizierung des Erfahrungsmaterials hinausgehen. Ich glaube in der Tat, daß Erfahrung ohne reflektierende Überlegung gar nicht möglich ist, weil «Erfahrung» ein Assimilierungsprozeß ist, ohne welchen es überhaupt kein Verstehen gibt. Aus dieser Feststellung folgt, daß ich von einem naturwissenschaftlichen und nicht von einem philosophischen Standpunkt aus an die psychologischen Tatbestände herangehe. Insofern das Phänomen der Religion einen sehr wichtigen psychologischen Aspekt hat, behandle ich das Thema vom rein empirischen Gesichtspunkt aus, d.h. ich beschränke mich auf die Beobachtung von Phänomenen und ich enthalte mich jeder metaphysischen oder philosophischen Betrachtungsweise. Ich bestreite die Gültigkeit anderer Betrachtungsweisen nicht, aber ich kann keinen Anspruch darauf machen, diese Gesichtspunkte korrekt anzuwenden.

Ich bin mir bewußt, daß die meisten Menschen glauben, alles zu wissen, was man über Psychologie wissen kann, denn sie meinen, Psychologie sei nichts anderes, als was sie von sich selbst wissen. Psychologie ist aber beträchtlich mehr. Während sie wenig mit Philosophie zu tun hat, ist sie sehr viel mehr mit empirischen Tatsachen beschäftigt, von welchen ein gut Teil für die Durchschnittserfahrung schwer zugänglich ist. Meine Absicht ist, einige Einblicke zu geben, wenigstens in die Art und Weise, in welcher die praktische Psychologie mit dem religiösen Problem konfrontiert wird. Es versteht sich von selbst, daß die Weite des Problems sehr viel mehr als nur drei Vorlesungen erfordern würde, da das notwendige Eingehen auf konkrete Einzelheiten ebenso viel Zeit wie Erklärungen benötigte. Mein erstes Kapitel wird eine Art Einleitung in das Problem der praktischen Psychologie und ihrer Beziehungen zur Religion sein. Das zweite beschäftigt sich mit denjenigen Tatsachen, welche die Existenz einer echten religiösen Funktion im Unbewußten dartun. Das dritte Kapitel behandelt die religiöse Symbolik unbewußter Prozesse.

Da meine Darlegungen ziemlich ungewöhnlicher Natur sind, kann ich nicht voraussetzen, daß meine Hörer völlig vertraut seien mit dem methodologischen Standpunkt jener Art von Psychologie, welche ich vertrete. Dieser Standpunkt ist ausschließlich phänomenologisch; das will sagen, er beschäftigt sich mit Vorkommnissen, Ereignissen, Erfahrungen – kurz gesagt, mit Tatsachen. Seine Wahrheit ist ein Tatbestand, kein Urteil. Wenn die Psychologie z. B. von dem Motiv der jungfräulichen Geburt spricht, so beschäftigt sie sich nur mit der Tatsache, daß es eine solche Idee gibt, aber sie beschäftigt sich nicht mit der Frage, ob eine solche Idee in irgendeinem Sinne wahr oder falsch sei. Die Idee ist psychologisch wahr, insoweit sie existiert. Psychologische Existenz ist subjektiv, insoweit eine Idee nur in einem Individuum vorkommt. Aber sie ist objektiv, insoweit sie durch einen consensus gentium von einer größeren Gruppe geteilt wird.

Dieser Standpunkt ist auch derjenige der Naturwissenschaft. Die Psychologie behandelt Ideen und andere geistige Inhalte so, wie z. B. die Zoologie die verschiedenen Tiergattungen behandelt. Ein Elefant ist wahr, weil er existiert. Der Elefant ist weder ein logischer Schluß noch eine Behauptung noch ein subjektives Urteil eines Schöpfers. Er ist einfach ein Phänomen. Aber wir sind so sehr an die Meinung gewöhnt, psychische Ereignisse seien willkürliche Produkte des freien Ermessens, ja geradezu Erfindungen des menschlichen Schöpfers, daß wir uns kaum von dem Vorurteil freimachen können, die Psyche und ihre Inhalte seien nichts als unsere eigene willkürliche Erfindung oder ein mehr oder weniger illusorisches Produkt von Annahmen und Urteilen. Tatsache ist, daß gewisse Ideen fast überall und zu allen Zeiten vorkommen und sich sogar spontan von selber bilden können, gänzlich unabhängig von Migration und Tradition. Sie werden nicht vom Individuum gemacht, sondern sie passieren ihm, ja sie drängen sich dem individuellen Bewußtsein geradezu auf. Das ist nicht platonische Philosophie, sondern empirische Psychologie.

Wenn ich von Religion spreche, muß ich zuvor erklären, was ich mit diesem Begriff meine. Religion ist, wie das lateinische Wort religere sagt, eine *sorgfältige und gewissenhafte Beobachtung* dessen, was RUDOLF OTTO[1] treffend das «Numinosum» genannt hat, nämlich eine dynamische Existenz oder Wirkung, die nicht von einem Willkürakt verursacht wird. Im Gegenteil, die Wirkung ergreift und beherrscht das menschliche Subjekt, welches immer viel eher ihr Opfer denn ihr Schöpfer ist. Das Numinosum – was immer auch seine Ursache sein mag – ist eine Bedingung des Subjekts, die unabhängig ist von dessen Willen. Jedenfalls erklärt sowohl die religiöse Lehre als auch der consensus gentium immer und überall, daß diese Bedingung einer Ursache außerhalb des Individuums zuzuordnen sei. Das Numinosum ist entweder die Eigenschaft eines sichtbaren Objektes oder der Einfluß einer unsichtbaren Gegenwart, welche eine besondere Veränderung des Bewußtseins verursacht. Dies ist wenigstens allgemeine Regel.

Es gibt jedoch gewisse Ausnahmen, wenn es zur Frage der praktischen Ausübung oder des Rituals kommt. Eine große Zahl ritueller Verrichtungen wird zu dem alleinigen Zwecke ausgeübt, die Wirkung des Numinosum absichtlich hervorzurufen vermittelst gewisser magischer Kunstgriffe, wie z. B. Anrufung, Inkantation, Opfer, Meditation und anderer Yoga-Praktiken, selbstauferlegter Qualen verschiedener Art usw. Aber ein religiöser Glaube an eine äußere und objektive göttliche Ursache geht immer jeder solchen Verrichtung voraus. Die katholische Kirche z. B. spendet die Sakramente mit dem Zweck, dem Gläubigen deren geistige Segnung zu verleihen; da dieser Akt jedoch darauf hinauslaufen würde, die Gegenwart göttlicher Gnade durch ein unzweifelhaft magisches Verfahren zu erzwingen, argumentiert man logischerweise so: niemand ist fähig, die göttliche Gnade zur Anwesenheit im sakramentalen Akt zu zwingen, aber sie ist trotzdem unvermeidlich darin gegenwärtig, da das Sakrament eine göttliche Institution ist, welche Gott nicht eingesetzt haben würde, wenn er nicht im Sinn gehabt hätte, sie zu unterstützen[2].

Religion scheint mir eine besondere Einstellung des menschlichen Geistes zu sein, welche man in Übereinstimmung mit dem ursprünglichen Gebrauch des Begriffes «religio» formulieren könnte als *sorgfältige Berücksichtigung und Beobachtung* gewisser dynamischer Faktoren, die aufgefaßt werden als «Mächte»: Geister, Dämonen, Götter, Gesetze, Ideen, Ideale oder wie immer der Mensch solche Faktoren genannt hat, die er in seiner Welt als mächtig, gefährlich oder hilfreich genug erfahren hat, um ihnen sorgfältige Berücksichtigung angedeihen zu lassen, oder als groß, schön und sinnvoll genug, um sie andächtig anzubeten und zu lieben. Im Englischen sagt man oft von jemandem, der an irgendeiner Bestrebung enthusiastisch interessiert ist, «that he is almost religiously devoted to his cause»; WILLIAM JAMES z. B. bemerkt, ein Wissenschaftler habe oft keinen Glauben, «aber sein Temperament sei fromm[3]».

Ich möchte deutlich machen, daß ich mit dem Ausdruck «Religion»[4] nicht ein Glaubensbekenntnis meine. Es ist indessen richtig, daß jede Konfession sich einerseits ursprünglich auf die Erfahrung des Numinosum gründet, andererseits aber auf «pistis», auf Treue (Loyalität), Glauben und Vertrauen gegenüber einer bestimmten Erfahrung von numinoser Wirkung und der daraus folgenden Bewußtseinsveränderung; die Bekehrung des Paulus ist ein schlagendes Beispiel dafür. Man könnte also sagen, der Ausdruck «Religion» bezeichne die besondere Einstellung eines Bewußtseins, welches durch die Erfahrung des Numinosum verändert worden ist.

Konfessionen sind kodifizierte und dogmatisierte Formen ursprünglicher religiöser Erfahrungen[5]. Die Inhalte der Erfahrung sind geheiligt und in der Regel starr geworden in einem unbeugsamen, oft komplizierten Gedankengebäude. Die Ausübung und Wiedererzeugung der ursprünglichen Erfahrung sind zum Ritus und zu einer unveränderlichen

Institution geworden. Dies braucht nicht notwendigerweise eine leblose Versteinerung zu bedeuten. Im Gegenteil, es kann für Jahrhunderte und für unzählige Menschen die Form religiöser Erfahrung werden, ohne daß eine vitale Notwendigkeit entsteht, sie zu ändern. Obwohl die katholische Kirche öfters besonderer Starrheit beschuldigt wird, gibt sie doch zu, daß das Dogma lebendig und dessen Formulierung daher der Veränderung und Entwicklung in einem gewissen Sinne fähig sei. Sogar die Zahl der Dogmen ist nicht begrenzt und kann im Laufe der Zeit vermehrt werden. Dasselbe gilt für das Ritual. Indessen sind alle Veränderungen und Entwicklungen bestimmt durch den Rahmen der ursprünglich erfahrenen Tatsachen, wodurch eine besondere Art von dogmatischem Inhalt und von Gefühlswert gesetzt wird. Sogar der Protestantismus, der sich anscheinend einer fast unbegrenzten Befreiung von dogmatischer Tradition und von kodifiziertem Ritual ausgeliefert und sich damit in mehr als vierhundert Denominationen aufgesplittert hat – sogar er ist daran gebunden, wenigstens christlich zu sein und sich innerhalb des Rahmens der Überzeugung auszudrücken, daß Gott sich in Christus, welcher für die Menschheit litt, geoffenbart habe. Dies ist ein bestimmter Rahmen mit bestimmten Inhalten, welche nicht verbunden oder erweitert werden können durch buddhistische oder islamische Ideen und Gefühle. Und doch ist es unzweifelhaft, daß nicht nur Buddha oder Mohammed oder Konfuzius oder Zarathustra religiöse Phänomene darstellen, sondern ebenso auch Mithras, Attis, Kybele, Mani, Hermes und viele exotische Religionen. Der Psychologe darf, wenn er eine wissenschaftliche Haltung einnimmt, den Anspruch eines jeden Bekenntnisses, die einzige und ewige Wahrheit zu sein, nicht berücksichtigen. Er muß sein Augenmerk auf die menschliche Seite des religiösen Problems richten, da er sich mit der ursprünglichen religiösen Erfahrung befaßt, ganz abgesehen davon, was die Bekenntnisse daraus gemacht haben.

Da ich Arzt bin und Spezialist für Nerven- und Geisteskrankheiten, ist mein Ausgangspunkt nicht irgendein Glaubensbekenntnis, sondern die Psychologie des homo religiosus, also des Menschen, welcher gewisse ihn und seinen Allgemeinzustand beeinflussende Faktoren in Betracht zieht und sorgfältig beachtet. Es ist leicht, diese Faktoren der historischen Überlieferung oder dem ethnologischen Wissen gemäß zu benennen und zu definieren, aber es ist eine ungewöhnlich schwierige Aufgabe, dasselbe vom Standpunkt der Psychologie aus zu tun. Was ich zu der Frage der

Religion beitragen kann, stammt ausschließlich aus meiner praktischen Erfahrung sowohl mit meinen Patienten als auch mit sogenannten Normalen. Da unsere Erfahrung mit Menschen in beträchtlichem Maße davon abhängt, was wir mit ihnen tun, sehe ich keinen anderen Weg zu meinem Thema, als den, wenigstens eine allgemeine Idee davon zu geben, in welcher Art ich bei meiner Berufsarbeit vorgehe.

Da jede Neurose mit dem allerintimsten Leben des Menschen verbunden ist, wird der Patient immer gewisse Hemmungen haben, wenn er eine genaue Beschreibung all der Umstände und Verwirklichungen geben soll, welche ihn ursprünglich krank gemacht haben. Aber warum sollte er nicht fähig sein, frei darüber zu sprechen? Warum ist er ängstlich oder scheu oder prüde? Der Grund ist die «sorgfältige Beachtung» gewisser äußerer Faktoren, welche öffentliche Meinung oder Respektabilität oder guter Ruf heißen. Und selbst wenn er seinem Arzt vertraut, wenn er sich vor ihm nicht mehr schämt, wird er zögern oder sich sogar fürchten, *sich selbst* gewisse Dinge zu gestehen, als ob es gefährlich wäre, seiner selbst bewußt zu werden. Man hat gewöhnlich Angst vor jenen Dingen, die überwältigend zu sein scheinen. Aber gibt es etwas im Menschen, das stärker ist als er selbst? Wir dürfen nicht vergessen, daß jede Neurose von einer gewissen Demoralisierung begleitet ist. Insoweit der Mensch neurotisch ist, hat er das Vertrauen zu sich selbst verloren. Eine Neurose ist eine demütigende Niederlage und wird als solche auch gefühlt von jenen Menschen, die ihrer eigenen Psychologie nicht ganz unbewußt sind. Und man hat diese Niederlage erlitten durch etwas, das «unwirklich» ist. Wohl schon lange haben die Ärzte dem Patienten versichert, daß ihm nichts fehle, daß er keine wirkliche Herzkrankheit, kein wirkliches Carcinom habe. Seine Symptome sind nur eingebildete. Je mehr er glaubt, daß er ein «malade imaginaire» sei, um so mehr durchdringt ein Gefühl von Minderwertigkeit seine ganze Persönlichkeit. «Wenn meine Symptome eingebildet sind», wird er sagen, «wo habe ich diese verfluchte Einbildung aufgelesen, und warum unterhalte ich einen solchen Unsinn?» Es ist tatsächlich ergreifend, einen intelligenten Mann vor sich zu haben, der einem fast flehentlich versichert, er habe ein intestinales Carcinom, und der im gleichen Atemzug mit verzagender Stimme erklärt, natürlich wisse er, sein Carcinom sei eine bloß imaginäre Sache.

Ich fürchte, unsere gewöhnliche, materialistische Vorstellung von der Psyche ist nicht besonders hilfreich bei Fällen von Neurosen. Wäre die

Seele mit einem feinstofflichen Körper ausgestattet, dann könnte man wenigstens sagen, daß dieser Hauch- oder Rauchkörper an einem wirklichen, wenn auch etwas luftförmigen Carcinom leide, ganz ähnlich wie der grob materielle Körper einer solchen Krankheit unterworfen sein kann. Dann würde wenigstens etwas Wirkliches da sein. Die Medizin fühlt daher eine starke Abneigung gegenüber allen Symptomen psychischer Natur – entweder ist der Körper krank, oder es fehlt einem überhaupt nichts. Und wenn man nicht beweisen kann, daß der Körper tatsächlich krank ist, so liegt es eben daran, daß unsere jetzigen Mittel es dem Arzt noch nicht ermöglichen, die wahre Natur der unzweifelhaft organischen Störung zu finden.

Aber was ist eigentlich die Psyche? Ein materialistisches Vorurteil erklärt sie als ein bloßes Epiphänomen, ein Nebenprodukt organischer Gehirnprozesse. Jede psychische Störung müsse eine organische oder physische Kausalität haben, die lediglich wegen der Unvollkommenheit unserer gegenwärtigen diagnostischen Mittel unnachweisbar sei. Der unleugbare Zusammenhang zwischen Psyche und Gehirn gibt diesem Standpunkt ein gewisses Gewicht, aber nicht dermaßen, um ihn zu einer ausschließlichen Wahrheit zu machen. Wir wissen nicht, ob bei der Neurose eine wirkliche Störung der organischen Gehirnprozesse vorliegt oder nicht, und wenn es sich um Störungen endokriner Natur handelt, ist es unmöglich zu sagen, ob sie nicht viel eher Wirkungen sind als Ursachen.

Auf der anderen Seite ist es unzweifelhaft, daß die Neurosen psychische Ursachen haben. Es ist in der Tat sehr schwierig, sich vorzustellen, daß eine organische Veränderung in einem Augenblick durch eine bloße Beichte geheilt werden kann. Aber ich habe einen Fall von hysterischem Fieber gesehen mit einer Temperatur von 39 Grad, das in wenigen Minuten durch die Beichte der psychologischen Ursache geheilt war. Und wie sollten wir Fälle von offensichtlichen physischen Erkrankungen erklären, die beeinflußt und sogar geheilt werden durch die bloße Besprechung gewisser schmerzhafter seelischer Konflikte? Ich habe einen Fall von Psoriasis gesehen, die sich praktisch über den ganzen Körper erstreckte, welcher nach wenigen Wochen psychologischer Behandlung zu neun Zehnteln abgeheilt war. In einem andern Fall hatte ein Patient wegen Erweiterung des Dickdarms eine Operation durchgemacht. 40 cm waren herausgenommen worden, aber es erfolgte bald eine erhebliche Erweiterung des noch verbleibenden Dickdarms. Der Patient war verzweifelt und verweigerte die Erlaubnis zu einer zweiten Operation, obwohl der Chirurg sie für unumgänglich nötig hielt. Sobald gewisse intime psychologische Tatsachen aufgedeckt worden waren, begann der Dickdarm normal zu funktionieren.

Solche Erfahrungen, die keineswegs selten sind, machen es außerordentlich schwer, zu glauben, daß die Psyche nichts, oder daß eine eingebildete Tatsache unwirklich sei. Sie ist nur nicht dort, wo ein kurzsichtiger Verstand sie sucht. Sie ist vorhanden, aber nicht in physischer Form. Es ist ein fast lächerliches Vorurteil, wenn man annimmt, Existenz könne nur körperlich sein. Tatsächlich ist die einzige Form von Existenz, von der wir unmittelbar wissen, psychisch. Wir könnten im Gegenteil ebenso gut sagen, daß die physische Existenz eine bloße Schlußfolgerung sei, da wir von der Materie nur insoweit etwas wissen, als wir psychische Bilder wahrnehmen, welche uns durch die Sinne übermittelt werden.

Wir machen sicherlich einen großen Fehler, wenn wir diese einfache, aber grundlegende Wahrheit vergessen. Wenn die Neurose überhaupt keine andere Ursache hätte als die Einbildung, so wäre sie trotzdem eine sehr reale Sache. Wenn ein Mann sich einbildete, ich wäre sein Erzfeind, und mich tötete, so wäre ich tot wegen einer bloßen Einbildung. Einbildungen existieren und können genau so wirklich und genau so schädlich und gefährlich sein wie physische Zustände. Ich glaube sogar, daß psychische Störungen sehr viel gefährlicher sind als Epidemien oder Erdbeben. Nicht einmal die Pest- und Blatternepidemien des Mittelalters haben so viele Menschen umgebracht wie gewisse Meinungsverschiedenheiten im Jahre 1914 oder gewisse politische «Ideale» in Rußland.

Obwohl unser Geist seine eigene Daseinsform nicht greifen kann, weil der archimedische Punkt außerhalb fehlt, existiert er doch. Die Psyche ist existent, sie ist sogar die Existenz selber.

Was sollen wir nun unserem Patienten mit dem eingebildeten Carcinom antworten? Ich würde ihm sagen: «Ja, mein Freund, du leidest tatsächlich an einem krebsartigen Ding. Du beherbergst tatsächlich ein tödliches Übel, welches jedoch nicht deinen Körper töten wird, da es imaginär ist. Aber es wird schließlich deine Seele töten. Es hat schon deine menschlichen Beziehungen und dein persönliches Glück verdorben und vergiftet, und so wird es sich immer weiter ausbreiten, bis es deine ganze psychische Existenz verschluckt hat, so daß du zum Schluß nicht mehr menschlich, sondern nur ein übler, zerstörender Tumor sein wirst.»

Es ist unserem Patienten klar, daß er nicht der Urheber seiner krankhaften Einbildung ist, obwohl sein theoretischer Verstand ihm sicherlich einreden wird, er sei der Besitzer und Macher seiner Einbildung. Wenn man an einem wirklichen Carcinom leidet, glaubt man niemals, man sei selber der verantwortliche Schöpfer eines solchen Übels, trotzdem sich das Carcinom im eigenen Körper befindet. Aber wenn es sich um die Psyche handelt, fühlen wir sofort eine Art von Verantwortlichkeit, als ob wir die Macher unserer psychischen Zustände wären. Dieses Vorurteil ist verhältnismäßig jungen Datums. Vor nicht sehr langer Zeit glaubten sogar hochzivilisierte Leute daran, daß psychische Agentien unseren Verstand und unser Gemüt beeinflussen können. Es gab Zauberer und Hexen, Geister, Dämonen und Engel und sogar Götter, die gewisse psychologische Veränderungen im Menschen hervorrufen konnten. In früheren Zeiten hätte der Mann mit der Carcinom-Einbildung in bezug auf seine Idee wohl ganz anders gefühlt. Er würde wahrscheinlich angenommen haben, daß jemand Zaubermittel gegen ihn angewandt hätte, oder daß er besessen sei. Niemals hätte er daran gedacht, sich selber für den Urheber einer solchen Phantasie zu halten.

Tatsächlich nehme ich an, seine Carcinom-Idee sei eine spontane Wucherung, die aus jenem Teil der Psyche stammt, der nicht identisch ist mit dem Bewußtsein. Sie erscheint als ein autonomes Gebilde, das sich in das Bewußtsein eindrängt. Vom Bewußtsein kann man sagen, es sei unsere eigene psychische Existenz, aber das Carcinom hat *seine* eigene psychische Existenz, unabhängig von uns selbst. Diese Feststellung scheint die beobachtbaren Tatsachen vollständig zu formulieren. Wenn wir einen solchen Fall dem Assoziationsexperiment[6] unterwerfen, so entdecken wir bald, daß der Mann nicht Herr ist in seinem eigenen Haus: seine Reaktionen sind verzögert, verändert, unterdrückt oder durch autonome Eindringlinge ersetzt. Eine Anzahl von Reizwörtern werden nicht durch seine bewußte Absicht beantwortet; sie werden beantwortet durch gewisse autonome Inhalte, die der Versuchsperson sehr oft sogar unbewußt sind. In unserem Falle werden wir mit Sicherheit Antworten entdecken, welche aus dem psychischen Komplex stammen, der sich an der Wurzel der Carcinom-Idee befindet. Wann immer ein Reizwort auf etwas trifft, das mit dem verborgenen Komplex verbunden ist, wird die Reaktion des Ich-Bewußtseins gestört und sogar ersetzt durch eine aus dem Komplex herrührende Antwort. Es ist gerade so, als wäre der Komplex ein selbständiges Wesen, das fähig ist, die Absichten des Ichs zu stören. Komplexe benehmen sich tatsächlich wie Neben- oder Teilpersönlichkeiten, die ein eigenes geistiges Leben besitzen.

Manche Komplexe sind lediglich vom Bewußtsein abgespalten, weil dieses es vorzog, sie durch Verdrängung loszuwerden. Aber es gibt andere Komplexe, die niemals vorher im Bewußtsein waren und die deshalb niemals willkürlich verdrängt werden konnten. Sie wachsen aus dem Unbewußten heraus und überschwemmen das Bewußtsein mit ihren seltsamen und unerschütterlichen Überzeugungen und Impulsen. Der Fall unseres Patienten gehört in die letztere Kategorie. Trotz seiner Kultur und Intelligenz war er das hilflose Opfer von etwas, das ihm aufsaß und von dem er besessen war. Er war vollständig unfähig, sich selbst in irgendeiner Weise gegen die dämonische Macht seines krankhaften Zustandes zu helfen. Die Zwangsidee überwuchs ihn tatsächlich wie ein Carcinom. Eines Tages war sie erschienen und blieb seitdem unerschütterlich; es gab nur kurze freie Intervalle.

Das Vorkommen solcher Fälle erklärt bis zu einem gewissen Grade, warum die Menschen sich fürchten, ihrer selbst bewußt zu werden. Es könnte ja wirklich etwas hinter dem Vorhang sein – man kann nie wissen –, und deshalb zieht man es vor, Faktoren außerhalb des Bewußtseins «zu berücksichtigen und sorgfältig zu beachten». In den meisten Menschen besteht eine Art von primitiver δεισιδαιμονία in bezug auf die möglichen Inhalte des Unbewußten. Über alle natürliche Scheu, alles Scham- und Taktgefühl hinaus gibt es eine geheime Furcht vor den «perils of the soul», den Gefahren der Seele. Natürlich widerstrebt es einem, eine so lächerliche Furcht zuzugeben. Aber man sollte sich klar machen, daß diese Furcht keineswegs ungerechtfertigt ist; im Gegenteil, sie ist nur allzu begründet. Wir sind niemals sicher davor, daß eine neue Idee nicht entweder von uns selbst oder von unserem Nachbarn Besitz ergreift. Wir wissen sowohl aus der neuen als auch aus der alten Geschichte, daß solche Ideen oft so seltsam, ja so absonderlich sind, daß die Vernunft schlecht damit übereinstimmen kann. Die mit einer solchen Idee fast stets verknüpfte Faszination erzeugt eine fanatische Besessenheit, welche ihrerseits bewirkt, daß alle Dissidenten – ganz gleich, wie wohlmeinend oder vernünftig sie seien – lebendig verbrannt oder geköpft oder durch das modernere Maschinengewehr in Massen erledigt werden. Wir können uns nicht einmal mit dem Gedanken beruhigen, daß solche Dinge einer längst vergangenen Zeit angehören. Unglücklicherweise scheinen sie nicht nur der Gegenwart anzugehören, sondern sind in besonderem Maße noch von der Zukunft zu erwarten. «Homo homini lupus» ist ein trauriger, aber ewig gültiger Wahrspruch. Der Mensch hat tatsächlich Grund genug, jene nichtpersönlichen Kräfte zu fürchten, die im Unbewußten wohnen. Wir befinden uns in seliger Unbewußtheit über jene Kräfte, weil sie niemals oder wenigstens fast niemals in unserem persönlichen Handeln und unter gewöhnlichen Umständen in Erscheinung treten. Wenn aber andererseits Menschen sich anhäufen und einen Mob bilden, dann werden die Dynamismen des Kollektivmenschen entfesselt – Bestien oder Dämonen, welche in jedem einzelnen schlafend liegen, bis er zum Partikel einer Masse wird. Der Mensch in der Masse sinkt unbewußt auf ein niedrigeres moralisches und intellektuelles Niveau; auf das Niveau, das immer da ist unter der Schwelle des Bewußtseins. Hier ist das Unbewußte immer bereit loszubrechen, sobald es durch die Bildung einer Masse unterstützt und hervorgelockt wird.

Es scheint mir ein unheilvolles Mißverständnis zu sein, die menschliche Psyche als eine bloß persönliche Angelegenheit zu betrachten und sie ausschließlich von einem persönlichen Gesichtspunkt aus zu erklären. Eine derartige Erklärung ist lediglich anwendbar auf das Individuum in seinen gewöhnlichen alltäglichen Beschäftigungen und Beziehungen. Wenn jedoch eine leichte Störung eintritt, etwa in der Form einer unvorhergesehenen und einigermaßen ungwöhnlichen Begebenheit, so treten sofort instinktive Kräfte auf, Kräfte, welche völlig unerwartet, neu und sogar seltsam erscheinen. Sie können nicht mehr durch persönliche Motive erklärt werden, denn sie sind eher primitiven Ereignissen, wie einer Panik bei Sonnenfinsternis oder ähnlichem, vergleichbar. Der Versuch, z. B. den mörderischen Ausbruch bolschewistischer Ideen durch einen persönlichen Vaterkomplex zu erklären, erscheint mir sonderbar unzulänglich.

Die Veränderung des Charakters, welche durch den Einbruch kollektiver Kräfte zustande kommt, ist erstaunlich. Ein sanftes und vernünftiges Wesen kann in einen Tobsüchtigen oder in ein wildes Tier verwandelt werden. Man ist immer geneigt, äußeren Umständen die Schuld zu geben, aber es könnte nichts in uns explodieren, wenn es nicht vorhanden gewesen wäre. Tatsächlich leben wir beständig auf einem Vulkan, und soviel wir wissen, gibt es keine menschlichen Schutzmittel gegen einen möglichen Ausbruch, der jedermann in seiner Reichweite vernichten wird. Es ist sicherlich eine gute Sache, Vernunft und gesunden Menschenverstand zu predigen, aber was will man machen, wenn man ein Irrenhaus oder eine kollektiv ergriffene Masse zum Zuhörer hat? Zwischen beiden ist nicht viel Unterschied, denn der Irre ebenso wie der Mob wird durch nichtpersönliche, überwältigende Kräfte bewegt.

In der Tat braucht es nicht mehr als eine Neurose, um eine Macht heraufzubeschwören, die mit vernünftigen Mitteln nicht zu bewältigen ist. Unser Carcinom-Fall zeigt klar, wie ohnmächtig menschliche Vernunft und Einsicht gegenüber dem greifbarsten Unsinn sind. Ich rate meinen Patienten immer, solchen offensichtlichen, aber unbesiegbaren Unsinn als die Äußerung einer Macht und eines Sinnes aufzufassen, die man noch nicht versteht. Die Erfahrung hat mich gelehrt, daß es eine sehr viel wirksamere Methode ist, eine solche Tatsache ernst zu nehmen und nach einer passenden Erklärung zu suchen. Aber eine Erklärung ist nur dann genügend, wenn sie eine Hypothese hervorbringt, welche der krankhaften Wirkung gleichkommt. Unser Fall sieht sich einer Willensmacht und einer Suggestion gegenüber, denen sein Bewußtsein nichts Entsprechendes entgegenzusetzen hat. In dieser prekären Situation wäre es schlechte Strategie, den Patienten davon zu überzeugen, daß er selbst in irgendeiner, wenn auch höchst unverständlichen Weise hinter seinem Symptom stehe und es heimlich erfinde und unterhalte. Eine solche Auffassung würde sofort seinen Kampfgeist lähmen, und er würde demoralisiert werden. Es ist viel besser, wenn er versteht, daß sein Komplex eine autonome Macht ist, die sich gegen seine bewußte Persönlichkeit richtet. Überdies entspricht eine solche Erklärung den wirklichen Tatsachen viel besser als eine Reduktion auf persönliche Motive. Eine augenscheinlich persönliche Motivation besteht zwar, aber sie ist nicht absichtlich gemacht, sie passiert dem Patienten einfach.

Wenn im babylonischen Epos Gilgamesch[7] durch Anmaßung und durch Hybris die Götter herausfordert, erfinden und schaffen sie einen Mann, der Gilgamesch an Stärke gleichkommt, um dem gesetzeswidrigen Ehrgeiz des Helden Einhalt zu tun. Genau das gleiche ist unserem Patienten passiert: es ist ein Denker, der die Welt beständig durch die Macht seines Intellektes und seines Verstandes zu ordnen im Begriffe ist. Es ist seinem Ehrgeiz wenigstens gelungen, sein persönliches Schicksal zu schmieden. Er hat alles unter das unerbittliche Gesetz seines Verstandes gezwungen; aber irgendwo entschlüpfte die Natur und rächte sich an ihm in der Form des völlig unangreifbaren Unsinns der Carcinom-Idee. Dieser geschickte Plan wurde vom Unbewußten ersonnen, um ihn an einer grausamen und erbarmungslosen Fessel zu halten. Es war der schlimmste Schlag, der allen seinen vernünftigen Idealen und vor allem seinem Glauben an den allmächtigen menschlichen Willen versetzt werden konnte. Eine solche Obsession kann nur bei einem Menschen vorkommen, der mit Vernunft und Intellekt einen gewohnheitsmäßigen Mißbrauch im Dienste egoistischer Machtzwecke treibt.

Gilgamesch jedoch entkam der Rache der Götter. Er hatte warnende Träume, denen er Beachtung schenkte. Sie zeigten ihm, wie er seinen Feind überwältigen könne. Unser Patient, der in einem Zeitalter lebt, wo die Götter ausgelöscht und sogar in schlechten Ruf gekommen sind, hatte ebenfalls Träume, aber er hörte nicht auf sie. Wie sollte ein intelligenter Mann so abergläubisch sein, Träume ernst zu nehmen! Das ganz allgemeine Vorurteil gegen Träume ist nur eines der Symptome einer sehr viel ernsteren Unterbewertung der menschlichen Seele überhaupt. Die großartige Entwicklung von Wissenschaft und Technik wird auf der andern Seite aufgewogen durch einen erschreckenden Mangel an Weisheit und Introspektion. Zwar spricht unsere religiöse Lehre von einer unsterblichen Seele; aber sie hat sehr wenige freundliche Worte für die wirkliche menschliche Psyche, welche geradewegs in die ewige Verdammnis gelangen würde, hätte nicht ein besonderer Akt göttlicher Gnade gewaltet. Diese beiden wichtigen Faktoren sind weitgehend verantwortlich für die allgemeine Unterbewertung der Psyche, aber nicht ausschließlich. Viel älter als diese relativ jungen Entwicklungen sind die primitive Furcht und Abneigung gegen alles, das ans Unbewußte grenzt.

Das Bewußtsein muß in seinen Anfängen eine sehr prekäre Sache gewesen sein. In relativ primitiven Gemeinschaften kann man noch heute beobachten, wie leicht das Bewußtsein verloren geht. Eines der «perils of the soul»[8] ist z. B. der Verlust der Seele. Das ist der Fall, wenn ein Teil der Seele wieder unbewußt wird. Ein anderes Beispiel ist der Zustand des Amoklaufens[9], welches dem Berserkertum der germanischen Sagas entspricht[10]. Es ist ein mehr oder weniger vollständiger Trancezustand, der oft von verheerenden sozialen Wirkungen begleitet ist. Sogar eine ganz gewöhnliche Emotion kann einen beträchtlichen Bewußtseinsverlust verursachen. Primitive pflegen deshalb ausgesuchte Formen der Höflichkeit, sie sprechen mit gedämpfter Stimme, legen ihre Waffen ab, kriechen, beugen den Kopf, zeigen die Handflächen.

Sogar unsere eigenen Höflichkeitsformen zeigen noch eine «religiöse» Beachtung von möglichen psychischen Gefahren. Wir stimmen das Schicksal günstig, indem wir uns in magischer Weise «guten Tag» wünschen. Es ist schlechte Form, bei der Begrüßung die linke Hand in der Tasche oder hinter dem Rücken zu behalten. Wenn man besonders zuvorkommend sein will, begrüßt man den andern mit beiden Händen. Vor Leuten mit großer Autorität neigen wir den unbedeckten Kopf, d. h. wir bieten ihm den ungeschützten Kopf an, um den Mächtigen günstig zu stimmen, welcher leicht einem plötzlichen Anfall von Tobsucht anheimfallen könnte. Bei Kriegstänzen können Primitive in solche Erregung geraten, daß sie Blut vergießen.

Das Leben des Primitiven ist erfüllt von fortwährender Rücksicht auf die immer lauernde Möglichkeit psychischer Gefahren, und die Versuche und Prozeduren, das Risiko zu vermindern, sind zahllos. Das Schaffen von Tabu-Bezirken ist ein äußerer Ausdruck dieser Tatsache. Die unzähligen Tabus sind abgegrenzte psychische Bezirke, die peinlichst beachtet werden. Ich machte einmal einen schrecklichen Fehler, als ich bei einem Stamm an den Südabhängen des Mount Elgon war. Ich wollte mich über die Geisterhäuser erkundigen, die ich häufig in den Wäldern fand, und während eines Palavers erwähnte ich das Wort «selelteni», was «Geist» bedeutet. Sofort verstummte jeder und war in peinlichster Verlegenheit. Sie sahen alle von mir weg, weil ich ein sorgfältig vermiedenes Wort laut ausgesprochen und dadurch höchst gefährlichen Konsequenzen Tür und Tor geöffnet hatte. Ich mußte das Gesprächsthema wechseln, um das Palaver fortsetzen zu können. Dieselben Leute versicherten mir, daß sie niemals Träume hätten. Träume seien das Vorrecht des Häuptlings und des Medizinmannes. Der Medizinmann gestand mir dann, daß er keine Träume mehr habe, denn statt dessen hätten sie jetzt den Distriktskommissär. «Seitdem die Engländer im Lande sind, haben wir keine Träume mehr», sagte er. «Der Distriktskommissär weiß alles über Krieg und Krankheiten und wo wir leben sollen.» Diese seltsame Feststellung rührt daher, daß Träume früher die höchste politische Instanz waren, die Stimme von «mungu» (das Numinose, Gott). Daher wäre es für einen gewöhnlichen Mann unklug gewesen, die Vermutung aufkommen zu lassen, daß er Träume habe.

Träume sind die Stimme des Unbekannten, das immer droht mit neuen Ränken, neuen Gefahren, Opfern, Kriegen und andern lästigen Dingen. Ein afrikanischer Neger träumte einmal, seine Feinde hätten ihn gefangen genommen und lebend verbrannt. Am nächsten Tage rief er seine Verwandten zusammen und flehte sie an, ihn zu verbrennen. Sie willigten so weit ein, daß sie ihm die Füße zusammenbanden und sie ins Feuer legten. Er wurde natürlich arg verkrüppelt, war aber seinen Feinden entkommen[11].

Es gibt eine Unzahl von magischen Riten zu dem einzigen Zweck, sich gegen die unerwarteten, gefährlichen Tendenzen des Unbewußten zu verteidigen. Die merkwürdige Tatsache, daß der Traum einerseits die göttliche Stimme und Botschaft ist und andererseits eine nie versiegende Quelle von Nöten, stört den primitiven Geist nicht. Wir finden noch sichtbare Überreste dieser primitiven Tatsache in der Psychologie der jüdischen Propheten[12]. Oft genug zögern sie, auf die Stimme zu hören. Und es war – wir müssen es zugeben – ein hartes Stück für einen frommen Mann wie Hosea, die Hure zu heiraten, um dem Gebot des Herrn zu gehorchen. Seit dem Morgengrauen der Menschheit hat eine ausgesprochene Neigung bestanden, den ungebändigten und willkürlichen «übernatürlichen» Einfluß durch bestimmte Formen und Gesetze einzuschränken. Und dieser Prozeß hat sich in der Geschichte fortgesetzt in Gestalt einer Vermehrung der Riten, Institutionen und Überzeugungen. In den letzten zweitausend Jahren sehen wir die Institution der christlichen Kirche eine vermittelnde und beschützende Funktion zwischen diesen Einflüssen und dem Menschen übernehmen. In mittelalterlichen kirchlichen Schriften wird nicht geleugnet, daß gegebenenfalls ein göttlicher Einfluß in Träumen stattfinden kann, aber es wird auf diesem Gesichtspunkt nicht insistiert, und die Kirche behält sich das Recht vor, im einzelnen Falle zu entscheiden, ob eine Traumoffenbarung echt sei oder nicht. – In einem ausgezeichneten Traktat über Träume und ihre Funktionen sagt BENEDICTUS PERERIUS, S.J.: «Gott ist nämlich nicht an solcherlei Zeitgesetze gebunden und entbehrt auch nicht der passenden Augenblicke, um seine Träume, wo immer, wann immer und wem immer er will, einzuflößen[13].» Der folgende Passus wirft ein interessantes Licht auf die Beziehungen zwischen der Kirche und dem Problem der Träume: «Wir lesen nämlich auch in der 22ten Collation des Cassian, daß jene alten Meister und geistlichen Leiter der Mönche sich sehr sorgfältig mit der Untersuchung und Prüfung gewisser Traumursachen abgaben[14].» PERERIUS klassifiziert Träume folgenderweise: «...viele sind natürlich, manche menschlich, einige sogar göttlich[15].» Es gibt vier Ursachen für Träume: 1. Ein körperliches Leiden. 2. Ein Affekt oder eine heftige Gemütsbewegung, hervorgerufen durch Liebe, Hoffnung, Angst oder Haß (p. 126ff.). 3. Die Macht und List des Dämons, d.h. eines heidnischen Gottes oder des christlichen Teufels. «Der Teufel vermag nämlich die natürlichen Wirkungen, die manchmal gesetzmäßig aus gewissen Ursachen hervorgehen werden, sowie all das, was er selber später tun wird, und sowohl Gegenwärtiges wie Vergangenes, was den Menschen verborgen ist, zu erkennen und den Menschen in Träumen bekannt zu machen[16].» In bezug auf die interessante Diagnose von dämonischen Träumen sagt der Autor: «...man kann Vermutungen darüber aufstellen, welche Träume vom Teufel gesandt sind: in erster Linie, wenn häufig Träume auftreten, welche verborgene oder zukünftige Dinge anzeigen, deren Kenntnis weder zum Nutzen der eigenen Person noch anderer Personen dient, sondern nur zur leeren Demonstration ausgefallenen Wissens oder sogar zur Unterstützung einer bösen Tat...[17].» 4. Von Gott gesandte Träume. In bezug auf die Zeichen, die auf die göttliche Natur eines Traumes hinweisen, sagt der Autor: «...an dem Wert der Dinge, die durch den Traum angezeigt sind: nämlich wenn jemandem durch den Traum Dinge bekannt werden, deren sichere Kenntnis einem Menschen nur durch ein Zugeständnis und Geschenk Gottes zukommen können, nämlich Tatsachen, welche in der Schultheologie die Zukunft betreffend heißen, ferner Geheimnisse des Herzens, welche in den abgelegensten innersten Winkeln der Seele verborgen sich der Kenntnis der Menschen völlig entziehen, und endlich die hauptsächlichsten Mysterien unseres Glaubens, welche niemandem außer durch Belehrung Gottes offenbar werden können (!!) ... und endlich wird hauptsächlich das (als göttlich) angesehen, wenn Gott durch innere Erleuchtung und Erschütterung, durch die er den (menschlichen) Geist erhellt, den Willen so beeinflußt und den Menschen von der Zuverlässigkeit und Autorität des Traumes so überzeugt, daß dieser klar Gott als dessen Urheber erkennen und (es) so eindeutig ist, daß er es ohne jeglichen Zweifel glauben will und auch muß[18].» Da, wie oben erwähnt, der Dämon auch imstande ist, Träume mit genauen Voraussagen über zukünftige Ereignisse hervorzurufen, fügt der Autor ein Zitat von GREGORIUS hinzu: «Heilige Männer unterscheiden zwischen Illusionen und Offenbarungen, und unter den Stimmen und Bildern selbst der Visionen mit einem innersten Wertgefühl (Geschmack), so daß sie wissen, was sie von einem guten Geist empfangen und was sie vom Geist der Täuschung erdulden. Denn wenn der menschliche Geist nicht gegen letzteres auf der Hut wäre, so würde er sich durch den Geist der Täuschung in viel Unsinn verwickeln, da dieser (Geist) manchmal viel Wahres vorauszusagen pflegt, nur um am Ende in der Lage zu sein, die Seele in irgendeiner täuschenden Falle zu fangen[19].» Es schien eine willkommene Sicherung gegen diese Unsicherheit zu sein, wenn die Träume sich mit den «hauptsächlichsten Geheimnissen unseres Glaubens» beschäftigten. ATHANASIUS gibt uns in seiner Biographie des Heiligen Antonius eine Idee davon, wie geschickt die Teufel in der Vorhersage von zukünftigen Ereignissen sind[20]. Nach demselben Autor erscheinen sie manchmal sogar in der Gestalt von Mönchen, psalmensingend, laut die Bibel lesend und verwirrende Kommentare über das moralische Betragen der Brüder äußernd[21]. PERERIUS scheint indessen seinem Kriterium zu trauen und fährt fort: «So wie das natürliche Licht unseres Verstandes uns die Wahrheit der ersten Prinzipien evident unterscheiden läßt, so daß wir sie sofort ohne weitere Erörterung beistimmend annehmen können, so erleuchtet in von Gott gesandten Träumen das göttliche Licht unseren Geist derart und bewirkt, daß wir erkennen, daß diese Träume wahr und von göttlichem Ursprung sind, und dies auch mit Sicherheit glauben[22].» PERERIUS rührt nicht an die gefährliche Frage, ob jede unerschütterliche Überzeugung, die aus einem Traume stammt, mit Notwendigkeit den göttlichen Ursprung des Traumes beweise. Er nimmt es bloß als Selbstverständlichkeit, daß ein derartiger Traum natürlicherweise einen Charakter zeige, der den «wichtigsten Geheimnissen unseres Glaubens» entspricht und ja nicht etwa zufälligerweise denjenigen eines anderen Glaubens. In dieser Hinsicht ist der Humanist CASPAR PEUCER sehr viel bestimmter und einschränkender. Er sagt: «Von Gott stammende Träume sind die, welche die Heilige Schrift als von Gott gesandt angibt, und zwar nicht zufällig irgendwem, noch solchen, die nach speziellen persönlichen Offenbarungen haschen und nach eigener Ansicht erwarten; sondern (nur) den Heiligen Vätern und Propheten nach Gottes Urteil und Wille, und (sie betreffen) auch nicht unwichtige oberflächliche, zeitbedingte Angelegenheiten, sondern (handeln) von Christus, der Lenkung der Kirche, Regierungsangelegenheiten und anderen wunderbaren Ereignissen solcher Größenordnung: und diesen Träumen hat Gott immer sichere Beweise zugeführt, wie die Gabe der (richtigen) Deutung und anderes, aus dem jeweils hervorging, daß sie weder willkürlich noch aus bloßer Natur entstanden, sondern von Gott eingegeben seien[23].» Sein Krypto-Calvinismus manifestiert sich greifbar in seinen Worten, besonders wenn sie mit der Theologia naturalis seiner katholischen Zeitgenossen verglichen werden. Es ist wahrscheinlich, daß PEUCERS Andeutung von «Offenbarungen» sich auf ketzerische Neuerungen bezieht. Wenigstens sagt er im folgenden Paragraphen, wo er somnia diabolici generis (Träume von teuflischer Herkunft) behandelt: «...und was sonst der Teufel heutzutage den Anabaptisten und zu allen Zeiten den Schwärmern und ähnlichen Fanatikern offenbarte[24].» Mit mehr Scharfblick und menschlichem Verständnis widmet PERERIUS ein Kapitel der Frage: «Ob es einem Christen erlaubt sei, Träume zu beobachten?» (An licitum sit christiano homini, observare somnia?) Und ein anderes der Frage: «Wessen Sache es sei, Träume korrekt zu deuten?» (Cuius hominis sit rite interpretari somnia?) Im ersten kommt er zum Schluß, daß wichtige Träume berücksichtigt werden sollten. Er sagt dort: «Überhaupt ist es nicht Zeichen eines abergläubischen, sondern eines religiösen, klugen und um sein Heil besorgten, umsichtigen Geistes, zu überlegen, ob die Träume, die uns oft heimsuchen und zu Missetaten anregen, uns nicht vom Teufel untergeschoben seien, und andererseits zu erwägen, ob diejenigen Träume, die uns zum Guten ermahnen und anspornen, wie z. B. zum Coelibat, zum Spenden von Almosen und zum Eintritt in das geistliche Leben, uns nicht von Gott gesandt seien[25].» Aber nur dumme Leute würden all die übrigen futilen Träume beobachten. Im zweiten Kapitel bemerkt er, daß niemand Träume interpretieren solle oder könne «nisi divinitus afflatus et eruditus» (außer er sei von Gott inspiriert und belehrt). «Nemo enim», fügt er hinzu, «novit quae Dei sunt nisi spiritus Dei[26]» [Denn niemand weiß, was Gottes ist, außer der Geist Gottes]. Diese Konstatierung, an und für sich hervorragend richtig, behält die Kunst der Trauminterpretation solchen Personen vor, die ex officio mit dem donum spiritus sancti ausgestattet sind. Es ist indessen klar, daß ein jesuitischer Autor einen descensus spiritus sancti extra ecclesiam [Herabkunft des Heiligen Geistes außerhalb der Kirche] nicht ins Auge fassen konnte. – Trotz der Tatsache, daß die Kirche die Herkunft gewisser Träume von Gott anerkennt, ist sie jeder ernsthaften Beschäftigung mit Träumen abgeneigt, ja sie wendet sich positiv dagegen, obwohl sie zugesteht, daß einige eine unmittelbare Offenbarung enthalten könnten. So ist die Veränderung der geistigen Haltung, die sich in den letzten Jahrhunderten vollzogen hat, wenigstens von diesem Gesichtspunkt aus, der Kirche nicht ganz unwillkommen, weil dadurch die frühere introspektive Einstellung, welche einer ernsten Beachtung der Träume und inneren Erfahrungen günstig war, wirksam entmutigt wurde.

Der Protestantismus, der manche von der Kirche sorgfältig aufgerichtete Mauer niedergerissen hat, begann sogleich die zersetzende und schismatische Wirkung individueller Offenbarung zu erfahren. Sobald die dogmatische Schranke niedergerissen war und sobald der Ritus die Autorität seiner Wirksamkeit verloren hatte, stand der Mensch einer inneren Erfahrung gegenüber ohne den Schutz und die Führung eines Dogmas und eines Kults, welche die unvergleichliche Quintessenz sowohl der christlichen als auch der heidnischen religiösen Erfahrung sind. Der Protestantismus hat in der Hauptsache all die feineren Schattierungen des traditionellen Christentums verloren: die Messe, die Beichte, den größeren Teil der Liturgie und die stellvertretende Bedeutung des Priestertums.

Ich muß betonen, daß diese Feststellung kein Werturteil ist und nicht die Absicht hat, eines zu sein. Ich stelle lediglich die Tatsachen fest. Der Protestantismus hat jedoch die Autorität der Bibel verstärkt als Ersatz für die verlorene Autorität der Kirche. Aber, wie die Geschichte gezeigt hat, kann man gewisse Bibelstellen in verschiedener Weise auslegen; überdies hat die wissenschaftliche Kritik des Neuen Testamentes nicht dazu beigetragen, den Glauben an den göttlichen Charakter der Heiligen Schriften zu stärken. Auch ist es Tatsache, daß große Massen gebildeter Menschen unter dem Einfluß der sogenannten wissenschaftlichen Aufklärung entweder aus der Kirche ausgetreten oder von Grund auf gleichgültig gegen sie geworden sind. Wenn sie alle nur hartgesottene Rationalisten oder neurotische Intellektuelle wären, könnte der Verlust verschmerzt werden. Aber viele von ihnen sind religiöse Menschen, nur nicht fähig, mit den bestehenden Glaubensformen übereinzustimmen. Wenn dem nicht so wäre, könnte man die bemerkenswerte Wirkung der BUCHMANNschen Gruppenbewegung auf die mehr oder weniger gebildeten protestantischen Kreise kaum erklären. Der Katholik, welcher der Kirche den Rücken gekehrt hat, entwickelt meist eine geheime oder offene

Neigung zum Atheismus, während der Protestant sich, wenn irgend möglich, einer sektiererischen Bewegung anschließt. Der Absolutismus der katholischen Kirche scheint eine ebenso absolute Negation zu verlangen, während der protestantische Relativismus Variationen erlaubt.

Man mag vielleicht denken, ich hätte etwas weit in die Geschichte des Christentums ausgeholt, um lediglich das Vorurteil gegen Träume und individuelle Erfahrung zu erklären. Aber was ich eben gesagt habe, könnte ein Teil meiner Unterredung mit unserem Carcinom-Patienten gewesen sein. Ich sagte ihm, es wäre besser, seine Obsession ernst zu nehmen, anstatt sie als krankhaften Unsinn zu beschimpfen. Aber das Ernstnehmen würde bedeuten, sie als eine Art von diagnostischer Information über die Tatsache anzuerkennen, daß in einer wirklich existierenden Psyche eine Störung eingetreten sei in Form einer krebsartigen Wucherung. «Aber», wird er sicherlich fragen, «was kann diese Wucherung sein?» Worauf ich antworten werde: «Ich weiß es nicht», da ich es ja wirklich nicht weiß. Obwohl, wie ich vorhin erwähnte, es sich bestimmt um eine kompensatorische oder komplementäre unbewußte Bildung handelt, ist über ihre spezifische Natur oder über ihren Inhalt noch nichts bekannt. Es ist eine spontane Äußerung des Unbewußten, welcher Inhalte zugrundeliegen, die im Bewußtsein nicht zu finden sind.

Mein Patient ist nun sehr neugierig, wie ich es anfange, um an diese Inhalte heranzukommen, welche die Wurzel seiner Zwangsidee bilden. Auf die Gefahr hin, ihn vor den Kopf zu stoßen, teile ich ihm daraufhin mit, daß seine Träume uns mit allen nötigen Informationen versehen werden. Wir würden sie so auffassen, als ob sie von einer intelligenten, zweckgerichteten und sozusagen persönlichen Quelle ausgingen. Das ist natürlich eine kühne Hypothese und gleichzeitig ein Abenteuer, denn wir geben damit einer sehr wenig vertrauenswürdigen Wesenheit außerordentliches Vertrauen – einer Wesenheit, deren wirkliches Vorhandensein von nicht wenigen zeitgenössischen Psychologen wie auch Philosophen noch immer geleugnet wird. Ein bekannter Gelehrter, dem ich meine Art des Vorgehens auseinandergesetzt hatte, machte die sehr charakteristische Bemerkung: «Das ist alles sehr interessant, aber gefährlich.» Ja, ich gebe zu, es ist gefährlich, ebenso gefährlich wie eine Neurose. Wenn man eine Neurose heilen will, muß man etwas riskieren. Etwas ohne Risiko zu tun, ist gänzlich unwirksam, wie wir nur zu gut wissen. Die chirurgische Operation eines Carcinoms ist auch ein Risiko und muß doch gemacht werden. Um des besseren Verständnisses willen war ich oft versucht, meinen Patienten zu raten, sich die Psyche als eine Art von «subtle body» vorzustellen, in welchem feinstoffliche Tumoren wachsen können. Der voreingenommene Glaube, die Psyche sei entweder nicht vorstellbar und folglich weniger als Luft, oder ein mehr oder weniger intellektuelles System von logischen Begriffen, ist so stark, daß die Menschen, wenn sie sich gewisser Inhalte nicht bewußt sind, annehmen, diese seien nicht vorhanden. Man hat kein Vertrauen und keinen Glauben an ein verläßliches psychisches Funktionieren außerhalb des Bewußtseins, und Träume hält man lediglich für lächerlich. Unter solchen Umständen muß mein Vorschlag den schlimmsten Verdacht erwecken. Und in der Tat habe ich jedes erdenkliche Argument gegen die vagen Schemen der Träume vorbringen hören.

Jedoch in den Träumen finden wir, schon ohne tiefere Analyse, dieselben Konflikte und Komplexe, deren Vorhandensein auch durch das Assoziationsexperiment erschlossen werden kann. Überdies bilden diese Komplexe einen integralen Teil der bestehenden Neurose. Wir haben deshalb genügend Grund, anzunehmen, daß die Träume uns zum mindesten ebensoviel Aufschluß über den Inhalt einer Neurose geben können wie das Assoziationsexperiment. In Wirklichkeit geben sie aber sehr viel mehr. Das Symptom ist wie ein Pflanzenschößling über der Erde, die Hauptpflanze ist jedoch ein ausgedehntes unterirdisches Rhizom (Wurzelgeflecht). Dieser Wurzelstock ist der Inhalt der Neurose; er ist der Mutterboden der Komplexe, der Symptome und der Träume. Wir haben sogar guten Grund, anzunehmen, daß die Träume eben gerade die unterirdischen Prozesse der Psyche spiegeln. Und wenn wir in dieses Rhizom kommen, kommen wir buchstäblich an die «Wurzel» der Krankheit.

Da es nicht meine Absicht ist, tiefer in die Psychopathologie der Neurosen hineinzugehen, werde ich einen andern Fall als Beispiel nehmen, um zu zeigen, wie Träume die unbekannten inneren Tatsachen der Psyche enthüllen, und woraus diese Tatsachen bestehen. Der Träumer ist ebenfalls ein Intellektueller von bemerkenswerter Intelligenz. Er war neurotisch und suchte meine Hilfe, weil er fühlte, daß seine Neurose das Übergewicht bekommen hatte und langsam, aber sicher seine Moral unterminierte. Glücklicherweise hatte seine intellektuelle Unversehrtheit noch nicht gelitten, und er konnte über seine scharfe Intelligenz frei verfügen. Aus diesem Grunde gab ich ihm die Aufgabe, seine Träume selbst zu beobachten und aufzuschreiben. Die Träume wurden ihm nicht analysiert oder erklärt, und wir begannen erst sehr viel später mit ihrer Analyse. So ist an den Träumen, die ich jetzt demonstrieren werde, überhaupt nichts gedeutet worden. Sie stellen eine unbeeinflußte, natürliche Abfolge von Ereignissen dar. Der Patient hatte nie etwas über Psychologie gelesen, geschweige denn über analytische Psychologie.

Da die Serie aus über 400 Träumen besteht, kann ich unmöglich einen Eindruck des ganzen Materials geben; aber ich habe eine Auswahl von 47 dieser Träume veröffentlicht, welche Motive von eigentümlichem religiösem Interesse enthalten[27]. Der Träumer ist, das muß ich dazu sagen, von Erziehung her Katholik, aber er praktiziert nicht mehr und interessiert sich auch nicht für religiöse Probleme. Er gehört zu jenen Intellektuellen oder Wissenschaftlern, die einfach erstaunt sein würden, wollte man ihnen religiöse Ansichten irgendwelcher Art zuschreiben. Wenn man den Standpunkt vertritt, das Unbewußte sei eine vom Bewußtsein unabhängige psychische Existenz, könnte ein Fall wie der unseres Träumers von ganz besonderem Interesse sein, vorausgesetzt, daß wir uns in unserer Auffassung des religiösen Charakters gewisser Träume nicht irren. Und wenn man auf das Bewußtsein allein Gewicht legt und dem Unbewußten keine unabhängige Existenz zumißt, wird es interessant sein, zu untersuchen, ob der Traum sein Material wirklich aus bewußten Inhalten herleitet oder nicht. Sollte die Untersuchung zugunsten der Hypothese des Unbewußten sprechen, so sind Träume als mögliche Informationsquellen über die religiösen Tendenzen des Unbewußten zu betrachten.

Man kann nicht erwarten, daß Träume ausdrücklich über Religion so sprechen, wie wir es zu tun gewohnt sind. Es gibt aber zwei Träume unter den 400, die *offensichtlich* von Religion handeln. Ich will nun den Traumtext wiedergeben, den der Träumer selbst niedergeschrieben hat:

«Alle Häuser haben etwas Bühnenhaftes, Theaterhaftes. Kulissen und Dekorationen. Der Name Bernard Shaw fällt. Das Stück soll in ferner Zukunft spielen. Über einer Kulisse steht englisch und deutsch:

Dies ist die allgemeine katholische Kirche.

Sie ist die Kirche des Herrn.

Alle, die sich als Werkzeug des Herrn fühlen, mögen eintreten.

Darunter kleiner gedruckt: Die Kirche ist gegründet von Jesus und Paulus, – wie wenn man das Alter einer Firma anpreisen wollte. Ich sage zu meinem Freunde: ‹Komm, das wollen wir uns einmal ansehen.› Er antwortet: ‹Ich sehe nicht ein, warum viele Menschen beisammen sein müssen, wenn sie religiöse Gefühle haben.› Da antworte ich: ‹Als Protestant wirst du das nie verstehen.› Eine Frau stimmt mir sehr zu. Nun sehe ich eine Art Aufruf an der Wand der Kirche: Er lautet:

‹Soldaten!

Wenn Ihr fühlt, in der Macht des Herrn zu stehen, vermeidet es, Ihn direkt anzusprechen. Der Herr ist durch Worte unerreichbar. Wir empfehlen Euch weiter dringend, keine Diskussionen über die Attribute des Herrn untereinander zu veranstalten. Es ist unfruchtbar, denn das Wertvolle und Wichtige ist unsagbar. Gezeichnet: Papst... (Name unleserlich)›

Nun gehen wir hinein. Das Innere ist ähnlich einer Moschee, besonders ähnlich der Hagia Sofia. Keine Bänke – schöne Raumwirkung, keine Bilder, eingerahmte Sprüche als Ornamente an der Wand (wie dort die Koransprüche). Einer der Sprüche lautet: ‹Schmeichelt eurem Wohltäter nicht.› Die Frau, die mir früher zugestimmt hatte, bricht in Tränen aus und ruft: ‹Da bleibt ja nichts mehr übrig.› Ich antworte: ‹Ich finde das alles ganz richtig›, aber sie verschwindet. Erst stehe ich so, daß ein Pfeiler vor mir ist und ich nichts sehen kann. Dann wechsle ich meine Stellung und sehe eine Menge von Menschen vor mir. Ich gehöre nicht zu ihnen und stehe allein. Aber sie sind deutlich vor mir, und ich sehe ihre Gesichter. Sie sagen alle unisono: ‹Wir bekennen, in der Macht des Herrn zu stehen. Das Himmelreich ist in uns.› Dies wird sehr feierlich gesprochen, dreimal. Dann wird Orgel gespielt, eine Bachsche Fuge mit Chor wird gesungen. Der ursprüngliche Text ist fortgelassen. Manchmal nur eine Art Koloratur, sodann wiederholt die Worte: ‹Alles andere ist Papier› (soll heißen: wirkt auf mich nicht lebendig). Nachdem der Chor verklungen, beginnt sozusagen in studentischer Weise der gemütliche Teil der Sitzung. Es sind lauter heitere und ausgeglichene Menschen da. Man geht auf und ab, spricht miteinander, begrüßt einander, und es werden Wein (aus einem bischöflichen Priesterseminar) und Erfrischungen gereicht. Man wünscht der Kirche ein fröhliches Gedeihen und, wie um der Freude am Zuwachs von Vereinsmitgliedern Ausdruck zu geben, wird von einem Lautsprecher ein Schlager gespielt mit dem Refrain: ‹Karl ist jetzt auch dabei.› Ein Priester erklärt mir: ‹Diese etwas nebensächlichen Vergnügungen sind offiziell gebilligt und zugelassen. Wir müssen uns den amerikanischen Methoden etwas anpassen. Bei einem Massenbetrieb, wie wir ihn haben, ist das unvermeidlich. Von den amerikanischen Kirchen unterscheiden wir uns aber grundsätzlich durch eine ausgesprochene antiasketische Richtung.› Dann erwache ich. Gefühl großer Erleichterung.»

Es gibt bekanntlich zahlreiche Werke über die Phänomenologie der Träume, aber sehr wenige, die von ihrer Psychologie handeln. Und zwar aus dem offensichtlichen Grunde, weil eine psychologische Deutung der Träume ein höchst heikles und riskantes Unternehmen ist. FREUD hat eine mutige Anstrengung gemacht, die Dunkelheiten der Traumpsychologie zu erhellen mit Hilfe von Gesichtspunkten, die er auf dem Felde der Psychopathologie gesammelt hatte[28]. So sehr ich die Kühnheit seines Versuches bewundere, kann ich doch weder mit seinen Methoden noch mit seinen Resultaten übereinstimmen. Er erklärt die Träume als eine bloße Fassade, hinter der etwas absichtlich verborgen worden ist. Es besteht kein Zweifel, daß Neurotiker unangenehme Dinge verbergen, wahrscheinlich genauso, wie das auch normale Leute tun. Aber es ist eine andere Frage, ob eine solche Kategorie auf ein so normales und über die ganze Welt verbreitetes Phänomen angewandt werden darf, wie es der Traum ist. Ich zweifle daran, ob wir annehmen dürfen, daß ein Traum etwas anderes sei als das, was er zu sein scheint. Ich bin eher geneigt, eine andere jüdische Autorität anzurufen, nämlich den Talmud, welcher sagt, daß der Traum seine eigene Deutung sei. Mit andern Worten, *ich nehme den Traum als das, was er ist.* Der Traum ist ein derartig schwieriger und verwickelter Stoff, daß ich nicht wage, irgendwelche Annahmen über eine ihm möglicherweise innewohnende Täuschungstendenz zu machen. Der Traum ist ein Naturereignis, und es gibt keinen ersichtlichen Grund zur Annahme, daß er eine schlaue Erfindung sei, bestimmt, uns irrezuführen. Der Traum geschieht, wenn Bewußtsein und Wille größtenteils ausgelöscht sind. Er scheint ein Naturprodukt zu sein, das sich auch bei Leuten findet, die nicht neurotisch sind. Überdies wissen wir so wenig über die Psychologie des Traumprozesses, daß wir mehr als vorsichtig sein müssen, wenn wir in seine Erklärung Elemente einführen, die dem Traum selber fremd sind.

Aus allen diesen Gründen glaube ich, daß unser Traum wirklich von Religion spricht. Da der Traum zusammenhängend und wohlgeformt ist, macht er den Eindruck einer gewissen Logik und Absichtlichkeit, d. h. es liegt ihm eine sinnvolle Motivation zugrunde, welche ihren direkten Ausdruck im Trauminhalt findet.

Der erste Teil des Traumes ist ein ernsthaftes Argument zugunsten der katholischen Kirche. Ein gewisser protestantischer Gesichtspunkt – daß Religion ein bloß individuelles Erlebnis sei – wird durch den Träumer abgelehnt. Der zweite, mehr groteske Teil ist eine Anpassung der Kirche an einen ausgesprochen weltlichen Standpunkt, und das Ende ist eine Argumentation zugunsten einer anti-asketischen Tendenz, welche von der wirklichen Kirche niemals unterstützt würde. Aber der anti-asketische Priester des Träumers macht ein Prinzip daraus. Vergeistigung und Sublimierung sind wesenhafte christliche Grundsätze, und jedes Bestehen auf dem Gegenteil würde einem gotteslästerlichen Heidentum gleichkommen. Das Christentum ist niemals weltlich gewesen, noch hat es jemals eine freundliche Nachbarschaft mit gutem Essen und Trinken gepflegt, und es ist mehr als zweifelhaft, daß die Einführung der Jazz-Musik in den Kult eine empfehlenswerte Neuerung bedeuten würde. Die «heiteren und ausgeglichenen» Persönlichkeiten, die in einem mehr oder weniger epikureischen Stil plaudernd umherwandeln, erinnern einen viel mehr an ein antikes philosophisches Ideal, das dem zeitgenössischen Christentum eher zuwider ist. Im ersten ebenso wie im zweiten Teil wird die Bedeutung von Massen resp. Menschenmengen betont.

So erscheint die katholische Kirche, obwohl sie aufs stärkste empfohlen wird, gepaart mit einem seltsamen heidnischen Gesichtspunkt, welcher unvereinbar ist mit einer von Grund auf christlichen Einstellung. Die tatsächliche Unvereinbarkeit erscheint im Traum nicht. Sie wird vertuscht durch eine gemütliche Atmosphäre, in welcher gefährliche Gegensätze vermischt und verwischt werden. Der protestantische Gesichtspunkt einer individuellen Beziehung zu Gott wird erdrückt durch Massenorganisation und ein entsprechend kollektives religiöses Gefühl. Die Betonung von Massen und das Eindringen eines heidnischen Ideals sind merkwürdige Parallelen zu Dingen, die heute in Europa tatsächlich geschehen. Jedermann wunderte sich über gewisse paganistische Tendenzen im heutigen Deutschland, weil niemand NIETZSCHES dionysisches Erlebnis zu deuten wußte. NIETZSCHE war nur ein Fall unter Tausenden und Millionen damals noch zukünftiger Deutscher, in deren Unbewußtem sich während des ersten Weltkrieges der germanische Vetter des Dionysos, nämlich Wotan, entwickelt hat[29]. In den Träumen von Deutschen, die ich damals behandelte, konnte ich die wotanische Revolution deutlich heraufkommen sehen, und im Jahre 1918 veröffentlichte ich einen Aufsatz, in welchem ich die eigentümliche Art der neuen Entwicklung aufzeigte, die in Deutschland zu erwarten war[30]. Jene Deutschen waren keineswegs Leute, die *Also sprach Zarathustra* studiert hatten, und sicherlich wußten jene jungen Leute, welche heidnische Schafopfer darbrachten, nichts von NIETZSCHES Erlebnis[31]. Deshalb nannten sie ihren Gott Wotan und nicht Dionysos. In NIETZSCHES Biographie kann man unwiderlegliche Beweise dafür finden, daß der Gott, den er ursprünglich meinte, in Wirklichkeit Wotan war; aber als klassischer Philologe der siebziger und achtziger Jahre des neunzehnten Jahrhunderts nannte er ihn Dionysos. Von einem vergleichenden Standpunkt aus betrachtet, haben die beiden Götter wirklich viel Gemeinsames.

Es ist anscheinend in dem ganzen Traum meines Patienten keine Opposition gegen das kollektive Gefühl, gegen Massenreligion und Heidentum, abgesehen von dem bald zum Schweigen gebrachten protestantischen Freund. Nur ein merkwürdiger Zwischenfall verdient unsere Aufmerksamkeit: das ist die unbekannte Frau, die erst das Lob des Katholizismus unterstützt und dann plötzlich in Tränen ausbricht und sagt: «Dann bleibt ja überhaupt nichts mehr übrig», worauf sie verschwindet, um nicht wiederzukommen.

Wer ist diese Frau? Sie ist für den Träumer eine unbestimmte und unbekannte Person, aber als er diesen Traum hatte, kannte er sie schon gut als «die unbekannte Frau», die in früheren Träumen öfters erschienen war.

Da diese Figur in den Träumen von Männern eine große Rolle spielt, trägt sie die technische Bezeichnung «Anima»[32], im Hinblick auf die Tatsache, daß der Mensch seit undenklichen Zeiten in seinen Mythen immer die Idee der Koexistenz eines Männlichen und eines Weiblichen in demselben Körper ausgedrückt hat. Solche psychologischen Intuitionen waren meistens projiziert in der Form der göttlichen Syzygie, des göttlichen Paares, oder in der Idee der hermaphroditischen Natur des Schöpfers[33]. EDWARD MAITLAND, der Biograph der ANNA KINGSFORD, erzählt um die Jahrhundertwende eine innere Erfahrung der Doppelgeschlechtlichkeit der Gottheit[34]. Ferner gibt es die Hermetische Philosophie mit ihrem Hermaphroditen und ihrem androgynen inneren Menschen[35], dem «homo Adamicus», der, «obwohl er in männlicher Form erscheint, doch immer die Eva, d. h. seine Frau, verborgen in seinem Körper mit sich trägt», wie ein mittelalterlicher Kommentator des *Tractatus Aureus* sagt[36].

Die Anima ist wahrscheinlich eine Darstellung der Minderheit der weiblichen Gene in einem männlichen Körper. Dies ist um so wahrscheinlicher, als man dieselbe Figur in der Bilderwelt des weiblichen Unbewußten nicht findet. Es gibt dort jedoch eine korrespondierende Figur, die eine gleichwertige Rolle spielt; es ist aber nicht das Bild einer Frau, sondern das eines Mannes. Diese männliche Figur in der Psychologie der Frau ist als «Animus» bezeichnet worden[37]. Eine der typischsten Äußerungen beider Figuren ist das, was man seit langem «Animosität» nennt. Die Anima verursacht unlogische Launen, der Animus produziert aufreizende Gemeinplätze und unvernünftige Meinungen. Beide sind häufige Traumfiguren. In der Regel personifizieren sie das Unbewußte und geben ihm seinen eigentümlich unangenehmen oder irritierenden Charakter. Das Unbewußte an sich hat solche negativen Eigenschaften nicht. Sie treten hauptsächlich dann in Erscheinung, wenn es personifiziert ist durch diese Figuren und wenn diese anfangen, das Bewußtsein zu beeinflussen. Da sie nur Teilpersönlichkeiten sind, haben sie den Charakter eines inferioren Mannes oder einer inferioren Frau, und daher kommt ihr irritierender Einfluß. Ein Mann unter diesem Einfluß ist unberechenbaren Launen unterworfen, und eine Frau wird rechthaberisch und äußert Meinungen, die am Eigentlichen vorbeigehen[38].

Die negative Reaktion der Anima im Kirchentraum weist darauf hin, daß die weibliche Seite des Träumers, also sein Unbewußtes, mit seiner Einstellung nicht einverstanden ist. Dieser Gefühlseinwand beginnt mit dem Spruch an der Wand: «Schmeichelt nicht Eurem Wohltäter», wozu der Träumer zustimmt. Die Bedeutung des Satzes scheint ganz vernünftig zu sein, so daß man nicht versteht, warum die Frau so verzweifelt darüber ist. Ohne diesem Geheimnis weiter nachzugehen, müssen wir uns für den Augenblick mit der Tatsache begnügen, daß im Traum ein Widerspruch besteht, und daß eine wichtige Minderheit unter lebhaftem Protest die Bühne verlassen hat und den weiteren Vorgängen keine Aufmerksamkeit mehr schenkt.

Wir erfahren also aus dem Traum, daß die unbewußte Funktion des Träumers einen ziemlich flachen Kompromiß zwischen Katholizismus und einer heidnischen «joie de vivre» hervorbringt. Das Produkt des Unbewußten drückt nicht einen festen Gesichtspunkt oder eine endgültige Meinung aus, sondern entspricht eher der dramatischen Exposition eines Überlegungsaktes. Man könnte dies vielleicht folgendermaßen formulieren: «Wie steht es nun mit deiner religiösen Angelegenheit? Du bist Katholik, nicht wahr? Ist das nicht gut genug? Aber Asketentum – schön und gut, doch auch die Kirche muß sich ein wenig anpassen – Kino, Radio, Jazz usw. – warum nicht auch etwas kirchlicher Wein und fröhliche Bekanntschaften?» Aber aus irgendeinem Grunde scheint diese unangenehme, aus vielen früheren Träumen wohlbekannte, mysteriöse Frau tief enttäuscht zu sein und geht fort.

Ich muß bekennen, daß ich mit der Anima sympathisiere. Offensichtlich ist der Kompromiß zu billig und zu oberflächlich, aber charakteristisch für den Träumer wie für viele andere Leute, denen Religion nicht viel bedeutet. Religion war für meinen Patienten ohne jede Wichtigkeit, und er erwartete sicher niemals, daß sie ihn irgendwie etwas angehen könnte. Aber er war wegen einer sehr schwerwiegenden Erfahrung zu mir gekommen. Er war äußerst rationalistisch und intellektuell und hatte erlebt, daß seine Geisteshaltung und seine Philosophie ihn angesichts seiner Neurose und ihrer demoralisierenden Kräfte vollständig im Stich ließen. In seiner ganzen Weltanschauung fand er nichts, das ihm zu einer genügenden Selbstbeherrschung hätte verhelfen können. Er war deshalb so ziemlich in der Lage eines Mannes, den seine bis dahin gehegten Überzeugungen und Ideale im Stich gelassen hatten. Es ist keineswegs ein außergewöhnlicher Fall, daß ein Mensch unter solchen Umständen zu der Religion seiner Kindheit zurückkehrt, in der Hoffnung, dort etwas Hilfreiches zu finden. Es war indessen kein bewußter Versuch oder Entschluß, frühere religiöse Glaubensformen wieder zu beleben. Er träumte es bloß; d.h. sein Unbewußtes produzierte eine eigenartige Konstatierung über seine Religion. Es ist gerade so, als ob Geist und Fleisch, die beiden ewigen Feinde im christlichen Bewußtsein, miteinander Frieden gemacht hätten in Form einer sonderbaren Abschwächung ihrer gegensätzlichen Natur. Geistigkeit und Weltlichkeit kommen in unerwarteter Friedfertigkeit zusammen. Die Wirkung ist einigermaßen grotesk und komisch. Der unerbittliche Ernst des Geistes scheint durch eine fast antike Fröhlichkeit unterminiert zu sein, mit Wein und Rosen parfümiert. Der Traum beschreibt jedenfalls eine geistliche und weltliche Atmosphäre, welche die Schärfe des moralischen Konfliktes abstumpft und alle seelischen Schmerzen und Nöte in Vergessenheit geraten läßt.

Wenn das eine Wunscherfüllung war, so bestimmt eine bewußte, denn es war genau das, was der Patient schon bis zur Übertreibung getan hatte. Und er war in dieser Hinsicht auch nicht unbewußt, denn der Wein war einer seiner gefährlichsten Feinde. Der Traum ist im Gegenteil eine unparteiische Konstatierung des geistigen Zustandes des Patienten. Er gibt das Bild einer degenerierten, von Weltlichkeit und Mobinstinkten verdorbenen Religion. Es ist religiöse Sentimentalität, anstatt das Numinosum göttlicher Erfahrung. Das ist das wohlbekannte Kennzeichen einer Religion, die das lebendige Geheimnis verloren hat. Es ist leicht verständlich, daß eine solche Religion unfähig ist, zu helfen oder irgendeine andere moralische Wirkung zu haben.

Der allgemeine Aspekt des Traumes ist bestimmt ungünstig, obwohl gewisse andere Aspekte mehr positiver Natur schwach sichtbar sind. Es kommt selten vor, daß Träume ausschließlich positiv oder ausschließlich negativ sind. In der Regel findet man beide Aspekte, aber gewöhnlich ist der eine stärker als der andere. Es ist klar, daß ein solcher Traum den Psychologen mit genügend Material versieht, um das Problem der religiösen Einstellung aufzurollen. Wenn unser Traum der einzige wäre, den wir besäßen, könnten wir kaum hoffen, seine innerste Bedeutung zu erschließen; aber wir haben eine ganze Anzahl von Träumen in unserer Serie, die auf ein merkwürdiges religiöses Problem hindeuten. Wenn ich irgend kann, interpretiere ich niemals einen Traum für sich allein. In der Regel gehört der Traum in eine Serie. Wie im Bewußtsein eine Kontinuität besteht, ungeachtet der Tatsache, daß sie regelmäßig durch den Schlaf unterbrochen wird, so gibt es wahrscheinlich auch eine Kontinuität der unbewußten Prozesse, vielleicht sogar noch eher als bei den Vorgängen des Bewußtseins. Auf jeden Fall spricht meine Erfahrung zugunsten der Wahrscheinlichkeit, daß Träume die sichtbaren Glieder einer Kette von unbewußten Vorgängen sind. Wenn wir die Frage über die tieferen Gründe für unseren Traum erhellen wollen, müssen wir auf die Serie zurückgreifen und sehen, an welcher Stelle der langen Kette von 400 Träumen er steht.

Wir finden unseren Traum als Mittelstück zwischen zwei wichtigen Träumen unheimlichen Charakters. Der Traum vorher berichtet von einer Versammlung vieler Menschen und einer sonderbaren Zeremonie von anscheinend magischem Charakter, die den Zweck hat, «den Gibbon zu rekonstruieren». Der nachfolgende Traum beschäftigt sich mit einem ähnlichen Thema – der magischen Verwandlung von Tieren in menschliche Wesen[39].

Beide Träume sind außerordentlich unangenehm und sehr alarmierend für den Patienten. Während der Kirchentraum sich sichtlich an der

Oberfläche bewegt und Meinungen äußert, die unter andern Umständen ebensogut bewußt hätten gedacht werden können, haben diese beiden Träume einen seltsamen und fremden Charakter, und ihre gefühlsmäßige Wirkung ist derart, daß der Träumer sie wenn möglich ungeschehen machen möchte. In der Tat sagt der Text des zweiten Traumes wörtlich: «Wenn man wegrennt, ist alles verloren.» Diese Bemerkung stimmt merkwürdig überein mit derjenigen der unbekannten Frau: «Dann bleibt überhaupt nichts übrig.» Der Schluß, den wir aus diesen Bemerkungen ziehen, ist der, daß der Kirchentraum ein Versuch war, andern Traumgedanken von viel tieferer Bedeutung zu entfliehen. Diese Gedanken erscheinen in den beiden vorhergehenden und nachfolgenden Träumen.

II. Dogma und natürliche Symbole

Der erste dieser Träume – der dem Kirchentraum vorangehende – spricht von einer Zeremonie, durch die ein Affe wiederhergestellt werden soll. Es würde zuviele Einzelheiten erfordern, diesen Punkt genügend zu erklären. Ich muß mich deshalb auf die bloße Feststellung beschränken, daß der «Affe» sich auf die instinktive Persönlichkeit des Träumers bezieht[1], die er zugunsten einer ausschließlich intellektuellen Einstellung vernachlässigt hatte. Der Erfolg davon war, daß seine Triebe ihn überwältigten und ihn von Zeit zu Zeit mit unbeherrschbarer Macht überfielen. Die «Wiederherstellung» des Affen bedeutet den Wiederaufbau der instinktiven Persönlichkeit innerhalb des Rahmens der Bewußtseinshierarchie. Solch eine Wiederherstellung ist nur möglich, wenn wichtige Veränderungen der bewußten Einstellung sie begleiten. Der Patient hatte natürlich Angst vor den Tendenzen des Unbewußten, weil sie sich ihm bis dahin in ihrer ungünstigsten Form gezeigt hatten. Der Kirchentraum, der darauf folgt, stellt einen Versuch dar, im Schutze einer Kirchenreligion Zuflucht vor dieser Angst zu suchen. Der dritte Traum, der von der «Verwandlung von Tieren in menschliche Wesen» spricht, setzt offensichtlich das Thema des ersten fort, d.h. der Affe wird lediglich zu dem Zwecke wiederhergestellt, um später in ein menschliches Wesen verwandelt zu werden.

Der Patient wäre dann ein anderer, was besagen will, daß er sich durch die Reintegration seiner bis dahin abgespaltenen Instinktivität einer wichtigen Veränderung unterziehen muß und so zu einem neuen Menschen gemacht wird. Der moderne Geist hat jene alten Wahrheiten vergessen, welche von dem Tod des alten Adam, von der Erschaffung eines neuen Menschen, von der geistigen Wiedergeburt und ähnlichen altmodischen «mystischen Absurditäten» reden. Mein Patient, als moderner Wissenschaftler, wurde mehr als einmal von Panik ergriffen, wenn er realisierte, wie sehr er von solchen Gedanken innerlich gepackt war. Er hatte Angst, irrsinnig zu werden, während der Mensch 2000 Jahre früher solche Träume willkommen geheißen hätte, in der frohen Hoffnung auf eine geistige Wiedergeburt und Erneuerung des Lebens. Aber unsere moderne Einstellung blickt stolz auf die Nebel von Aberglauben und mittelalterlicher oder primitiver Leichtgläubigkeit zurück und vergißt vollständig, daß wir die ganze Vergangenheit in den tieferen Stockwerken des Wolkenkratzers unseres rationalen Bewußtseins mit uns tragen. Ohne diese tieferen Schichten hängt unser Geist in der Luft. Kein Wunder, daß er nervös wird. Die wahre Geschichte des Geistes ist nicht in gelehrten Büchern aufbewahrt, sondern in dem lebenden, seelischen Organismus jedes einzelnen.

Ich muß jedoch zugeben, daß die Idee der Erneuerung Formen annahm, die einen modernen Geist tatsächlich schockieren konnten. Es ist wirklich schwierig, wenn nicht unmöglich, das, was wir als «Wiedergeburt» verstehen, mit der Form zusammenzubringen, in der die Träume sie schildern. Aber bevor wir auf die angedeutete, seltsame und unerwartete Verwandlung eingehen, müssen wir uns noch mit dem anderen offensichtlich religiösen Traum befassen, den ich schon erwähnte.

Während der Kirchentraum in der langen Serie ziemlich am Anfang steht, gehört der folgende Traum zu den späteren Stadien des Prozesses. Der wörtliche Text lautet:

«Ich komme in ein besonders weihevolles Haus, das ‹Haus der Sammlung›. Im Hintergrund sind viele Kerzen, die in einer besonderen Form mit vier nach oben zulaufenden Spitzen angeordnet sind. Außen an der Türe des Hauses steht ein alter Mann. Es gehen Leute hinein. Sie sprechen nichts und stehen regungslos, um sich innerlich zu sammeln. Der Mann an der Türe sagt von den Besuchern des Hauses: ‹Sobald sie wieder heraustreten, sind sie rein.› Nun gehe ich selbst in das Haus hinein und kann mich ganz konzentrieren. Da spricht eine Stimme: ‹Was du tust, ist gefährlich. Die Religion ist nicht die Steuer, die du bezahlen sollst, um das Bild der Frau entbehren zu können, denn dieses Bild ist unentbehrlich. Wehe denen, welche die Religion als Ersatz für eine andere Seite des Lebens der Seele gebrauchen; sie sind im Irrtum und werden verflucht sein. Kein Ersatz ist die Religion, sondern sie soll als letzte Vollendung zur anderen Tätigkeit der Seele hinzukommen. Aus der Fülle des Lebens sollst du deine Religion gebären, nur dann wirst du selig sein!› Bei dem besonders laut gesprochenen letzten Satz höre ich ferne Musik, einfache Akkorde auf einer Orgel. Etwas daran erinnert an das Feuerzaubermotiv von Wagner. Als ich nun aus dem Hause

trete, da sehe ich einen brennenden Berg, und ich fühle, ‹ein Feuer, das nicht gelöscht werden kann, ist ein heiliges Feuer›[2].»

Der Patient ist tief beeindruckt von diesem Traum. Er ist für ihn ein feierliches und bedeutsames Erlebnis, eines von mehreren, die eine tiefgreifende Veränderung in seiner Einstellung dem Leben und der Menschheit gegenüber zustande brachten. Es ist nicht schwer zu sehen, daß dieser Traum eine Parallele zum Kirchentraum bildet. Nur ist diesmal die Kirche zu einem «Hause der Feierlichkeit» und der «inneren Sammlung» geworden. Es finden sich keine Andeutungen von Zeremonien oder von anderen bekannten Attributen der katholischen Kirche, mit der einzigen Ausnahme der brennenden Kerzen, welche in einer, vielleicht dem katholischen Kult entstammenden, symbolischen Form angeordnet sind[3]. Sie bilden vier Pyramiden oder Spitzen, welche möglicherweise die Schlußvision des brennenden Berges vorwegnehmen. Die Erscheinung der Zahl Vier indessen kommt häufig in den Träumen des Patienten vor und spielt eine sehr wichtige Rolle. Das heilige Feuer bezieht sich auf BERNARD SHAWS *Heilige Johanna,* wie der Träumer selbst bemerkt. Das «unauslöschbare» Feuer ist andererseits ein wohlbekanntes Attribut der Gottheit, nicht nur im Alten Testament, sondern auch, als Allegorie Christi, in einem nichtkanonischen Herrenwort in den *Homilien* des ORIGENES erwähnt: «Der Erlöser sagt ihm nämlich: Wer immer mir nahe ist, ist nahe dem Feuer; wer immer mir fern ist, ist fern dem Reich[4].» Seit HERAKLIT ist das Leben dargestellt worden als ein pyr aeizoon, ein ewig lebendiges Feuer, und da Christus sich selbst als «Das Leben» bezeichnet, ist das nichtkanonische Wort verständlich. Das Feuersymbol mit der Bedeutung von «Leben» paßt in den Rahmen des Traumes, welcher betont, daß die «Fülle des Lebens» die einzige legitime Quelle der Religion sei. So haben die vier feurigen Spitzen beinahe die Funktion einer Ikone, welche die Gegenwart der Gottheit oder einer ähnlichen resp. gleichwertigen Wesenheit anzeigt. Im System der Barbelioten umstehen den Autogenēs, den aus sich selbst Geborenen oder Unerschaffenen, vier Lichter[5]. Diese eigenartige Figur dürfte auch dem Monogenēs der koptischen Gnosis des *Codex Brucianus* entsprechen. Der Monogenēs ist dort ebenfalls als Quaternitätssymbol gekennzeichnet.

Wie ich schon vorhin erwähnte, spielt die Vierzahl in diesen Träumen eine wichtige Rolle und weist immer auf eine Idee hin, die der pythagoräischen *Tetraktys* verwandt ist[6].

Das Quaternarium oder die Quaternität hat eine lange Geschichte. Sie erscheint nicht nur in der christlichen Ikonologie und mystischen Spekulation[7], sondern sie spielt eine vielleicht noch größere Rolle in der gnostischen Philosophie[8] und von da an durch das ganze Mittelalter hindurch bis ins 18. Jahrhundert[9].

In dem von uns behandelten Traum erscheint die Quaternität als der bedeutsamste Exponent des vom Unbewußten geschaffenen religiösen Kultes[10]. Der Träumer betritt das «Haus der Sammlung» allein, anstatt mit einem Freund, wie im Kirchentraum. Darin trifft er einen alten Mann, der schon in einem früheren Traum als der *Weise* erschienen war, und der damals eine besondere Stelle auf der Erde als diejenige bezeichnet hatte, wo der Träumer hingehöre. Der alte Mann erklärt, daß der Kult ein Reinigungsritual sei. Es ist jedoch aus dem Traumtext nicht zu ersehen, was für eine Art von Reinigung gemeint ist, oder wovon sie zu reinigen hat. Der einzige Ritus, der wirklich stattfindet, scheint eine Konzentration oder Meditation zu sein, welche zu dem ekstatischen Phänomen der *Stimme* führt. Die Stimme kommt in dieser Traumserie oft vor. Sie gibt immer eine autoritative Erklärung oder einen Befehl entweder von erstaunlichem common sense oder aber von philosophisch bedeutsamer Anspielung. Es ist fast immer eine endgültige Feststellung; gewöhnlich kommt sie gegen Ende eines Traumes und ist in der Regel so klar und überzeugend, daß der Träumer kein Gegenargument findet. Was die Stimme sagt, hat tatsächlich so sehr den Charakter unwiderleglicher Wahrheit, daß es kaum anders als eine zwingende Schlußfolgerung aus einer langen unbewußten Überlegung und Abwägung von Argumenten zu verstehen ist. Öfters geht die Stimme von einer gebieterischen Gestalt aus, z. B. von einem militärischen Befehlshaber oder dem Kapitän eines Schiffes oder einem alten Arzt. Manchmal ist einfach eine Stimme da, die scheinbar von nirgends herkommt. Es war interessant zu sehen, wie dieser intellektuelle und skeptische Mann die Stimme aufnahm; oft paßte sie ihm gar nicht, und doch nahm er sie an, ohne zu fragen, ja sogar in Demut. So enthüllte die Stimme sich im Laufe mehrerer hundert sorgfältig niedergeschriebener Träume als eine wichtige und sogar entscheidende Vertreterin des Unbewußten. Da der Patient keineswegs der einzige von mir beobachtete Fall ist, welcher das Phänomen der Stimme in Träumen wie auch in besonderen Bewußtseinszuständen gezeigt hat, muß ich die Tatsache anerkennen, daß das Unbewußte zu Zeiten fähig ist, eine

Intelligenz und Zweckgerichtetheit zu manifestieren, welche der zur Zeit möglichen bewußten Einsicht überlegen sind. Ohne Zweifel ist diese Tatsache ein grundlegendes religiöses Phänomen, das hier an einem Fall beobachtet wurde, dessen bewußte geistige Haltung kaum der Hervorbringung religiöser Phänomene fähig schien. Ich habe nicht selten in andern Fällen ähnliche Beobachtungen gemacht, und ich muß gestehen, daß ich nicht imstande bin, die Tatsachen in anderer Weise zu formulieren. Ich bin oft dem Einwand begegnet, daß die von der Stimme vertretenen Gedanken nichts anderes seien als die Gedanken des Individuums selbst. Das mag sein; aber ich würde einen Gedanken nur dann meinen eigenen nennen, wenn *ich* ihn gedacht habe, ebenso wie ich Geld nur dann als mein eigenes bezeichnen würde, wenn ich es bewußt und legitim erworben habe. Wenn jemand mir das Geld als Geschenk gibt, werde ich zu meinem Wohltäter sicherlich nicht sagen: «Ich danke dir für *mein* Geld», obwohl ich nachher zu einer dritten Person sagen könnte: «Dies ist mein eigenes Geld.» Mit der Stimme bin ich in einer ähnlichen Lage. Die Stimme gibt mir gewisse Inhalte, genau so, wie ein Freund mir seine Ideen mitteilen würde. Es wäre weder anständig noch wahrheitsgemäß, sondern ein Plagiat, zu behaupten, daß was *er* sagt ursprünglich und zuerst meine eigenen Ideen gewesen seien.

Das ist der Grund, weshalb ich unterscheide zwischen dem, was ich durch meine eigene bewußte Anstrengung geschaffen oder erworben habe, und dem, was klar und unmißverständlich eine Schöpfung des Unbewußten ist. Man mag dagegen einwenden, das sogenannte Unbewußte sei lediglich meine eigene Psyche und deshalb erübrige sich eine solche Unterscheidung. Aber ich bin keineswegs davon überzeugt, daß das Unbewußte tatsächlich nur *meine* Psyche ist, denn der Begriff «Unbewußtes» bedeutet, daß ich seiner nicht einmal bewußt bin. Der Begriff des Unbewußten ist tatsächlich eine bloße Annahme zum Zwecke der Bequemlichkeit. In Wirklichkeit bin ich *unbewußt* darüber – mit anderen Worten, ich weiß überhaupt nicht, wo die Stimme ihren Ursprung hat. Ich bin nicht nur unfähig, das Phänomen willentlich hervorzubringen, sondern ich bin auch unfähig, den Inhalt der Botschaft vorher zu wissen. Unter solchen Bedinungen wäre es vermessen, den Faktor, der die Stimme hervorbringt, als *mein* Unbewußtes oder als *meinen* Geist zu bezeichnen. Es wäre mindestens nicht genau. Die Tatsache, daß man die Stimme im eigenen Traum wahrnimmt, beweist gar nichts, denn man kann auch die Straßengeräusche wahrnehmen, und es würde niemandem einfallen, solche als die *eigenen* zu bezeichnen.

Es gibt nur eine einzige Bedingung, unter der man die Stimme legitimerweise die *eigene* nennen könnte, wenn man nämlich annimmt, die bewußte Persönlichkeit sei der Teil eines Ganzen oder ein kleinerer Kreis, der in einem größeren enthalten ist. Ein kleiner Bankangestellter, der seinem Freund die Stadt zeigt und auf das Bankgebäude hinweist mit den Worten: «Und das hier ist *meine* Bank», macht von demselben Vorrecht Gebrauch.

Wir können annehmen, daß die menschliche Persönlichkeit aus zweierlei besteht: erstens aus dem Bewußtsein und allem, was dieses umfaßt, und zweitens aus einem unbestimmbar großen Hinterland unbewußter Psyche. Die bewußte Persönlichkeit kann mehr oder weniger klar bestimmt und abgegrenzt werden; wenn es sich aber um die Gesamtheit der menschlichen Persönlichkeit handelt, muß die Unmöglichkeit einer vollständigen Beschreibung zugegeben werden. Mit anderen Worten, es gibt unvermeidlicherweise ein unbegrenzbares und undefinierbares, zusätzliches Etwas zu jeder Persönlichkeit, insofern als letztere aus einem bewußten, beobachtbaren Teil besteht, welcher gewisse Faktoren nicht enthält, deren Existenz wir jedoch gezwungen sind anzunehmen, um gewisse Tatsachen zu erklären. Die unbekannten Faktoren bilden das, was wir als den unbewußten Anteil der Persönlichkeit bezeichnen.

Wir können nicht wissen, woraus diese Faktoren bestehen, denn wir können nur ihre Wirkungen beobachten. Wir nehmen an, daß sie eine psychische Natur haben, vergleichbar jener der bewußten Inhalte; aber eine Sicherheit in dieser Hinsicht gibt es nicht. Wenn wir eine solche Analogie voraussetzen, können wir es kaum vermeiden, weitere Schlüsse zu ziehen. Da seelische Inhalte nur insoweit bewußt und wahrnehmbar sind, als sie mit einem Ego assoziiert sind, könnte das Phänomen der Stimme mit seinem stark persönlichen Charakter möglicherweise ebenfalls von einem Ego-Zentrum ausgehen, das jedoch nicht identisch wäre mit dem bewußten Ich. Eine solche Schlußfolgerung ist erlaubt, wenn wir das Ich auffassen als untergeordnet oder enthalten in einem übergeordneten Selbst als dem Zentrum der ganzen, unbegrenzten und undefinierbaren psychischen Persönlichkeit.

Ich bin kein Freund von philosophischen Argumenten, die sich mit ihren selbsterfundenen Komplikationen amüsieren. Wenn auch meine

Überlegung spitzfindig zu sein scheint, so ist sie doch wenigstens ein wohlgemeinter Versuch, beobachtete Tatsachen zu formulieren. Man könnte z. B. ganz einfach sagen: da wir nicht alles wissen, enthält praktisch jede Erfahrung, jede Tatsache oder jedes Objekt etwas Unbekanntes. Wenn wir also von der Totalität einer Erfahrung sprechen, kann sich das Wort «Totalität» nur auf den bewußten Teil der Erfahrung beziehen. Da wir nicht annehmen können, daß unsere Erfahrung die Totalität des Objekts umfasse, ist es klar, daß dessen absolute Totalität notwendigerweise den Teil enthalten muß, der nicht erfahren wurde. Dasselbe gilt, wie ich schon gesagt habe, von jeder Erfahrung und auch von der Psyche, deren absolute Totalität auf alle Fälle einen wesentlich größeren Umfang hat als das Bewußtsein. Mit andern Worten, die Psyche macht keine Ausnahme von der allgemeinen Regel, daß das Wesen des Universums nur insoweit festgestellt werden kann, als unser psychischer Organismus es erlaubt.

Meine psychologische Erfahrung hat mir immer wieder gezeigt, daß gewisse Inhalte von einer Psyche herstammen, die vollständiger ist als das Bewußtsein. Sie enthalten oft eine überlegene Analyse oder Einsicht oder ein Wissen, welche das jeweilige Bewußtsein nicht hervorzubringen vermöchte. Wir haben ein passendes Wort für solche Vorkommnisse – *Intuition.* Wenn man es ausspricht, haben die meisten Leute das angenehme Gefühl, als ob damit irgend etwas gesagt wäre. Aber sie ziehen nie in Betracht, daß man eine Intuition nicht *macht.* Im Gegenteil, sie kommt immer von selbst; man *hat* einen *Einfall,* der von selbst entstanden ist, und man kann ihn nur dann erwischen, wenn man schnell genug zur Hand ist.

Infolgedessen erkläre ich die Stimme im Traum von dem weihevollen Haus als das Produkt der vollständigeren Persönlichkeit, zu welcher die bewußte Seite des Träumers als ein Teil gehört. Und ich bin der Ansicht, daß dies der Grund dafür sei, warum die Stimme eine Intelligenz und eine Klarheit zeigt, die dem gleichzeitigen Bewußtsein des Träumers überlegen sind. Diese Überlegenheit begründet die unbedingte Autorität der Stimme.

Die Botschaft enthält eine bemerkenswerte Kritik an der Einstellung des Träumers. Im Kirchentraum hat er einen Vesuch gemacht, die beiden Seiten des Lebens durch eine Art billigen Kompromisses zu vereinigen. Wie wir wissen, war die unbekannte Frau, die Anima, damit nicht einverstanden und verschwand von der Bildfläche. In diesem Traum aber scheint die Stimme den Platz der Anima eingenommen zu haben; sie erhebt allerdings nicht einen bloß gefühlsmäßigen Protest, sondern gibt eine meisterhafte Erklärung über zwei Arten von Religion ab. Dieser Konstatierung zufolge neigt der Träumer dazu, die Religion als einen Ersatz für das «Bild der Frau» zu benutzen, wie der Text sagt. Das Wort «Frau» bezieht sich auf die Anima. Das wird durch den nächsten Satz erhellt, welcher von Religion spricht, die benutzt wird als Ersatz für «die andere Seite des Lebens der Seele». Die Anima ist die «andere Seite», wie ich zuvor erklärt habe. Sie stellt die weibliche Minderheit dar, die unter der Schwelle des Bewußtseins verborgen ist, mit andern Worten: das Unbewußte. Die Kritik würde also lauten: «Du versuchst es mit der Religion, um deinem Unbewußten zu entfliehen. Du benutzest sie als Ersatz für einen Teil des Lebens deiner Seele. Aber Religion ist die Frucht und der Höhepunkt der Vollständigkeit des Lebens, d.h. eines Lebens, welches beide Seiten enthält.»

Ein sorgfältiger Vergleich mit anderen Träumen derselben Serie zeigt unmißverständlich, was die «andere Seite» ist. Der Patient versuchte beständig, seinen *Gefühlsbedürfnissen* auszuweichen. Er befürchtete nämlich, sie könnten ihn in Unannehmlichkeiten bringen, ihn z. B. in die Ehe und in andere Verantwortlichkeiten wie Liebe, Hingabe, Treue, Vertrauen, gefühlsmäßige Abhängigkeit und allgemeine Unterwerfung unter die Bedürfnisse der Seele verwickeln. All dieses hatte nichts zu tun mit Wissenschaft oder einer akademischen Karriere; und überdies war das Wort «Seele» nichts als eine intellektuelle Unanständigkeit, die man sich unmöglich zuschulden kommen lassen konnte.

Das «Geheimnis» der Anima ist die religiöse Anspielung – ein großes Rätsel für meinen Patienten, der natürlicherweise von Religion nichts anderes wußte, als daß sie eine Konfession sei. Und er wußte auch, daß die Religion ein Ersatz sein konnte für gewisse unangenehme gefühlsmäßige Ansprüche, um die man vielleicht herumkäme durch kirchliche Devotion. Die Vorurteile unseres Zeitalters werden in den Befürchtungen unseres Träumers sichtbar widergespiegelt. Die Stimme andererseits ist unorthodox, sie ist sogar schockierend unkonventionell: sie nimmt die Religion ernst, stellt sie an die Spitze des Lebens, eines Lebens, das «beide Seiten» enthält, und zerstört so die teuersten intellektuellen und rationalistischen Vorurteile. Das war ein solcher Umsturz, daß mein Patient öfters Angst hatte, er könnte verrückt werden. Nun, da wir den durchschnittlichen Intellektuellen von heute und gestern kennen, vermögen wir seine mißliche Lage wohl mitzufühlen. Das «Bild der Frau», mit anderen Worten, das Unbewußte ernsthaft in Betracht ziehen – welche Niederlage für den aufgeklärten common sense[11]!

Ich begann die persönliche Behandlung, nachdem er die erste Serie von etwa 350 Träumen beobachtet hatte. Er litt damals an einer heftigen Reaktion infolge seiner inneren Erlebnisse. Er wäre am liebsten vor seinem eigenen Abenteuer davongelaufen. Aber glücklicherweise hatte der Mann «religio», d. h. er «berücksichtigte seine Erfahrung sorgfältig», und er hatte genug Pistis oder Loyalität zu seiner Erfahrung, so daß er dabeizubleiben und sie fortzusetzen vermochte. Er hatte den großen *Vorteil, neurotisch zu sein,* und so kam jedesmal, wenn er versuchte, seiner Erfahrung untreu zu werden oder die Stimme zu verleugnen, der neurotische Zustand sogleich zurück. Er konnte «das Feuer nicht löschen», und schließlich mußte er den unbegreiflich numinosen Charakter seiner Erfahrung zugeben. Er mußte bekennen, daß das unauslöschbare Feuer «heilig» war. Das war die conditio sine qua non seiner Heilung.

Man könnte vielleicht diesen Fall für eine Ausnahme halten, insofern als annähernd vollständige Menschen Ausnahmen sind. Es ist eine Tatsache, daß die große Mehrheit gebildeter Leute aus fragmentarischen Persönlichkeiten besteht und daß eine Menge von Ersatzmitteln an Stelle der wahren Güter gebraucht werden. Aber Fragment zu sein, bedeutete für diesen Mann eine Neurose, und es bedeutet dasselbe noch für eine große Anzahl anderer Menschen. Was man gewöhnlich und im allgemeinen «Religion» nennt, ist zu einem so erstaunlichen Grade ein Ersatz, daß ich mich ernsthaft frage, ob diese Art von Religion, die ich lieber als Konfession bezeichnen möchte, nicht eine wichtige Funktion in der menschlichen Gesellschaft habe. Sie hat den offensichtlichen Zweck, *unmittelbare Erfahrung* zu ersetzen durch eine Auswahl passender Symbole, die in ein fest organisiertes Dogma und Ritual eingekleidet sind. Die katholische Kirche erhält sie aufrecht durch ihre absolute Autorität, die protestantische «Kirche» (wenn man diesen Begriff noch anwenden kann) durch Betonung des Glaubens an die evangelische Botschaft. Solange diese beiden Prinzipien Wirksamkeit haben, sind die Menschen erfolgreich verteidigt gegen die *unmittelbare* religiöse Erfahrung[12]. Ja sie können sich sogar, wenn ihnen trotzdem etwas Unmittelbares zustoßen sollte, an die Kirche wenden, denn diese kann entscheiden, ob die Erfahrung von Gott kam oder vom Teufel, ob man sie annehmen oder verwerfen soll.

In meinem Beruf bin ich einigen Menschen begegnet, welche solch eine unmittelbare Erfahrung gehabt haben und sich der Autorität kirchlicher Entscheidung nicht unterwerfen wollten oder konnten. Ich mußte sie durch Krisen und leidenschaftliche Konflikte begleiten, durch die Angst vor dem Wahnsinn, durch verzweifelte Verwirrungen und Depressionen, die zugleich grotesk und furchtbar waren, so daß ich völlig überzeugt bin von der außerordentlichen Wichtigkeit des Dogmas und des Rituals, zum mindesten als *Methoden geistiger Hygiene.* Wenn der Patient ein praktizierender Katholik ist, rate ich ihm ohne Ausnahme, zu beichten und zu kommunizieren, um sich vor der unmittelbaren Erfahrung zu schützen, die leicht zuviel für ihn werden könnte. Mit Protestanten ist es gewöhnlich nicht so leicht, weil Dogma und Ritual so blaß und schwach geworden sind, daß sie ihre Wirksamkeit in hohem Grade verloren haben. In der Regel gibt es ja auch keine Beichte, und die Pfarrer teilen die allgemeine Abneigung gegen psychologische Probleme und unglücklicherweise auch die allgemeine psychologische Unwissenheit. Der katholische geistliche Ratgeber hat öfters mehr psychologisches Geschick und etwa auch tiefere Einsicht. Protestantische Pfarrer sind überdies durch ein wissenschaftliches Training an einer theologischen Fakultät gegangen, das wegen seines kritischen Geistes die Naivität des Glaubens untergräbt, wohingegen die überwältigende historische Tradition in der Erziehung eines katholischen Priesters die Autorität der Institution zu verstärken pflegt.

Als Arzt könnte ich leicht dem sogenannten «wissenschaftlichen» Glauben anhängen, welcher die Inhalte einer Neurose für nichts als verdrängte infantile Sexualität oder Machttrieb hält. Durch eine solche Entwertung seelischer Inhalte wäre es bis zu einem gewissen Grade möglich, eine Anzahl von Patienten vor dem Risiko unmittelbarer Erfahrung zu schützen. Aber ich weiß, daß diese Theorie nur teilweise wahr ist, was bedeutet, daß sie nur gewisse Aspekte der neurotischen Psyche erfaßt. Ich kann aber meinem Patienten nichts sagen, wovon ich selbst nicht völlig überzeugt bin.

Nun könnte man mir sagen: «Aber wenn Sie Ihrem praktizierenden Katholiken raten, zu seinem Priester zu gehen um zu beichten, so sagen

Sie ihm auch etwas, was Sie nicht glauben», vorausgesetzt, daß ich Protestant bin.

Um auf dieses kritische Problem einzugehen, muß ich zunächst erklären, daß ich – wenn ich es irgend vermeiden kann – niemals meinen Glauben predige. Werde ich danach gefragt, so stehe ich sicherlich zu meinen Überzeugungen, die nicht über das hinausgehen, was ich für mein Wissen halte. Ich bin überzeugt von dem, was ich *weiß*. Alles andere ist Hypothese, und darüber hinaus kann ich eine Unmenge von Dingen dem Unbekannten überlassen. Sie quälen mich nicht. Aber sie würden mich bestimmt zu quälen anfangen, wenn ich fühlte, daß ich etwas davon wissen *sollte*. Wenn daher ein Patient von dem ausschließlich sexuellen Ursprung seiner Neurose überzeugt ist, so würde ich ihn in seiner Meinung nicht stören, weil ich weiß, daß eine solche Überzeugung, besonders wenn sie tief verwurzelt ist, eine ausgezeichnete Verteidigung bedeutet gegen den Ansturm des furchtbaren Doppelsinns unmittelbarer Erfahrung. Solange eine solche Verteidigung wirksam ist, werde ich sie nicht niederreißen, da ich weiß, daß mächtige Gründe dafür vorhanden sein müssen, daß der Patient in einem so engen Kreise denken muß. Aber wenn seine Träume anfangen sollten, die schützende Theorie zu zerstören, muß ich die umfänglichere Persönlichkeit unterstützen, wie ich es in dem geschilderten Traumfall getan habe. In derselben Weise und aus demselben Grunde befürworte ich die Hypothese des praktizierenden Katholiken, solange sie ihm hilft. In beiden Fällen unterstütze ich ein Verteidigungsmittel gegen ein schweres Risiko, ohne die akademische Frage zu stellen, ob die Art der Verteidigung mehr oder weniger eine letzte Wahrheit sei. Ich bin froh, wenn und solange sie wirkt.

Bei unserem Patienten war die katholische Schutzmauer, schon lange ehe ich den Fall auch nur gesehen hatte, niedergebrochen. Er würde mich ausgelacht haben, wenn ich ihm geraten hätte, zu beichten oder etwas Ähnliches zu tun, ebenso wie er über die Sexualtheorie lachte, die ihm auch nicht aufrechterhalten zu werden brauchte. Aber ich ließ ihn immer merken, daß ich ganz auf der Seite der *Stimme* war, die ich als einen Teil seiner zukünftigen größeren Persönlichkeit erkannte, dazu bestimmt, ihn von seiner Einseitigkeit zu befreien.

Für eine gewisse, durch aufgeklärten Rationalismus gekennzeichnete, intellektuelle Mittelmäßigkeit ist eine die Dinge vereinfachende wissenschaftliche Theorie ein sehr gutes Verteidigungsmittel, wegen des felsenfesten Glaubens des modernen Menschen an alles, was die Aufschrift «wissenschaftlich» trägt. Solch eine Etikette beruhigt den Verstand sogleich, beinahe so gut wie jenes «Roma locuta causa finita». (Rom hat gesprochen, die Sache ist erledigt.) An sich hat meines Erachtens jede wissenschaftliche Theorie, ganz gleich, wie subtil sie sein mag, vom Standpunkt psychologischer Wahrheit aus weniger Wert als das religiöse Dogma, und zwar aus dem einfachen Grunde, weil eine Theorie notwendigerweise abstrakt und ausschließlich rational ist, während das Dogma eine irrationale Ganzheit durch sein Bild ausdrückt. Diese Methode garantiert eine viel bessere Wiedergabe einer so irrationalen Tatsache wie der psychischen Existenz. Überdies verdankt das Dogma sein Bestehen und seine Form einerseits sogenannten geoffenbarten, unmittelbaren Erfahrungen der «Gnosis»[13], wie z. B. der Gott-Mensch, das Kreuz, die jungfräuliche Geburt, die unbefleckte Empfängnis, die Trinität usw., und andererseits der unaufhörlichen Zusammenarbeit vieler Geister und vieler Jahrhunderte. Es ist vielleicht nicht ganz klar, warum ich gewisse Dogmen «unmittelbare Erfahrungen» nenne, da ein Dogma in sich selbst ja gerade das ist, was «unmittelbare» Erfahrung ausschließt. Jedoch sind die christlichen Bilder, die ich erwähnte, nicht dem Christentum allein eigentümlich (obschon sie in diesem eine Ausprägung und Sinnerfüllung erfahren haben, die sich mit andern Religionen kaum in Vergleich setzen lassen). Sie begegnen uns ebenso oft in heidnischen Religionen, und außerdem können sie spontan in allen möglichen Variationen wieder erscheinen als psychische Phänomene, so wie sie in ferner Vergangenheit aus Visionen, Träumen und Trancezuständen hervorgegangen sind. Solche Ideen sind niemals erfunden. Sie traten ins Dasein, als die Menschheit noch nicht gelernt hatte, den Geist als zweckgerichtete Tätigkeit zu benutzen. Ehe die Menschen lernten, Gedanken zu produzieren, kamen die Gedanken zu ihnen. Sie *dachten* nicht, sondern *sie nahmen ihre geistige Funktion wahr.* Das Dogma ist wie ein Traum, der die spontane und autonome Tätigkeit der objektiven Psyche, des Unbewußten, spiegelt. Solch ein Ausdruck des Unbewußten ist ein sehr viel wirksameres Schutzmittel gegen weitere unmittelbare Erfahrungen als eine wissenschaftliche Theorie. Die Theorie muß die gefühlsmäßigen Werte der Erfahrung vernachlässigen. Das Dogma ist im Gegenteil höchst ausdrucksvoll gerade in dieser Hinsicht. Eine wissenschaftliche Theorie wird bald von einer andern überholt. Das Dogma dauert ungezählte Jahrhunderte.

Der leidende Gott-Mensch dürfte mindestens 5000 Jahre alt sein, und die Trinität ist wahrscheinlich sogar noch älter.

Das Dogma drückt die Seele vollständiger aus als eine wissenschaftliche Theorie, denn die letztere formuliert lediglich das Bewußtsein. Überdies kann eine Theorie nichts weiter, als etwas Lebendiges durch abstrakte Begriffe darstellen. Das Dogma dagegen drückt den lebendigen Prozeß des Unbewußten passend aus in der Form des Dramas von Sünde, Buße, Opfer und Erlösung. Es ist von diesem Gesichtspunkt aus tatsächlich erstaunlich, daß die protestantische Spaltung nicht vermieden werden konnte. Aber da der Protestantismus das Glaubensbekenntnis der abenteuerlustigen germanischen Stämme geworden ist mit der für sie charakteristischen Neugier, Eroberungssucht und Rücksichtslosigkeit, ist es möglich, daß ihr besonderer Charakter sich mit dem Frieden der Kirche nicht vertrug, wenigstens nicht auf die Dauer. Es sieht aus, als ob sie noch nicht ganz so weit waren, daß sie einen Erlösungsvorgang ertragen und sich einer Gottheit unterwerfen konnten, welche sich sichtbar gemacht hatte im großartigen Aufbau der Kirche. Es war vielleicht zuviel vom Imperium Romanum oder von der Pax Romana in der Kirche, zuviel wenigstens für ihre Energien, die damals und auch heute noch ungenügend domestiziert sind. Möglicherweise tat ihnen eine ungemilderte und weniger beherrschte Gotteserfahrung not, wie es oft geschieht bei abenteuerlustigen und unruhigen Völkern, die zu jung sind für irgendeine Form von Konservativismus oder Domestikation. Sie beseitigten daher die Interzession der Kirche zwischen Gott und Mensch, die einen mehr, die andern weniger. Zufolge der Niederreißung der Schutzmauern hat der Protestant die heiligen Bilder als Ausdruck wichtiger unbewußter Faktoren verloren, zusammen mit dem Ritus, welcher seit undenklichen Zeiten ein sicherer Weg gewesen ist, mit den unberechenbaren Kräften des Unbewußten fertig zu werden. Ein großer Betrag an Energie wurde so befreit und floß sogleich in die alten Kanäle der Neugier und Eroberungssucht, wodurch Europa die Mutter von Drachen wurde, welche den größeren Teil der Erde verschlungen haben.

Seit jenen Tagen ist der Protestantismus ein Treibbeet für Schismen geworden und gleichzeitig für eine rasche Entwicklung von Wissenschaft und Technik, welche das menschliche Bewußtsein dermaßen anzogen, daß es die unberechenbaren Mächte des Unbewußten vergaß. Die Katastrophe des Krieges von 1914 und die darauf folgenden außerordentlichen Manifestationen einer tiefgreifenden geistigen Störung waren nötig, um Zweifel daran zu erwecken, ob mit dem Geist des weißen Mannes wirklich alles in Ordnung sei. Vor dem Kriegsausbruch 1914 waren wir ganz davon überzeugt gewesen, daß die Welt mit rationalen Mitteln richtig gestellt werden könnte. Jetzt erleben wir das erstaunliche Schauspiel, daß *Staaten* den uralten Anspruch der Theokratie erheben, d. h. den der *Totalität,* der unvermeidlich begleitet ist von der Unterdrückung der freien Meinung. Wir sehen wieder, daß Leute sich gegenseitig die Hälse abschneiden um kindischer Theorien willen, wie das Paradies auf Erden herzustellen sei. Es ist nicht schwer zu sehen, daß die Mächte der Unterwelt – um nicht zu sagen der Hölle –, die früher in einem gigantischen geistigen Gebäude mehr oder weniger erfolgreich angekettet und dienstbar gemacht waren, jetzt eine Staatssklaverei und ein Staatsgefängnis schaffen oder wenigstens zu schaffen versuchen, das jeglichen seelischen oder geistigen Reizes entbehrt. Es gibt nicht wenige Menschen heutzutage, die davon überzeugt sind, daß bloße menschliche Vernunft der enormen Aufgabe, den ausgebrochenen Vulkan zu fesseln, nicht völlig gewachsen ist.

Diese ganze Entwicklung ist Schicksal. Ich würde weder dem Protestantismus noch der Renaissance die Schuld daran geben. Aber eines ist sicher – daß der moderne Mensch, Protestant oder nicht, den Schutz der kirchlichen Mauern, die seit den Tagen Roms sorgfältig aufgerichtet und verstärkt worden waren, weitgehend verloren und wegen dieses Verlustes sich der Zone des weltzerstörenden und weltschaffenden Feuers genähert hat. Das Leben ist schneller und intensiver geworden. Unsere Welt ist erschüttert und durchdrungen von Wellen der Ruhelosigkeit und der Furcht.

Der Protestantismus war, und ist noch, ein großes Risiko, und zu gleicher Zeit eine große Möglichkeit. Wenn er fortfährt, sich als Kirche zu desintegrieren, so hat das den Erfolg, den Menschen all seiner geistigen Sicherungen und Verteidigungsmittel zu entblößen, welche ihn gegen die unmittelbare Erfahrung jener Kräfte sichern, die im Unbewußten auf Befreiung warten. Man blicke auf all die unglaubliche Grausamkeit in unserer sogenannten zivilisierten Welt; es stammt alles aus menschlichem Wesen und aus dessen geistigem Zustand! Man schaue auf die teuflischen Mittel der Zerstörung! Sie sind erfunden von vollständig harmlosen Gentlemen, von vernünftigen, angesehenen Bürgern, die all das sind, was wir wünschen. Und wenn die ganze Sache in die Luft fliegt und eine unbeschreibliche Hölle der Zerstörung aufreißt, so scheint niemand dafür verantwortlich gewesen zu sein. Es geschieht einfach, und doch ist alles von Menschen gemacht. Aber da jedermann blindlings davon überzeugt ist, daß er nichts ist als sein sehr bescheidenes und unwichtiges Bewußtsein, welches ordentlich seine Pflichten erfüllt und einen mäßigen Lebensunterhalt verdient, merkt niemand, daß diese ganze rational organisierte Masse, die man Staat oder Nation nennt, angetrieben wird von einer anscheinend unpersönlichen, unsichtbaren, aber furchtbaren Macht, die von niemandem und nichts aufgehalten werden kann. Diese schreckliche Macht wird meist erklärt als Furcht vor der benachbarten Nation, von der man annimmt, sie sei von einem böswilligen Teufel besessen. Da niemand fähig ist zu erkennen, wo und wie stark er selbst besessen und unbewußt ist, projiziert man einfach den eigenen Zustand auf den Nachbarn, und so wird es zu einer heiligen Pflicht, die größten Kanonen und das giftigste Gas zu haben. Das Schlimmste dabei ist, daß man ganz recht hat. Alle Nachbarn werden beherrscht von einer unkontrollierten und unkontrollierbaren Angst, genau wie man selbst. In Irrenanstalten ist es eine wohlbekannte Tatsache, daß Patienten, die an Angst leiden, weit gefährlicher sind, als solche, die von Zorn oder Haß getrieben sind.

Der Protestant ist Gott allein anheimgegeben. Es gibt für ihn keine Beichte, keine Absolution, keine Möglichkeit irgendwelcher Art von sühnendem opus divinum. Er muß seine Sünden allein verdauen, und er ist der göttlichen Gnade, welche durch das Fehlen eines angemessenen Rituals unerreichbar geworden ist, nicht allzu sicher. Dieser Tatsache ist es zu verdanken, daß das protestantische Gewissen wachsam geworden ist, und dieses schlechte Gewissen hat die unangenehme Eigenschaft einer schleichenden Krankheit und versetzt die Menschen in einen Zustand des Unbehagens. Aber dadurch hat der Protestant die einzigartige Chance, sich die Sünde bis zu einem Grade bewußt zu machen, der für die katholische Mentalität kaum erreichbar ist, da Beichte und Absolution immer bereit sind, allzu viel Spannung auszugleichen. Der Protestant dagegen ist seiner Spannung überlassen, welche fortfahren kann, sein Gewissen zu schärfen. Gewissen, und ganz besonders ein schlechtes Gewissen, kann eine Gabe des Himmels sein, eine wahrhafte Gnade, wenn es benutzt wird zur höheren Selbstkritik. Selbstkritik als introspektive, diskriminierende Tätigkeit ist unerläßlich für jeden Versuch, die eigene Psychologie zu verstehen. Wenn man etwas getan hat, was einem unerklärlich ist, und man sich fragt, was einen dazu veranlaßt haben könnte, braucht man den Antrieb des schlechten Gewissens und die diesem entsprechende unterscheidende Fähigkeit, um den Beweggrund des eigenen Verhaltens zu entdecken. Nur so ist man fähig zu sehen, welche Motive das eigene Handeln beherrschen. Der Stachel des schlechten Gewissens spornt einen sogar an, Dinge zu entdecken, die vorher unbewußt waren, und auf diese Weise kann man die Schwelle des Unbewußten überschreiten und so jener unpersönlichen Kräfte gewahr werden, die den einzelnen zum unbewußten Instrument des Massenmörders im Menschen machen. Wenn ein Protestant den vollständigen Verlust seiner Kirche überlebt und doch noch Protestant bleibt, d. h. ein Mensch, der Gott gegenüber schutzlos ist und nicht mehr geschirmt durch Mauern oder durch Gemeinschaften, so hat er die einzigartige geistige Möglichkeit der unmittelbaren religiösen Erfahrung.

Ich weiß nicht, ob es mir gelungen ist, verständlich zu machen, was die Erfahrung des Unbewußten meinem Patienten bedeutete. Es gibt indessen keinen objektiven Maßstab für den Wert einer solchen Erfahrung. Wir haben sie als das zu nehmen, was sie demjenigen, der die Erfahrung macht, wert ist. So mag man vielleicht davon beeindruckt sein, daß scheinbar nichtssagende Träume einem intelligenten Menschen etwas bedeuten können. Aber wenn man dessen Aussagen darüber nicht annehmen, oder wenn man sich nicht in seine Lage versetzen kann, sollte man seinen Fall nicht beurteilen. Der genius religiosus ist ein Wind, der «weht, wo er will». Es gibt keinen archimedischen Punkt, von dem aus man urteilen könnte, da die Psyche ununterscheidbar ist von ihrer Manifestation. Die Psyche ist das Objekt der Psychologie und unglücklicherweise zugleich auch ihr Subjekt. Über diese Tatsache kommen wir nicht hinweg.

Die wenigen Träume, die ich als Beispiel dessen gewählt habe, was ich «unmittelbare Erfahrung» nenne, sind sicherlich für das ungeübte Auge sehr unscheinbar. Sie sind nicht theatralisch und nur bescheidene Zeugen einer individuellen Erfahrung. Sie würden sich zwar besser präsentieren, wenn ich sie in der Serie aller Träume und zusammen mit dem Reichtum an symbolischem Material, das im Verlauf des ganzen Prozesses herzugeholt wurde, darstellen könnte. Aber auch die Gesamtheit der Traumreihe könnte sich weder an Schönheit noch an Ausdruckskraft mit irgendeinem Teil einer überlieferten Religion messen. Ein Dogma ist immer das Resultat und die Frucht von vielen Geistern und vielen Jahrhunderten. Es ist gereinigt von allem Bizarren, von allem Unzulänglichen und Störenden der individuellen Erfahrung. Aber trotz alledem ist die individuelle Erfahrung, gerade in ihrer Armseligkeit, unmittelbares Leben, sie ist das warme rote Blut, das heute pulsiert. Sie ist für einen Wahrheitssucher überzeugender als die beste Tradition. Unmittelbares Leben aber ist immer individuell, denn das Individuum ist der Lebensträger. Was immer vom Individuum ausgeht, ist in gewisser Weise einmalig, darum vorübergehend und unvollkommen; besonders dann, wenn es sich um spontane seelische Produkte wie Träume und dergleichen handelt. Kein anderer wird dieselben Träume haben, obwohl manch einer dasselbe Problem hat. Aber ebenso, wie es kein Individuum gibt, das zu einem Zustand von absoluter Einzigartigkeit differenziert ist, gibt es auch keine individuellen Schöpfungen von absolut einzigartiger Qualität. Sogar Träume sind zu einem sehr hohen Grade aus kollektivem Material gemacht, ebenso wie in der Mythologie und im Folklore verschiedener Völker gewisse Motive sich in fast identischer Form wiederholen. Ich habe diese Motive *Archetypen*[14] genannt und verstehe darunter Formen oder Bilder kollektiver Natur, welche ungefähr auf der ganzen Erde als Konstituenten der Mythen und gleichzeitig als autochthone, individuelle Produkte unbewußten Ursprungs vorkommen. Die archetypischen Motive stammen wahrscheinlich aus jenen Prägungen des menschlichen Geistes, die nicht nur durch Tradition und Migration, sondern auch durch Vererbung überliefert werden. Die letztere Hypothese ist unerläßlich, da sogar komplizierte archetypische Bilder ohne jede Möglichkeit direkter Tradition spontan reproduziert werden können.

Die Theorie von vorbewußten, urtümlichen Ideen ist keineswegs meine eigene Erfindung, wie das Wort «Archetypus», das den ersten Jahrhunderten unserer Zeitrechnung angehört, beweist[15]. Mit spezieller Bezugnahme auf die Psychologie finden wir diese Theorie in den Werken von ADOLF BASTIAN[16] und dann wieder bei NIETZSCHE[17]. In der französischen Literatur erwähnen HUBERT und MAUSS[18] und LÉVY-BRUHL[19] ähnliche Ideen. Ich habe lediglich eine empirische Grundlage gegeben für die Theorie dessen, was man früher urtümliche oder elementare Ideen, «catégories» oder «habitudes directrices de la conscience» usw. genannt hat, indem ich ins einzelne gehende Untersuchungen vorgenommen habe.

In dem zweiten der vorhin besprochenen Träume sind wir einem Archetypus begegnet, den ich noch nicht in Betracht gezogen habe. Das ist die merkwürdige Anordnung der brennenden Kerzen in vier pyramidenartige Zuspitzungen. Diese Anordnung unterstreicht die symbolische Bedeutung der Zahl *Vier,* indem sie diese an die Stelle des Altars oder der Ikonostase setzt, dort, wo man die heiligen Bilder erwarten würde. Da der Tempel das «Haus der Sammlung» genannt wird, können wir annehmen, daß dieser Charakter durch das Bild oder Symbol, das auf dem Platze der Verehrung erscheint, ausgedrückt wird. Die Tetraktys – um den pythagoräischen Ausdruck zu gebrauchen – bezieht sich in der Tat auf «innere Sammlung», wie der Traum unseres Patienten deutlich zeigt. Das Symbol erscheint in andern Träumen gewöhnlich in der Form eines Kreises, der in vier Teile geteilt ist oder vier Hauptteile enthält. In weiteren Träumen derselben Serie nimmt es auch die Form eines ungeteilten Kreises an, einer Blume, eines quadratischen Platzes oder Raumes, eines Vierecks, einer Kugel, einer Uhr, eines symmetrischen Gartens mit einem Springbrunnen in der Mitte, von vier Leuten in einem Boot, in einem Flugzeug oder an einem Tische, vier Stühlen um einen Tisch herum, vier Farben, eines Rades mit acht Speichen, eines achtstrahligen Sternes oder einer Sonne, eines runden Hutes, der in acht Teile geteilt ist, eines Bären mit vier Augen, einer quadratischen Gefängniszelle, der vier Jahreszeiten, einer Schale mit vier Nüssen darin, der Weltuhr mit einem Zifferblatt, das in $4 \times 8 = 32$ Teile geteilt ist, und so fort[20].

Diese Vierheits-Symbole kommen nicht weniger als 71mal in 400 Träumen vor[21]. Mein Fall ist in dieser Hinsicht keine Ausnahme. Ich habe viele Fälle beobachtet, wo die Vier auftrat, und sie hatte immer einen unbewußten Ursprung, d. h. der Träumer erhielt sie zuerst durch einen Traum und hatte keine Ahnung von der Bedeutung, noch hatte er jemals von der symbolischen Bedeutsamkeit der Vier gehört. Es wäre natürlich eine andere Sache, wenn es sich um die *Drei* handelte, da die Trinität eine anerkannte symbolische Zahl darstellt, die für jedermann zugänglich ist. Aber für uns, und für einen modernen Wissenschaftler, sagt die Vier nicht mehr als jede andere Zahl. Die Zahlensymbolik und ihre ehrwürdige Geschichte ist ein Wissensgebiet, das gänzlich jenseits der geistigen Interessen unseres Träumers liegt. Wenn Träume unter solchen

Bedingungen auf der Wichtigkeit der Vier bestehen, so haben wir alles Recht, den Ursprung einen unbewußten zu nennen. Der numinose Charakter der Quaternität ist im zweiten Traum offenkundig. Aus dieser Tatsache müssen wir schließen, daß sie auf eine Bedeutung hinweist, die «sakral» zu nennen ist. Da der Träumer nicht imstande ist, diesen besonderen Charakter auf irgend eine bewußte Quelle zurückzuführen, wende ich eine vergleichende Methode an, um die Bedeutung der Symbolik zu erhellen. Es ist natürlich unmöglich, eine vollständige Darstellung dieses vergleichenden Verfahrens innerhalb des Rahmens dieser Vorlesungen zu geben. Ich muß mich deshalb auf bloße Andeutungen beschränken.

Da viele der unbewußten Inhalte anscheinend Überreste immer wiederholter geistiger Zustände zu sein scheinen, brauchen wir nur wenige hundert Jahre zurückzugehen, um diejenige Bewußtseinsebene zu erreichen, welche die Parallele zu unseren Träumen bildet. In unserem Falle müssen wir nicht ganz dreihundert Jahre zurückgehen, um uns unter Naturwissenschaftlern und Naturphilosophen zu finden, die ernsthaft das Rätsel der Quadratur des Kreises diskutierten[22]. Dieses absonderliche Problem war wiederum eine psychologische Projektion von viel älteren und unbewußten Dingen. Aber man wußte in jenen Tagen, daß der Kreis die Gottheit bedeutet: «Gott ist eine geistige [geometrische] Figur, deren Zentrum überall, deren Peripherie aber nirgends ist[23]», wie einer dieser Philosophen sagte, und damit den heiligen AUGUSTIN wiederholte. Ein so introvertierter und introspektiver Mann wie EMERSON[24] konnte kaum vermeiden, auf dieselbe Idee zu kommen und ebenso den heiligen AUGUSTIN zu zitieren. Das Bild des Kreises – der seit PLATOS *Timaeus,* der obersten Autorität hermetischer Philosophie, als die vollkommenste Form angesehen wird – wurde auch der vollkommensten Substanz, dem Gold, gegeben, ferner der anima mundi oder anima media natura, und dem ersten erschaffenen Licht. Und weil der Makrokosmos, die Große Welt, vom Schöpfer «in einer runden sphärischen Gestalt»[25] gemacht wurde, besitzt auch der kleinste Teil des Ganzen, der Punkt, ebenfalls diese vollkommene Natur. Wie der Philosoph sagt: «Von allen Gestalten ist die runde die einfachste und vollendetste, welche in einem Punkte ruht[26].» Dieses in der Materie schlafende und verhüllte Bild der Gottheit war das, was die Alchemisten das erste Ur-Chaos nannten, oder die Erde des Paradieses, oder den runden Fisch im Meer[27], oder das Ei, oder einfach das rotundum. Dieses Runde war im Besitz des magischen

Schlüssels, welcher die verschlossene Tür der Materie auftat. Wie es im *Timaeus* heißt, ist nur der Demiurg, das vollkommene Wesen, imstande, die Tetraktys, die Umarmung der vier Elemente, aufzulösen[28]. Eine der großen Autoritäten seit dem 13. Jahrhundert, die *Turba Philosophorum,* sagt, daß das rotundum Kupfer in vier auflösen könne.[29]. So war das vielgesuchte aurum philosophicum [philosophische Gold] rund[30]. Die Meinungen waren geteilt in bezug auf das Verfahren, durch welches man des schlafenden Demiurgen habhaft werden könne. Einige hofften, ihn erwischen zu können in Form einer prima materia, welche eine besondere Konzentrierung oder eine besonders geeignete Art dieser Substanz enthielt. Andere mühten sich, die runde Substanz zu erschaffen durch eine Art von Synthese, «conjunctio» genannt; der Anonymus des *Rosarium Philosophorum* sagt: «Mache einen runden Kreis aus Mann und Frau, extrahiere daraus ein Quadrat und aus ihm ein Dreieck. Mach den Kreis rund, und du wirst den Stein der Weisen erhalten[31].»

Dieser wunderbare Stein wurde symbolisiert als ein vollkommenes, lebendes Wesen von hermaphroditischer Natur, entsprechend dem Empedokleïschen Sphairos, dem εὐδαιμονέστατος ϑεός und dem kugelrunden doppelgeschlechtlichen Menschen des PLATO[32]. Schon am Anfang des 14. Jahrhunderts wurde der Lapis von PETRUS BONUS mit Christus verglichen, als eine «allegoria»[33]. Aber in der *Aurea Hora,* einem Pseudo-Thomasischen Traktat des Hochmittelalters, steht das Mysterium des Steines höher als die Mysterien der christlichen Religion[34]. Ich erwähne diese Dinge nur, um zu zeigen, daß der Kreis oder die Kugel, welche die Vier enthalten, für nicht wenige unserer gelehrten Vorväter eine Allegorie der Gottheit bedeutete.

Aus den lateinischen Traktaten geht ebenfalls hervor, daß der latente, in der Materie schlafende und verborgene Demiurg identisch ist mit dem sogenannten homo philosophicus, dem zweiten Adam[35]. Dieser letztere ist der höhere, geistige Mensch, der Adam Kadmon, der oft mit Christus identifiziert wird. Während der erste Adam sterblich war, weil er aus den vergänglichen vier Elementen bestand, ist der zweite Adam unsterblich, weil er aus einer reinen und unvergänglichen Essenz besteht. So sagt PSEUDO-THOMAS: «Der zweite Adam ging von den reinen Elementen in die Ewigkeit über. Daher, weil er aus einer einfachen und reinen Essenz besteht, wird er in Ewigkeit fortdauern[36].» Derselbe Traktat deutet die Substanz, von welcher der alte Meister SENIOR gesagt habe, daß sie «niemals sterbe, sondern in beständiger Zunahme verharre», als «Adam secundus»[37].

Aus diesen Zitaten geht hervor, daß die runde Substanz, nach der die Philosophen suchten, eine, ihrem Wesen nach unserer Traumsymbolik sehr ähnliche, Projektion war. Wir haben historische Belege, die beweisen, daß Träume, Visionen, ja sogar Halluzinationen öfters mit dem philosophischen Opus vermischt waren[38]. Unsere Vorfahren, von geistig noch naiverer Konstitution, projizierten ihre unbewußten Inhalte in die Materie. Die Materie konnte aber solche Projektionen leicht aufnehmen, weil sie zu jener Zeit ein sozusagen unbekanntes und unbegreifliches Wesen war. Und wo immer der Mensch etwas Geheimnisvolles antrifft, projiziert er seine Annahmen ohne die geringste Selbstkritik hinein. Da aber die chemische Materie heutzutage etwas ist, das wir ziemlich gut kennen, können wir nicht mehr so frei in sie hineinprojizieren, wie es unseren Vorfahren möglich war. Man muß endlich zugeben, daß die Tetraktys etwas Psychisches ist; und man weiß noch nicht, ob vielleicht in einer näheren oder ferneren Zukunft auch das sich als eine Projektion herausstellen wird. Für den Augenblick sind wir zufrieden mit der Tatsache, daß eine Gottesidee, die im bewußten Geist des modernen Menschen gänzlich fehlt, in einer Form wiederkehrt, die vor drei- oder vierhundert Jahren Bewußtseinsinhalt war.

Ich brauche nicht zu betonen, daß der Träumer dieses Stück Geistesgeschichte nicht kannte. Man könnte mit den Worten eines klassischen Dichters sagen: «Magst du auch die Natur mit der Mistgabel austreiben, sie wird doch immer wieder zurückkommen[39].»

Die Idee dieser alten Philosophen war, daß Gott sich zuerst in der Erschaffung der vier Elemente offenbarte. Diese wurden symbolisiert durch die vier Teile des Kreises. So lesen wir in einem koptischen Traktat des *Codex Brucianus*[40] über den Eingeborenen Sohn (Monogenēs oder Anthropos): «Dieser selbige ist es, der in der Monade wohnet, welche ist in dem Setheus (Schöpfer), und welche von dem Orte kam, von dem niemand sagen kann, wo er ist... von ihm kam die Monade, in der Art eines Schiffes, beladen mit allen guten Dingen, und in der Art eines Feldes, gefüllt oder bepflanzt mit allen Arten von Bäumen, und in der Art einer Stadt, gefüllt mit allen Rassen der Menschheit... Zu ihrem Schleier, welcher sie in Form einer Schutzmauer umgibt, sind zwölf Tore... Dieselbige ist die Mutterstadt (Metropolis) des eingeborenen Sohnes.» An einer andern Stelle ist der Anthropos selbst die Stadt, und seine Glieder sind die vier Tore. Die Monade ist ein Lichtfunken (spinthēr), ein Atom der Gottheit. Der Monogenēs ist als auf einer Tetrápeza, einer von vier Pfeilern getragenen Plattform, stehend gedacht, entsprechend der christlichen Quaternität der Evangelisten, oder dem Tetramorphus, dem symbolischen Reittier der Kirche, welches aus den Symbolen der vier Evangelisten besteht, dem Engel, dem Adler, dem Ochsen und dem Löwen. Die Analogie mit dem Neuen Jerusalem der Offenbarung liegt ebenfalls nahe.

Die Teilung in Vier, die Synthese der Vier, die wunderbare Erscheinung der vier Farben und die vier Phasen des Werkes: die nigredo, dealbatio, rubefactio und citrinitas sind ein beständiges Anliegen der alten Philosophen[41]. *Die Vier symbolisiert die Teile, Qualitäten und Aspekte des Einen.* Aber warum sollte mein Patient diese alten Spekulationen wiederholen?

Ich weiß nicht warum. Ich weiß nur, daß dies kein vereinzelter Fall ist; viele andere Fälle meiner Beobachtung oder der meiner Kollegen haben spontan dieselbe Symbolik hervorgebracht. Ich meine natürlich nicht, daß sie vor drei- oder vierhundert Jahren entstanden ist. Es war nur eine Epoche, wo sie besonders diskutiert wurde. Die Idee ist viel älter als das Mittelalter, wie *Timaeus* oder EMPEDOKLES[42] beweist. Sie ist auch eine klassische oder ägyptische Erbschaft, da man sie auch noch an ganz andern Orten der Erde finden kann. Man denke z. B. nur daran, eine wie große Bedeutung die Indianer der Quaternität zumessen[43].

Obwohl die Vier ein uraltes, vermutlich prähistorisches Symbol ist[44], das immer mit der Idee einer weltschaffenden Gottheit in Verbindung steht, wird es trotzdem merkwürdigerweise kaum als solches von den modernen Menschen verstanden, bei denen es heute vorkommt. Es hat mich immer besonders interessiert, wie die Leute es selber deuten, wenn sie sich ihren eigenen Einfällen überlassen und nicht über die Geschichte des Symbols unterrichtet sind. Ich nahm mich daher sorgfältig in acht, sie nicht mit meinen eigenen Meinungen zu stören, und fand in der Regel, daß es, nach ihrer Auffassung, *sie selbst,* oder vielmehr *etwas in ihnen selber* symbolisiert. Sie fühlten es als etwas, was innerlichst zu ihnen selber gehört, als eine Art von schöpferischem Hintergrund oder als eine lebenspendende Sonne in den Tiefen des Unbewußten. Obwohl unschwer zu sehen war, daß gewisse Mandaladarstellungen oft fast eine Wiederholung der Vision des Ezechiel waren, kam es sehr selten vor, daß die Analogie erkannt wurde, sogar, wenn den Leuten die Vision bekannt war; welche Kenntnis, nebenbei gesagt, heutzutage ziemlich selten ist. Was man beinahe eine systematische Blindheit nennen könnte, ist einfach die Wirkung des Vorurteils, daß die Gottheit *außerhalb* des Menschen sei. Obwohl dieses Vorurteil nicht ein ausschließlich christliches ist, gibt es gewisse Religionen, welche es keineswegs teilen. Im Gegenteil bestehen sie, wie es auch gewisse christliche Mystiker tun, auf der wesenhaften Identität von Gott und Mensch, entweder in der Form einer Identität a priori oder eines Zieles, das durch gewisse Übungen oder Initiationen erreicht weden kann, wie wir sie z.B. aus den Metamorphosen des APULEJUS kennen, nicht zu reden von gewissen Yoga-Disziplinen.

Die Anwendung der vergleichenden Methode zeigt unzweifelhaft, daß die Quaternität eine mehr oder weniger direkte Darstellung des in seiner Schöpfung sich manifestierenden Gottes ist. Wir könnten daher schließen, daß das spontan in den Träumen moderner Menschen produzierte Symbol etwas Ähnliches meint – nämlich den *inneren Gott.* Obwohl die Mehrzahl der Fälle diese Analogie nicht erkennt, dürfte die Interpretation trotzdem richtig sein. Wenn wir die Tatsache in Betracht ziehen, daß die Gottesidee eine «unwissenschaftliche» Hypothese ist, können wir uns leicht erklären, warum die Menschen verlernt haben, in dieser Richtung zu denken. Und sogar, wenn sie einen gewissen Glauben an Gott hegen, würden sie von der Idee des «inneren Gottes» durch die religiöse Erziehung, welche diese Idee immer als «mystisch» entwertet hat, abgeschreckt. Es ist jedoch gerade diese «mystische» Idee, welche durch Träume und Visionen dem Bewußtsein aufgedrängt wird. Ich selbst ebenso wie meine Kollegen haben so viele Fälle gesehen, welche dieselbe Art von Symbolik entwickeln, daß wir an deren Existenz nicht länger zweifeln können. Überdies gehen meine Beobachtungen bis in das Jahr 1914 zurück, und ich habe vierzehn Jahre gewartet, bevor ich sie in einer Publikation erwähnte[45].

Es wäre ein bedauerlicher Irrtum, wenn jemand meine Beobachtungen als eine Art Beweis für die Existenz Gottes auffassen wollte. Sie beweisen nur das Vorhandensein eines archetypischen Bildes der Gottheit, und das ist alles, was wir, meines Erachtens, psychologisch über Gott aussagen können. Aber da es ein Archetypus von großer Bedeutung und starkem Einfluß ist, scheint sein relativ häufiges Vorkommen eine beachtenswerte

Tatsache für jede Theologia naturalis zu sein. Da das Erlebnis dieses Archetypus die Eigenschaft der Numinosität hat, oft sogar in hohem Maße, kommt ihm der Rang einer religiösen Erfahrung zu.

Ich kann es nicht unterlassen, auf die interessante Tatsache aufmerksam zu machen, daß, während die zentrale christliche Symbolik eine Trinität ist, die Formel des Unbewußten eine Quaternität darstellt. In Wirklichkeit ist allerdings die orthodoxe christliche Formel insofern nicht ganz vollständig, als der dogmatische Aspekt des bösen Prinzipes der Trinität fehlt, aber als Teufel ein mehr oder weniger mißliches Sonderdasein führt. Immerhin scheint die Kirche ein inneres Verhältnis des Teufels zur Trinität nicht auszuschließen. Eine katholische Autorität äußert sich zu dieser Frage folgendermaßen: «Die Existenz Satans aber ist nur von der Trinität aus zu verstehen.» – «Jede theologische Behandlung des Teufels, die nicht auf das trinitarische Gottesbewußtsein bezogen ist, bedeutet eine Verfehlung des eigentlichen Sachverhaltes[46].» Nach dieser Auffassung hat der Teufel *Persönlichkeit* und absolute *Freiheit*. Darum kann er der wahre und persönliche «Widerpart Christi» sein. «Hierin offenbart sich eine neue Freiheit im Wesen Gottes: er duldet aus Freiheit den Teufel neben sich, läßt sein Reich für immer bestehen.» – «Mit der Vorstellung Jahwes ist die Idee eines mächtigen Teufels unvereinbar. Mit der trinitarischen Vorstellung aber nicht; im Geheimnis des dreipersönlichen Gottes erschließt sich eine neue göttliche Freiheit in ihren Wesenstiefen, die auch den Gedanken an einen persönlichen Teufel neben und gegen Gott möglich macht[47].» Der Teufel ist demnach im Besitze einer autonomen Persönlichkeit, der Freiheit und der Ewigkeit, und hat diese metaphysischen Eigenschaften so sehr mit der Gottheit gemein, daß er sogar gegen Gott vorhanden sein kann. Hiernach könnte die Beziehung oder sogar die (negative) Zugehörigkeit des Teufels zur Trinität als katholischer Gedanke nicht mehr geleugnet werden.

Die Einbeziehung des Teufels in die Quaternität ist keineswegs eine moderne Spekulation oder ein unerhörtes Erzeugnis des Unbewußten. Wir finden bei dem, dem sechzehnten Jahrhundert angehörenden, Naturphilosophen und Arzt GERARDUS DORNEUS eine ausführliche Auseinandersetzung zwischen dem Symbol der Trinität und dem der Quaternität, welch letztere dem Teufel attribuiert wird. DORNEUS bricht insofern mit der ganzen Tradition, als er sich streng christlich auf den Standpunkt stellt, daß die Drei das Eine sei und nicht die Vier, welche ihre Einheit in der Quinta Essentia erreiche. Nach diesem Autor ist die Quaternität tatsächlich «diabolica fraus» (ein teuflischer Betrug); so meint er, daß der Teufel beim Engelsturz «in quaternariam et elementariam regionem decidit» (in die Region der Quaternität und der Elemente herabstürzte). Er gibt auch eine ausführliche Beschreibung der symbolischen Operation, durch welche der Teufel die «Doppelschlange (Zweizahl) mit den vier Hörnern» (Vierzahl) erzeugte. Ja, die Zweizahl ist der Teufel selber, der «quadricornutus binarius» (die viergehörnte Zwei)[48].

Da ein mit dem individuellen Menschen identischer Gott eine überaus komplexe, an die Häresie streifende Annahme ist[49], bedeutet der «innere Gott» ebenfalls eine dogmatische Schwierigkeit. Aber die Quaternität, wie sie von der modernen Psyche produziert wird, weist ganz direkt nicht nur auf den inneren Gott, sondern auch auf die Identität Gottes mit dem Menschen hin. Im Gegensatz zum Dogma gibt es hier nicht drei, sondern vier Aspekte. Man könnte leicht folgern, der vierte repräsentiere den Teufel. Obwohl wir das Herrenwort haben: «Ich und der Vater sind eins. Wer mich sieht, sieht den Vater», würde es als Blasphemie oder als Irrsinn betrachtet, die dogmatische Menschlichkeit Christi bis zu einem solchen Grade zu betonen, daß der Mensch selber sich mit Christus und seiner homoousia (Wesensgleichheit) identifizieren könnte[50]. Aber eben das scheint vom natürlichen Symbol gemeint zu sein. Von einem orthodoxen Standpunkt aus könnte daher die natürliche Quaternität als «diabolica fraus» erklärt werden, und das Hauptbeweisstück dafür wäre die Assimilation des vierten Aspektes, welcher den verwerflichen Teil des christlichen Kosmos darstellt. Die Kirche, so scheint mir, muß wohl jeden Versuch, solche Ergebnisse ernst zu nehmen, ablehnen. Sie muß vielleicht sogar jede Annäherung an diese Erfahrungen verdammen, da sie nicht erlauben kann, daß die Natur das vereinigt, was sie getrennt hat. Die Stimme der Natur ist klar vernehmbar in all den Erlebnissen, die mit der Quaternität verknüpft sind, und das weckt den alten Argwohn gegen alles, was auch nur im entferntesten an das Unbewußte erinnert. Die wissenschaftliche Erforschung von Träumen ist die alte Oneiromantik in neuem Gewande und daher vielleicht ebenso verwerflich wie andere «okkulte» Künste. Nahe Parallelen zum Symbolismus der Träume finden sich in den alchemistischen Traktaten, und sie sind ebenso häretisch wie jene[51]. Darin lag, wie es scheint, ein wesentlicher Grund für deren Geheimhaltung hinter schützenden Metaphern[52]. Die symbolischen Aussagen der alten Alchemie gehen aus demselben Unbewußten hervor, wie die modernen Träume, und in ihnen offenbart sich ebenso die Stimme der Natur.

Wenn wir noch unter mittelalterlichen Gegebenheiten lebten, wo es wenig Zweifel über die letzten Dinge gab, und wo jede Weltgeschichte mit der Genesis begann, könnten wir Träume und dergleichen leicht beiseite schieben. Leider leben wir unter modernen Verhältnissen, wo alle letzten Dinge zweifelhaft sind, wo es eine Prähistorie von ungeheurem Ausmaß gibt, und wo die Leute sich der Tatsache voll bewußt sind, daß, wenn es überhaupt eine numinose Erfahrung gibt, es die Erfahrung der Psyche ist. Wir können uns nicht länger ein Empyreum vorstellen, das Gottes Thron umkreist, und wir würden nicht im Traum daran denken, Gott irgendwo hinter dem Milchstraßensystem zu suchen. Aber es scheint uns, als ob die menschliche Seele Geheimnisse beherberge, insofern als für den Empiriker alle religiöse Erfahrung in einem besonderen seelischen Zustand besteht. Wenn wir etwas darüber wissen wollen, was religiöse Erfahrung denen bedeutet, die sie haben, so haben wir heutzutage alle Gelegenheit, jede erdenkliche Form davon zu studieren. Und wenn sie überhaupt eine Bedeutung hat, so bedeutet sie denen, die sie haben, alles. Das ist jedenfalls der unvermeidliche Schluß, zu dem man beim sorgfältigen Studium der Beweisstücke gelangt. Man könnte sogar die religiöse Erfahrung definieren als diejenige Erfahrung, welche durch die höchste Wertschätzung charakterisiert ist, ganz abgesehen davon, was ihre Inhalte sind. Die moderne Geisteshaltung, die unter dem Verdikt «extra ecclesiam nulla salus» steht, wird sich an die Seele wenden, als an eine letzte Hoffnung. Wo sonst könnte man Erfahrung erlangen? Die Antwort wird mehr oder weniger von der Art sein, die ich beschrieben habe. Die Stimme der Natur wird antworten, und alle diejenigen, denen das geistige Problem des Menschen ein Anliegen bedeutet, werden mit neuen vewirrenden Problemen konfrontiert sein. Durch die geistige Not meiner Patienten bin ich gezwungen worden, den ernsthaften Versuch zu machen, wenigstens einige der vom Unbewußten erzeugten Symbole zu verstehen. Da es viel zu weit führen würde, auf eine Auseinandersetzung sowohl der intellektuellen als der ethischen Konsequenzen einzugehen, muß ich mich hier mit einem bloßen Hinweis begnügen.

Die hauptsächlichen symbolischen Figuren einer Religion sind immer der Ausdruck der dieser innewohnenden besonderen moralischen und geistigen Einstellung. Ich erwähne z. B. das Kreuz und seine verschiedenen religiösen Bedeutungen. Ein anderes Hauptsymbol ist die Trinität. Sie ist von ausschließlich männlichem Charakter. Das Unbewußte jedoch verwandelt sie in eine Quaternität, die gleichzeitig eine Einheit ist, ebenso wie die drei Personen der Trinität ein und derselbe Gott sind. Die alten Naturphilosophen stellten die Trinität, insofern sie «imaginata in natura» war, dar als die drei Asómata oder «spiritus», oder «volatilia», nämlich Wasser, Luft und Feuer. Der vierte Bestandteil aber war das Sómaton, die Erde oder der Körper. Sie symbolisierten den letzteren durch die Jungfrau[53]. Auf diese Weise fügten sie das weibliche Element ihrer physikalischen Trinität hinzu und schufen so die Quaternität oder den quadrierten Kreis, dessen Symbol der hermaphroditische *Rebis*[54], der filius sapientiae, war. Die mittelalterlichen Naturphilosophen meinten unzweifelhaft mit dem vierten Element die Erde und die Frau. Das Prinzip des Bösen wurde nicht offen erwähnt, aber es erscheint in der giftigen Qualität der prima materia und in andern Andeutungen. Die Quaternität in den modernen Träumen ist eine Schöpfung des Unbewußten. Wie ich im ersten Kapitel erklärte, ist das Unbewußte oft personifiziert durch die Anima, eine weibliche Figur. Anscheinend stammt das Symbol der Quaternität von ihr. Sie wäre also die Matrix, der Mutterboden der Quaternität, eine Theotokos oder Mater Dei, ebenso wie die Erde aufgefaßt wurde als die Mutter Gottes. Aber da die Frau, ebenso wie das Böse, im Dogma der Trinität von der Gottheit ausgeschlossen ist, würde das Element des Bösen ebenfalls einen Teil des religiösen Symbols bilden, wenn letzteres eine Quaternität wäre. Es bedarf keiner besonderen Anstrengung der Phantasie, um die weitreichende geistige Konsequenz einer solchen Symbolik zu erraten.

III. Geschichte und Psychologie eines natürlichen Symbols

Obwohl ich die philosophische Neugier nicht entmutigen möchte, ziehe ich es vor, mich nicht in eine Diskussion der ethischen und intellektuellen Aspekte des durch das Quaternitäts-Symbol aufgeworfenen Problems zu verlieren. Seine psychologische Wichtigkeit ist keinesfalls gering, besonders nicht in praktischer Hinsicht. Wir beschäftigen uns hier zwar nicht mit Psychotherapie, sondern mit dem religiösen Aspekt gewisser psychischer Phänomene, aber ich möchte doch hervorheben, daß es psychopathologische Untersuchungen waren, die mich veranlaßt haben, historische Symbole und Figuren aus dem Staub ihrer Gräber auszugraben[1]. Als ich ein junger Psychiater war, hatte ich keine Ahnung, daß ich jemals etwas dergleichen tun würde. Ich nehme es auch niemandem übel, wenn ihm die lange Auseinandersetzung über das Quaternitäts-Symbol, den circulus quadratus und die ketzerischen Versuche, das Trinitätsdogma zu vervollständigen, reichlich weit hergeholt und überbetont erscheinen. Aber in Wirklichkeit ist mein ganzer Diskurs über die Quaternität nicht mehr als eine bedauerlich kurze und unzureichende Einleitung zu dem letzten und das Ganze krönenden Stück meines als Beispiel gewählten Falles.

Schon ganz am Anfang unserer Traumserie erscheint der Kreis. Er nimmt z. B. die Form einer Schlange an, die einen Kreis um den Träumer herum beschreibt[2]. Er erscheint in späteren Träumen als eine Uhr, als ein Kreis mit einem Mittelpunkt, als runde Zielscheibe für Schießübungen, als Uhr, welche ein Perpetuum mobile darstellt, als Ball, als Kugel, als runder Tisch, als Schale usw. Das Viereck erscheint auch etwa zur gleichen Zeit, in der Form eines quadratischen Platzes oder Gartens mit einem Springbrunnen in der Mitte. Etwas später erscheint das Viereck in Verbindung mit einer Kreisbewegung[3]: Leute, die in einem Viereck herumgehen; eine magische Zeremonie (die Verwandlung von Tieren in menschliche Wesen) findet in einem quadratischen Raum statt, in dessen

Ecken vier Schlangen sind, und es sind Leute da, die um die vier Ecken herum zirkulieren; der Träumer fährt in einem Taxi um einen viereckigen Platz herum; eine viereckige Gefängniszelle, ein leeres Quadrat, welches rotiert, usw. In anderen Träumen wird der Kreis durch Rotation dargestellt, z. B. vier Kinder tragen einen «dunkeln Ring» und gehen in einem Kreis. Der Kreis erscheint auch kombiniert mit der Quaternität, als eine silberne Schüssel mit vier Nüssen an den vier Kardinalpunkten, oder als Tisch mit vier Stühlen. Die Mitte scheint besonders betont zu sein. Sie wird symbolisiert durch ein Ei in der Mitte eines Ringes; durch einen Stern, der aus einem Trupp Soldaten besteht; durch einen in einem Kreis rotierenden Stern, wobei die vier Kardinalspunkte die vier Jahreszeiten repräsentieren; durch den Pol; oder durch einen kostbaren Stein usw.

Alle diese Träume führten schließlich zu einem Bild, welches den Patienten in Form eines plötzlichen visuellen Eindrucks überkam. Er hatte schon bei verschiedenen Gelegenheiten solche flüchtigen Bilder oder Visualisierungen gehabt, aber diesmal war es ein höchst eindrucksvolles Erlebnis. Wie er selbst sagt: «Es war ein Eindruck der sublimsten Harmonie.» In solch einem Falle kommt es gar nicht darauf an, was *unser* Eindruck ist, oder was *wir* darüber denken. Es kommt nur darauf an, was der Patient dabei fühlt. Es ist *seine* Erfahrung, und wenn sie einen wesentlichen Einfluß auf seinen Zustand hat, so ist es zwecklos, dagegen zu argumentieren. Der Psychologe kann nur die Tatsache zur Kenntnis nehmen und, wenn er sich der Aufgabe gewachsen fühlt, mag er auch einen Versuch machen, zu verstehen, warum diese Vision gerade diese Wirkung auf diese Person hatte. Die Vision war ein Wendepunkt in der psychologischen Entwicklung des Patienten.

Dies ist der wörtliche Text der Vision:

«Es ist ein vertikaler und ein horizontaler Kreis mit gemeinsamem Mittelpunkt. Das ist die Weltuhr. Sie ist vom schwarzen Vogel getragen[4].

Der vertikale Kreis ist eine blaue Scheibe mit weißem Rand, in 4 × 8 = 32 Teile geteilt, darauf rotiert ein Zeiger.

Der horizontale Kreis besteht aus vier Farben. Darauf stehen vier kleine Männchen mit Pendeln, und darum liegt der ehemals dunkle und jetzt goldene Ring (vormals von den vier Kindern getragen).

Die «Uhr» hat drei Rhythmen oder Pulse:

Der kleine Puls: Der Zeiger des blauen Vertikalkreises springt $^{1}/_{32}$ *weiter.*

Der mittlere Puls: Eine ganze Umdrehung des Zeigers. Zugleich rückt der horizontale Kreis um $^1/_{32}$ weiter.

Der große Puls: 32 mittlere Pulse machen einen Umlauf des goldenen Ringes aus.»

Die Version faßt alle Andeutungen der vorhergehenden Träume zusammen. Sie scheint ein Versuch zu einem bedeutungsvollen Ganzen zu sein, bestehend aus den früheren fragmentarischen Symbolen, die damals als Kreis, Kugel, Viereck, Rotation, Uhr, Stern, Kreuz, Vierheit, Zeit usw. charakterisiert waren.

Es ist natürlich schwer zu verstehen, wieso ein Gefühl «sublimster Harmonie» von diesem abstrakten Gebilde ausgelöst werden kann. Wenn wir aber an die zwei Kreise in PLATOS *Timaeus* denken und an die harmonische Kugelgestalt seiner anima mundi, könnten wir den Weg zum Verständnis vielleicht finden. Des ferneren erinnert der Begriff «Weltuhr» an die antike Konzeption der musikalischen Sphärenharmonie. Somit würde es sich um eine Art von kosmologischem System handeln. Wenn es eine Vision des Firmaments und seines schweigenden Kreises wäre oder der stetigen Bewegung des Sonnensystems, so könnten wir die vollkommene Harmonie des Bildes leicht verstehen und würdigen. Wir können auch annehmen, daß die platonische Vision des Kosmos durch den Nebel eines traumhaften Bewußtseins undeutlich hindurchschimmere. Aber es ist etwas in der Vision, das nicht ganz übereinstimmt mit der harmonischen Vollkommenheit des platonischen Bildes. Die beiden Kreise sind ihrer Natur nach verschieden. Nicht nur ihre Bewegung ist eine verschiedene, sondern auch ihre Farbe. Der vertikale Kreis ist *blau,* und der horizontale, der vier Farben enthält, ist *golden.* Der blaue Kreis könnte leicht die blaue Hemisphäre des Himmels symbolisieren, während der horizontale Kreis den Horizont mit den vier Kardinalpunkten darstellen würde, welche durch die vier kleinen Männer personifiziert und durch die vier Farben charakterisiert wären. (In einem früheren Traum waren die vier Punkte einmal durch vier Kinder dargestellt und ein anderesmal durch die vier Jahreszeiten.) Dieses Bild erinnert einen sofort an mittelalterliche Darstellungen der Welt in Form eines Kreises oder in Gestalt des Rex gloriae mit den vier Evangelisten oder der Melothesie[5], wo der Horizont durch den Tierkreis gebildet wird. Die Darstellung des triumphierenden Christus scheint ähnlichen Bildern des Horus und seiner vier Söhne verwandt zu sein[6]. Es gibt auch östliche

Analogien: die buddhistischen Mandalas oder Kreise, die meist tibetischen Ursprungs sind. Sie bestehen in der Regel aus einem runden Padma oder Lotus, welcher ein quadratisches, heiliges Gebäude mit vier Toren, auf die vier Kadinalpunkte und die Jahreszeiten hindeutend, enthält. Im Zentrum findet sich ein Buddha oder noch häufiger die Vereinigung des Shiva mit seiner Shakti oder ein gleichwertiges dorje (Donnerkeil)-Symbol[7]. Es sind Yantras oder Ritualinstrumente zum Zwecke der Kontemplation und der schließlichen Verwandlung des Bewußtseins des Yogin in das göttliche All-Bewußtsein[8].

Wie nahe auch diese Analogien sind, so befriedigen sie doch nicht ganz, insofern als sie alle das Zentrum dermaßen betonen, daß sie einzig dem Zweck zu dienen scheinen, die Wichtigkeit der Mittelfigur hervorzuheben. In unserem Falle jedoch ist *das Zentrum leer.* Es besteht nur aus einem mathematischen Punkt. Die erwähnten Parallelen bilden die welterschaffende oder weltbeherrschende Gottheit ab, oder auch den Menschen in seiner Abhängigkeit von den himmlischen Konstellationen. Unser Symbol aber ist eine Uhr, welche die Zeit symbolisiert. Die einzige Analogie zu einem solchen Symbol, die ich kenne, ist das Horoskop. Es hat ebenfalls vier Kardinalpunkte und ein leeres Zentrum. Eine andere merkwürdige Übereinstimmung ist die Rotationsbewegung, die in den vorhergehenden Träumen erwähnt und meist als linksläufig beschrieben wird. Das Horoskop hat zwölf Häuser, deren Numerierung im Gegensinne des Uhrzeigers verläuft.

Aber das Horoskop besteht aus einem einzigen Kreis und enthält überdies keinen Kontrast zwischen zwei offensichtlich verschiedenen Systemen. So ist das Horoskop ebenfalls eine unbefriedigende Analogie, obwohl es einiges Licht auf den Zeitaspekt unseres Symbols wirft. Wir wären gezwungen, unsere Bemühungen, psychologische Parallelen zu finden, aufzugeben, wenn wir nicht das Schatzhaus der mittelalterlichen Symbolik besäßen. Durch einen glücklichen Zufall stieß ich auf einen wenig bekannten mittelalterlichen Autor des frühen vierzehnten Jahrhunderts, GUILLAUME DE DIGULLEVILLE, den Prior eines Klosters in Châlis, einen normannischen Dichter, welcher zwischen 1330 und 1355 drei *«Pélerinages»* schrieb[9]. Sie heißen: *Le Pélerinage de la Vie Humaine, de l'Ame et de Jésus Christ.* Im letzten Chant du Pélerinage de l'Ame finden wir eine Vision des Paradieses.

Das Paradies besteht aus 49 rotierenden Sphären. Sie werden «siècles» genannt, Jahrhunderte, und sind die Prototypen oder Archetypen der irdischen Jahrhunderte. Aber wie der Engel, der dem GUILLAUME als Führer dient, erklärt, meint der kirchliche Ausdruck «in saecula saeculorum» Ewigkeit und nicht gewöhnliche Zeit. Ein *goldener* Himmel umgibt alle Sphären. Als GUILLAUME zu dem goldenen Himmel aufsah, bemerkte er plötzlich einen kleinen Kreis, nur drei Fuß im Durchmesser und von der Farbe des *Saphirs.* Er sagt von diesem Kreis: «Il sortait du ciel d'or en un point et y rentrait d'autre part et il en faisait tout le tour.» Offenbar lief der blaue Kreis wie eine Scheibe auf einem großen Kreis, welche die goldene Sphäre des Himmels durchschnitt.

Hier nun haben wir zwei verschiedene Systeme, das eine golden, das andere blau, und das eine das andere durchschneidend. Was ist der blaue Kreis? Der Engel erklärt dem staunenden GUILLAUME wiederum:

«Ce cercle que tu vois est le calendrier,
Qui en faisant son tour entier,
Montre des Saints les journées,
Quand elles doivent être fêtées.
Chacune étoile y est pour jour
Chacun soleil pour l'espace
De jours trente ou zodiaque.»

Der blaue Kreis ist der kirchliche *Kalender.* So haben wir hier eine weitere Parallele – das Element der *Zeit.* Wie erinnerlich, ist die Zeit in unserer Vision charakterisiert oder wird gemessen durch drei Pulse oder Rhythmen. GUILLAUMES Kalenderkreis mißt *drei* Fuß im Durchmesser. Überdies, während GUILLAUME auf den blauen Kreis schaut, erscheinen plötzlich *drei* in Purpur gekleidete Geister. Der Engel erklärt, daß dies der Augenblick des Festes dieser drei Heiligen sei und hält eine Rede über den ganzen Zodiacus. Wie er zu den Fischen kommt, erwähnt er das Fest der zwölf Fischer, welches dem der Heiligen Dreieinigkeit vorangeht. Hier unterbricht ihn GUILLAUME und gesteht dem Engel, daß er das Symbol der Trinität nie ganz verstanden habe. Er bittet ihn um die Freundlichkeit, ihm dieses Mysterium zu erklären. Worauf der Engel antwortet: «Or, il y a trois couleurs principales: le vert, le rouge et l'or.» Man kann sie im Pfauenschweif vereinigt sehen. Und er fügt hinzu: «Le roi de toute puissance, qui met trois couleurs en unité, ne peut-il faire aussi qu'une substance soit trois?» Die goldene Farbe, so sagt er, gehört zum Vater, die rote zum Sohn und die grüne zum Heiligen Geist[10]. Dann warnt der Engel den Dichter, keine weiteren Fragen zu stellen und verschwindet.

Wir wissen glücklicherweise durch die Belehrung des Engels, daß die *Drei* mit der Trinität zu tun hat. Und so wissen wir auch, daß unsere frühere Abschweifung in das Gebiet der mystischen Spekulation über die Trinität nicht allzu abwegig war. Zu gleicher Zeit treffen wir auf das Motiv der Farben, aber unglücklicherweise hat unser Patient deren vier, während GUILLAUME, oder vielmehr der Engel, nur von dreien spricht: gold, rot und grün. Wir könnten hier die Worte des SOKRATES zitieren: «Eins, zwei, drei – aber der vierte..., wo bleibt er uns denn[10a]?» Oder wir könnten die entsprechenden Worte aus GOETHES *Faust* anführen, aus der Kabirenszene im II. Teil, wo die Kabiren jenes geheimnisvolle «streng' Gebilde» vom Meer heraufbringen.

Die vier kleinen Männer unserer Vision sind Zwerge oder Kabiren. Sie repräsentieren sowohl die vier Kardinalpunkte und die vier Jahreszeiten, wie die vier Farben und die vier Elemente. Im *Timaeus* ebenso wie im *Faust* und im *Pélerinage* scheint irgend etwas mit der Vierzahl loszusein. Die nicht vorhandene vierte Farbe ist offensichtlich das *Blau.* Es ist die Farbe, die in die Serie von gold, rot und grün gehört. Warum fehlt blau? Was stimmt nicht mit dem Kalender? Oder mit der Zeit? Oder mit der blauen Farbe[11]?

Der alte GUILLAUME ist sicher über dasselbe Problem gestolpert. «Drei sind's, aber wo ist der Vierte?» Er ist begierig, etwas über die Trinität zu hören, die er, wie er sagt, nie ganz verstanden hatte. Und es ist etwas verdächtig, daß der Engel es so eilig hat, wegzugehen, ehe GUILLAUME noch weitere verfängliche Fragen stellt.

Nun, ich vermute, daß GUILLAUME ziemlich unbewußt war, als er den Himmel offen sah, sonst würde er sicher gewisse Schlüsse gezogen haben aus dem, was er dort beobachtete. Was konnte er denn dort wirklich sehen? Zuerst sah er die Sphären oder «siècles», die von denen bewohnt waren, welche die ewige Seligkeit erreicht hatten. Dann erschaute er den Himmel aus Gold, den «ciel d'or», und da saß der König des Himmels auf einem goldenen Thron, und neben ihm saß die Königin des Himmels auf einem runden Thron aus *braunem* Kristall. Dieses letztere Detail bezieht sich darauf, daß von Maria angenommen wird, sie sei mit ihrem Körper in den Himmel aufgenommen worden, als die einzige unter den

Sterblichen, der es erlaubt war, sich vor der allgemeinen Auferstehung der Toten mit dem Leibe zu vereinigen. In solchen und ähnlichen Darstellungen ist der König der triumphierende Christus in Konjunktion mit der Kirche als seiner Braut. Nun ist aber – und darin liegt das Allerwichtigste – Christus als Gott zugleich auch die Trinität, welche durch das Dazutreten einer vierten Person, der Königin, zur Quaternität wird. Das königliche Paar stellt in idealer Gestalt die Einheit der Zwei unter der Herrschaft des Einen dar – «binarius sub monarchia unarii», wie DORNEUS sagen würde. Überdies ist im bräunlichen Kristall jene «regio quaternaria et elementaria» [Region der Quaternität und der Elemente], in welche einst der «binarius quadricornutus» [viergehörnte Doppelschlange] abgestürzt war, zum Thron der höchsten Fürbitterin erhöht. Damit erscheint die Vierheit der natürlichen Elemente in nächster Nähe nicht nur des corpus mysticum der bräutlichen Kirche oder der von ihr oft nur schwer zu unterscheidenden Regina coeli, sondern auch in unmittelbarer Beziehung zur Trinität[12].

Blau ist die Farbe von Marias himmlischem Mantel; sie ist die *Erde,* die vom blauen Himmelszelt bedeckt ist[13]. Aber warum wird die Mutter Gottes nicht erwähnt? Nach dem Dogma ist sie nur beata und nicht göttlich. Überdies repräsentiert sie die Erde, die auch der Körper ist und seine Dunkelheit. Das ist der Grund, warum sie, die Gnadenvolle, die bevollmächtigte Fürbitterin für alle Sünder ist, warum sie aber auch, trotz ihrer Vorzugsstellung (dem engelhaften non posse peccare) in einem rational nicht zu erfassenden nahen und doch fernen Verhältnis zur Trinität steht. Insofern sie matrix, Gefäß und Erde ist, also das Enthaltende, ist sie für die allegorisierende Anschauung *das Runde,* welches durch die vier Kardinalpunkte bezeichnet ist, also der Erdkreis mit den vier Himmelsrichtungen, als Schemel der Gottheit, oder das Geviert der heiligen Stadt, oder die «Blume im Meer», in der Christus sich birgt[14] – mit einem Wort, das *Mandala.* Dieses ist in der tantrischen Vorstellung vom Lotus *weiblich,* aus leicht verstehbaren Gründen. Der Lotus ist der ewige Geburtssitz der Götter. Er entspricht der westlichen *Rose,* in welcher der Rex gloriae sitzt, oft auf der Basis der vier Evangelisten, welche den Himmelsrichtungen entsprechen.

Von diesem kostbaren Stück mittelalterlicher Psychologie aus gewinnen wir einige Einblicke in die Bedeutung des Mandalas unseres Patienten. Es vereinigt die Vier, und sie funktionieren harmonisch zusammen.

Mein Patient war katholisch erzogen worden, und so stand er ahnungslos demselben Problem gegenüber, das dem alten GUILLAUME wohl einiges Kopfzerbrechen verursacht hatte. Es war in der Tat ein großes Problem für das Mittelalter, dieses Mysterium der Trinität einerseits und andererseits jene nur bedingte Anerkennung des weiblichen Elementes, der Erde, des Körpers und der Materie schließlich, welche doch, in der Gestalt von Marias Schoß, die heilige Wohnstätte der Gottheit und das unerläßliche Instrument des göttlichen Erlösungswerkes waren. *Die Vision meines Patienten ist eine symbolische Antwort auf die Frage der Jahrhunderte.* Das dürfte der tiefere Grund dafür sein, weshalb das Bild der Weltuhr den Eindruck «höchster Harmonie» hervorrief. Es war die erste Andeutung einer möglichen Lösung des verheerenden Konfliktes zwischen Materie und Geist, zwischen den Begierden der Welt und der Liebe zu Gott. Der armselige und unwirksame Kompromiß des Kirchentraumes ist vollständig überwunden durch diese Mandala-Vision, in welcher alle prinzipiellen Gegensätze versöhnt sind. Wenn es erlaubt ist, hier die alte pythagoräische Idee heranzuziehen, daß die Seele ein Quadrat ist[15], würde das Mandala die Gottheit durch den dreifachen Rhythmus ausdrücken und die Seele durch die statische Quaternität, den in vier Farben geteilten Kreis. Und so wäre die innerste Bedeutung der Vision nichts Geringeres als die *Vereinigung der Seele mit Gott.*

Insofern die Weltuhr auch die Quadratur des Kreises und das Perpetuum mobile darstellt, finden diese beiden Anliegen des mittelalterlichen Geistes ihren adäquaten Ausdruck in unserem Mandala. Der goldene Kreis und seine Inhalte repräsentieren die Quaternität in Form der vier Kabiren und der vier Farben, der blaue Kreis die Trinität und die Bewegung der Zeit, in Übereinstimmung mit GUILLAUME. In unserem Falle hat der Zeiger des blauen Kreises die schnellste Bewegung, während der goldene Kreis sich langsam bewegt. In GUILLAUMES goldenem Himmel erscheint der blaue Kreis etwas inkongruent, aber in unserem Falle sind die Kreise harmonisch verbunden. Die Trinität ist das Leben, der «Puls» des ganzen Systems, mit einem dreifachen Rhythmus, der sich jedoch auf 32 aufbaut, einem Vielfachen von Vier. Dies entspricht der vorhin geäußerten Auffassung, daß die Quaternität als eine conditio sine qua non der Gottesgeburt und somit auch des innertrinitarischen Lebens schlechthin erscheint. Kreis und Vierheit auf der einen Seite und der dreifache Rhythmus auf der andern Seite durchdringen einander gegenseitig, so daß das eine auch im andern enthalten ist. In GUILLAUMES Version ist die Trinität offensichtlich, aber die *Quaternität* ist verborgen in der *Dualität* des Königs und der Königin des Himmels. Und weiterhin gehört die blaue Farbe nicht zur Königin, sondern zum Kalender, der die Zeit repräsentiert und durch trinitarische Attribute gekennzeichnet ist. Dies scheint einer gegenseitigen Durchdringung der Symbole zu entsprechen, ähnlich wie in unserem Fall.

Durchdringungen von Eigenschaften und Inhalten sind typisch nicht nur für Symbole überhaupt, sondern auch für die *Wesensähnlichkeit* der symbolisierten Inhalte. Ohne letztere wäre die gegenseitige Durchdringung auch gar nicht möglich. Wir finden darum auch im christlichen Trinitätsbegriff die Interpenetration, in welcher der Vater im Sohn, der Sohn im Vater, der Heilige Geist in Vater und Sohn oder beide in diesem als dem Parakleten erscheinen. Der Schritt vom Vater zum Sohn und dessen Erscheinen in einem bestimmten Moment repräsentiert ein Zeitelement, während das räumliche Element durch die Mater Dei personifiziert würde. (Die Mutter-Qualität war ursprünglich ein Attribut des Heiligen Geistes, und dieser wurde dann von gewissen frühen Christen Sophia-Sapientia genannt[16]. Diese weibliche Eigenschaft konnte nicht vollständig ausgerottet werden und hängt zum mindesten dem Symbol des Heiligen Geistes, der columba spiritus sancti, noch an.) Aber die Quaternität fehlt dem Dogma vollständig, obwohl sie in der frühen kirchlichen Symbolik erscheint. Ich verweise auf das gleichschenklige Kreuz, das im Kreise eingeschlossen ist, auf den triumphierenden Christus mit den vier Evangelisten, den Tetramorphus usw. In der späteren kirchlichen Symbolik erscheinen die rosa mystica, das vas devotionis, der fons signatus und der hortus conclusus als Attribute der Mater Dei und der vergeistigten Erde[17].

Es würde sich wohl kaum lohnen, alle diese Zusammenhänge in ein psychologisches Licht zu rücken, wenn die Trinitätsvorstellungen nichts anderes wären als Erklügelungen der menschlichen Ratio. Ich habe aber immer den Standpunkt vertreten, daß sie zum Typus der Revelation gehören, nämlich zu dem, was KOEPGEN neuerdings als «Gnosis» bezeichnet (was man mit Gnostizismus nicht verwechseln möge!). Die revelatio ist eine Eröffnung der menschlichen Seelentiefe in allererster Linie, eine «Offenbarung», also zunächst ein psychologischer Modus, womit bekanntlich nichts ausgemacht ist darüber, was sie sonst noch sein könnte.

Letzteres liegt jenseits der Wissenschaft. Dieser Auffassung kommt KOEPGENS lapidare, mit dem kirchlichen Imprimatur versehene Formel entgegen: «So ist die Trinität nicht nur eine Offenbarung Gottes, sondern zugleich auch des Menschen[18].»

Unser Mandala ist eine abstrakte, fast mathematische Darstellung einiger der, in der mittelalterlichen christlichen Philosophie diskutierten, Hauptprobleme. Die Abstraktion geht tatsächlich so weit, daß wir ohne die Hilfe der GUILLAUMEschen Vision deren weit verbreitetes historisches Wurzelsystem wohl übersehen hätten. Der Patient besitzt keine Kenntnisse solcher historischer Materialien. Er weiß nur, was jeder wissen kann, der in der frühen Kindheit ein wenig Religionsunterricht gehabt hat. Er selbst sah keine Verbindung zwischen seiner Weltuhr und irgendwelcher religiösen Symbolik. Das ist insofern leicht ersichtlich, als die Vision nichts enthält, was irgendwie auf den ersten Blick an Religion erinnern würde. Jedoch kam die Vision kurz nach dem Traum von dem «Hause der Sammlung». Und dieser Traum wiederum war die Antwort auf das Problem von Drei und Vier, das in einem noch früheren Traum dargestellt worden war. Dort handelte es sich um einen rechteckigen Raum, an dessen vier Seiten sich vier mit farbigem Wasser gefüllte Becher befanden; das eine war gelb, das andere rot, das dritte grün, und *das vierte war ohne Farbe.* Offensichtlich fehlte das *Blau;* aber es war in einer vorhergehenden Vision mit den drei andern Farben verbunden gewesen, wo nämlich in der Tiefe einer Höhle ein Bär erschien. Der Bär hatte vier Augen, die rotes, gelbes, grünes und blaues Licht aussandten. Erstaunlicherweise war in dem späteren Traum die blaue Farbe verschwunden. Zu gleicher Zeit war aber das gewohnte Quadrat in ein Rechteck verwandelt, das vorher niemals erschienen war. Die Ursache dieser sichtlichen Störung war ein Widerstand gegen das durch die Anima repräsentierte weibliche Element. Im Traum von dem «Hause der Sammlung» bestätigt die Stimme diese Tatsache. Sie sagt: «Was du tust, ist gefährlich. Die Religion ist nicht die Steuer, welche du bezahlen sollst, um das Bild der Frau entbehren zu können, denn dieses Bild ist unentbehrlich.» Das «Bild der Frau» ist genau das, was man «Anima» nennen würde[19].

Es ist normal für einen Mann, seiner Anima Widerstand zu leisten, weil sie, wie ich schon erwähnte, das Unbewußte mit all jenen Tendenzen und Inhalten darstellt, die bis dahin vom bewußten Leben ausgeschlossen waren. Sie waren ausgeschlossen wegen einer Reihe wirklicher und scheinbarer Gründe. Einige sind unterdrückt und andere sind verdrängt. In der Regel werden jene Tendenzen, die den Betrag antisozialer Elemente in der psychischen Struktur des Menschen darstellen – ich nenne sie den «statistischen Verbrecher» in jedermann, unterdrückt, d.h. sie werden bewußt und absichtlich eliminiert. Aber Tendenzen, die lediglich verdrängt sind, sind gewöhnlich zweifelhaften Charakters. Sie sind nicht unbedingt antisozial, aber sie sind nicht gerade konventionell und gesellschaftlich passend. Der Grund, weshalb man sie verdrängt, ist gleicherweise zweifelhaft. Einige Leute tun es aus bloßer Feigheit, andere aus konventioneller Moral und andere wieder aus Reputationsgründen. Die Verdrängung ist eine Art von halbbewußtem und unentschiedenem Gehenlassen der Dinge oder ein Verächtlichmachen von Trauben, die zu hoch hängen, oder ein In-die-andere-Richtung-Blicken, um der eigenen Wünsche nicht ansichtig zu werden. FREUD hat entdeckt, daß die Verdrängung einen der Hauptmechanismen beim Zustandekommen einer Neurose bildet. Die Unterdrückung dagegen entspricht einer bewußten moralischen Entscheidung, während die Verdrängung eine ziemlich unmoralische Neigung, unangenehme Entscheidungen loszuwerden, darstellt. Die Unterdrückung kann Kummer, Konflikt und Leiden verursachen, aber sie erzeugt niemals eine Neurose. Die Neurose ist stets ein Ersatz für legitimes Leiden.

Wenn man den «statistischen Verbrecher» ausschließt, so bleibt das weite Gebiet der minderwertigen Eigenschaften und der primitiven Tendenzen übrig, die zu der psychischen Struktur des Menschen gehören, der weniger ideal und primitiver ist, als wir ihn haben möchten[20]. Wir haben gewisse Ideen, wie ein zivilisierter, gebildeter oder moralischer Mensch leben sollte, und wir tun gelegentlich unser Bestes, um selber diese ehrgeizigen Erwartungen zu erfüllen. Da aber die Natur ihre Kinder nicht alle mit denselben Gütern gesegnet hat, sind einige mehr, andere weniger begabt. So gibt es Menschen, die es vermögen, «richtig» und respektabel zu leben, d.h. man kann nirgends ein Haar in der Suppe entdecken. Entweder begehen sie kleinere Sünden, wenn sie sich überhaupt vergehen, oder ihre Sünden sind ihnen unbewußt. Man ist bekanntlich nachsichtiger gegen Sünder, die ihrer Taten unbewußt sind. Aber die Natur ist keineswegs barmherzig mit unbewußten Sündern. Sie bestraft sie genau so hart, wie wenn sie eine bewußte Übertretung begangen hätten. So finden wir, wie HENRY DRUMMOND[21] einst bemerkte, daß es gerade sehr fromme Leute sind, die – ihrer anderen Seite unbewußt – besonders höllische Launen entwickeln, welche sie für ihre Nächsten unerträglich machen. Der Ruhm der Heiligkeit mag weit reichen, aber mit einem Heiligen zusammenzuleben kann einen Minderwertigkeitskomplex oder sogar einen wilden Ausbruch von Unmoral bei moralisch weniger begabten Individuen verursachen. Die Moral scheint eine Gabe zu sein wie die Intelligenz. Man kann sie nicht ohne Schädigung einem System einpumpen, dem sie nicht angeboren ist.

Unglücklicherweise gibt es keinen Zweifel an der Tatsache, daß der Mensch im ganzen genommen weniger gut ist, als er sich einbildet oder zu sein wünscht. Jedermann ist gefolgt von einem Schatten, und je weniger dieser im bewußten Leben des Individuums verkörpert ist, um so schwärzer und dichter ist er. Wenn eine Minderwertigkeit bewußt ist, hat man immer die Chance, sie zu korrigieren. Auch steht sie ständig in Berührung mit andern Interessen, so daß sie stetig Modifikationen unterworfen ist. Aber wenn sie verdrängt und aus dem Bewußtsein isoliert ist, wird sie niemals korrigiert. Es besteht dann überdies die Gefahr, daß in einem Augenblick der Unachtsamkeit das Verdrängte plötzlich ausbricht. Auf alle Fälle bildet es ein unbewußtes Hindernis, das die bestgemeinten Versuche zum Scheitern bringt.

Wir tragen unsere Vergangenheit mit uns, nämlich den primitiven und inferioren Menschen mit seinen Begehrlichkeiten und Emotionen, und wir können uns von dieser Last nur durch eine beträchtliche Anstrengung befreien. Wenn es zu einer Neurose kommt, haben wir es immer mit einem erheblich verstärkten Schatten zu tun. Und wenn ein solcher Fall geheilt werden soll, so muß ein Weg gefunden werden, auf welchem die bewußte Persönlichkeit und der Schatten zusammenleben können.

Das ist ein ernstes Problem für alle diejenigen, welche entweder selber in einer solch mißlichen Lage sind, oder welche Kranken zum normalen Leben helfen müssen. Eine bloße Unterdrückung des Schattens ist ebensowenig ein Heilmittel wie Enthauptung gegen Kopfschmerzen. Die Moral eines Menschen zu zerstören, hilft ebenfalls nicht, weil es sein besseres Selbst töten würde, ohne welches auch der Schatten keinen Sinn hat. Die Versöhnung dieser Gegensätze ist eines der wichtigsten Probleme, das selbst in der Antike einige Geister beschäftigte. So wissen wir von einer im übrigen legendären Persönlichkeit des zweiten Jahrhunderts, KARPOKRATES[22], einem neuplatonischen Philosophen, dessen Schule, laut Bericht des IRENAEUS, die Lehre vertrat, daß Gut und Böse nur menschliches Dafürhalten seien, und daß dagegen die Seelen vor ihrem Abscheiden alles menschlich Erlebbare bis auf den letzten Rest durchgemacht haben müßten, wenn sie nicht wieder in das Gefängnis des Körpers zurückfallen wollten. Aus der Verhaftung in die somatische Welt des Demiurgen könne sich die Seele gewissermaßen nur durch die völlige Erfüllung *aller* Lebensforderungen loskaufen. Die vorgefundene körperliche Existenz ist eine Art feindlichen Bruders, dessen Bedingungen zuerst wahrgenommen werden müssen. In diesem Sinne interpretierten die Karpokratianer Luk 12,58f. (resp. Matth 5,25f.): «Wenn du hingehst mit deinem Widersacher zur Obrigkeit, so gib dir auf dem Wege Mühe, von ihm loszukommen: damit er dich nicht hinschleppe zum Richter, und der Richter dich dem Gerichtsdiener überliefere, und der Gerichtsdiener dich ins Gefängnis werfe. Ich sage dir: Du wirst nicht von dort herauskommen, bis daß du auch den letzten Heller bezahlt hast.» Im Zusammenhang mit der anderen gnostischen Lehre, daß man von keiner Sünde erlöst werden könne, welche man nicht begangen habe, erkennen wir hier – auch in der Verdunkelung durch die christliche Gegnerschaft – ein von den neuplatonischen Philosophen aufgeworfenes Problem von allergrößter Tragweite. Insofern der somatisch gebundene Mensch, der «Widersacher», ja nichts anderes ist als der «Andere in mir», so ist es unverkennbar, daß die karpokratianische Denkweise auf folgende Lesung von Matth. 5,22ff. hinausläuft: «Ich aber sage euch, wer *sich selbst* zürnt, der soll dem Gerichte verfallen sein; und wer irgend zu *sich selber* sagt: Raka, der soll dem Synedrium verfallen sein; und wer irgend sagt: Tor, der soll der Feuerhölle verfallen sein. Wenn du nun deine Gabe darbringst zum Altar und dich daselbst erinnerst, daß du etwas gegen *dich selbst* hast, so laß daselbst deine Gabe vor dem Altar und gehe hin und versöhne dich zuvor *mit dir selber;* und alsdann komme und bringe deine Gabe dar. Sei verträglich *mit dir selber* beizeiten, solange du noch *mit dir* auf dem Wege bist, daß nicht etwa du *dich selber* dem Richter überlieferst», usw. Dieser Problematik steht das nichtkanonische Herrenwort: «Wenn du weißt, was du tust, so bist du selig; wenn du aber nicht weißt, was du tust, so bist du verflucht[23]», nicht allzu fern. In nächster Nähe aber steht das *Gleichnis vom ungerechten Haushalter* (Luk 16), welches ein «Stein des Anstoßes» in verschiedenen Hinsichten ist. «Et laudavit Dominus villicum iniquitatis, quia *prudenter* fecisset.» [Und der Herr lobte den ungerechten Haushalter, weil er klug gehandelt habe.] «Prudenter» entspricht dem «phronimos» des Urtextes, welches zu deutsch «besonnen, vernünftig, klug» heißt. Unleugbar erscheint hier die *Vernunft als eine Instanz ethischer Entscheidung.* Vielleicht darf man auch den Karpokratianern – gegen IRENAEUS – diese Einsicht zubilligen und annehmen, daß sie etwa auch, wie der ungerechte Haushalter, löblicherweise das Gesicht zu wahren wußten. Es ist natürlich, daß die robustere Mentalität der Kirchenväter die Feinheit und das Verdienst dieses subtilen und, vom modernen Standpunkt aus, ungemein praktischen Argumentes nicht würdigen konnte. Es ist ein vitales, aber auch gefährliches und ethisch heikelstes Problem der modernen Zivilisation, die nicht mehr weiß und versteht, warum das Leben des Menschen in höherem Sinne ein Opfer sein sollte. Der Mensch kann erstaunliche Dinge auf sich nehmen, wenn sie einen Sinn für ihn haben. Aber die Schwierigkeit ist, diesen Sinn zu erschaffen. Es muß natürlicherweise eine Überzeugung sein, wobei es sich jedoch zeigt, daß die überzeugendsten Dinge, die der Mensch erfinden kann, alle über einen Leisten geschlagen und zu billig sind, um ihm auch gegen seine persönlichen Wünsche und Ängste wirksam beizustehen.

Wenn die verdrängten Tendenzen des Schattens nichts als böse wären, so gäbe es überhaupt kein Problem. Aber der Schatten ist in der Regel nur etwas Niedriges, Primitives, Unangepaßtes und Mißliches und nicht absolut böse. Er enthält auch kindische oder primitive Eigenschaften, die in gewisser Weise die menschliche Existenz beleben und verschönern würden; aber man stößt sich an hergebrachten Regeln. Das gebildete Publikum, die Blüte unserer gegenwärtigen Zivilisation, ist etwas von seinen Wurzeln abgehoben und ist im Begriffe, seine Verbindung mit der Erde zu verlieren. Es gibt heutzutage nur wenige zivilisierte Länder, wo die unteren Bevölkerungsschichten nicht in einem Zustand unruhiger Meinungskonflikte sind. In einer Anzahl europäischer Nationen erfaßt dieser Zustand auch die oberen Schichten. Diese Lage der Dinge demonstriert unser psychologisches Problem in vergrößertem Maßstab. Insofern Kollektivitäten bloße Anhäufungen von Individuen darstellen, sind ihre Probleme ebenfalls Anhäufungen individueller Probleme. Der eine Teil identifiziert sich mit dem höheren Menschen und kann nicht heruntersteigen, und der andere Teil identifiziert sich mit dem unteren Menschen und möchte an die Oberfläche kommen.

Solche Probleme werden niemals gelöst durch Gesetzgebung oder Kunstgriffe. Sie können nur gelöst werden durch eine allgemeine Änderung der Einstellung. Und diese Änderung beginnt nicht mit Propaganda oder Massenversammlungen oder gar mit Gewalt. Sie fängt an mit einer Veränderung in den einzelnen. Sie wird sich auswirken als Wandlung ihrer persönlichen Neigungen und Abneigungen, ihrer Lebensanschauung und ihrer Werte, und einzig die Anhäufung solcher individueller Wandlungen ist imstande, eine kollektive Lösung herbeizuführen.

Der gebildete Mensch versucht, den unteren Menschen in sich zu verdrängen, ohne sich klarzumachen, daß er diesen dadurch zwingt, aufrührerisch zu werden. Es ist charakteristisch für meinen Patienten, daß er einmal von einer militärischen Einheit träumte, welche beabsichtigte, «den linken Flügel vollständig abzuwürgen». Jemand bemerkt, der linke Flügel sei so schon schwach, aber die Soldaten antworten, das sei gerade der Grund, weshalb der linke Flügel «abgewürgt» werden müsse. Der Traum zeigt, wie mein Patient mit seinem eigenen unteren Menschen verfuhr. Dies ist offensichtlich nicht die richtige Methode. Der Traum von dem «Hause der Sammlung» zeigt im Gegenteil eine religiöse Haltung als die richtige Antwort auf seine Frage. Das Mandala scheint eine Amplifikation gerade dieses besonderen Punktes zu sein. Wir haben gesehen, daß das historische Mandala als ein Symbol diente, um die Natur der Gottheit philosophisch zu kären, oder um dieselbe zum Zwecke der Anbetung in einer sichtbaren Form darzustellen oder, wie im Osten, als Yantra für Yoga-Übungen. Die Ganzheit («Vollkommenheit») des himmlischen Kreises und die quadratische Form der Erde, welche die vier Prinzipien oder Elemente oder psychischen Qualitäten[24] enthält, sind der Ausdruck für Vollständigkeit und Vereinigung. So hat das Mandala den Rang eines «vereinigenden Symbols»[25]. Insofern Vereinigung von Gott und Mensch in dem Symbol des Christus oder des Kreuzes[26] ausgedrückt ist, könnten wir erwarten, daß die Weltuhr unseres Patienten eine ähnliche vereinigende Bedeutung habe. Da wir aber durch historische Analogien voreingenommen sind, würden wir erwarten, daß eine Gottheit das Zentrum des Mandalas einnähme. Das Zentrum ist jedoch leer. Der Sitz der Gottheit ist unbesetzt. Wenn wir das Mandala aber historischen Vorbildern entsprechend analysieren, zeigt es sich, daß der Gott durch den Kreis und die Göttin durch das Viereck symbolisiert werden. Anstatt «Göttin» könnten wir auch sagen «Erde» oder «Seele». Entgegen dem historischen Vorurteil müssen wir jedoch daran festhalten, daß wir (wie in dem «Hause der Sammlung», wo der Platz des sakralen Bildes durch die Quaternität eingenommen war) keine Spur einer Gottheit im Mandala finden, sondern ganz im Gegenteil einen Mechanismus. Wir sollten aber ein so wichtiges Faktum nicht zugunsten einer vorgefaßten Meinung übersehen. Ein Traum oder eine Vision sind genau das, was sie zu sein scheinen. Sie sind keine Verkleidung für etwas anderes. Sie sind ein Naturprodukt, d. h. ein Ding für sich ohne irgendwelche außer ihm liegenden Motivationen. Ich habe viele Mandalas gesehen von ganz unbeeinflußten Patienten und habe dieselbe Tatsache ungefähr überall gefunden: es war niemals eine Gottheit im Mittelpunkt. Der Mittelpunkt ist in der Regel betont. Aber was wir da finden, ist ein Symbol von sehr andersartiger Bedeutung. Es ist z. B. ein Stern, eine Sonne, eine Blume, ein gleicharmiges Kreuz, ein kostbarer Stein, eine mit Wasser oder Wein gefüllte Schale, eine aufgeringelte Schlange oder ein menschliches Wesen, aber niemals ein Gott[27].

Wenn wir einen triumphierenden Christus in der Fensterrose einer mittelalterlichen Kirche finden, nehmen wir mit Recht an, daß dies ein zentrales Symbol des christlichen Kultes sein müsse. Wir nehmen auch an, daß jede Religion, die in der Geschichte eines Volkes wurzelt, ebenso sehr ein Ausdruck seiner Psychologie sei wie z. B. die Form der Regierung, welche das Volk hervorgebracht hat. Wenn wir dieselbe Methode auf die modernen Mandalas anwenden, welche die Menschen in Träumen oder Visionen gesehen oder durch «aktive Imagination»[28] entwickelt haben, kommen wir zu dem Schluß, daß die Mandalas der Ausdruck sind für eine gewisse Einstellung, die wir nicht umhin können, «religiös» zu nennen. Religion ist eine Beziehung zu dem höchsten oder stärksten Wert, sei er nun positiv oder negativ. Die Beziehung ist sowohl eine freiwillige als auch eine unfreiwillige, d. h. man kann von einem «Wert», also einem energiegeladenen psychischen Faktor, auch unbewußt besessen sein, oder man kann ihn bewußt annehmen. Diejenige psychologische Tatsache, welche die größte Macht in einem Menschen besitzt, wirkt als «Gott», weil es immer der überwältigende psychische Faktor ist, der «Gott» genannt wird. Sobald ein Gott aufhört, ein überwältigender Faktor zu sein, wird er ein bloßer Name. Sein Wesentliches ist tot, und seine Macht ist dahin. Warum haben die antiken Götter ihr Prestige und ihre Wirkung auf die menschlichen Seelen verloren? Es war, weil die olympischen Götter ihren Dienst getan hatten und ein neues Mysterium begann: *Gott wurde Mensch.*

Wenn man sich erlaubt, aus modernen Mandalas Schlüsse zu ziehen, sollte man die Menschen vielleicht erst fragen, ob sie Sterne, Sonnen, Blumen oder Schlangen verehren. Das werden sie aber verneinen und uns zu gleicher Zeit versichern, die Kugeln, Sterne, Kreuze und dergleichen seien Symbole für ein *Zentrum in ihnen selbst.* Und wenn man sie fragt, was sie mit diesem Zentrum meinen, so geraten sie in einige Verlegenheit und weisen auf diese oder jene Erfahrung hin, wie etwa mein Patient, der alles, was er über die «Weltuhr» positiv zu sagen wußte, in das Bekenntnis zusammenfaßte, daß die Vision ein Gefühl vollkommener Harmonie in ihm hinterlassen habe. Andere wieder gestehen, daß eine ähnliche Vision sie überkam in einem Augenblick größten Schmerzes oder tiefster Verzweiflung. Und für noch andere ist es eine Erinnerung an einen eindrucksvollen Traum oder an einen Augenblick, in dem lange und fruchtlose Kämpfe zu Ende gingen und Frieden in sie einzog. Wenn man zusammenfaßt, was die Menschen einem über ihre Erfahrung erzählen, so kann man es ungefähr so formulieren: *Sie kamen zu sich selber, sie konnten sich selber annehmen, sie waren imstande, sich mit sich selbst zu versöhnen,* und dadurch wurden sie auch mit widrigen Umständen und Ereignissen ausgesöhnt. Das ist fast das gleiche, was man früher mit den Worten ausdrückte: «Er hat seinen Frieden mit Gott gemacht, er hat seinen eigenen Willen zum Opfer gebracht, indem er sich dem Willen Gottes unterwarf.»

Ein modernes Mandala ist ein unwillkürliches Bekenntnis eines besonderen geistigen Zustandes. Es ist keine Gottheit in dem Mandala, und es ist auch keine Unterwerfung oder Versöhnung mit einer Gottheit angedeutet. *Der Platz der Gottheit scheint durch die Ganzheit des Menschen eingenommen zu werden*[29].

Wenn man vom Menschen spricht, meint wohl jeder sein Ich – d. h. seine persönliche Disposition, insoweit er ihrer bewußt ist – und wenn man von anderen spricht, so nimmt man an, daß sie eine ziemlich ähnliche Beschaffenheit haben. Da aber die moderne Forschung uns mit der Tatsache bekannt gemacht hat, daß das individuelle Bewußtsein gegründet ist auf und eingebettet in eine unbestimmbar weit ausgedehnte, unbewußte Psyche, muß man notwendigerweise das etwas altmodische Vorurteil revidieren: der Mensch sei nicht mehr als sein Bewußtsein. Diese naive Annahme muß sofort der kritischen Frage gegenübergestellt werden: wessen Bewußtsein? Tatsächlich wäre es eine schwierige Aufgabe, das Bild, das ich von mir selber habe, mit dem, das andere Leute sich von mir machen, in Übereinstimmung zu bringen. Wer hat recht? Und wer ist das wirkliche Individuum? Wenn man noch weiter geht und die Tatsache in Betracht zieht, daß der Mensch auch noch das ist, was weder er selbst noch andere Leute von ihm wissen – ein zunächst unbekanntes Etwas, dessen Existenz jedoch bewiesen werden kann –, so wird das Problem der Identität noch viel schwieriger. Tatsächlich ist es unmöglich, die Ausdehnung und den definitiven Charakter psychischer Existenz zu bestimmen. Wenn wir nun vom Menschen sprechen, so meinen wir dessen unbegrenzbares Ganzes, eine unformulierbare Totalität, die nur symbolisch ausgedrückt werden kann. Ich habe den Ausdruck «Selbst» gewählt, um die Totalität des Menschen, die Summe seiner bewußten und unbewußten Gegebenheiten, zu bezeichnen[30]. Diesen Ausdruck habe ich übernommen in Übereinstimmung mit der östlichen Philosophie[31], welche sich seit Jahrhunderten mit denjenigen Problemen beschäftigt hat, die sich dann ergeben, wenn sogar die Menschwerdung der Götter überschritten ist. Die Philosophie der Upanishaden entspricht einer Psychologie, welche vor langer Zeit schon die Relativität der Götter erkannte[32]. Man darf dies nicht mit einem so naiven Irrtum, wie dem Atheismus, verwechseln. Die Welt ist, wie sie immer war, aber unser Bewußtsein unterliegt eigentümlichen Veränderungen. Zuerst, in fernen Zeiten (was jedoch noch an heute lebenden Primitiven beobachtet werden kann), lag der Hauptteil des psychischen Lebens anscheinend außen in menschlichen und nichtmenschlichen Objekten: er war projiziert, wie wir jetzt sagen würden[33]. In einem Zustand mehr oder weniger vollkommener Projektion kann es kaum ein Bewußtsein geben. Durch das Zurückziehen der Projektionen entwickelte sich langsam die bewußte Erkenntnis. Die Wissenschaft begann merkwürdigerweise mit der Entdeckung astronomischer Gesetze, also mit der Zurückziehung der quasi fernsten Projektion. Das war eine erste Phase in der Entseelung der Welt. Ein Schritt folgte dem anderen: schon in der Antike wurden die Götter aus den Bergen und Flüssen, aus den Bäumen und Tieren entrückt. Unsere moderne Wissenschaft hat ihre Projektionen zwar bis zu einem fast unerkennbaren Grade verfeinert, aber unser tagtägliches Leben wimmelt noch von Projektionen. Sie machen sich breit in Zeitungen, Büchern, Gerüchten und gewöhnlichem gesellschaftlichem Klatsch. Alle Lücken, wo wirkliches Wissen fehlt, werden immer noch mit Projektionen ausgefüllt. Wir sind immer noch beinahe sicher, daß wir wissen, was andere Leute denken, oder was ihr wahrer Charakter ist. Wir sind überzeugt, daß gewisse Leute alle jene schlechten Eigenschaften haben, die wir in uns selbst nicht finden, oder daß sie alle jene Laster leben, die natürlich niemals unsere eigenen sein könnten. Wir müssen immer noch äußerst vorsichtig sein, um nicht unseren eigenen Schatten allzu schamlos zu projizieren, und sind immer noch überschwemmt von projizierten Illusionen. Wenn man sich jemanden vorstellt, der tapfer genug ist, diese Projektionen allesamt zurückzuziehen, dann ergibt sich ein Individuum, das sich eines beträchtlichen Schattens bewußt ist. Ein solcher Mensch hat sich neue Probleme und Konflikte aufgeladen. Er ist sich selbst eine ernste Aufgabe geworden, da er jetzt nicht mehr sagen kann, daß die *anderen* dies oder jenes tun, daß *sie* im Fehler sind, und daß man gegen *sie* kämpfen muß. Er lebt in dem «Hause der Selbstbesinnung», der inneren Sammlung. Solch ein Mensch weiß, daß, was immer in der Welt verkehrt ist, auch in ihm selber ist, und wenn er nur lernt, mit seinem eigenen Schatten fertig zu werden, dann hat er etwas Wirkliches für die Welt getan. Es ist ihm dann gelungen, wenigstens einen allerkleinsten Teil der ungelösten riesenhaften Fragen unserer Tage zu beantworten. Diese Probleme sind zum guten Teil so schwierig, weil sie vergiftet sind durch gegenseitige Projektionen. Wie kann auch jemand klar sehen, wenn er nicht einmal sich selbst und jene Dunkelheit sieht, welche er unbewußt in alle seine Handlungen mithineinträgt?

Die moderne psychologische Entwicklung führt zu einem viel besseren Verständnis dessen, woraus der Mensch wirklich besteht. Zuerst lebten die Götter in übermenschlicher Macht und Schönheit auf der Spitze schneebedeckter Berge oder in der Dunkelheit von Höhlen, Wäldern und Meeren. Später wuchsen sie zu *einem* Gott zusammen, und dann wurde dieser Gott Mensch. Aber in unserer Zeit scheint sogar der Gottmensch von seinem Throne herabzusteigen und sich im alltäglichen Menschen aufzulösen. Darum wohl ist sein Sitz leer. Dafür aber leidet der moderne Mensch an einer Hybris des Bewußtseins, die sich der Krankhaftigkeit nähert. Dieser psychischen Verfassung der einzelnen entspricht im großen die Hypertrophie und der Totalitätsanspruch der Staatsidee. Wie der Staat das Individuum zu «erfassen» versucht, so bildet sich auch der einzelne ein, er hätte seine Seele «erfaßt»; ja er macht sogar eine Wissenschaft aus ihr in der absurden Annahme, daß der Intellekt, der ja nur Teil und Funktion der Psyche ist, genüge, das viel größere Ganze der Seele zu erfassen. In Wirklichkeit ist die Psyche die Mutter, das Subjekt und sogar die Möglichkeit des Bewußtseins selbst. Sie reicht so weit über die Grenzen des Bewußtseins hinaus, daß dieses leicht mit einer Insel im Ozean verglichen werden kann. Während die Insel klein und eng ist, ist der Ozean unendlich weit und tief und enthält ein Leben, welches dasjenige der Insel an Art und Umfang in jeglicher Hinsicht überragt. Man kann dieser Auffassung zum Vorwurf machen, daß sie den Beweis dafür, daß das Bewußtsein nicht mehr bedeutet als eine kleine Insel im Ozean, nicht erbracht hätte. Dieser Beweis ist an sich allerdings unmöglich, denn gegenüber dem bekannten Umfang des Bewußtseins steht die unbekannte «Ausdehnung» des Unbewußten, von dem wir eigentlich bloß wissen, daß es existiert und vermöge seiner Existenz das Bewußtsein und dessen Freiheit in einschränkendem Sinne beeinflußt. Wo immer nämlich Unbewußtheit herrscht, da ist auch Unfreiheit, ja sogar Besessenheit. Die Weite des Ozeans ist schließlich nichts als ein Gleichnis, welches die beschränkende und bewußtseinsbedrohende Fähigkeit des Unbewußten allegorisiert. Der psychologische Empirismus liebte es allerdings, bis vor kurzem das «Unbewußte» – wie auch dieser Terminus selber anzeigt – als eine bloße Abwesenheit von Bewußtsein zu erklären, etwa wie den Schatten als Abwesenheit des Lichtes. Nicht nur alle Zeiten vor uns, sondern auch die heutige genaue Beobachtung der unbewußten Vorgänge anerkennt, daß das Unbewußte eine gewisse schöpferische Autonomie besitzt, welche einer bloßen Schattennatur niemals zukäme. Wenn C. G. Carus, Ed. von Hartmann und in gewissem Sinne auch Arthur Schopenhauer das Unbewußte mit dem weltschöpferischen Prinzip in eins setzen, so ziehen sie damit das Fazit aus allen Lehren der Vergangenheit, welche auf Grund stetiger innerer Erfahrung das geheimnisvoll Wirkende als Götter personifiziert erschaut hat. Es entspricht moderner Bewußtseinshypertrophie, eben jener Hybris, der gefährlichen Autonomie des Unbewußten uneingedenk zu sein und sie nur negativ als Abwesenheit von Bewußtsein zu erklären. Die Annahme unsichtbarer Götter oder Dämonen wäre eine psychologisch viel passendere Formulierung des Unbewußten, obschon diese eine anthropomorphistische Projektion wäre. Da nun die Entwicklung des Bewußtseins die

Zurückziehung aller erreichbaren Projektionen verlangt, so kann auch keine Götterlehre im Sinne nichtpsychologischer Existenz aufrechterhalten werden. Wenn der historische Prozeß der Weltentseelung, eben der Zurücknahme der Projektionen, so weitergeht wie bisher, dann muß alles, was draußen göttlichen oder dämonischen Charakter hat, zur Seele zurückkehren, in das Innere des unbekannten Menschen, von wo es anscheinend seinen Ausgang genommen hat.

Zuerst war wohl der materialistische Irrtum unvermeidlich. Da der Thron Gottes zwischen den galaktischen Systemen nicht entdeckt werden konnte, folgerte man, daß Gott überhaupt nicht existiere. Der zweite unvermeidliche Irrtum ist der Psychologismus: wenn Gott überhaupt etwas ist, so muß er eine Illusion sein, die gewissen Motiven entstammt, z. B. dem Willen zur Macht oder verdrängter Sexualität. Diese Argumente sind nicht neu. Ähnliche Dinge wurden schon gesagt von den christlichen Missionaren, welche die Idole der heidnischen Götter stürzten. Während sich aber die frühen Missionare bewußt waren, daß sie einem neuen Gott dienten, indem sie die alten bekämpften, sind sich die modernen Bilderstürmer nicht bewußt, in wessen Namen sie alte Werte zerstören. NIETZSCHE fühlte sich zwar verantwortlich, als er die alten Tafeln zerbrach, und doch unterlag er der merkwürdigen Notwendigkeit, sich mit einem wiederbelebten Zarathustra den Rücken zu stärken, als einer Art von zweiter Persönlichkeit, einem alter ego, mit dem er sich in seiner großen Tragödie *Also sprach Zarathustra* identifiziert. NIETZSCHE war kein Atheist, aber *sein Gott war tot.* Das Resultat dieses Ablebens war eine Spaltung in ihm selber, und er fühlte sich gezwungen, das andere Selbst als «Zarathustra» oder zu andern Zeiten als «Dionysos» zu personifizieren. In seiner schicksalhaften Krankheit zeichnete er seine Briefe mit «Zagreus», welcher der zerstückelte Dionysos der Thraker ist. Die Tragödie von *Also sprach Zarathustra* besteht darin, daß NIETZSCHE selbst zu einem Gott wurde, weil sein Gott starb; und das geschah so, weil er kein Atheist war. Er war eine zu positive Natur, um die Großstädterneurose des Atheismus ertragen zu können. Der, dem «Gott stirbt», wird der «Inflation» zum Opfer fallen[34]. «Gott» ist in Wirklichkeit die effektiv stärkste seelische Position, auch wenn damit, im Sinne des Paulinischen Wortes (Phil. 3,19), der «Bauch» gemeint ist. Der schlechthin stärkste und darum ausschlaggebende Faktor in einer individuellen Psyche erzwingt nämlich jenen Glauben oder jene Furcht, Unterwürfigkeit oder Ergebenheit, die ein Gott vom Menschen fordern könnte. Das Beherrschende und Unentrinnbare ist in diesem Sinne «Gott» und ist es absolut, wenn es nicht der ethischen Entscheidung der menschlichen Freiheit gelingt, gegen diese Naturtatsache eine Position von ähnlicher Unüberwindlichkeit aufzurichten. Insofern sich diese Position als unbedingt wirksam erweist, verdient sie es wohl, mit dem Gottesprädikat belegt zu werden, und zwar mit dem Namen eines *geistigen Gottes,* weil diese seelische Position aus der Freiheit ethischer Entscheidung, also aus der Gesinnung, hervorgegangen ist. Es ist der menschlichen Freiheit anheimgegeben, ob «Gott» ein «Geist» oder eine Naturtatsache, wie die Sucht des Morphinisten, ist, womit auch entschieden ist, ob «Gott» eine segensreiche oder eine zerstörerische Macht bedeuten soll.

So unzweifelhaft und klar verständlich solche seelischen Geschehnisse oder Entscheidungen sind, so sehr verleiten sie auch zu dem unpsychologischen Fehlschluß, daß es dem Menschen gewissermaßen freigestellt sei, sich einen «Gott» zu *erzeugen* oder nicht. Davon ist keine Rede, denn jeder findet sich vor mit einer seelischen Disposition, welche seine Freiheit in hohem Maße beschränkt, ja sogar beinahe illusorisch macht. Nicht nur ist die «Freiheit des Willens» philosophisch ein unabsehbares Problem, sondern sie ist es auch praktisch, insofern es selten jemanden gibt, der nicht weitgehend oder sogar überwiegend von Neigungen, Gewohnheiten, Trieben, Vorurteilen, Ressentiments und allen möglichen Komplexen beherrscht ist. Alle diese Naturtatsachen funktionieren genau wie ein ganzer Olymp voll von Göttern, die propitiiert, bedient, gefürchtet und verehrt sein wollen, nicht nur vom individuellen Inhaber dieser Götterkompagnie, sondern auch noch von seiner persönlichen Umgebung. Unfreiheit und Besessenheit sind Synonyme. Immer ist daher etwas in der Seele vorhanden, das Besitz ergreift und die sittliche Freiheit beschränkt oder unterdrückt. Um sich einerseits diesen wahren, aber sehr unangenehmen Tatbestand zu verheimlichen und sich andererseits Mut zur Freiheit zu machen, hat man sich den eigentlich apotropäischen Sprachgebrauch angewöhnt: «*Ich habe* die Neigung oder die Gewohnheit oder das Ressentiment», anstatt wahrheitsgetreu festzustellen: «Die Neigung oder die Gewohnheit oder das Ressentiment *hat mich.*» Letztere Ausdrucksweise würde uns allerdings auch noch die Illusion der Freiheit kosten. Aber ich frage mich, ob das nicht in höherem Sinne besser wäre, als wenn man sich auch noch mit seiner Sprache benebelt. In Tat und

Wahrheit erfreuen wir uns keiner herrenlosen Freiheit, sondern sind beständig bedroht von gewissen seelischen Faktoren, die als «Naturtatsachen» von uns Besitz ergreifen können. Die weitgehende Zurücknahme gewisser metaphysischer Projektionen liefert uns diesem Geschehen insofern fast hilflos aus, als wir uns sofort mit jedem Impuls identifizieren, anstatt diesen mit dem Namen eines «anderen» zu belegen, womit er wenigstens auf Armeslänge weggehalten wäre und sich nicht sofort der Zitadelle des Ichs bemächtigen könnte. «Herrschaften» und «Mächte» sind immer vorhanden, wir können und brauchen sie nicht zu erzeugen. Uns liegt es bloß ob, den «Herrn», dem wir dienen wollen, zu *wählen,* damit sein Dienst uns schütze gegen die Herrschaft der «anderen», die wir nicht gewählt haben. «Gott» wird nicht *erzeugt,* sondern *gewählt.*

Unsere Wahl bezeichnet und definiert «Gott». Aber unsere Wahl ist Menschenwerk, und darum ist auch die damit gegebene Definition endlich und unvollkommen. (Auch die Idee von Vollkommenheit setzt keine Vollkommenheit.) Die Definition ist ein Bild, welches den damit bezeichneten *unbekannten* Tatbestand *nicht in die Sphäre der Begreifbarkeit erhebt,* sonst dürfte man ja sagen, man hätte einen Gott erschaffen. Der «Herr», den wir gewählt haben, ist nicht identisch mit dem Bild, das wir in Zeit und Raum von ihm entworfen haben. Er wirkt nach wie vor als *unerkennbare Größe* in der Seelentiefe. Wir kennen ja nicht einmal das Wesen eines einfachen Gedankens, geschweige denn die letzten Prinzipien des Psychischen überhaupt. Auch haben wir über das innere Leben der Seele keinerlei Verfügung. Weil dieses aber ein unserer Willkür und Absicht Entzogenes und uns gegenüber Freies ist, so kann der Fall eintreten, daß das gewählte Lebendige und von der Definition Bezeichnete auch gegen unseren Willen aus dem Rahmen des von Menschenhänden gemachten Bildes heraustritt. Dann dürfte man vielleicht mit NIETZSCHE sagen: «Gott ist tot.» Es wäre aber richtiger zu sagen: «Er hat unser Bild abgelegt, und wo werden wir ihn wieder finden?» Das Interregnum ist voller Gefahr, denn die Naturtatsachen werden ihren Anspruch erheben in der Gestalt der verschiedenen -ismen, woraus nichts als Anarchie und Zerstörung entsteht, weil infolge der Inflation die menschliche Hybris das Ich in seiner lächerlichsten Erbärmlichkeit zum Herrn des Universums erkiest. Das ist der Fall NIETZSCHE, ein unverstandenes Vorzeichen einer ganzen Epoche.

Das einzelne menschliche Ich ist viel zu klein, und sein Gehirn ist viel zu schwach, um jene aus der Welt zurückgenommenen Projektionen sich selber restlos einverleiben zu können. Ich und Gehirn zerspringen darob in Stücke (was der Psychiater als Schizophrenie bezeichnet). Als NIETZSCHE sagte: «Gott ist tot», sprach er eine Wahrheit aus, die für den größeren Teil von Europa gültig ist. Nicht weil er solches feststellte, waren die Völker beeinflußt, sondern es handelte sich um die Feststellung einer allgemein verbreiteten psychologischen Tatsache. Die Folgen stellten sich auch ohne Zögern ein: die Umnachtung und Benebelung durch -ismen und die *Katastrophe*. Niemand verstand es, einen Schluß aus NIETZSCHES Ankündigung zu ziehen. Klingt sie nicht ähnlich wie jenes antike: «Der große Pan ist gestorben»[35], welches das Ende der Naturgottheiten feststellte?

Das Christusleben wird von der Kirche einerseits als ein historisches, andererseits als ein ewig bestehendes Mysterium verstanden, was besonders in der Lehre vom Meßopfer deutlich hervortritt. Von einem psychologischen Standpunkt aus ließe sich diese Auffassung folgendermaßen übersetzen: Christus lebte ein konkretes, persönliches und einmaliges Leben, das aber zugleich in allen wesentlichen Zügen archetypischen Charakter hat. Dieser Charakter wird erkannt an den vielfachen Beziehungen biographischer Einzelheiten zu weitverbreiteten mythischen Motiven. Diese unleugbaren Beziehungen bilden den Grund, warum es der Leben-Jesu-Forschung so schwer fällt, aus den Evangelienberichten ein individuelles, des Mythus entkleidetes Leben herauszuschälen. In den Evangelien selber sind Tatsachenberichte, Legende und Mythus zu einem eben den Sinn der Evangelien ausmachenden Ganzen verwoben, welches seinen Ganzheitscharakter sofort einbüßt, wenn mit dem kritischen Skalpell Individuelles vom Archetypischen abzusondern versucht wird. Das Christusleben ist insofern keine Ausnahme, als nicht wenige große Gestalten der Geschichte den Archetypus des heldischen Lebens mit seinen charakteristischen Peripetien mehr oder weniger deutlich verwirklicht haben. Aber auch der alltägliche Mensch lebt unbewußt archetypische Formen, die nur aus allgemein verbreiteter psychologischer Unkenntnis nicht mehr beachtet werden. Ja selbst die flüchtigen Erscheinungen der Träume lassen oft deutlich archetypische Formgebung erkennen. Im Grunde genommen ist alles seelische Geschehen dermaßen auf den Archetypus gegründet und mit diesem verwoben, daß es in jedem Falle bedeutender kritischer Anstrengung bedarf, um das Einmalige mit Sicherheit vom Typus zu sondern. Schließlich ist eben jedes individuelle Leben zugleich auch das Leben des Äons der Species. Das Individuelle ist stets «historisch», weil strengstens an die Zeit gebunden; die Beziehung des Typus zur Zeit hingegen ist indifferent. Insofern nun das Christusleben in hohem Maße archetypisch ist, stellt es in ebensolchem Maße das Leben des Archetypus dar. Da aber letzterer die unbewußte Voraussetzung jedes menschlichen Lebens ist, so wird durch sein geoffenbartes Leben auch das geheime, unbewußte Grundleben jedes einzelnen offenbar, d.h. was im Christusleben geschieht, ereignet sich immer und überall. Im christlichen Archetypus ist mit anderen Worten alles Leben dieser Art vorgebildet und immer wieder oder ein für alle Male ausgedrückt. So ist darin auch die uns hier angehende Frage des Gottestodes in vollendeter Form vorausgenommen. Christus ist selber der Typus des sterbenden und sich wandelnden Gottes.

Unsere psychologische Situation, von der wir ausgingen, entspricht jenem «quid quaeritis viventem cum mortuis? *Non est hic.*» [Was sucht ihr den Lebenden bei den Toten? Er ist nicht hier.] (Luk. 24,5.) Wo aber werden wir den Auferstandenen wiederfinden?

Ich erwarte von keinem gläubigen Christen, daß er diesen meinen Gedankengängen, die ihm vielleicht absurd erscheinen, weiter folgt. Ich wende mich ja auch gar nicht an die beati possidentes des Glaubens, sondern an jene vielen, für die das Licht erloschen, das Mysterium versunken und Gott tot ist. Für die meisten gibt es kein Zurück, und man weiß auch nicht genau, ob der Rückweg immer der bessere ist. Zum *Verständnis* der religiösen Dinge gibt es heute wohl nur noch den psychologischen Zugang, weshalb ich mich bemühe, historisch festgewordene Denkformen wieder einzuschmelzen und umzugießen in Anschauungen der unmittelbaren Erfahrung. Es ist gewiß ein schwieriges Unterfangen, jene Brücke wieder aufzufinden, welche die Anschauung des Dogmas mit der unmittelbaren Erfahrung der psychologischen Archetypen verbindet, aber die Erforschung der natürlichen Symbole des Unbewußten gibt uns das hierzu nötige Baumaterial.

Der Gottestod (oder das Verschwinden) ist keineswegs nur ein christliches Symbol. Das an den Tod anschließende Suchen wiederholt sich auch heute noch nach dem Tode eines Dalai Lama, wie es jährlich im Suchen der Kore in der Antike gefeiert wurde. Diese weite Verbreitung spricht für das allgemeine Vorhandensein dieses typischen seelischen

Vorganges: der höchste, lebenspendende und sinngebende Wert ist verlorengegangen. Dieser Vorgang ist ein typisches, d.h. sich häufig wiederholendes Erlebnis, deshalb ist es auch an zentraler Stelle im christlichen Mysterium ausgedrückt. Dieser Tod oder Verlust muß sich immer wiederholen; Christus stirbt immer, wie er immer geboren wird; denn das psychische Leben des Archetypus ist unzeitlich im Vergleich zu unserer individuellen Zeitgebundenheit. Nach welchen Gesetzen bald dieser, bald jener Aspekt des Archetypus wirksam in die Erscheinung tritt, das entzieht sich meiner Kenntnis. Ich weiß nur – und damit drücke ich das Wissen unendlich vieler Menschen aus –, daß gegenwärtig eine Zeit des Gottestodes und Gottesverschwindens ist. Der Mythus sagt: er werde dort nicht mehr gefunden, wo sein Leib niedergelegt wurde. Der «Leib» entspricht der äußeren, sichtbaren Form, der bisherigen, aber vorübergehenden Fassung des höchsten Wertes. Der Mythus sagt nun des weiteren aus, daß der Wert in wunderbarer Weise, aber gewandelt, wieder entsteht. Er erscheint als ein Wunder, denn wenn ein Wert verschwindet, scheint er jeweils unwiederbringlich verloren. Es ist daher durchaus unerwartet, daß er wiederkommen sollte. Die während der drei Todestage stattfindende Höllenfahrt beschreibt das Versinken des verschwundenen Wertes ins Unbewußte, wo er (im Sieg über die Macht der Finsternis) eine neue Ordnung herstellt, und von wo er wieder auftaucht bis zur Höhe des Himmels, d.h. bis zur höchsten Bewußtseinsklarheit. Da nur wenige den Auferstandenen sehen, so bedeutet das, daß keine geringen Schwierigkeiten bestehen, den gewandelten Wert wiederzufinden und zu erkennen.

Ich habe im Vorausgehenden an Hand eines Traumbeispieles gezeigt, wie das Unbewußte ein natürliches Symbol, das ich technisch als *Mandala* bezeichnete, produziert, welchem die funktionelle Bedeutung einer Versöhnung der Gegensätze, also der Mediation, zukommt. Diese spekulativen Ideen, Symptome eines sich regenden Archetypus, lassen sich, bezeichnenderweise, als zunächst zweideutige, physisch-symbolische Gestaltungen bis etwa in die Reformationszeit zurückführen, wo sie das Wesen des «Deus terrenus» [irdischen Gottes], nämlich des Lapis Philosophorum [Steines der Weisen] zu formulieren versuchen. Im Kommentar zum *Tractatus Aureus* lesen wir z.B.: «Dieses Eine, auf das die Elemente reduziert werden müssen, ist jener kleine Kreis, der in dieser Quadratfigur die Stelle des Zentrums innehat. Denn er ist der Mittler, der zwischen den Feinden bzw. Elementen Frieden stiftet, so daß sie sich in richtiger Umarmung gegenseitig lieben: ja er allein schafft jene Quadratur des Zirkels, welche so viele bis heute gesucht haben und die doch nur von wenigen gefunden wurde[36].» Von diesem «mediator», der eben der wunderbare Stein ist, heißt es bei ORTHELIUS: «Denn wie... jenes übernatürliche und ewige Gute, unser Mittler und Heiland Jesus Christus, der uns vom ewigen Tode, dem Teufel und allem Übel erlöst, an beiden Naturen, nämlich der göttlichen und der menschlichen, teilhat: So besteht auch dieser unser irdischer Heiland aus zwei Teilen, nämlich einem himmlischen und einem irdischen, durch die er uns Gesundung bringt und von allen himmlischen und irdischen, geistigen und körperlichen, sichtbaren und unsichtbaren Krankheiten befreit[37].» Es handelt sich hier um einen «salvator», der nicht vom Himmel kommt, sondern aus der Tiefe der Erde stammt, d.h. aus dem, was *unter dem Bewußtsein* liegt. Dort wurde von diesen «Philosophen» ein «spiritus» [Geist] vermutet, eingeschlossen im Gefäß der Materie, eine «weiße Taube», vergleichbar dem göttlichen Nous im Kratēr [Gefäß] des Hermes, von welchem es heißt: «Tauche dich in diesen Kratēr, wenn du kannst, *indem du erkennst, zu welchem Zweck du geschaffen bist*[38], und indem du glaubst, daß du hinaufsteigen wirst zu Ihm, der den Kratēr zur Erde gesandt hat[39].»

Dieser Nous oder «spiritus» wurde als «Mercurius» bezeichnet[40], und auf dieses Arcanum bezieht sich die alchemistische Sentenz: «Est in Mercurio quicquid quaerunt sapientes.» (Was immer die Weisen suchen, ist im Mercurius [enthalten].) Eine schon sehr alte, von ZOSIMOS dem legendären OSTANES zugeschriebene Notiz lautet: «Gehe zu den Strömungen des Nils, und dort wirst du einen Stein finden, der einen Geist (pneuma) hat.» Aus einer kommentierenden Bemerkung des Textes geht hervor, daß sich das auf das *Quecksilber* (hydrargyron = mercurius) beziehe[41]. Dieser Geist, der von Gott stammt, ist auch der Verursacher der von den Alchemisten hochgerühmten *Grüne,* der benedicta viriditas. MYLIUS sagt darüber: «Gott hat den geschaffenen Dingen... eine gewisse Keimkraft eingehaucht, welches die Grüne ist.» Bei HILDEGARD VON BINGEN lesen wir von ihrem Hymnus über den Heiligen Geist, der mit «O ignis Spiritus paraclite» [O tröstlicher Feuer-Geist] beginnt: «Durch dich [Heiliger Geist] fällt Regen aus den Wolken, bewegen sich die Himmel, haben die Steine ihre Feuchtigkeit, fließen Ströme aus den

Wassern und schwitzt die Erde ihre Grüne aus.» Dieses Wasser des Heiligen Geistes spielt in der Alchemie als hydor theion oder aqua permanens seit den ältesten Zeiten eine bedeutende Rolle, als ein Symbol des der Materie angenäherten Geistes, der nach heraklitischer Anschauung zu Wasser geworden war. Die christliche Parallele dazu war natürlich das Blut Christi, weshalb das Wasser der Philosophen auch spiritualis sanguis genannt wurde[42].

Die geheimnisvolle Substanz wurde auch das «rotundum» [Runde] schlechthin genannt, und darunter wurde die «anima media natura» verstanden, die identisch ist mit der «anima mundi» [Weltseele]. Diese letztere ist eine «virtus Dei», ein Organ oder eine Gott umgebende Sphäre, wovon MYLIUS sagt: «Gott habe um sich herum eine gewisse Liebeskraft, von der einige behaupten, es sei ein intelligibler und feuriger Geist[43], der keine Gestalt besitzt, sondern sich wandeln kann in was immer er will und sich allem angleichen kann. Dieser sei in vielfacher Art irgendwie seinen Geschöpfen angeschlossen.»[44] Diesem Bild des von der Anima rings umschlossenen Gottes entspricht das Gleichnis GREGORS DES GROSSEN von Christus und der Kirche: «Vir a femina circumdatus» [der von der Frau umschlossene Mann] (Jer. 31, 22)[45]. Dies ist zudem eine genaue Parallele zu der tantrischen Vorstellung von Shiva, der von seiner Shakti umschlungen ist[46]. Aus dieser Grundvorstellung der im Zentrum vereinigten mann-weiblichen Gegensätze geht die Bezeichnung des Lapis als «Hermaphroditus» hervor; zugleich ist diese Vorstellung die Basis für das Mandalamotiv. Die Extension Gottes als anima media natura in jedes Einzelwesen bedeutet, daß auch im toten Stoff sogar, also in der äußersten Finsternis, ein Gottesfunke[47], die «scintilla», wohne. Die Bemühung der mittelalterlichen Naturphilosophen ging dahin, aus dem «runden Gefäß» diesen Funken wieder als ein göttliches Gebilde erstehen zu lassen. Solche Vorstellungen können nur auf dem Vorhandensein gewisser unbewußter psychischer Bedingungen gegründet sein, denn sonst vermöchte man schlechterdings gar nicht zu begreifen, wieso immer und überall wieder dieselben Grundvorstellungen zutage treten. Unser Traumbeispiel zeigt, inwiefern solche Bilder nicht Ergrübelungen des Verstandes, sondern natürliche Offenbarungen sind. Sie werden wahrscheinlich auch immer wieder auf ähnliche Weise gefunden worden sein. Sagen doch die Alchemisten selber, daß gelegentlich das Arcanum [Geheimnis] von einem Traum eingegeben werde[48].

Die alten Naturphilosophen selber haben es nicht etwa nur unklar gefühlt, sondern sogar gesagt, daß die wunderbare Substanz, deren Wesenheit sie durch den viergeteilten Kreis ausdrückten, der *Mensch* selber sei. In den *Aenigmata Philosophorum*[49] wird vom «homo albus» [weißen Menschen], der im hermetischen Gefäß entsteht, gesprochen. Dieser Figur entspricht der Priester in den Zosimosvisionen. Im arabisch übermittelten *Buch des Krates*[50] findet sich ebenfalls ein bedeutender Hinweis im Gespräch zwischen dem geistigen und weltlichen Menschen (dem pneumatikós und sarkikós des gnostischen Zeitalters). Der geistige Mensch sagt zum weltlichen: «Es-tu capable de connaître *ton âme* d'une manière complète? Si tu la connaissais comme il convient, et si tu savais ce qui peut la rendre meilleure, tu serais apte à reconnaître que les noms que les philosophes lui ont donnés autrefois ne sont point ses noms véritables... O noms douteux qui ressemblez aux noms véritables, que d'erreurs et d'angoisses vous avez provoquées parmi les hommes!» Die Namen beziehen sich aber wiederum auf den Stein der Philosophen. In einem dem ZOSIMOS zugeschriebenen Traktat, der aber eher der arabolateinischen Literaturgattung entstammen dürfte, heißt es unmißverständlich vom Lapis: «Und so stammt er vom Menschen, und du bist sein Rohmaterial; in dir wird er gefunden und aus dir extrahiert und in dir verharrt er untrennbar[51].» Wohl am deutlichsten aber sagt es SALOMON TRISSMOSIN[52]:

«Studier nun darauß du bist,
So wirst du sehen was da ist.
Was du studierst, lehrnest und ist,
Das ist eben darauß du bist.
Alles was außer unser ist,
Ist auch in uns, Amen[52a].»

Und GERARDUS DORNEUS ruft aus: «Transmutemini .. in vivos lapides philosophicos[53]!» [Wandelt euch in lebendige philosophische Steine.] Es besteht wohl kaum ein Zweifel darüber, daß bei nicht wenigen jener Sucher die Erkenntnis sich Bahn brach, die geheime Natur des Steines sei das menschliche Selbst. Dieses «Selbst» ist offenbar nie als mit dem Ich schlechthin identische Wesenheit gedacht worden, deshalb wurde es zunächst als eine sogar im unbelebten Stoff «verborgene Natur», als ein Geist, Dämon[54] oder Feuerfunke beschrieben. Durch die philosophische Operation, die großenteils als eine mentale gedacht war[55], wurde dieses Wesen aus der Dunkelheit und Gefangenschaft befreit, und es feierte schließlich eine Auferstehung, die öfters in Apotheosenform dargestellt und in Analogie zu Christi Auferstehung[56] gesetzt wurde. Daraus geht hervor, daß es sich in diesen Vorstellungen nicht um ein mit dem empirischen Ich identifizierbares Wesen handeln kann, sondern vielmehr um eine von diesem verschiedene «göttliche Natur», psychologisch gesprochen also um einen das Bewußtsein transzendierenden, der Region des Unbewußten entspringenden Inhalt.

Damit kommen wir wieder zurück zu den modernen Erfahrungen. Sie sind offenbar ähnlicher Art wie die mittelalterlichen und auch antiken Grundvorstellungen, und daher durch gleiche oder mindestens ähnliche Symbole ausdrückbar. Die mittelalterlichen Kreisdarstellungen basieren auf der Idee des Mikrokosmos, einem Begriff, der auch auf den Stein Anwendung fand[57]. Der Stein war ein «mundus minor» [kleinere Welt] wie der Mensch selber, also gewissermaßen ein inneres Bild des Kosmos, welches sich aber nicht in unermeßliche Weite, sondern in eine ebenso unmeßbare Tiefe, d. h. vom Kleinen ins unvorstellbar Kleinste erstreckt. Daher bezeichnete MYLIUS diese Mitte auch als «punctum cordis» (Herzzentrum)[58].

Die im modernen Mandala formulierte Erfahrung ist typisch für Menschen, welche das göttliche Bild nicht länger projizieren können. Infolge der Zurückziehung und Introjektion des Bildes sind sie in der Gefahr der Inflation und der Auflösung der Persönlichkeit. Die runden oder viereckigen Umschränkungen des Zentrums haben daher den Zweck, schützende Mauern oder ein Vas Hermeticum [hermetisch abgeschlossenes Gefäß] zu schaffen, um einen Ausbruch oder ein Auseinanderfallen zu verhüten. So bezeichnet und unterstützt das Mandala eine ausschließliche Konzentration auf das Zentrum, eben das Selbst. Dieser Zustand ist alles andere als Egozentrizität. Er bedeutet im Gegenteil eine höchst notwendige Selbstbeschränkung mit dem Zweck, Inflation und Dissoziation zu vermeiden.

Die Umschränkung hat, wie wir gesehen haben, auch die Bedeutung dessen, was als Temenos bezeichnet wird, nämlich ein Tempelbezirk oder irgendein isolierter, heiliger Ort. In diesem Falle schützt oder isoliert der Kreis einen inneren Gehalt oder Prozeß, der nicht mit Dingen außerhalb vermischt werden darf. So wiederholt das Mandala symbolisch archaïsche Mittel und Wege, die früher konkrete Realitäten waren. Wie ich schon erwähnt habe, war der Bewohner des Temenos der Gott. Aber der Gefangene oder der wohlbeschützte Bewohner des Mandalas scheint kein Gott zu sein, insofern die benutzten Symbole, z. B. Sterne, Kreuze, Kugeln usw. keinen Gott meinen, sondern eher einen offensichtlich wichtigen Teil der menschlichen Persönlichkeit. Man könnte sagen, daß der Mensch selbst, oder seine innerste Seele, der Gefangene oder der beschützte Bewohner des Mandalas sei. Da die modernen Mandalas erstaunlich nahe Parallelen sind zu den alten magischen Kreisen, in deren Zentrum wir gewöhnlich die Gottheit finden, ist es evident, daß im modernen Mandala der Mensch – als Ausdruck des Selbst – die Gottheit nicht ersetzt, sondern versinnbildlicht hat.

Es ist eine bemerkenswerte Tatsache, daß dieses Sinnbild ein natürliches und spontanes Vorkommnis darstellt, und daß es immer ausgesprochen eine dem Unbewußten entspringende Schöpfung ist, wie unser Traum deutlich zeigt. Wenn wir wissen wollen, was geschehen wird in einem Falle, wo die Gottesidee nicht länger projiziert ist als eine autonome Wesenheit, so ist dieses die Antwort der unbewußten Seele: das Unbewußte schafft die Idee eines deifizierten oder göttlichen Menschen, der eingekerkert, verborgen, geschützt, meist entpersönlicht und durch ein abstraktes Symbol dargestellt ist. Die Symbole enthalten oft Anspielungen an die mittelalterliche Vorstellung des Mikrokosmos, wie es z. B. bei der Weltuhr meines Patienten der Fall ist. Viele der Prozesse, die zum Mandala führen, und das letztere selbst, scheinen direkte Bestätigungen mittelalterlicher Spekulationen zu sein. Es sieht aus, als ob die Leute die alten Traktate über den Stein der Weisen, das göttliche Wasser, die Rundheit, die Quadratur, die vier Farben usw. gelesen hätten. Und doch sind sie niemals mit dieser Philosophie und ihrer dunkeln Symbolik in Berührung gekommen.

Es ist schwierig, solche Tatsachen richtig einzuschätzen. Wollte man in erster Linie deren offensichtlichen und eindrucksvollen Parallelismus mit mittelalterlicher Symbolik betonen, so müßten sie als eine Art von Regression auf mittelalterliche und archaische Denkweisen erklärt werden. Wo aber solche Regressionen stattfinden, entsteht immer eine minderwertige Anpassung und ein entsprechender Mangel an Tüchtigkeit. Ein solches Resultat jedoch ist keineswegs typisch für die hier dargestellte psychische Entwicklung. Im Gegenteil, neurotische und dissoziierte Zustände bessern sich beträchtlich, und die Gesamtpersönlichkeit erfährt eine Wandlung zum Besseren. Aus diesem Grunde darf man den in Frage stehenden Prozeß meines Erachtens nicht als bloße Regression bewerten, was so viel bedeuten würde, wie Feststellung eines krankhaften Zustandes. Ich bin eher geneigt, die anscheinende Rückanlehnung der Mandalapsychologie[59] als Fortsetzung eines geistigen Entwicklungsprozesses aufzufassen, der im frühen Mittelalter, ja vielleicht noch weiter zurück, in den Zeiten des frühen Christentums, begonnen hat. Es gibt dokumentarische Beweise dafür, daß dessen wesentliche Symbole zum Teil schon im ersten Jahrhundert vorhanden waren. Ich spreche von dem griechischen Traktat, betitelt: *Komarios, der Erzpriester, lehrt Kleopatra die göttliche Kunst*[60]. Der Text ist ägyptischen Ursprungs und verrät keine christliche Beeinflussung. Ebenfalls in diese Richtung gehören die mystischen Texte bei PSEUDO-DEMOKRITOS und ZOSIMOS[61]. Bei letzterem Autor machen sich indessen jüdische und christliche Einflüsse bemerkbar, obwohl die hauptsächlichste Symbolik neuplatonisch ist und in enger Verbindung mit der Philosophie des *Corpus Hermeticum*[62] steht.

Die Tatsache, daß die mit dem Mandala verbundene Symbolik nah verwandt ist mit Spuren, die bis zu heidnischen Quellen zurückgehen, wirft ein eigentümliches Licht auf diese modernen Erscheinungen. Sie setzen eine gnostische Gedankenrichtung fort, ohne durch direkte Tradition getragen zu sein. Wenn meine Annahme richtig ist, daß jede Religion ein spontaner Ausdruck eines gewissen allgemeinen seelischen Zustandes ist, dann war das Christentum die Formulierung eines Zustandes, der zu Beginn unserer Zeitrechnung und in einer Reihe der folgenden Jahrhunderte vorherrschte. Aber eine bestimmte seelische Lage, welche in einem gewissen Zeitraum vorherrschte, schließt zu anderer Zeit die Existenz andersartiger seelischer Zustände nicht aus. Auch diese Zustände sind des religiösen Ausdrucks fähig. Das Christentum mußte eine Zeitlang um sein Leben kämpfen gegen den Gnostizismus, welcher einem etwas anderen seelischen Zustand entsprach. Der Gnostizismus wurde vollständig vernichtet, und die Überreste sind so stark verstümmelt, daß sozusagen ein Spezialstudium nötig ist, um überhaupt eine Einsicht in dessen innere Bedeutung zu bekommen. Wenn aber die historischen Wurzeln unserer Symbole über das Mittelalter hinaus in die Antike reichen, so sind sie sicherlich zum großen Teil im Gnostizismus zu finden. Es scheint mir nicht unlogisch zu sein, daß ein früher unterdrückter psychischer Zustand sich wieder erhebt in dem Moment, wo die

Hauptideen der unterdrückenden Bedingung an Einfluß verlieren. Trotzdem die gnostische Häresie ausgelöscht wurde, dauerte sie doch in einer ihr selber unbewußten Form durch das ganze Mittelalter hindurch fort, nämlich in der Verkleidung der Alchemie. Es ist eine wohlbekannte Tatsache, daß diese letztere aus zwei einander ergänzenden Teilen bestand – auf der einen Seite die eigentliche chemische Forschung, und auf der andern die «Theoria» der «Philosophia»[63]. Wie der Titel der Schriften des PSEUDO-DEMOKRITOS, der dem ersten Jahrhundert angehört, ΦΥΣΙΚΑ ΚΑΙ ΜΥΣΤΙΚΑ besagt[64], gehörten die beiden Aspekte schon zu Beginn unserer Zeitrechnung zusammen. Dasselbe gilt für die Leidener Papyri und die Schriften des ZOSIMOS. Die religiösen oder philosophischen Gesichtspunkte der antiken Alchemie waren deutlich gnostisch. Die späteren Gesichtspunkte drehten sich um folgende Zentralidee: Die anima mundi, der Demiurg oder der göttliche Geist, der die chaotischen Wasser des Anfangs bebrütete, blieb in einem potentiellen Zustand in der Materie zurück, und damit wurde auch der anfängliche chaotische Zustand erhalten. – Bei den griechischen Alchemisten begegnen wir früh der Idee des «Steines, der einen Geist enthält»[65]. Der «Stein» ist die prima materia, Hyle oder Chaos oder massa confusa genannt. Diese alchemistische Terminologie war auf PLATONS *Timaios* gegründet. So sagt J. CH. STEEBUS: «Die prima materia, welche Gefäß und Mutter aller Schöpfung und aller sichtbaren Dinge sein muß, darf weder als Erde noch Luft noch Feuer noch Wasser bezeichnet und weder nach diesen, noch danach, woraus diese (Elemente) geschaffen wurden, benannt werden, sondern (sie ist) eine gewisse Gegebenheit, die nicht gesehen werden kann und die gestaltlos ist und alles (andere) aufnimmt[66].» Derselbe Autor nennt die prima materia auch «ursprüngliche chaotische Erde, Stoff, Chaos, Abgrund, Mutter aller Dinge... Jene chaotische Urmaterie... war vom Einströmen des Himmels befeuchtet und außerdem von Gott mit den zahllosen Ideen aller Gattungen ausgestaltet...[67]» Er erklärt, wie der Geist Gottes in die Materie hinabstieg und was dort aus ihm wurde: «Der Geist Gottes befruchtete in einmaligem Bebrüten die oberen Wasser und bewirkte, daß sie gleichsam milchig wurden... Diese Bebrütung des Heiligen Geistes erzeugte also in den überhimmlischen Wassern (nach Gen. 1,6 f.) eine Kraft, welche alles aufs feinste durchdrang und erwärmte, und, indem sie sich mit dem Licht verband, im unteren Mineralreich die Mercurschlange (was sich ebensowohl auf den Caduceus Aeskulaps bezieht, da die Schlange auch der Ursprung der ‹medicina catholica›, der Panacee ist), im Pflanzenreich die gesegnete Grüne (das Chlorophyll) und im Tierreich die Gestaltungskraft erzeugte, so daß dieser überhimmlische Geist der Wasser mit dem Lichte vermählt mit Recht Weltseele genannt werden darf[68]. Die unteren Wasser (hingegen) sind finster und resorbieren in ihren Höhlungen die Ausströmungen des Lichtes[69].» Diese Doktrin könnte sich auf nichts weniger als auf die gnostische Legende vom Nous gründen, der aus den höheren Sphären herabsteigt und in der Umarmung der Physis gefangen wird. Der Mercurius der Alchemisten ist ein «volatile». ABU'L-QASIM MUHAMMAD[70] spricht von «Hermes, dem Volatilen» (p. 37), und an vielen Stellen wird der Mercurius ein «spiritus» genannt. Überdies wurde er als ein Hermes psychopompos aufgefaßt, der den Weg zum Paradies zeigt[71]. Dies ist recht eigentlich die Rolle eines Erlösers, die dem Nous in Ἑρμοῦ πρὸς Τάτ[72] zugeschrieben wird. Bei den Pythagoräern wird die Seele von der Materie verschlungen, mit Ausnahme der Vernunft[73]. In dem alten *Commentariolus in Tabulam Smaragdinam,* cap. XI, spricht HORTULANUS von der «massa confusa» oder dem «chaos confusum», aus dem die Welt erschaffen wurde und aus dem auch der mystische Lapis hervorgeht. Der letztere wurde seit dem Beginn des 14. Jahrhunderts mit Christus verglichen[74]. ORTHELIUS sagt: «Unser Heiland Jesus Christus... ist zweier Naturen... teilhaftig: So besteht auch dieser unser irdischer Heiland aus zwei Teilen, nämlich einem himmlischen und einem irdischen...[75].» Auf die gleiche Weise wurden der in der Materie gefangene Mercurius mit dem Heiligen Geist identifiziert. JOHANNES GRASSEUS zitiert: «Die Gabe des Heiligen Geistes..., die ist das Blei der Weisen, welches sie Blei des Erzes nennen, in welchem die leuchtende weiße Taube wohnt, die Salz der Metalle genannt wird, (und) in dem das Verfahren des Werkes besteht[76].» In bezug auf die Extraktion und Transformation des Chaos sagt CHRISTOPHORUS VON PARIS: «In diesem Chaos nämlich existiert potentiell jene kostbare Substanz und Natur, in der alle Elemente in einer konfusen Masse vereint sind. Daher muß der menschliche Verstand darüber brüten, um unseren Himmel zur Aktualität überzuführen[77].» – «Coelum nostrum» bezieht sich auf den Mikrokosmos und wird auch «quinta essentia» genannt. Coelum ist das Incorruptibile und das Immaculatum. JOHANNES DE RUPESCISSA nennt die quinta essentia «le ciel humain»[78]. Es ist klar, daß die Philosophen die Vision des goldenen und blauen Kreises auf ihr aurum philosophicum übertrugen (welches «rotundum» genannt wurde[79]) und auf ihre blaue Quintessenz. Die Ausdrücke chaos und massa confusa waren nach dem Zeugnis von BERNARDUS SILVESTRIS, einem Zeitgenossen von WILLIAM VON CHAMPEAUX (1070 bis 1121), allgemein üblich. Sein Werk: *De Mundi Universitate Libri duo sive Megacosmus et Microcosmus*[80] hatte eine weitverbreitete Wirkung. Es spricht über die Konfusion der Urmaterie, d.h. der «Hyle»[81], die «dominierende Materie, ein gestaltloses Chaos, eine zwieträchtige Vermischung des Anblicks der Substanz, eine verfärbte in sich entzweite Masse...»[82], «massa confusionis»[83] [ist]. BERNARDUS erwähnt den descensus spiritus: «Wenn Jupiter in den Schoß der Gattin hinabsteigt, wird die ganze Welt erschüttert, so daß sie die Erde zur Geburt drängt[84].» Eine andere Variante ist die Idee des Königs, der im Meer untergetaucht oder verborgen ist[85]. – Darum hielten die Philosophen oder die «Söhne der Weisheit», wie sie sich nannten, ihre prima materia für einen Teil des ursprünglichen, mit dem Geiste trächtigen Chaos. Unter «Geist» verstanden sie ein halbstoffliches Pneuma, eine Art von «subtle body» (feinstofflicher Körper), den sie auch «volatile» nannten, und den sie chemisch mit Oxyden und andern zersetzbaren Verbindungen identifizierten. Sie nannten den Geist Mercurius, was chemisch zwar Quecksilber bedeutet, aber als «Mercurius noster» kein gewöhnliches Hg war – philosophisch aber bedeutete es Hermes, den Gott der Offenbarung, welcher als Hermes Trismegistos der Erzvater der Alchemie war[86]. Ihre Absicht war, den ursprünglichen göttlichen Geist aus dem Chaos herauszuziehen, und dieser Extrakt wurde quinta essentia, aqua permanens, hydor theion, baphē oder tinctura genannt. Wie schon oben erwähnt, heißt die Quintessenz bei RUPESCISSA, dem Alchemisten († ca. 1375) «le ciel humain». Für ihn war sie eine blaue Flüssigkeit und unzerstörbar wie der Himmel. Er sagt, daß die Quintessenz die Farbe des Himmels habe «et notre soleil l'a orné, tout ainsi que le soleil orne le ciel». Die Sonne ist eine Allegorie des Goldes. Er sagt: «Iceluy soleil est vray or.» Und fährt fort: «Ces deux choses conjointes ensemble, influent en nous... les conditions du Ciel des cieux, et du Soleil céleste.» Seine Idee ist offenbar, daß die Quintessenz, der blaue Himmel und die Sonne darin die entsprechenden Bilder des Himmels und der himmlischen Sonne in uns selber hervorrufen. Es ist das Bild eines blauen und goldenen Mikrokosmos[87], das ich als eine direkte Parallele zu GUILLAUMES himmlischer Vision stellen möchte. Die Farben sind jedoch miteinander vertauscht.

Bei RUPESCISSA ist die Scheibe golden und der Himmel blau. Mein Patient, der eine ähnliche Anordnung hat, scheint daher mehr auf der alchemistischen Seite zu sein.

Die wunderbare Flüssigkeit, das göttliche Wasser, welches Himmel genannt wird, bezieht sich auf die überhimmlischen Wasser aus Genesis 1,6f. In seinem funktionellen Aspekt wurde es als eine Art Taufwasser gedacht, das wie das heilige Wasser der Kirche schöpferische und verwandelnde Eigenschaft besitzt[88]. Die katholische Kirche vollzieht noch heute den Ritus der benedictio fontis des Sabbatum sanctum vor Ostern[89]. Der Ritus besteht in einer Wiederholung des descensus spiritus sancti in aquam [Herabsteigen des Heiligen Geistes in das Wasser]. Das gewöhnliche Wasser erwirbt dadurch die göttliche Eigenschaft, zu verwandeln und dem Menschen geistige Wiedergeburt zu geben. Das ist genau die alchemistische Idee des göttlichen Wassers, und es bestünde keinerlei Schwierigkeit, die aqua permanens der Alchemie vom Ritus der benedictio fontis herzuleiten, wäre das «ewige Wasser» nicht heidnischen Ursprungs und bestimmt das ältere von beiden. Wir finden das wunderbare Wasser in den ersten Traktaten der griechischen Alchemie, welche dem ersten Jahrhundert angehören[90]. Übrigens ist der descensus spiritus in die Physis auch eine gnostische Vorstellung, die den größten Einfluß auf Mani hatte. Und möglicherweise waren es manichäische Einflüsse, die mit dazu beitrugen, sie zur Hauptidee der lateinischen Alchemie zu machen. Die Absicht der Philosophen war, die unvollkommene Materie chemisch in Gold zu verwandeln, in die Panacee oder das elixir vitae, aber philosophisch oder mystisch in den göttlichen Hermaphroditen, den zweiten Adam[91], den glorifizierten, unsterblichen Auferstehungsleib[92] oder das lumen luminum [Licht der Lichter][93], die Erleuchtung des menschlichen Geistes oder die sapientia [Weisheit]. Wie ich zusammen mit RICHARD WILHELM gezeigt habe, brachte die chinesische Alchemie dieselbe Idee hervor, daß das Ziel des opus magnum die Erschaffung des «Diamantkörpers» sei[94].

Alle diese Parallelen wollen bloß einen Versuch bedeuten, meine psychologischen Beobachtungen historisch einzureihen. Ohne die historische Verbindung würden sie in der Luft hängen und eine bloße Kuriosität bleiben, obschon man nicht wenige andere, moderne Beispiele mit den hier geschilderten Träumen in Parallele setzen könnte. Beispielshalber erwähne ich den Traum einer jungen Frau. Der Ausgangstraum beschäftigt sich in der Hauptsache mit der Erinnerung an ein wirkliches Erlebnis, nämlich eine Taufzeremonie in einer protestantischen Sekte, die sich unter besonders grotesken und sogar abstoßenden Bedingungen vollzog. Das assoziierte Material bestand im Niederschlag aller ihrer Enttäuschungen auf religiösem Gebiet. Der unmittelbar darauffolgende Traum aber zeigte ihr ein Bild, das sie zwar gar nicht verstand und noch weniger mit dem vorhergehenden Traum in Zusammenhang zu bringen wußte. Man hätte ihrem Verständnis aber dadurch entgegenkommen können, daß man ihrem zweiten Traum einfach das Wörtchen «dahingegen» vorangesetzt hätte. Dieser Traum lautet:

«Sie ist in einem Planetarium, einem sehr eindrucksvollen Raum, überdacht vom Himmelsgewölbe. Oben am Himmel strahlen zwei Sterne; der eine ist weiß; es ist Mercur. Der andere aber sendet warme rötliche Lichtwellen aus und ist ihr unbekannt. Sie sieht nun, daß die Wände unterhalb des Gewölbes mit Fresken geschmückt sind. Sie kann aber nur ein Bild deutlich erkennen: Es ist eine antike Darstellung der Baumgeburt des Adonis.»

Die «rötlichen Lichtwellen» versteht sie als «warme Gefühle», als «Liebe». Und sie meint, dann müsse der Stern wohl die Venus sein. Das Bild der Baumgeburt hat sie einmal in einem Museum gesehen und bei dieser Gelegenheit auch erfahren, daß Adonis (Attis) als *sterbender und wiedererstehender Gott* auch ein solcher der *Wiedergeburt* sei.

Im ersten Traum findet also eine heftige Kritik der kirchlichen Religion statt, und im zweiten Traum folgt die Mandalavision einer *Weltuhr,* insofern ein Planetarium einer solchen im vollsten Sinne entspricht. Am Himmel steht das Götterpaar vereint, er weiß, sie rot, in Umkehrung des berühmten alchemistischen Paares, wo er rot und sie weiß ist und daher sie Beya (arab. al baida: die Weiße) und er «servus rubeus» (der rote Sklave) heißt, obschon er als Gabricus (arab. kibrit: Schwefel) ihr königlicher Bruder ist. Das Götterpaar klingt an GUILLAUME DE DIGULLEVILLES christliche Allegorik an. Die Anspielung auf die Adonisgeburt entspricht jenen Träumen des Patienten, welche sich mit geheimnisvollen Erschaffungs- und Erneuerungsriten befaßten[95].

Im Prinzip bilden also diese beiden Träume eine weitgehende Wiederholung der Gedankengänge meines Patienten, obschon sie nicht die geringste Gemeinsamkeit miteinander besitzen mit Ausnahme der geistigen Misere unserer Zeit. Wie ich schon dargelegt habe, ist die Verbindung der modernen spontanen Symbolik mit antiken Theorien und antikem Glauben nicht durch direkte oder indirekte Tradition zustande gekommen und nicht einmal durch geheime Tradition, wie oftmals vermutet wird, wofür aber keinerlei haltbare Beweise vorliegen[96]. Auch die sorgfältigste Nachforschung hat nie den Beweis erbracht, daß meine Patienten die Möglichkeit hatten, mit einschlägigen Büchern bekannt zu werden oder sich sonst Informationen über solche Ideen zu verschaffen. Es scheint, daß ihr Unbewußtes in derselben Gedankenrichtung gearbeitet hat, die sich immer wieder innerhalb der letzten zweitausend Jahre manifestierte. Eine derartige Kontinuität kann nur vorkommen, wenn wir annehmen, daß eine bestimmte unbewußte Bedingung als ein vererbtes Apriori vorhanden ist. Mit einer solchen Annahme meine ich natürlich nicht eine Vererbung von Vorstellungen, welche schwer, wenn nicht unmöglich zu beweisen wäre. Ich vermute eher, daß die vererbte Eigenschaft so etwas sei wie die formale Möglichkeit, dieselben oder wenigstens ähnliche Ideen wieder hervorzubringen. Ich habe diese Möglichkeit «Archetypus» genannt. Ich verstehe unter Archetypus demnach eine strukturelle Eigenschaft oder Bedingung, welche der mit dem Gehirn irgendwie verbundenen Psyche eigentümlich ist.

Im Lichte solcher historischer Parallelen symbolisiert das Mandala entweder das göttliche Wesen, das bis dahin schlafend im Körper verborgen war und nun extrahiert und wiederbelebt ist, oder es symbolisiert das Gefäß oder den Raum, in welchem die Verwandlung des Menschen in ein «göttliches» Wesen stattfindet. Ich weiß, daß solche Formulierungen in fataler Weise an wilde metaphysische Spekulationen erinnern. Ich bedaure diese Nachbarschaft des Närrischen, aber es ist gerade das, was der menschliche Geist hervorbringt und immer hervorgebracht hat. Eine Psychologie, die annimmt, daß sie ohne solche Tatsachen auskomme, muß sie künstlich ausschließen. Ich würde dies ein philosophisches Vorurteil nennen, welches vom empirischen Standpunkt aus unerlaubt ist. Ich sollte vielleicht betonen, daß wir durch solche Formulierungen keine metaphysische Wahrheit aufstellen. Es ist lediglich eine Feststellung, daß der Geist in solcher Weise funktioniert. Und es ist eine Tatsache, daß mein Patient sich ganz wesentlich besser fühlte nach der Vision des Mandalas. Wenn man das Problem versteht, das diese Vision für ihn gelöst hat, so kann man auch verstehen, warum er ein solches Gefühl von «sublimer Harmonie» hatte.

Ich würde nicht einen Moment zögern, alle Spekulationen über die möglichen Konsequenzen einer so dunkeln und fernliegenden Erfahrung, wie es das Mandala ist, zu unterdrücken, wenn dies angängig wäre. Aber für mich ist dieser Typus der Erfahrung weder dunkel noch weitabliegend. Im Gegenteil, sie ist eine fast tägliche Angelegenheit in meinem Beruf. Ich kenne eine ziemlich große Anzahl von Menschen, die ihre innere Erfahrung ernst nehmen müssen, wenn sie überhaupt leben wollen. Sie können nur – um es pessimistisch zu sagen – zwischen dem Teufel und Beelzebub wählen. Der Teufel ist das Mandala oder etwas ihm Gleichwertiges, und der Beelzebub ist ihre Neurose. Der wohlmeinende Rationalist wird sagen, daß ich den Beelzebub mit dem Teufel austreibe und daß ich eine ehrliche Neurose durch den Schwindel eines religiösen Glaubens ersetze. Was das erstere betrifft, so habe ich nichts darauf zu antworten, da ich kein metaphysischer Experte bin, aber was das letztere betrifft, so muß ich darauf hinweisen, daß es sich nicht um die Frage des Glaubens handelt, sondern um die der *Erfahrung*. Religiöse Erfahrung ist absolut. Man kann darüber nicht disputieren. Man kann nur sagen, daß man niemals eine solche Erfahrung gehabt habe, und der Gegner wird sagen: «Ich bedaure, aber ich hatte sie.» Und damit wird die Diskussion zu Ende sein. Es ist gleichgültig, was die Welt über die religiöse Erfahrung denkt; derjenige, der sie hat, besitzt den großen Schatz einer Sache, die ihm zu einer Quelle von Leben, Sinn und Schönheit wurde und die der Welt und der Menschheit einen neuen Glanz gegeben hat. Er hat Pistis [Glauben und Vertrauen] und Frieden. Wo ist das Kriterium, welches zu sagen erlaubte, daß solch ein Leben nicht legitim, daß solch eine Erfahrung nicht gültig und solch eine Pistis bloße Illusion sei? Gibt es tatsächlich irgendeine bessere Wahrheit über letzte Dinge als diejenige, die einem hilft zu leben? Das ist der Grund, weshalb ich die vom Unbewußten geschaffenen Symbole sorgfältig berücksichtige. Sie sind das einzige, das imstande ist, den kritischen Geist des modernen Menschen zu überzeugen. Sie sind subjektiv überzeugend aus sehr altmodischen Gründen: *Sie sind überwältigend,* was eine deutsche Wiedergabe des lateinischen Wortes «convincere» ist, das «besiegen» und «überzeugen» heißt. Das, was eine Neurose heilt, muß so überzeugend sein wie die Neurose; und da die letztere nur allzu real ist, muß die hilfreiche Erfahrung von gleichwertiger Realität sein. Es muß eine sehr reale Illusion sein, wenn man es pessimistisch formulieren will. Aber was ist der Unterschied zwischen einer realen Illusion und einer heilenden religiösen Erfahrung? Es ist bloß ein Unterschied in Worten. Man kann z. B. sagen, das Leben sei eine Krankheit mit einer sehr schlechten Prognose: es zieht sich jahrelang hin, um mit dem Tode zu enden; oder die Normalität sei ein allgemein vorherrschender, konstitutioneller Defekt; oder der Mensch sei ein Tier mit einem verhängnisvoll überentwickelten Gehirn. Diese Art des Denkens ist das Vorrecht von gewohnheitsmäßigen Nörglern mit schlechter Verdauung. Niemand kann wissen, was die letzten Dinge sind. Wir müssen sie deshalb so nehmen, wie wir sie erfahren. Und wenn eine solche Erfahrung dazu hilft, das Leben gesünder oder schöner oder vollständiger oder sinnvoller zu gestalten, für einen selbst und für die, die man liebt, so kann man ruhig sagen: «Es war eine Gnade Gottes.»

Damit ist keine übermenschliche Wahrheit bewiesen, und man muß in aller Demut bekennen, daß die religiöse Erfahrung extra ecclesiam subjektiv und der Gefahr des grenzenlosen Irrtums ausgesetzt ist. Das geistige Abenteuer unserer Zeit ist die Auslieferung des menschlichen Bewußtseins ans Unbestimmte und Unbestimmbare, wenn schon es uns scheinen will – und dies nicht ohne gute Gründe –, als ob auch im Grenzenlosen jene seelischen Gesetze walteten, die kein Mensch erdacht, deren Kenntnis ihm aber durch «Gnosis» zuteil wurde in der Symbolik des christlichen Dogmas, an dem nur unvorsichtige Toren rütteln, nicht aber Liebhaber der Seele.

Das Wandlungssymbol in der Messe

I. Einleitung[1]

Die Messe ist ein noch lebendiges Mysterium, dessen Anfänge bis in die christliche Frühzeit zurückreichen. Es ist überflüssig, zu betonen, daß sie ihre Lebendigkeit unter anderem einer unzweifelhaften psychologischen Wirksamkeit verdankt, und es ist darum angezeigt, daß die Psychologie sich mit ihr beschäftige. Daß sie dieses nur vom phänomenologischen Standpunkt aus tun kann, dürfte ohne weiteres einleuchten. Die Glaubensrealitäten stehen jenseits des psychologischen Bereiches.

Meine Darstellung zerfällt in vier Teile: In der Einleitung finden sich Hinweise auf gewisse neutestamentliche Quellen zur Messe, sodann einige rekapitulierende Bemerkungen über die Struktur und Bedeutung der letzteren. Im zweiten Kapitel gebe ich eine kurze Darstellung über den Verlauf des rituellen Geschehens. Im dritten Kapitel führe ich eine antikheidnische Parallele zur christlichen Opfer- und Wandlungssymbolik an, nämlich die Zosimos-Visionen. Im vierten Kapitel endlich versuche ich eine psychologische Erörterung des Opfers und der Wandlung.

Die älteste Form des Einsetzungsberichtes findet sich 1 Kor. 11,23 ff. Sie lautet:

«Denn ich habe vom Herrn her überkommen, was ich auch euch überliefert habe, wie der Herr Jesus in der Nacht, da er verraten ward, Brot nahm, danksagte und brach es, und sprach: das ist mein Leib für euch; das thut zu meinem Gedächtnis. Ebenso auch den Becher nach dem Essen, und sprach: dieser Becher ist der neue Bund in meinem Blut. Das thut, so oft ihr trinket, zu meinem Gedächtnis. So oft ihr demnach dieses Brot esset und den Becher trinket, verkündet ihr den Tod des Herrn, bis er kommt[2].» (Griech. Text s. GW.)

Ähnliche Berichte finden sich in Matthäus, Markus und Lukas. Bei Johannes ist an entsprechender Stelle zwar ein «Mahl» (δεῖπνον, coena) erwähnt, das aber mit der Fußwaschung verknüpft ist. Bei diesem Mahl[3] spricht Christus allerdings die für den Sinngehalt der Messe charakteristischen Worte: «Ich bin der wahrhafte Weinstock.» «Bleibet in mir, so ich in euch.» «Ich bin der Weinstock, ihr seid die Ranken[4].» Die Übereinstimmung der liturgischen Einsetzungsberichte weist auf eine außerbiblische Traditionsquelle hin.

Die Messe ist eine liturgisch reich ausgestattete Eucharistiefeier. Ihre Struktur ist folgende:

Consecratio
↗ ↘
Oblatio Communio
↗ ↘
Vormesse Nachmesse

Da sich meine Untersuchung wesentlich auf das Symbol der Wandlung beschränkt, muß ich auf Erläuterungen bezüglich der Messe im ganzen verzichten.

Beim Meßopfer vermischen sich zwei an sich verschiedene Vorstellungen, nämlich die von *deipnon* und *thysia*. Thysia kommt von thyein: opfern, schlachten, aber auch auflodern, aufbrausen. Letzteres bezieht sich auf das lodernde Opferfeuer, welches die den Göttern gespendete Gabe verzehrt. Das Speiseopfer wurde ursprünglich zur Ernährung der Götter dargebracht. Der Rauch des verbrannten Opfers trägt die Speise zum himmlischen Göttersitz. Auf späterer Stufe bedeutet die Rauchgestalt der Darbringung die Spiritualität der Nahrung, indem der Geist (pneuma) bis in die christliche Zeit, ja bis ins Mittelalter als feinstofflich (rauchartig) gedacht wurde[5].

Deipnon heißt *Mahlzeit*. Zunächst ist es ein Mahl der Opferteilnehmer, bei dem der Gott als gegenwärtig gedacht ist. Sodann ist es ein «gesegnetes» Mahl, bei welchem «Geweihtes» genossen wird, nämlich ein sacrificium (von sacrificare: heilig machen, weihen).

Der Doppelsinn von deipnon und thysia liegt schon in den Einsetzungsworten: τὸ σῶμα τὸ ὑπὲρ ὑμῶν = «der Leib, der für euch (gegeben wurde)». Das kann heißen: der euch zum Essen gegeben wurde, oder – indirekt – der für euch an Gott gegeben wurde. Durch den Gedanken der Mahlzeit nimmt das Wort «Leib» auch alsogleich den Sinn von σάρξ = Fleisch (als eßbare Substanz) an. Bei Paulus ist σῶμα und σάρξ sozusagen identisch[6].

Außer den eigentlichen Einsetzungsberichten kommt für die Messe Hebr. 13,10ff. als Quelle in Betracht: «Wir haben einen Altar, von dem die dem Zelte Dienenden nicht essen dürfen. Denn die Leiber der Tiere, deren Blut für Sünde durch den Hohenpriester in das Heiligtum gebracht wird, werden außerhalb des Lagers verbrannt; darum hat auch Jesus, auf daß er das Volk heilige durch sein eigenes Blut, außerhalb des Tores gelitten. Demzufolge lasset uns hinausgehen zu ihm aus dem Lager, seine Schmach tragend. Denn wir haben hier keine bleibende Stadt, sondern nach der zukünftigen trachten wir. *Durch ihn nun lasset uns Gott Lobopfer darbringen allezeit.*»

Als weitere Quelle[7] für die Messe muß auch Hebr. 7,17 gelten, wo es heißt: «Du bist *Priester in Ewigkeit* nach der Ordnung Melchisedek.» Die beständige Darbringung des Opfers und das ewige Priestertum sind unerläßliche Bestandteile des Messegedankens. Melchisedek, der nach Hebr. 7,3 «keinen Vater, keine Mutter, keinen Stammbaum hat, dessen Tage keinen Anfang, dessen Leben kein Ende hat, der dem Sohn Gottes ähnlich gemacht ist», galt als vorchristliche Inkarnation des Logos.

Die Idee des ewigen Priestertums sowohl wie die des «allezeit» dargebrachten Opfers leiten über zum eigentlichen Geheimnis, der Wandlung der Substanzen, als dem dritten Aspekt der Messe. Im Begriffe des deipnon sowohl wie in dem der thysia ist kein Mysterium vorausgesetzt oder enthalten, wennschon im Brandopfer durch die Verbrennung zu Rauch und Asche eine substantielle Wandlung im Sinne der Spiritualisierung primitiv angedeutet ist. Jedoch spielt dieser Aspekt in der Messe keine praktische Rolle. Er erscheint nur in der mehr nebensächlichen Inzensation als Rauchopfer. Wohl aber tritt das Mysterium deutlich hervor im ewigen Priestertum «ordine Melchisedek» und in dem «durch ihn allezeit dargebrachten Opfer». Das Erscheinen einer überzeitlichen Ordnung im Meßopfer setzt den Wandlungsgedanken im Sinne eines vere, realiter, substantialiter stattfindenden *Wunders* voraus, indem die dargebrachten Gaben sich zunächst in nichts von natürlichen Gegenständen unterscheiden, ja sogar bestimmte Natursubstanzen altbekannter Art, nämlich zu Brot geformtes Weizenmehl und naturreiner Wein, sein müssen. Auch ist der Darbringende ein gewöhnlicher Mensch, welcher zwar den «character indelebilis» des Priestertums und damit die Vollmacht zur Darbringung des Opfers besitzt, aber noch zunächst nicht in der Lage ist, das Instrument[8] des in der Messe stattfindenden göttlichen Selbstopfers zu sein[9]. Auch ist die hinter ihm stehende Gemeinde noch nicht entsühnt, geweiht und selber zur Opfergabe geworden. Das rituelle Geschehen der

Messe erfaßt diese Lage und wandelt sie stufenweise bis zum Höhepunkt – der Consecratio –, wo Christus als Opferer und Geopfertes selber durch den Mund des Priesters die entscheidenden Worte spricht. In diesem Augenblick ist Christus gegenwärtig in Zeit und Raum. Aber seine Gegenwart ist nicht ein Wiedererscheinen, und darum ist sinngemäß die Consecratio keine Wiederholung eines historisch-einmaligen Aktes, sondern vielmehr das Sichtbarwerden einer in Ewigkeit bestehenden Tatsache, eine Zerreißung des Vorhanges von zeitlicher und räumlicher Bedingtheit, welcher den menschlichen Geist von der Schau des Ewigen trennt. Dieses Geschehen ist notwendigerweise ein Mysterium, indem es jenseits menschlicher Erfassungs- und Darstellungskraft liegt; das heißt, daß der Ritus der Messe notwendigerweise und in jedem seiner vielen Teile ein *Symbol* ist. «Symbol» aber ist nicht ein für einen bekannten und erfaßbaren Tatbestand willkürlich und absichtlich gesetztes *Zeichen,* sondern ein zugegebenermaßen anthropomorpher, daher beschränkter und nur bedingt gültiger Ausdruck für einen übermenschlichen und darum nur bedingt erfaßbaren Inhalt. Das Symbol ist zwar der bestmögliche Ausdruck, aber er steht unterhalb der Höhe des durch ihn bezeichneten Mysteriums. In diesem Sinne ist die Messe ein *Symbol.* Ich führe die Worte von J. KRAMP, S. J., an: «Das Opfer ist, wie allgemein anerkannt wird, eine *symbolische* Handlung, d. h. die Darbringung der sinnfälligen Gabe an Gott den Herrn hat keinen Selbstzweck, sondern dient einer Idee als Ausdrucksmittel. Und bei der Wahl dieses Ausdrucksmittels kommt ein vielgestaltiger Anthropomorphismus zur Geltung, indem der Mensch Gott gegenübertritt, wie er Menschen gegenübertritt, ja man möchte sagen, so, als ob auch Gott ein Mensch wäre. Man bietet Gott eine Gabe an, wie man sie einem guten Freunde oder einem irdischen Herrscher darreicht[10].»

Insofern also die Messe ein anthropomorphes Symbol für ein jenseits der Erfaßbarkeit stehendes Überweltliches ist, so ist auch die Symbolik der Messe ein legitimer Gegenstand vergleichend-psychologischer und analytischer Erforschung. Was die Erklärung beiträgt, betrifft natürlicherweise und ausschließlich den symbolischen Ausdruck.

II. Die einzelnen Teile des Wandlungsritus

Der Wandlungsritus beginnt ungefähr mit dem Offertorium, einer Antiphon, vorgetragen während der Darbringung der Opfergaben. Hier begegnen wir der ersten auf die Wandlung bezüglichen rituellen Handlung[1].

1. DIE OBLATIO PANIS

Die Hostie wird etwas zum Altarkreuz emporgehoben. Der Priester macht das Zeichen des Kreuzes mit der Patena über der Hostie. Durch die Kreuzbezeichnung wird das Brot mit Christus und seinem Kreuzestod in Beziehung gebracht und als «Sacrificium» gekennzeichnet. Es erhält dadurch den Weihecharakter. Die Elevation hat die Bedeutung der «Erhebung» ins Geistige. Sie ist ein vorbereitender Spiritualisierungsakt. JUSTIN macht die interessante Bemerkung, daß die Darstellung der gereinigten Aussätzigen im Tempel ein τύπος τοῦ ἄρτου τῆς εὐχαριστίας, d. h. ein Bild des Eucharistiebrotes sei. Das weist hin auf die (später in der Alchemie eine Rolle spielende) Vorstellung des «corpus imperfectum» oder «leprosum», welches durch das opus vollendet wird. («Quod natura relinquit imperfectum, arte perficitur.»)

2. DIE HERRICHTUNG DES KELCHES

Sie ist feierlicher als die des Brotes, offenbar entsprechend der «geistigen» Natur des Weines, welcher daher auch dem Priester reserviert bleibt[2]. Es wird dabei dem Wein etwas Wasser beigemischt.

Ursprünglich bezieht sich diese Wein-Wasser-Mischung auf die antike Sitte, den Wein nur mit Wasser gemischt zu genießen. Ein Trinker, d. h. ein Alkoholiker hieß daher Akratopotēs: ein Ungemischt-Säufer. Wein heißt im Neugriechischen κρασί = Mischung. Aus der Sitte der monophysitischen Armenier, dem Eucharistiewein kein Wasser beizumischen (damit nämlich die nur göttliche Natur Christi gewahrt bleibe), läßt sich entnehmen, daß dem Wasser eine hylische (d. h. physische) Bedeutung zukommt, nämlich die der menschlichen Stofflichkeit. Die Mischung im römischen Ritus würde demnach bedeuten, daß der Göttlichkeit auch die Menschlichkeit so untrennbar beigemischt wird[3] wie die gegenseitige Durchdringung von Wein und Wasser. St. Cyprian (Bischof von Karthago, † 258) bezieht den *Wein* auf Christus, das *Wasser* aber auf die Gemeinde, gewissermaßen als den Körper Christi. Die Bedeutung des Wassers wird erklärt mit Hinweis auf Offb. 17, 15, wo es heißt: «Aquae, quas vidisti ubi meretrix sedet, populi sunt et gentes linguae.» (Meretrix, die Hure, ist in der Alchemie ein Name der prima materia, des corpus imperfectum, das von Finsternis bedeckt ist, wie der in der Finsternis wandelnde, unbewußte und unerlöste Mensch. Diese Idee hat ihre Vorstufe in dem gnostischen Bild der Physis, die mit brünstigen Armen den Nous in ihre Dunkelheit hinabzieht.) Weil das Wasser zunächst ein corpus imperfectum oder sogar leprosum ist, wird es vor der Mischung gesegnet, d. h. geweiht, damit dem Weine, d. h. dem Geiste, nur ein reiner Körper, respektive Christo nur eine geweihte und reine Gemeinde beigegeben sei. Dieses spezielle Stück des Ritus hat also die Bedeutung der Vorbereitung eines corpus perfectum, d. h. des corpus glorificationis, des Auferstehungsleibes.

Zur Zeit St. Cyprians wurde die Kommunion noch vielfach mit Wasser gefeiert[4]. Und auch noch der spätere St. Ambrosius (Bischof von Mailand, † 397) sagt: «In umbra erat aqua de petra quasi sanguis ex Christo[5].» [Schattenhaft war das Wasser aus dem Felsen quasi das Blut (aus der Seite) Christi.] Die Wasserkommunion hat ihr bedeutsames Vorbild in Joh. 7,37 ff.: «Wenn einen dürstet, so komme er und trinke; wer an mich glaubt – wie die Schrift gesagt hat: Ströme lebendigen Wassers werden aus seinem Leibe fließen. (Das sagte er aber von dem Geiste, welchen die an ihn Glaubenden empfangen sollten; denn noch war der Geist nicht da, weil Jesus noch nicht verherrlicht war)...», und ebenso in Joh. 4,14: «Wer aber trinkt von dem Wasser, das ich ihm geben werde, den wird nimmermehr dürsten in Ewigkeit, sondern das Wasser, das ich ihm geben werde, wird in ihm ein Quell werden von Wasser, das sprudelt zu ewigem Leben.» – Die Stelle, «wie die Schrift gesagt hat: Ströme lebendigen Wassers werden aus seinem Leibe (wörtlich Bauche) fließen», findet sich nicht in der Bibel. Sie muß aus einer Schrift stammen, welche der Verfasser des Johannesevangeliums offenbar als authentisch betrachtet hat, die uns aber unbekannt gelieben ist. Eine gewisse Vorlage dazu kann allerdings Jes. 58,11 sein: «...und der Herr wird dich immerdar führen und deine Seele sättigen in der Dürre und deine Gebeine stärken; und du wirst sein wie ein gewässerter Garten und wie eine *Wasserquelle,* welcher es nimmer an Wasser fehlt.» (Luther-Bibel.) Auch die Ezechielvision 47,1 darf hier in Betracht kommen: «Und siehe, da floß ein Wasser heraus unter der Schwelle des Tempels... Und das Wasser lief an der rechten Seite des Tempels neben dem Altar hin gegen Mittag.» (Luther-Bibel.) Die Kirchenordnung HIPPOLYTS († etwa um 235) bringt den Wasserkelch in Beziehung zum Taufbad, in welchem der innere Mensch gewissermaßen so erneuert wird wie der Leib[6]. Diese Deutung nähert sich beträchtlich dem baptismalen Kratēr des Poimandres[7] und dem hermetischen, mit Nous gefüllten Gefäß, welches Gott dem Menschen zur Erlangung der ἔννοια sendet[8]. Das Wasser hat hier die Bedeutung von *Pneuma,* d. h. Geist der Prophetie, und ebenso von *Lehre,* die ein Mensch in sich aufgenommen hat und anderen vermittelt[9]. Dasselbe Bild des Geistwassers findet sich auch in den «Oden Salomos»[10]:

«Denn ein Bächlein ist entsprungen
und ward ein großer, breiter Strom;
. . . .
Alle Durstigen auf Erden tranken davon,
und der Durst wurde gestillt und gelöscht,
da vom Höchsten der Trank gegeben ward.
Selig darum die Diener jenes Tranks,
denen sein Wasser anvertraut ward,
denn sie haben erquickt die trockenen Lippen
und den erschlafften Willen geweckt,
die Seelen, die fast abgeschieden waren, vom Tode erhascht,
und die Glieder, die gefallen waren, gerade aufgerichtet.
Sie haben Kraft gegeben ihrer Schwäche
und Licht ihren Augen;

> denn sie alle erkannten sich im Herrn
> und wurden erlöst durch das *ewige, unsterbliche Wasser.»* [11]

Die Tatsache, daß die Eucharistie auch mit Wasser gefeiert wurde, weist darauf hin, daß jenen frühen Christen das Hauptanliegen die symbolische Mysterienhandlung war und nicht etwa die wörtliche Befolgung des Einsetzungsberichtes. (Es bestanden auch noch andere Varianten, wie z. B. die «Galaktophagie», was in die gleiche Richtung weist.)

Eine andere, unmittelbar anschauliche Deutung von Wein und Wasser ist die Beziehung auf Joh. 19, 34: «Continuo exivit sanguis et aqua.» [Sofort trat Blut und Wasser heraus.] Eine besondere Hervorhebung verdient die Bemerkung des ST. CHRYSOSTOMUS (Bischof von Constantinopel, † 407), daß nämlich Christus im Wein zuerst *sein eigenes Blut getrunken* habe. (Vgl. dazu S. 132 ff. in diesem Band.)

In diesen Abschnitt der Messe fällt das bedeutsame Gebet:

> «O Gott, der du die Würde der menschlichen Natur wunderbar erschaffen und noch wunderbarer wiederhergestellt hast: verleihe uns durch das Geheimnis dieses Wassers und Weines, an der Gottheit desjenigen teilzunehmen, der sich gewürdigt hat, unserer Menschheit teilhaftig zu werden, Jesus Christus.» (Lat. Text s. G. W.)

3. DIE ERHEBUNG DES KELCHES BEIM OPFER

Die Elevation als ein Schwebezustand bereitet die Spiritualisierung (Volatilisierung) des Weines vor[12]. Darauf, nämlich auf die Vergeistigung, weist auch die damit verbundene Anrufung des Heiligen Geistes hin im «Veni sanctificator», deutlicher noch im mozarabischen[13] Ritus, wo es heißt: «Veni spiritus sanctificator». Diese Anrufung dient offenbar der Erfüllung des Weines mit heiligem Geiste, denn letzterer *zeugt, erfüllt* und *wandelt.* (Obumbratio Mariae, Pfingsten.) Nach der Elevation wurde früher der Kelch auf der rechten Seite der Hostie niedergesetzt, in Entsprechung des aus der rechten Seite Christi fließenden Blutes und Wassers.

4. DIE INZENSATION DER OPFERGABE UND DES ALTARS

Der Priester macht mit dem Thuribulum (Weihrauchfaß) ein dreimaliges *Kreuzzeichen* über der Opfergabe und beschreibt dreimal einen *Kreis*, zweimal von rechts nach links (also gegen den Uhrzeiger, linksläufig, was psychologisch einer circumambulatio nach unten, d.h. einer Bewegung zum Unbewußten hin, entspricht) und einmal von links nach rechts (also im Sinne des Uhrzeigers, psychologisch in Richtung des Bewußtseins)[14]. Damit verbunden ist eine komplizierte Beräucherung des Altars[15]. – Die Inzensation hat die Bedeutung eines Rauchopfers, also eines Überbleibsels der ursprünglichen thysia. Daneben aber bedeutet sie auch eine Wandlung der Opfergabe und des Altars in der Richtung der Vergeistigung aller dem Ritus dienenden physischen Körper. Schließlich bedeutet sie einen Apotropäismus gegen allenfalls anwesende dämonische Mächte, indem der Luftraum gleichsam mit dem *Wohlgeruch* des Pneuma erfüllt und dadurch zum Aufenthalt böser Geister ungeeignet wird. Der Rauch deutet auf den sublimierten Körper, das corpus volatile s. spirituale hin, den rauchartigen «subtle body». Indem der Rauch aufwärts steigt als «spirituelle» Substanz, bewirkt und stellt er den Aufstieg des Gebetes dar, daher die Oratio: «Herr, laß mein Gebet wie Weihrauch vor Dein Antlitz dringen ...[16].»

Mit der Inzensation sind die vorbereitenden, spiritualisierenden Handlungen abgeschlossen. Die Gaben sind geweiht und zur eigentlichen Wandlung vorbereitet. Durch das «Der Herr entzünde in uns die Glut seiner Liebe» und durch das «In Unschuld will ich [meine Hände] waschen»[17] sind auch Priester und Gemeinde gereinigt und vorbereitet, in die mystische Einheit des späteren Opferaktes einzugehen.

5. DIE EPIKLESE

Das «Suscipe, sancta Trinitas», wie das «Orate fratres», das «Sanctus» und das «Te igitur» der Stillmesse sind propitiierende Gebete, welche die Annahme der Darbringung sichern wollen. Daher heißt die Präfation nach der Secret im mozarabischen Ritus «Illatio» (gleichbedeutend mit der griechischen ἀναφορά), in der alten gallikanischen Liturgie «Immolatio» (mit der Bedeutung von oblatio), was sich auf die Vorlegung der Gaben bezieht. Der Satz nach dem *«Sanctus»:* «Benedictus qui venit in nomine Domini», weist bereits auf die erwartete und vorbereitete Erscheinung des Herrn hin, indem nach uralter Voraussetzung Nennung «Berufung» bedeutet: der Name hat noch setzende Kraft. Nach dem Kanon (Stillmesse) folgt die «Commemoratio pro vivis» mit den weiteren Gebeten «Hanc igitur» und «Quam oblationem». In der mozarabischen Messe findet sich hier die «Epiklese» (Anrufung): «Adesto, adesto Jesu, bone Pontifex, in medio nostri: sicut fuisti in medio discipulorum tuorum.» Auch diese Nennung hat die ursprüngliche Bedeutung einer «Berufung». Sie stellt eine Steigerung des «Benedictus qui venit» dar und kann deshalb und wurde auch bisweilen als das *Erscheinen des Herrn,* d.h. als der entscheidende Höhepunkt der Messehandlung angesehen.

6. DIE CONSECRATIO

Die Consecratio bedeutet in der römischen Messe den Höhepunkt, nämlich die Transsubstantiation oder Wandlung der Substanzen von Brot und Wein in Leib und Blut des Herrn. Die Konsekrationsformel lautet[18]:

Die Konsekration des Brotes:

«Qui pridie quam pateretur, accepit panem in sanctas ac venerabiles manus suas, et elevatis oculis in caelum ad te Deum, Patrem suum omnipotentem, tibi gratias agens, benedixit, fregit, deditque discipulis suis, dicens: Accipite, et manducate ex hoc omnes. *Hoc est enim Corpus meum.*»

Die Konsekration des Kelches:

«Simili modo postquam cenatum est, accipiens et hunc praeclarum Calicem in sanctas ac venerabiles manus suas: item tibi gratias agens, benedixit, deditque discipulis suis, dicens: Accipite, et bibite ex eo omnes. *Hic est enim Calix Sanguinis mei, novi et aeterni testamenti: mysterium fidei: qui pro vobis et pro multis effundetur in remissionem peccatorum.* Haec quotiescumque feceritis, in mei memoriam facietis.»

Da Priester und Gemeinde, sowohl wie die Gaben und der Altar, durch Gebete und Riten von der Vormesse bis zum Kanon purifiziert, geweiht, erhöht, spiritualisiert und daher als mystische Einheit auf die Epiphanie des Herrn zubereitet sind, so bedeutet das Aussprechen der Konsekrationsworte in der Ichform das Sprechen Christi selber, also mithin seine lebendige Gegenwart im Corpus mysticum des Opfers von Priester, Gemeinde, Brot, Wein und Weihrauch, welche eine mystische Einheit darstellen. In diesem Augenblick tritt die Ewigkeit des einzigen Gottesopfers zutage, d.h. sie wird erlebbar an bestimmtem Ort und zu bestimmter Zeit, wie wenn ein Fenster aufgetan oder eine Türe geöffnet worden wäre nach dem Unräumlichen und Unzeitlichen. In diesem Sinne wohl sind die Worte des ST. CHRYSOSTOMUS zu verstehen: «Dieses einmal ausgesprochene Wort macht an jedem Altar von jenem bis zum heutigen Tag und bis zu seiner Wiederkunft das Opfer vollkommen[19].» Es ist klar, daß nur das Erscheinen des Herrn in seinem Wort und vermöge desselben das «corpus imperfectum» des Opfers «perfectum efficit» [vollkommen macht], nicht aber das vorbereitende Handeln des Priesters. Wäre dieses die «causa efficiens», so würde sich der Ritus in nichts von gewöhnlicher Magie unterscheiden. Der Priester ist nur «causa ministerialis» der Wandlung. Das tatsächlich Bewirkende ist die lebendige Gegenwart Christi, die sua sponte stattfindet, aus freiem Gnadenentschluß der Gottheit.

Dementsprechend sagt JOANNES DAMASCENUS (†754), daß die Worte konsekrative Kraft hätten, von was für einem Priester sie auch ausgesprochen würden und wie wenn sie von Christus gegenwärtig geäußert würden[20]. Und DUNS SCOTUS (†1308) bemerkt, daß Christus mit der Einsetzung des Abendmahls auch den Willensakt gesetzt habe, in jeder Messe *sich als Opfer durch den Priester hinzugeben*[21]. Damit ist unmißverständlich ausgedrückt, daß der Opferakt nicht vom Priester, sondern von Christus selber vollzogen wird. Das Agens der Wandlung ist also ausschließlich der göttliche Wille in Christo. Das Tridentinum stellte fest, daß im Meßopfer «dieser selbe Christus enthalten ist und unblutig geopfert wird»[22], obschon dies *keine Wiederholung* des historischen Opfers, sondern eine unblutige Erneuerung desselben ist. Indem nun die Einsetzungsworte die Kraft haben, das Opfer zu vollziehen, weil sie die Äußerung des göttlichen Willens sind, so liegt es nahe, sie metaphorisch als das *Opfermesser oder -schwert* zu bezeichnen, welches, von göttlichem Willen geführt, die thysia vollzieht. Dieser Vergleich ist von LEONHARD LESSIUS S. J. (†1623) gemacht worden und hat sich seither als geläufige Metapher in der kirchlichen Sprache eingebürgert. Sie lehnt sich an Hebr. 4,12 an: «Das Wort Gottes ist lebendig und kräftig und schärfer denn kein zweischneidig Schwert», und ebenso, vielleicht noch mehr, an Offb. 1,16: «und aus seinem Munde ging ein scharfes, zweischneidiges Schwert» (Luther-Bibel). Schon im 16. Jahrhundert kam die *Maktationstheorie* auf. So sagt der Begründer derselben, CUESTA, Bischof von León (†1560), daß Christus vom Priester *geschlachtet* werde. Die Schwertmetapher lag daher nahe[23]. In anschaulicher Weise schildert NICOLAUS KABASILAS (Erzbischof von Thessalonike, †1363) den entsprechenden Ritus der griechisch-orthodoxen Kirche:

«Der Priester schneidet vom Leibe ein Stück Brot ab, dabei der Text: ‹Wie ein Lamm ist er zur Schlachtbank geführt worden.› – Beim Hinlegen auf den Tisch: ‹Geopfert wird das Lamm Gottes.› Dann wird ein Kreuzzeichen in das Brot gedrückt und mit einer kleinen Lanze in die Seite desselben gestochen. Dabei der Text: ‹Und einer von den Soldaten durchstieß mit einer Lanze seine Seite, dabei floß Wasser und Blut heraus.› – Dabei findet die Commixtio von Wein und Wasser statt. Der Kelch wird neben das Brot gestellt.» Das δῶρον (Gabe) *stellt auch den Geber dar,* d. h. *Christus ist der Opferer und das Geopferte.*

KRAMP sagt: «Als Symbol des Todes Christi wurde bald die fractio, bald die elevatio vor dem Pater noster, bald das Kreuzzeichen am Schluß des ‹Supplices›, bald die Konsekration genommen, aber niemand hat daran gedacht, eine solche ‹mystische Schlachtung› Christi... als das Wesen der Messe... anzusehen. Deshalb wird man sich nicht wundern, wenn und daß in der Meßliturgie von einer ‹Schlachtung› Christi keine Andeutung zu finden ist[34].»

7. DIE GROSSE ELEVATION

Die konsekrierten Substanzen werden erhoben und der Gemeinde gezeigt. Insbesondere bedeutet die konsekrierte Hostie eine visio beatifica des Himmels in Erfüllung von Ps. 26[27],8: «Tibi dixit cor meum, exquisivit te facies mea: faciem tuam Domine requiram.» [Zu Dir sprach mein Herz, mein Angesicht hat Dich gesucht: Dein Angesicht, Herr, werde ich suchen.] In der Hostie ist der Gottmensch gegenwärtig geworden.

8. DIE POSTCONSECRATIO

Hier findet sich das bedeutsame Gebet «Unde et memores», das hier wörtlich folgt (zusammen mit «Supra quae» und «Supplices»; lat. Text s. GW):

«Daher sind wir denn eingedenk, Herr, wir, deine Diener, aber auch dein heiliges Volk, des heilbringenden Leidens, der Auferstehung von den Toten und der glorreichen Himmelfahrt deines Sohnes, unseres Herrn Jesus Christus, und bringen so deiner erhabenen Majestät von deinen Geschenken und Gaben ein reines Opfer dar, ein heiliges Opfer, ein makelloses Opfer: das heilige Brot des ewigen Lebens und den Kelch des immerwährenden Heiles.»

«Schaue huldvoll darauf nieder mit gnädigem und mildem Angesicht und nimm es wohlgefällig an, wie du einst mit Wohlgefallen aufgenommen hast die Gaben Abels, deines gerechten Dieners, das Opfer unseres Patriarchen Abraham, das heilige Opfer und die makellose Gabe, die dein Hoherpriester Melchisedech dir dargebracht hat.»

«Demütig bitten wir dich, allmächtiger Gott: Dein heiliger Engel möge dieses Opfer zu deinem himmlischen Altar emportragen vor das Angesicht deiner göttlichen Majestät. Laß uns alle, die wir an dem Altare teilhaben und das hochheilige Fleisch und Blut deines Sohnes empfangen, mit allem Gnadensegen des Himmels erfüllt werden. Durch Christus, unseren Herrn[25]. Amen.»

Ersteres Gebet zeigt, daß in den gewandelten Substanzen die Idee der Auferstehung und Glorifikation des Herrn angedeutet ist. Das zweite Gebet erinnert an die präfigurierenden Opfer im Alten Testament. Bei Abel handelt es sich um ein Lammopfer. Bei Abraham handelt es sich zunächst um das Sohnesopfer, das aber durch ein Tieropfer ersetzt wird. Bei Melchisedek findet überhaupt kein Opfer statt, sondern eine Bewirtung Abrahams mit Brot und Wein. Diese Reihenfolge ist vermutlich keine zufällige, sondern vielmehr eine Stufenfolge. Abel ist wesentlich *Sohn* und opfert ein *Tier.* Abraham ist wesentlich *Vater* (sogar der «Stammvater») und darum auf höherer Stufe. Er opfert nicht nur ein ausgewähltes Besitztum, sondern schlechthin sein Bestes und Teuerstes, den *einzigen Sohn.* Melchisedek (König der Gerechtigkeit) ist nach Hebr. 7 König von Salem und «Priester des höchsten Gottes», des El'Elion. PHILO VON BYBLOS erwähnt einen «Ἑλιοῦν ὁ ὕψιστος» als eine kanaanaeische Gottheit[26]. Dieser Gott kann evidenterweise mit Jahwe nicht identisch sein. Abraham aber anerkennt das Priestertum des Melchisedek[27], indem er diesem den ihm zukommenden Zehnten entrichtet[28]. Melchisedek steht vermöge seines Priestertums über dem Patriarchen. Seine Bewirtung Abrahams hat daher die Bedeutung einer priesterlichen Handlung. Es muß ihr deshalb eine *symbolische* Bedeutung zugesprochen werden, die eben durch Brot und Wein angedeutet ist. Damit rückt das symbolische Opfer an eine noch höhere Stelle als das Sohnesopfer, welches immer noch die Opferung eines *anderen* ist. Die Darbringung Melchisedeks bedeutet eben das Selbstopfer Christi in der Form der Präfiguration.

Im Gebet «Supplices te rogamus» wird die Bitte an Gott gerichtet, er möge «per manus Angeli» das Opfer «in sublime altare» bringen. Diese eigentümliche Bitte stammt aus den apokryphen *Epistolae Apostolorum,* wo sich die Legende findet, nach der Christus, bevor er sich inkarnierte, den Erzengeln gebot, ihn am Altar Gottes während seiner Abwesenheit zu vertreten[29]. Hier tritt die Idee des ewigen Priestertums hervor, welche Melchisedek und Christus verbindet.

9. SCHLUSS DES KANONS

Der Kelch wird mit der Hostie dreimal bekreuzt, während der Priester spricht: «Per ipsum et cum ipso et in ipso.» Dann macht er zweimal das Kreuz zwischen sich und dem Kelch. Durch die Bekreuzung wird eine Beziehung der Identität zwischen Hostie, Kelch und Priester hergestellt, womit die Einheit des Opfers in allen seinen Bestandteilen wiederum bestätigt wird. Die Vereinigung von Hostie und Kelch bedeutet die Vereinigung von Leib und Blut, d. h. die Beseelung des Körpers (Blut = Seele). Hierauf folgt das Pater noster.

10. EMBOLISMUS UND FRACTIO

(Embolismus bedeutet Einschaltung)

Das hier befindliche Gebet: «Libera nos, quaesumus, Domine, ab omnibus malis, praeteritis, praesentibus et futuris», bedeutet eine erneute Hervorhebung der Bitte im vorangehenden Pater noster: «sed libera nos a malo» [sondern erlöse uns von dem Bösen]. Der Zusammenhang mit dem im Opfer stattfindenden Tode Christi ergibt sich durch den Abstieg zur Hölle und der damit verbundenen Brechung der höllischen Macht. Mit dem Tode Christi wird der nachfolgende Ritus der Fractio sinngemäß verbunden. Die Hostie wird dabei über dem Kelch in zwei Teile gebrochen. Von der linken Hälfte wird unten ein kleiner Teil, die particula, abgebrochen für den Ritus der Consignatio und Commixtio. Im byzantinischen Ritus findet eine Vierteilung statt, wobei die vier Teile mit Buchstaben bezeichnet werden, und zwar folgendermaßen:

IΣ
NI KA Das bedeutet: «Jesus Christus siegt».
XΣ

Diese eigenartige Anordnung stellt offenbar eine *Quaternität* dar, welcher bekanntermaßen seit alters der Ganzheitscharakter zukommt. Diese Vierheit bezieht sich, wie die Bezeichnung zeigt, auf den glorifizierten Christus, den rex gloriae und Pantokrator.

Noch komplizierter ist die mozarabische Fractio: Die Hostie wird zunächst in zwei Teile gebrochen. Darauf wird der linke Teil in fünf, der rechte in vier Teile geteilt.

Die fünf Bruchstücke werden bezeichnet als[30]:

L.
1. corporatio (incarnatio)
2. nativitas
3. circumcisio
4. apparitio
5. passio

die vier als:

R.
1. mors
2. resurrectio
3. gloria
4. regnum

Die fünf Fragmente beziehen sich ausschließlich auf die menschliche Laufbahn des Herrn, die vier aber auf dessen überweltliche Existenz. Die Fünf ist nach alter Auffassung die Zahl des natürlichen («hylischen») Menschen, der mit ausgestreckten Armen und Beinen zusammen mit dem Kopf ein Pentagramm bildet. Die Vier dagegen entspricht der ewigen Ganzheit. (Wie z. B. auch der gnostische Name «Barbelo», welcher mit «die Vierheit ist Gott» übersetzt wird, dartut.) Dieses Symbol scheint darauf hinzuweisen – was ich hier nur als Anmerkung beifügen möchte –, daß die Ausgespanntheit im Raume, eben die Kreuzstellung, einesteils ein Leiden der Gottheit (am Kreuze), anderenteils eine Beherrschung des Weltraumes bedeutet.

11. DIE CONSIGNATIO

Der Kelch wird mit der Particula bekreuzt, und dann läßt der Priester sie in den Wein fallen.

12. DIE COMMIXTIO

Sie ist die Vermischung von Brot und Wein, wie THEODORUS VON MOPSUESTE († 428) sagt: «...er vermischt und verbindet sie zu einem, wobei es jedermann klar gemacht wird, daß, obschon es zwei sind, es dennoch eigentlich (nur) eines ist[31].» In dem dazugehörigen Gebet heißt es: «Diese Mischung und Weihung des Leibes und Blutes unseres Herrn...[32].» Der Ausdruck «consecratio» weist vielleicht auf eine ursprüngliche Konsekration per contactum hin. Damit wäre allerdings der Widerspruch mit der bereits stattgefundenen Konsekration beider Substanzen nicht aufgeklärt. Man hat darum an den Gebrauch erinnert, das Sakrament von einer Messe zur anderen aufzubewahren, was in der Form geschah, daß die Hostie in Wein eingetaucht und dann in aufgeweichtem (d. h. gemischtem) Zustand aufbewahrt wurde. Übrigens finden Mischungen am Schluß einer ganzen Reihe von Riten statt. Ich erinnere nur an die Wasserweihe oder an den Mischtrank von Milch und Honig, den die Neophyten nach der Kirchenordnung HIPPOLYTS nach der Kommunion erhielten.

Das «Sacramentarium Leonianum» (7. Jahrhundert) deutet die Commixtio als eine Mischung des himmlischen und irdischen Wesens Christi. Sie ist auch, nach späterer Auffassung, ein Symbol der Auferstehung, da sich in ihr das Blut (= Seele) mit dem im Grabe ruhenden Leib des Herrn wieder verbindet. In bedeutungsvoller Umkehrung des ursprünglichen Taufaktes, wo der Körper in das Wasser der Wandlung getaucht wird, wird in der Commixtio der Körper (die Particula) in den Wein, als dem Symbol des Geistes, versenkt, was der Glorifikation des Körpers gleichkommt. Daher stammt wohl die Berechtigung, die Commixtio als Auferstehungssymbol zu betrachten.

13. ZUSAMMENFASSUNG

Bei genauer Betrachtung ergibt es sich, daß die Messe bald deutlich, bald nur andeutungsweise im Verlaufe der verschiedenen rituellen Handlungen das Leben und Leiden des Herrn in verdichteter Form darstellt. Dabei überschneiden sich gewisse Phasen oder sind dermaßen zusammengerückt, daß eine bewußte und absichtliche Kondensation wohl kaum denkbar ist. Vielmehr erscheint es, als ob der historische Werdegang der Messe allmählich zu einer Konkretion der Hauptaspekte des Christuslebens geführt hätte. Wir haben zunächst (im «Benedictus qui venit» und im «Supra quae») eine Antizipation und Präfiguration des Kommens Christi. Das Aussprechen der Konsekrationsworte entspricht der Inkarnation des Logos, zugleich aber auch der Passion und dem Opfertode, welch letzterer in der Fractio nochmals hervortritt. Im «Libera nos» ist die Höllenfahrt angedeutet und in der Consignatio und Commixtio die Auferstehung.

Insofern die dargebrachte Gabe der Opfernde selber ist, insofern Priester und Gemeinde in der Opfergabe sich selber darbringen, und insofern Christus Opferer und zugleich Geopfertes ist, besteht eine mystische Einheit aller Teile des Opferaktes[33]. Die Zusammenfassung der Gabe und der Darbringenden in der einen Gestalt Christi ist schon angedeutet im Gedanken der *Didachē,* daß, wie das Brot aus vielen Weizenkörnern und der Wein aus vielen Trauben hergestellt ist, so das Corpus mysticum, die Kirche, aus der Vielzahl der Gläubigen besteht. Überdies umfaßt der mystische Leib Christi auch beide Geschlechter, die durch Wein und Brot dargestellt sind[34]. So bedeuten die beiden Substanzen – der Wein das Männliche, das Brot das Weibliche – auch die *Androgynie* des mystischen Christus.

Die Messe enthält somit als wesentlichen Kern das Mysterium und Wunder der im menschlichen Bereich stattfindenden *Wandlung Gottes,* seiner Menschwerdung und seiner Rückkehr in sein An-und-für-sich-Sein. Ja, der Mensch selber ist durch seine Hingabe und sein Selbstopfer als dienendes Werkzeug in den geheimnisvollen Vorgang einbezogen. Die Selbstdarbringung Gottes ist ein freiwilliger Liebesakt, das Opfer selber hingegen ein qualvoller, durch Menschen instrumentaliter et ministerialiter herbeigeführter blutiger[35] Leidenstod. (Das «incruente immolatur» bezieht sich nur auf die Sache, nicht aber auf den Symbolismus.) Die Schrecken des Kreuzigungstodes sind unerläßlich als Voraussetzung der Wandlung. Diese ist zunächst eine Verlebendigung der an sich toten Substanzen, sodann auch eine wesentliche Veränderung derselben im Sinne einer Vergeistigung, entsprechend der ursprünglichen Anschauung des pneuma als einer feinstofflichen Substanz. Diese Auffassung drückt sich aus in der konkreten Anteilnahme am Leibe und Blute Christi in der Kommunion.

III. Die Parallelen zum Wandlungsmysterium

1. DAS AZTEKISCHE TEOQUALO

Obschon die Messe in der vergleichenden Religionsgeschichte eine an sich einzigartige Erscheinung ist, so wäre ihr Symbolgehalt doch dem Menschen fremd und unverwandt, wenn er nicht in seiner Seele verwurzelt wäre. Ist dem aber so, so müßte man erwarten, ähnliche Symbolzusammenhänge sowohl in der Geistesgeschichte wie in der zeitgenössischen heidnischen Gedankenwelt auffinden zu können. Wie das Gebet «Supra quae» zeigt, verweist auch der Messetext selber auf die Präfigurationen des Alten Testamentes und damit indirekt auf die alte Opfersymbolik überhaupt. Damit wird es offenbar, daß mit dem Christusopfer und der Communio einer der tiefsten Akkorde der menschlichen Seele angeschlagen ist, nämlich das uralte Menschenopfer und die rituelle Anthropophagie. Auf das reichhaltige ethnologische Material, das sich hierauf bezieht, kann ich in diesem Zusammenhang leider nicht eingehen. Ich begnüge mich mit der Hervorhebung des *Königsopfers,* d.h. der rituellen Tötung des Königs zugunsten der Fruchtbarkeit und des Gedeihens seines Landes und Volkes, oder der entsprechenden Erneuerung und Belebung der Götter durch Menschenopfer, sowie des *Totemmahls,* das häufig den Zweck hat, die Teilnehmer wieder mit dem Ahnenwesen zu vereinigen. Diese Erwähnungen mögen genügen, um anzudeuten, in welche Weite und Tiefe der Seele und ihrer Geschichte sich unser Symbol erstreckt. Man sieht: es handelt sich um urälteste sowohl wie zentralste religiöse Vorstellungen. Hinsichtlich solcher Vorstellungen huldigt man nicht nur in Laien-, sondern auch in wissenschaftlichen Kreisen noch häufig dem Vorurteil, daß derartige Anschauungen und Gebräuche irgendwie einmal «erfunden» und dann weitergegeben, respektive nachgeahmt worden seien, also mithin an den meisten Orten gar nicht vorhanden wären, wenn sie nicht auf die angedeutete Weise dorthin gelangt wären. Es ist aber immer eine etwas mißliche Sache, aus der modernen, respektive der zivilisierten Geistesverfassung heraus auf jenen anderen primitiven Zustand zu schließen. Das primitive Bewußtsein nämlich ist erfahrungsgemäß von dem des heutigen Menschen in sehr wichtigen Hinsichten verschieden. So ist das «Erfinden» in den primitiven Sozietäten eine wesentlich andere Sache als bei uns, wo eine Neuigkeit die andere jagt. Beim Primitiven ändert sich auf die längste Zeit überhaupt nichts als vielleicht etwa die Sprache, ohne daß deshalb eine neue «erfunden» würde. Seine Sprache «lebt» und kann sich deshalb wandeln, was schon für manchen Lexikographen einer primitiven Sprache zur unangenehmen Entdeckung wurde. Auch der pittoreske amerikanische Slang ist nie «erfunden» worden, sondern er tritt in bisher unerschöpflicher Fruchtbarkeit aus dem dunkeln Mutterschoß der Umgangssprache hervor. Auf ähnliche Weise wohl auch haben sich die Riten und ihr Symbolgehalt aus unerkennbaren Anfängen entwickelt, und zwar nicht bloß an einer Stelle, sondern an vielen zugleich und auch zu verschiedenen Zeiten. Sie haben sich spontan aus den nie erfundenen, sondern überall vorhandenen Voraussetzungen, die der menschlichen Natur eigentümlich sind, herausentwickelt.

So ist es auch weiter nicht verwunderlich, wenn wir in einem Gebiet, das von antiker Kultur gewiß nicht berührt wurde, Riten finden, welche den christlichen Gebräuchen schon sehr nahe kommen. Ich meine insbesondere den aztekischen Ritus des *Teoqualo*, des «Gottessens», der von FRAY BERNARDINO DE SAHAGUN, welcher acht Jahre nach der Eroberung Mexikos 1529 seine Missionstätigkeit im Lande der Azteken aufnahm, überliefert wurde. Es wurde aus den zerquetschten und zermahlenen Samen des Stachelmohns (Argemone mexicana) ein Teig gemacht und daraus der Leib des Gottes Uitzilopochtli geformt. Der Text lautet:

«Und am anderen Morgen
wurde der Leib Uitzilopochtlis geopfert.
Es tötet ihn (der Priester, welcher) Quetzalcouatl (darstellte),
er tötete ihn mit einem Speer mit Feuersteinspitze,
er steckte ihn ihm ins Herz hinein.
Er wurde geopfert in Anwesenheit (des Königs) Motecuhçomas
und des Hauptpriesters,
mit dem Uitzilopochtli sprach,

vor dem er erschien,
der ihm Opfergaben brachte
und (in Anwesenheit) von vier Führern der jungen Mannschaft:
in Anwesenheit dieser aller
starb Uitzilopochtli.
Und nachdem er gestorben war, darauf
zerstückten sie seinen Leib aus Teig.
Das Herz gehörte Motecuhçoma (dem König).
Und die anderen zylindrischen Teile (seines Leibes),
die gleichsam seine Knochen bildeten,
wurden unter (die Anwesenden) verteilt:
....
In jedem Jahr essen sie (den Leib).
....
Und wenn sie den aus Teig gekneteten Leib des Gottes
unter sich verteilen,
(bekommt der einzelne) nur ein sehr kleines Stück.
Junge Krieger aßen ihn.
Und dieses ‹ihn essen› wird ‹Gottessen› genannt.
Und die ihn gegessen haben, heißen ‹Gotthüter›[1].»

Die Vorstellung des Gottesleibes, dessen Opferung in Gegenwart des Hauptpriesters, welchem der Gott erscheint und zu dem er spricht, die Durchbohrung mit dem Speer, der Gottestod, die nachfolgende rituelle Zerstückelung und das Essen (die Communio) eines kleinen Stückes des Gottesleibes sind Parallelen, die nicht übersehen werden können und auch dementsprechend den damaligen spanischen Priestern nicht geringes Kopfzerbrechen verursachten.

Um weniges dem Christentum vorausgehend, entwickelte sich im *Mithraismus* eine besondere Opfersymbolik und offenbar auch ein entsprechendes Ritual, das uns leider nur durch stumme Monumente bekannt ist. Es findet sich ein *Transitus* mit Stiertragung, ein *Stieropfer,* aus dem die Fruchtbarkeit des Jahres hervorgeht, eine stereotype Darstellung des Opferaktes, flankiert durch die Dadophoren, von denen der eine die Fakkel aufrecht, der andere gesenkt trägt, eine *Mahlzeit,* bei der mit *Kreuzen* bezeichnete Brote auf dem Tisch liegen – man hat auch *Glöckchen* gefunden, die mit den Meßglöckchen wohl in näherer Beziehung stehen. Inhaltlich bedeutet das mithrische Opfer ein *Selbstopfer,* insofern der Stier als Weltstier ursprünglich mit Mithras identisch ist. Daher wohl stammt auch der eigentümlich schmerzliche Ausdruck im Gesichte des Tauroktonos[2], der sich mit demjenigen des Crucifixus von GUIDO RENI vergleichen läßt. Der mithrische Transitus entspricht als Motiv der Kreuztragung und die Wandlung des Opferstieres der Wiedererstehung des christlichen Gottes in Speise und Trank. Die figürliche Darstellung des Opferaktes, der Tauroktonie, entspricht der Kreuzigung zwischen dem aufsteigenden und dem absteigenden Schächer.

Aus der reichen Auswahl von Parallelen aus den Kultlegenden und Riten der frühsterbenden, beklagten und wiedererstehenden Götter des vorderen Orients mögen die Andeutungen aus dem Mithraskult genügen. Für jeden, der diese Religionen auch nur einigermaßen kennt, besteht kein Zweifel über die tiefgehende Verwandtschaft der symbolischen Typen sowohl wie der Ideen[3]. Das mit dem Urchristentum und den Anfängen der Kirche zeitgenössische Heidentum war erfüllt sowohl von solchen Vorstellungen, wie auch von philosophischen Spekulationen über dieselben, und vor diesem Hintergrund spielt sich das Denken und Schauen der gnostischen Philosophie ab.

2. DIE VISION DES ZOSIMOS

Ein charakteristischer Vertreter der gnostischen Geistesrichtung ist ZOSIMOS VON PANOPOLIS, ein Naturphilosoph und Alchemist des 3. Jahrhunderts, dessen Werke uns noch, allerdings in schlecht geordnetem Zustande, in dem berühmten alchemistischen *Codex Marcianus* erhalten und von M. BERTHELOT in seiner *Collection des Anciens Alchimistes Grecs* 1887 herausgegeben worden sind. ZOSIMOS berichtet an verschiedenen Stellen seiner Traktate[4] über angeblich mehrere Traumvisionen, die aber inhaltlich wohl alle auf *einen und denselben* Traum zurückgehen[5]. ZOSIMOS ist zweifellos ein heidnischer Gnostiker und, wie aus der berühmten Kratērstelle[6] hervorgeht, im besonderen ein Anhänger der Poimandressekte, also ein Hermetiker. Obschon die alchemistische Literatur sehr viele Parabeln kennt, so würde ich doch Bedenken tragen, die Traumvision des ZOSIMOS darunter einzureihen. Für jeden Kenner der alchemistischen Sprache sind die Parabeln deutlich als bloße Allegorien allgemein bekannter Vorstellungen zu erkennen. Man merkt es ihnen in der Regel ohne weiteres an, welche Stoffe oder welche Prozeduren künstlich und absichtlich in Figuren und Handlungen theatralisch verkleidet wurden. Bei den Zosimos-Visionen dagegen ist nichts dergleichen der Fall. Man ist sogar zunächst erstaunt ob der alchemistischen Deutung, daß nämlich der Traum mit seiner eindrucksvollen Handlung nichts anderes besagen wolle, als die Art und Weise der Herstellung des «göttlichen Wassers». Eine Parabel bildet weiterhin ein in sich geschlossenes Ganzes, während unsere Vision wie ein echter Traum ein und dasselbe Thema mehrfach variiert und durch Amplifikationen zu größerer Klarheit ergänzt. Soweit man sich über die Natur dieser Visionen überhaupt ein Urteil machen kann, so scheint es mir wahrscheinlich, daß schon im ursprünglichen Text die Inhalte einer imaginierenden Meditation sich um den Kern eines echten Traumes gelegt und mit diesem sich verwoben haben. Daß eine derartige Meditation stattgefunden hat, geht mit Deutlichkeit aus dem Vorhandensein von kommentarweise den Visionen beigegebenen Meditationsstücken hervor. Erfahrungsgemäß verlaufen solche Meditationen oft durchaus bildmäßig, so wie wenn der Traum auf einer bewußtseinsnäheren Stufe fortgeträumt würde. Noch RULAND in seinem *Lexicon Alchemiae* von 1612 definiert die Meditation, die in der Alchemie bekanntlich keine geringe Rolle spielt, als ein «*colloquium internum* cum aliquo alio, qui tamen non videtur», nämlich mit Gott, mit sich selber oder dem «*proprio angelo bono*», welch letzterer eine abgemilderte und unanstößige Form des *Paredros* oder *spiritus familiaris* der alten Alchemie ist. Dieser ist oft ein Planetendämon, der durch magische Mittel herbeigezwungen wird. Es ist wohl nicht zu bezweifeln, daß diesen Gebräuchen ursprünglich echte visionäre Erlebnisse zugrunde liegen. Vision ist schließlich nichts anderes als ein in den Wachzustand eingebrochener Traum. Wir wissen durch eine Reihe von Zeugnissen aus verschiedenen Jahrhunderten, daß der Alchemist bei seiner phantastischen Arbeit etwa Visionen von allerlei Art hatte[7] und sogar gelegentlich von *Wahnsinn*[8] bedroht war. Die Visionen des ZOSIMOS sind daher als alchemistische Erlebnisse nichts Ungewohntes oder Unbekanntes. Inhaltlich aber gehören sie wohl zu den bedeutsamsten Selbstbekenntnissen, die uns Alchemisten hinterlassen haben.

Ich will hier nur den Text der ersten Vision anführen, die ich a. a. O. ausführlich besprochen habe[9]:

«Und indem ich dies sprach, schlief ich ein, und ich sah einen Opferpriester vor mir stehen oben auf einem Altar, der die Form einer flachen Schale hatte. Daselbst hatte der Altar fünfzehn Stufen, um hinaufzusteigen. Daselbst stand der Priester und ich hörte, wie eine Stimme von oben zu mir sagte: ‹Siehe ich habe vollendet den Abstieg über die fünfzehn Stufen der Finsternis und ich habe vollendet den Aufstieg über die Stufen des Lichtes. Und der mich erneuert, das ist der Priester, indem er die Dichtigkeit des Körpers wegwarf, und mit zwingender Notwendigkeit bin ich geheiligt und stehe nun in der Vollendung als Geist da.› Und ich vernahm die Stimme dessen, der auf dem Altar stand und ich fragte: ich will von ihm erfahren, wer er sei. Er aber antwortete mir mit feiner Stimme und sprach: ‹Ich bin Ion, der Priester der innersten verborgenen Heiligtümer, und ich unterziehe mich einer unerträglichen Qual. Denn es kam einer um die Morgenfrühe in eilendem Laufe, der überwältigte mich und durchbohrte mich mit dem Schwert und zerteilte mich, doch so, daß die Reihenfolge meiner Glieder harmonisch gewahrt blieb. Und er zog die Haut meines Kopfes ab mit dem Schwert, das von ihm mit Macht gehandhabt wurde, und er fügte die Knochen mit den Fleischstücken zusammen und verbrannte das Ganze mit eigener Hand auf dem Feuer, bis ich wahrnahm, wie ich verwandelt und zu Geist wurde. Und dieses ist meine unerträgliche Qual.› Und wie er mir dies noch erklärte, und ich ihn mit Gewalt zwang, mir Rede zu stehen, da geschah es, daß seine Augen wurden wie Blut. Und er spie all sein eigenes Fleisch aus. Und ich sah, wie er sich in ein Männlein[10] verwandelte, das einen Teil seiner selbst verloren hat (ein verstümmeltes oder verkürztes Männlein). Und mit seinen eigenen Zähnen zerfleischte er sich und sank in sich zusammen.»

Im Verlaufe der Visionen tritt der Hiereus in verschiedenen Formen auf. Er ist zunächst gespalten in *Hiereus* und *Hierourgon* (welcher mit der *Ausführung* der Opfer betraut ist). Diese Gestalten vermsichen sich aber insofern, als beide die gleichen Schicksale erleiden. Der Opferpriester unterzieht sich *freiwillig* der Qual und gibt sich selber der Verwandlung hin. Er wird aber auch vom Opferer *geopfert,* indem er *mit dem Schwert durchbohrt* oder *enthauptet* wird. Er wird auch *zerstückelt in ritueller Weise*[11]. Das deipnon besteht darin, daß er sich mit den eigenen Zähnen zerreißt und *sich selber auffrißt.* Die thysia besteht darin, daß er als Opferfleisch auf dem Altare verbrannt wird.

Er ist der *Hiereus,* insofern er die Gewalt über den ganzen Opferritus hat und über die Menschen, die ebenfalls in der thysia verwandelt werden. Er nennt sich einen *Wächter der Geister.* Er wird auch als «eherner Mann» und als ξυρουργός (Barbier) bezeichnet. Die Bezeichnung «eherner» oder «Blei»-Mann weist auf Metall- respective Planetengeister als handelnde Figuren des Opferdramas hin. Es steht zu vermuten, daß es πάρεδροι sind, die magisch herbeigezwungen würden, was aus der Bemerkung des ZOSIMOS, er habe den Priester «mit Gewalt gezwungen», ihm Rede zu stehen, zu entnehmen sein dürfte. Die Planetengeister sind nichts anderes als die ursprünglichen olympischen Götter, welche erst im 18. christlichen Jahrhundert als Metallseelen ihr Leben aushauchten respektive verwandelten, indem sich eben in diesem Jahrhundert das Heidentum (in der französischen Aufklärung) zum ersten Male wieder offen erhob.

Schon merkwürdiger ist die Bezeichnung «Barbier»[12], denn von einer Scherung ist nirgends die Rede; wohl aber von einer *Skalpierung,* welche in unserem Zusammenhang wohl in nächster Beziehung zu antiken Abhäutungsriten und deren magischer Bedeutung stehen dürfte[13]. Ich erwähne z. B. die Abhäutung des Marsyas, welcher eine unverkennbare Parallelfigur zum Sohngeliebten der Kybele, nämlich zu Attis, dem sterbenden und wiedererstehenden Gott, ist. Ein alter attischer Fruchtbarkeitsritus ist das Abhäuten, Ausstopfen und Wiederaufstellen eines Ochsen. Schon durch HERODOT (IV, 60) wurden verschiedene skythische Abhäutungsgebräuche, speziell auch Skalpierungen, bekannt. Die Abhäutungsriten haben im allgemeinen die Bedeutung einer *Wandlung* aus einem schlechteren in einen besseren Zustand, daher der Erneuerung und der Wiedergeburt. Die besten Beispiele dafür liefert wohl die altmexikanische Religion[14]. Zur Erneuerung der Mondgöttin z. B. wurde eine Frau *geköpft* und ihr die Haut *abgezogen,* worauf ein Mann sich diese Haut umlegte und damit die wiedererstandene Göttin darstellte. Das Vorbild dieser Erneuerung ist wohl die jährliche Häutung der Schlangen. Die in unserem Fall auf den Kopf beschränkte Hautabziehung könnte sich sehr wohl durch den Grundgedanken der Vision, nämlich den der *geistigen* Wandlung erklären. Mit der Weihung, d. h. mit der geistigen Wandlung oder Initiation, ist das Scheren des Haupthaares seit alters verknüpft. Die Isispriester hatten kahlgeschorene Schädel, und die Tonsur ist bekanntlich noch bis auf den heutigen Tag gebräuchlich. Dieses «Symptom» der Wandlung dürfte sich aus dem altertümlichen Gedanken erklären, daß der Gewandelte ein *neugeborenes Kind* (Neophyt, Quasimodogenitus) mit noch kahlem Kopfe sei. Im primitiven Heldenmythus verliert der Held während der Inkubation, d.h. während des Aufenthaltes im Bauche des Monstrums, sämtliche Haare infolge der dort herrschenden Hitze («Bruthitze»!)[15]. Der auf diesen Urvorstellungen basierende Tonsurbrauch setzt selbstverständlich die Anwesenheit des rituellen Barbiers[16] voraus. Merkwürdigerweise begegnen wir dem Barbier auch in jenem anderen alchemistischen «Mysterium», nämlich der *«Chymischen Hochzeit»*[17] von 1616. Dort wird der Held beim Eintritt in das geheimnisvolle Schloß von unsichtbaren Barbieren überfallen, und es wird ihm etwas wie eine Tonsur angeschoren[18]. Auch hier begleitet die Scherung sinngemäß die Initiation und den *Wandlungsprozeß* überhaupt[19].

Im Verlaufe der Visionen findet sich noch die besondere Version von einem *Drachen,* welcher in gleicher Weise getötet und geopfert wird wie der Priester. Ersterer ist daher wohl ein Äquivalent des Priesters. Man denkt dabei unwillkürlich an jene nicht selten (auch außerhalb der Alchemie) vorkommenden mittelalterlichen Darstellungen, wo am Kreuze statt Christus die *Schlange* hängt (s. die Vergleichung Christi mit der Schlange des Moses in Joh. 3,14).

Eine erwähnenswerte Kennzeichnung des Priesters ist die des Bleihomunculus, der nichts anderes ist als der Bleigeist respektive der Planetengeist Saturn. Zur Zeit des ZOSIMOS nun galt Saturn als der *Judengott,* vermutlich wegen der *Sabbatheiligung* (Samstag = Saturnstag[20]) und auch wegen der gnostischen Parallelisierung mit dem obersten Archon Jaldabaoth («Kind des Chaos»), der als λεοντοειδής mit Baal, Kronos und Saturn in eine Reihe gehört[21]. Die spätere arabische Bezeichnung des ZOSIMOS als Al-'Jbri (Hebräer) beweist allerdings nicht, daß er selber ein Jude gewesen ist. Aber es geht aus seinen Schriften mit Sicherheit hervor, daß er gewisse Kenntnisse jüdischer Traditionen gehabt hat[22]. Die Parallele Judengott–Saturn ist für die alchemistische Auffassung der Verwandlung Gottes vom Alten ins Neue Testament sehr wichtig. Dem Saturn als äußerstem Planeten, als oberstem Archon (die Harraniter nennen ihn «Primas»), als demiurgischem Jaldabaoth, kommt natürlich eine große Bedeutung zu[23], indem er recht eigentlich jener spiritus niger ist, der in der Dunkelheit der Materie gefangen liegt. Er ist jener Gott oder Gottesteil, der von seiner eigenen Schöpfung verschlungen wurde. Er ist der dunkle

Gott, welcher im Mysterium der alchemistischen Wandlung wieder in seinen ursprünglichen, lichten Zustand zurückkehrt. Die *Aurora Consurgens* (Pars I) sagt: «Wohl dem Menschen, der diese Wissenschaft findet und dem die Klugheit Saturns zufließt[24].»

Der späteren Alchemie ist neben der Drachentötung auch eine Löwentötung bekannt, wenigstens in der Form, daß dem Löwen die vier Pfoten abgehauen werden. Ebenso frißt sich der Löwe, wie der Drache, selber auf[25]. Er ist daher wohl nichts anderes als eine Variante des Drachen.

Die allgemeine Absicht des Wandlungsprozesses wird in der Vision selber als Vergeistigung des Opferpriesters angegeben: er soll zum Pneuma werden. Es heißt auch, er wolle «die Körper in *Blut verwandeln,* die Augen sehend und die *Toten auferstehen* machen». In einer Art Glorifikationsszene erscheint er als *weißglänzend* und als *Mittagssonne.*

Aus dem Verlaufe der Visionen ist ohne weiteres ersichtlich, daß Opferer und Geopfertes eines und dasselbe Wesen sind. Dieser Gedanke der Einheit der prima und ultima materia, des Lösenden und des zu Lösenden, durchdringt die ganze Alchemie von Anfang bis Ende. «Eines ist der Stein, eines das Heilmittel, eines das Gefäß, eines das Verfahren und eines die Anordnung[26]», ist die Schlüsselform für die alchemistische Rätselsprache. In der griechischen Alchemie drückt sich derselbe Gedanke in der Formel aus: ἓν τὸ πᾶν. Ihr Symbol ist der Ouroboros, der sich selber verschlingt. In unserer Vision ist es der Priester, welcher als Opferer sich selber, als das Geopferte, verschlingt. Diese Selbstverschlingung klingt auch im Gedanken des ST. CHRYSOSTOMUS an, daß nämlich Christus in der Eucharistie sein eigenes Blut trinke. Man darf ergänzend beifügen, daß er ebensowohl sein eigenes Fleisch esse. Die grausige Art des Essens im Traum des ZOSIMOS erinnert an die orgiastischen Mahlzeiten, respektive an die Zerfleischung der Opfertiere im Dionysoskult. Diese Tiere stellen den von den Titanen zerrissenen Dionysos-Zagreus selber dar, aus dessen Zerstückelung ja bekanntlich der νέος Διόνυσος hervorgeht[27].

Wir hören von ZOSIMOS, daß die Vision die «Herstellung der Wasser» darstelle oder erkläre[28]. Die Visionen selber zeigen nur die Verwandlung in das Pneuma. Pneuma und Wasser sind jedoch in der Sprache der Alchemisten Synonyma[29], wie auch in der Sprache der frühen Christen, wo das Wasser den *spiritus veritatis* bedeutet. Im *Buche des Krates* heißt es: «Du verflüssigst die Körper, so daß sie sich mischen und eine homogene Flüssigkeit werden; diese nennt sich dann ‹göttliches Wasser›[30].» Die

Stelle entspricht dem Zosimos-Text, welcher sagt, der Priester wolle «die Körper in Blut verwandeln». «Wasser» und «Blut» sind bei den Alchemisten identisch. Die Wandlung bedeutet die solutio oder liquefactio, die ein Synonym der sublimatio ist, denn «Wasser» ist auch «Feuer». «Denn das Feuer... ist Wasser, und unser Feuer ist Feuer und kein Feuer[31].» Die «Aqua nostra» [unser Wasser] ist «ignea» [feurig][32].

Der «secretus ignis nostrae philosophiae» [das verborgene Feuer unserer Lehre] ist «nostra aqua mystica» [unser mystisches Wasser]. Oder die «aqua permanens» ist die «forma ignea verae aquae»[33]. Die aqua permanens [das bleibende Wasser] (eben das ὕδωρ θεῖον [göttliche Wasser] der Griechen) bedeutet auch «spiritualis sanguis» [geistiges Blut][34] und wird mit dem Blut und Wasser der Seitenwunde Christi identifiziert. So sagt HEINRICH KHUNRATH vom Wasser: «So wird sich dir eröffnen eine heilsame fluet, welche aus dem Hertzen des Sons der grossen Weld entspringt.» Das ist ein Wasser «daz uns der Sohn der grossen Weld selbst gibt und aus seinem Leib und Hertzen zu einem wahren natürlichen Aqua Vitae herfür röret»[35]. Wie aus dem Opfer Christi ein geistiges Wasser der Gnade und der Wahrheit fließt, so entsteht aus der Opferhandlung der Zosimos-Vision das «göttliche Wasser». Es begegnet uns schon im alten Traktat *Isis an Horus*[36], wo der Engel Amnaël es in einem Gefäß der Prophetin bringt. Insofern ZOSIMOS vielleicht ein Anhänger der Poimandressekte ist, gehört auch der Kratēr, den Gott mit Nous gefüllt und für diejenigen Menschen bestimmt hatte, welche die ἔννοια erlangen sollten, in diesen Zusammenhang[37]. Der *Nous aber ist identisch mit dem Mercurius der Alchemie.* Dies geht schon hervor aus dem OSTANES-Zitat bei ZOSIMOS, wo es heißt: «Gehe zu den Strömungen des Nil, und du wirst dort einen Stein finden, welcher einen Geist hat. Nimm und zerteile ihn, und, deine Hand in das Innere streckend, nimm sein Herz heraus, denn seine Seele ist in seinem Herzen.» ZOSIMOS, dieses Zitat kommentierend, sagt, daß das «Geisthaben» ein figürlicher Ausdruck für die Exhydrargyrosis, nämlich für die Austreibung des Quecksilbers sei[38].

In den ersten nachchristlichen Jahrhunderten wurden die Worte Nous und Pneuma promiscue gebraucht, so daß leicht eines für das andere stehen konnte. Überdies ist die Beziehung des Mercurius zum Geist eine schon sehr alte astrologische Tatsache. Wie Hermes, so ist auch Mercurius (respektive der Planetengeist Mercur) ein Offenbarungsgott, welcher dem Adepten das Geheimnis der Kunst eröffnet. Im *Liber Platonis*

Quartorum, der, als harranischen Ursprungs, nicht später als das 10. Jahrhundert anzusetzen ist, heißt es von Mercur: «Jener nämlich erschließt mit seinem Geist und Verständnis die verschlossenen Probleme des Werkes[39].» Außerdem ist er die «Seele der Körper», die «anima vitalis»[40]; RULANDUS definiert ihn als «Erde gewordenen Geist»[41]. Mercurius ist ein Geist, der verwandelnd in die Tiefe der Körperwelt dringt. Wie der Nous, so wird auch Mercurius durch die *Schlange* symbolisiert. Bei MICHAEL MAJER ist er der Wegweiser zum irdischen Paradies[42]. Er wird mit Hermes Trismegistos identifiziert[43]. Er wird auch als «Mittler»[44] und als Urmensch, der «hermaphroditische Adam»[45], bezeichnet. Aus zahlreichen Stellen geht hervor, daß der Mercurius sowohl ein *Wasser* als ein *Feuer* ist, welche ihrerseits wiederum die Natur des Geistes kennzeichnen[46].

Die *Tötung durch das Schwert* ist ein Motiv, das in den alchemistischen Traktaten öfters wiederkehrt. Das «philosophische Ei» wird mit dem Schwert zerteilt und der «König» damit durchbohrt. Ebenso wird der Drache damit zerstückelt oder das «corpus», welches als der Leib eines Menschen, dem die Glieder und der Kopf abgehauen sind, dargestellt wurde[47]. Auch dem Löwen werden, wie erwähnt, die Pranken mit dem Schwert abgehauen. Das alchemistische Schwert bewirkt nämlich die solutio oder separatio elementorum, wodurch der chaotische Anfangszustand wiederhergestellt ist, so daß dann durch eine neue «impressio formae» oder «imaginatio» ein neuer, vollkommenerer Körper hervorgebracht werden kann. Dem Schwert kommt daher die Bedeutung des «occidit et vivificat» zu, welches auch von der aqua permanens sive mercurialis ausgesagt wird. Mercurius ist der Lebendigmacher sowohl wie der Zerstörer der alten Form. Das Schwert, das in der kirchlichen Symbolik vom Munde des apokalyptischen Menschensohnes ausgeht, ist nach Hebr. 4,12 der Logos, das Verbum Dei, also Christus selber. Diese Analogie kam der Phantasie der Alchemisten, die stets nach Ausdruck rangen, natürlich gelegen. Der Mercurius war ja ihr Mediator und Salvator, ihr Filius Macrocosmi (im Gegensatz zu Christus als dem Filius Microcosmi)[48], der Löser und Zertrenner. Auch Mercurius ist das Schwert, denn er ist ein «durchdringender Geist» («penetrabilior ancipiti gladio»). So sagt ein Alchemist des 16. Jahrhunderts, GERHARD DORN, daß in unserer Welt das Schwert in Christus, unseren Erretter, verwandelt worden sei, worüber er folgendes ausführt:

«Lange nach dem Fall Adams ging der Deus Optimus Maximus ins Innerste seiner Geheimnisse, in welchem er, wegen des Erbarmens der Liebe und der Anklage der Gerechtigkeit, beschloß, dem Engel das Schwert des Zornes aus der Hand zu nehmen, und an dessen Stelle setzte er den goldenen, dreizackigen Angelhaken, nachdem er das Schwert an den Baum gehängt hatte; und so wandelte sich die Art Gottes in Liebe um... Als sich so Friede und Gerechtigkeit geeinigt, floß reichlicher von oben das Wasser der Gnade, die ganze Welt jetzt benetzend[49].»

Diese Stelle, die sich bei einem RABANUS MAURUS oder HONORIUS VON AUTUN finden könnte und diesen Autoren nicht zur Unehre gereichen würde, findet sich aber in einem Zusammenhang, welcher versteckte alchemistische Geheimlehre deutlich macht, nämlich in einem Colloquium zwischen Animus, Anima und Corpus. Es ist *Sophia,* nämlich die Sapientia, Scientia oder Philosophia des Alchemisten, «de cuius fonte scaturiunt aquae» [aus deren Quelle die Wasser sprudeln]. Diese Weisheit ist der in der Materie gebundene und verborgene Nous [Geist], der «serpens mercurialis» [Merkurschlange] oder das «humidum radicale» [wurzelhafte Feuchte], das in Form des «viventis aquae fluvius de montis apice» [Strom lebendigen Wassers vom Gipfel des Berges] zutage tritt[50]. Das ist das Wasser der Gnade, die aqua permanens und divina [das ewige und göttliche Wasser], welches «die ganze Welt jetzt benetzt». Die Wandlung Gottes, anscheinend diejenige vom Alten ins Neue Testament, ist in Wirklichkeit die des Deus absconditus [verborgenen Gottes], d.h. der «Natura abscondita» in die «Medicina catholica» [Allheilmittel] der alchemistischen Weisheit[51].

Die zertrennende und scheidende Funktion des Schwertes, welche gerade in der Alchemie eine bedeutende Rolle spielt, hat ihre Präfiguration in dem *flammenden Schwert des Engels,* welches die ersten Eltern vom Paradiese *trennt,* wie aus der oben zitierten DORNEUS-Stelle hervorgeht (angelo gladium irae eripere!). Das Trennen durch das Schwert finden wir auch in der ophitischen Gnosis. Der irdische Kosmos ist von einem Feuerkreis umgeben, welcher zugleich das Paradies enthält. Paradies und Feuerkreis aber sind durch «das flammende Schwert» getrennt[52]. Eine wichtige Deutung des flammenden Schwertes findet sich bei SIMON MAGUS[53]. Es gibt ein Inkorruptibles, das in jedermann potentiell vorhanden ist; es ist das Pneuma Gottes, «welches oben und unten steht im Strom des Wassers». Von diesem sagt SIMON: «Ich und Du, Du vor mir.

Ich, der nach Dir ist.» Es ist eine Kraft, «die sich selbst erzeugt, die sich selbst wachsen macht, sie ist ihre eigene Mutter, Schwester, Braut, Tochter, ihr eigener Sohn, Mutter, Vater, eine Einheit, eine Wurzel des Ganzen». Sie ist als Seinsgrund die *Begierde zur Zeugung,* welche aus dem *Feuer* stammt. Das Feuer steht mit dem Blut in Beziehung, welches «warm und rötlich wie das Feuer gestaltet ist». Das Blut wandelt sich im Mann in Samen, bei der Frau in Milch. Diese Verwandlung ist «*das flammende Schwert, das sich wandelte,* um den Weg des *Baumes des Lebens* zu bewachen»[54]. Das Prinzip in Samen und Milch wandelt sich zu Vater und Mutter. Der Baum des Lebens wird durch das sich verwandelnde flammende Schwert bewacht. Das ist die siebente Kraft, die aus sich selbst entsteht. «Wenn nämlich das flammende Schwert sich nicht verwandelte, würde jenes schöne Holz vernichtet werden und zugrunde gehen; wenn es sich aber verwandelt in Samen und Milch, wird einer, der gerade der Möglichkeit nach in diesem ruht, wenn der Logos hinzukommt, und der Ort des Herrn, in dem der Logos gezeugt wird, anschwellen zu voller Größe, anfangend vom kleinsten Funken, und wachsen und wird sein unbegrenzte, unveränderliche Kraft, gleich und ähnlich einem unwandelbaren Äon, der nicht mehr ins Werden eintritt bis in unbegrenzte Ewigkeit[55].» Aus diesen merkwürdigen Äußerungen HIPPOLYTS über die Lehre SIMONS geht eines mit Deutlichkeit hervor, daß nämlich das Schwert noch viel mehr als bloß das Instrument der Scheidung bedeutet. Es ist auch selber die Kraft, die sich wandelt, und zwar vom Kleinsten ins Größte, aus dem Wasser, Feuer und Blut bis zum unbegrenzten Äon. Es handelt sich um eine Wandlung des Lebensgeistes im Menschen bis zur göttlichen Gestalt. Das Naturwesen im Menschen wird zu Pneuma, wie es in der Zosimosvision heißt. Die Beschreibung des schöpferischen Pneumas, der eigentlichen Wandlungssubstanz, bei SIMON entspricht genau und in jeder Einzelheit derjenigen des *Ouroboros,* des serpens mercurialis der Lateiner. Auch *er* ist Vater, Mutter, Sohn und Tocher, Bruder und Schwester von «frühester Zeit bis zum Ende der Alchemie»[56]. Der Ouroboros ist sein eigener Erzeuger und Opferer und sein eigenes Opferinstrument, denn er ist ein Symbol des tödlichen und lebendigmachenden Wassers[57].

Die Ideen SIMONS werfen aber auch ein besonderes Licht auf die oben zitierte Stelle bei DORNEUS, wo sich das Schwert des Zornes bis zur Gottheit in Christo selber wandelt. Wären die Philosophoumena des HIPPO-

LYT nicht erst im 19. Jahrhundert auf dem Berg Athos entdeckt worden, so müßte man beinahe vermuten, daß DORNEUS sie benützt hätte. Es gibt jedoch noch andere Symbole in der Alchemie, bei denen man im Zweifel ist, ob ihre Herkunft direkter Tradition oder dem Studium der Häresiologen oder spontaner Wiederentstehung zuzuschreiben ist[58].

Das Schwert als «eigenes» Opferinstrument findet sich später in dem alten Traktat *Consilium Coniugii de Massa Solis et Lunae* wieder: «Beide müssen mit ihrem *eigenen Schwert* getötet werden[59].» («Beide» bezieht sich auf Sol und Luna.) In dem noch älteren, vielleicht dem 11. Jahrhundert angehörigen *Tractatus Micreris*[60] begegnen wir in einem OSTANES-Zitat dem «feurigen Schwert»: «Der große Astanus (Ostanes) sagt: Nimm ein Ei, durchstoße es mit dem feurigen Schwert und trenne seine Seele vom Körper[61].» Das Schwert erscheint hier als das, was Körper und Seele voneinander scheidet. Diese Trennung entspricht derjenigen zwischen Himmel und Erde, Feuerkreis und Paradies, Paradies und den ersten Eltern. In den *Allegoriae Sapientum supra Librum Turbae,* einem ebenfalls alten Traktat, finden wir sogar den ganzen Opferritus wieder: «Nimm das Geflügelte und hau ihm mit feurigem Schwert den Kopf ab, dann entblöße es von Federn und trenne die Glieder und koche über einem Kohlenfeuer, bis die eine Farbe entsteht[62].» Hier handelt es sich um eine Enthauptung mit dem feurigen Schwert, sodann um eine «Scherung», in diesem Fall allerdings eine «Rupfung», und schließlich um eine Kochung. Der Hahn, um den es sich hier wahrscheinlich handelt, ist einfach als «volatile», Geflügeltes, bezeichnet, was regelmäßig einen «spiritus» bedeutet, aber offenbar einen noch naturhaft imperfekten, welcher der Verbesserung bedürftig ist. In einem anderen, ebenfalls alten Traktat, der ähnlich als *Allegoriae super Librum Turbae*[63] bezeichnet ist, finden wir die zu unserer Stelle ergänzenden Varianten: «Töte die Mutter (materia prima), ihr Hände und Füße abschneidend[64].» «Nimm die Viper, hau ihr Kopf und Schwanz ab[65].» «Nimm den Hahn, beraub ihn lebend der Federn[66].» «Nimm den Menschen, schere ihn und zieh ihn über den Stein [d.h. trockne ihn auf einem heißen Stein][67].» «Nimm das Glas mit Bräutigam und Braut und wirf sie in den Ofen und lasse sie während dreier Tage rösten, und dann werden zwei in einem Körper sein[68].» «Nimm jenen weißen Mann aus dem Gefäß[69]...»

Man darf die Vermutung aussprechen, daß diese Rezepte wohl alte Opfervorschriften zu magischen Zwecken sind, nicht unähnlich denjenigen der griechischen Zauberpapyri[70]. Ich erwähne z. B. das Rezept aus dem *Papyrus Mimaut,* Z. 2ff.: «Nimm einen Kater und mach ihn zum Osiris (ἀποθέωσις = Opferung), (indem du) seinen Körper ins Wasser (steckst). Und wenn du das Ersticken vornimmst, sprich in seinen Rükken.» Ein anderes Beispiel aus dem gleichen Papyrus (Z. 425): «Nimm einen Wiedehopf, reiß sein Herz heraus, durchbohr es mit einem Rohr und zerstückle das Herz und wirf es in attischen Honig...»

Solche Opfer wurden in Wirklichkeit gebracht zur Beschwörung des Paredros, des spiritus familiaris. (Mephisto ist der familiaris des Faust!) Daß dies auch bei den Alchemisten geschah, oder mindestens angeraten wurde, geht hervor aus dem *Liber Platonis Quartorum*[71], wo von den «oblationes et sacrificia», welche dem Planetengeist gebracht werden, die Rede ist. Auf noch tiefere Gründe könnte eine andere Stelle weisen. Es wird dort betont, daß das Gefäß rund sein müsse, «zur Nachahmung des Oberen und Unteren». Der artifex wird als «Veränderer des Firmamentes und der Hirnschale» (testae capitis) bezeichnet. Das «Runde» ist eine «einfache Sache», deren man beim Werke bedarf. Es wird aus «der Hirnschale» projiziert, «nämlich dem Hauptelement des Menschen»[72].

Man fragt sich, wie wörtlich diese Vorschrift zu nehmen sei. In dieser Hinsicht nun ist ein Bericht der harranischen *Ghâya al-hakîm* sehr aufschlußreich:

Der jakobitische Patriarch Dionysius I. erzählt, daß im Jahre 765 ein Mann, der als Opfer bestimmt war, erschreckt durch den Anblick des blutigen Kopfes seines Vorgängers, sich geflüchtet und die Priester von Harran bei Abbâs, dem Präfekten von Mesopotamien, verklagt habe. Sie seien darauf schwer bestraft worden. Der Khalif Mamûn soll 830 zu den harranischen Gesandten gesagt haben: «Ihr seid ohne Zweifel jene Leute des Kopfes, mit denen mein Vater Raschîd zu tun hatte.» – Aus der *Ghâja* erfahren wir nun folgendes: Ein Mann mit blonden Haaren und dunkelblauen Augen wird in ein Tempelgemach gelockt, wo er in einen Behälter, gefüllt mit Sesamöl, gesteckt wird. Er wird so in das Gefäß eingeschlossen, daß nur noch der Kopf herausschaut. Darin bleibt er 40 Tage lang und wird während dieser Zeit nur mit Feigen, die in Sesamöl eingeweicht sind, ernährt. Wasser erhält er keines. Durch diese Prozedur werde der Körper so mazeriert, daß er weich wie Wachs werde. Der Gefangene wird öfters beweihräuchert, und es werden magische Formeln über ihn ausgesprochen. Schließlich wird ihm der Kopf am ersten Halswirbel abgerissen, während der Körper im Öl bleibt. Dann wird der Kopf in einer Nische auf einen Aschenhaufen von verbrannten Oliven gesetzt und mit Baumwolle umgeben. Er wird wiederum beweihräuchert und gebe dann Offenbarungen über Teuerung oder gute Ernte, über den Wechsel der Dynastien und über zukünftige Ereignisse. Seine Augen können sehen, aber die Lider können sich nicht mehr bewegen. Der Kopf offenbare ihnen auch ihre inneren Gedanken. Auch würden wissenschaftliche und das Handwerk betreffende Fragen an ihn gestellt[73].

Wenn auch die Möglichkeit besteht, daß in späterer Zeit eine künstliche Attrappe den wirklichen Kopf ersetzte, so scheint die Idee dieser Zeremonie, besonders im Zusammenhang mit der oben zitierten Stelle des *Liber Quartorum,* doch auf ein ursprüngliches Menschenopfer hinzuweisen. Die Vorstellung eines geheimnisvollen Kopfes ist aber wohl älter als die Schule von Harran. Schon bei ZOSIMOS begegnen wir der Bezeichnung der Philosophen als «Kinder des goldenen Kopfes», ebenso dem sogenannten runden Element, das ZOSIMOS als Ω (omega) bezeichnet. Dieses Symbol dürfte als Kopf gedeutet werden, da auch der *Liber Quartorum* das runde Gefäß mit dem Kopf in Verbindung bringt. Überdies erwähnt ZOSIMOS mehrfach den «allerweißesten Stein, der im Kopf ist» (τὸν πάνυ λευκότατον λίθον τὸν ἐγκέφαλον)[74]. Wahrscheinlich gehen diese Ideen ursprünglich auf das abgetrennte *Haupt des Osiris* zurück, welches das Meer überquerte und darum wohl mit der Auferstehung in Zusammenhang gebracht wurde. In der späteren Alchemie spielt das «Haupt des Osiris» ebenfalls eine Rolle.

In diesem Zusammenhang ist die Legende, die über GERBERT VON REIMS (†1003), den nachmaligen Papst Sylvester II., im Schwange war, erwähnenswert: Er soll einen *goldenen Kopf* besessen haben, der ihm Orakel erteilte. GERBERT war einer der größten Gelehrten seiner Zeit und bekannt als Vermittler arabischer Wissenschaft[75]. Sollte vielleicht die Übersetzung des *Liber Quartorum,* der harranischen Ursprungs ist, auf diesen Autor zurückgehen? Leider besteht wenig Aussicht, diesen Nachweis erbringen zu können.

Der harranische Orakelkopf dürfte, wie schon von anderer Seite vermutet wurde, mit dem altjüdischen *Teraphim* zusammenhängen. Die rabbinische Tradition hält den Teraphim ursprünglich entweder für einen abgehauenen Menschenkopf bzw. Schädel oder für einen künstlichen Kopf[76]. Man hatte die Teraphim im Hause als eine Art von Penaten (eine Mehrzahl wie die Laren und Kabiren). Die Idee, daß sie Köpfe gewesen seien, bezieht sich auf 1 Sam. 19,13, wo geschildert ist, wie Michal, Davids Weib, den Teraphim in Davids Bett legt, um die Boten Sauls zu täuschen: «Dann nahm Michal den Teraphim und legte ihn auf das Bett, das Geflecht von Ziegenhaaren aber legte sie zu seinen Häupten und deckte ihn mit der Decke zu.» Das «Geflecht von Ziegenhaaren» ist sprachlich dunkel und hat sogar zur Deutung der Teraphim als «Böcke» Anlaß gegeben. Man dürfte aber hier vielleicht eher an eine Perücke denken, was zum Bilde eines im Bette liegenden Mannes besser passen würde. Hierfür gibt es auch noch einen anderen Grund, der in einer Legende angedeutet ist. Letztere stammt aus einer Midraschsammlung des 12. Jahrhunderts und ist abgedruckt in M. I. BIN GORION: *Die Sagen der Juden.* Es heißt hier: «Die *Teraphim,* das waren Götzen, die man auf folgende Weise herstellte. Man hieb einem Menschen, der ein Erstgeborener sein mußte, den Kopf ab und rupfte ihm die Haare aus. Der Kopf wurde darauf mit Salz bestreut und mit Öl gesalbt. Alsdann nahm man eine kleine Tafel in Kupfer oder Gold, schrieb darauf den Namen eines Abgottes und steckte sie unter die Zunge des abgehauenen Kopfes. Der Kopf wurde in einem Gemach aufgestellt, man zündete Kerzen vor ihm an und bückte sich vor ihm. Und es geschah, daß der Kopf, wenn man vor ihm niederfiel, zu sprechen anfing und alle Fragen beantwortete, die man an ihn richtete[77].»

Es handelt sich offensichtlich um eine Parallele zum harranischen Kopfritus. Das Ausreißen der Haare scheint bedeutsam zu sein, denn es ist Äquivalent der Skalpierung oder Scherung und damit des Wiedergeburtsmysteriums. Es ist nicht undenkbar, daß der kahle Schädel später mit einer Perücke bedeckt wurde anläßlich eines Erneuerungsritus, wie es auch von Ägypten berichtet wird.

Es besteht eine gewisse Wahrscheinlichkeit dafür, daß diese magische Prozedur *primitiven Ursprungs* ist. Ich verdanke dem südafrikanischen Schriftsteller LAURENS VAN DER POST folgenden Tatsachenbericht:

Der Stamm, um den es sich handelt, ist ein Zweig der großen Swazi-Nation, einem Bantuvolk. Als vor einigen Jahren der alte Häuptling starb, folgte ihm sein Sohn, ein junger Mann von schwachem Charakter. Er erwies sich bald als dermaßen unfähig, daß seine Oheime eine Versammlung der Stammesältesten einberiefen. Sie faßten den Beschluß, daß etwas geschehen müsse, um ihren Häuptling stärker zu machen, und zu diesem Zwecke konsultierten sie die Medizinmänner des Stammes. Diese behandelten ihn mit «Medizin». Die «Behandlung» blieb aber erfolglos. Eine zweite Versammlung fand statt, und bei dieser beschlossen die Ältesten, daß von den Medizinmännern die Anwendung der allerstärksten Medizin für den Häuptling verlangt werde, weil die politische Situation allmählich kritisch wurde und Prestige sowohl wie Autorität des Herrschers rasch dahinschwanden.

Infolge des Beschlusses wurde ein Halbbruder des Häuptlings, ein zwölfjähriger Junge, ausgewählt, um als Ausgangsmaterial für die «Medizin» zu dienen. Eines Nachmittags begab sich der Zauberer auf die Weide, wo der Junge Vieh hütete, und verwickelte ihn in ein Gespräch. Dann schüttete er sich aus einem Horn ein Pulver in die Hand und blies es mittels eines Schilfrohres dem Jungen in die Ohren und in die Nase. Ein Augenzeuge erzählte mir, daß darauf der Junge wie ein Betrunkener zu schwanken anfing und schließlich zu Boden fiel, wobei Schauer seinen Körper überliefen. Er wurde darauf zum Fluß hinuntergetragen und dort an eine Baumwurzel gebunden. Seine Umgebung wurde mit demselben Pulver bestreut, wobei der Zauberer sagte: «Dieser Mensch will weiter keine Nahrung mehr essen, sondern nur Erde und Wurzeln.» Der Junge blieb von da an neun Monate lang im Flußbett. Einige Leute sagten, daß man einen Käfig gebaut habe, der mit dem Jungen darin stundenlang in den Fluß getaucht wurde, so daß das Wasser über ihn fließen und ihn weiß machen sollte. Andere berichteten, daß man ihn im Flußbett auf allen Vieren habe herumkriechen sehen. Obschon nur hundert Yards von dieser Stelle entfernt sich eine Missionsschule befand, waren die Leute doch dermaßen mit Furcht erfüllt, daß niemand außer den mit der Ausführung des Ritus Betrauten es wagte, sich dem Jungen zu nähern. Alle waren sich darüber einig, daß am Ende der neun Monate dieser wohlgenährte und gesunde Junge wie ein Tier und seine Haut weiß geworden sei. Eine Frau sagte: «Seine Augen waren weiß und sein Körper so weiß wie weißes Papier.» Als sich der Zeitpunkt näherte, an dem der Junge getötet werden sollte, wurde ein alter Medizinmann in den Häuptlingskraal gerufen und aufgefordert, die Stammgeister zu konsultieren. Um dies zu tun, begab er sich in den Viehkraal und unterhielt sich dort mit den Geistern. Er wählte darauf ein Tier zum Schlachten aus, und nachdem dieses geschlachtet war, begab er sich wieder in die Hütte des Häuptlings. Dort wurden ihm Körperteile des (unterdessen getöteten)

Jungen übergeben: zuerst die Hand in einem Sack und dann ein Daumen und eine Zehe. Er schnitt nun die Nase, die Ohren und die Lippen (des Toten) ab, versetzte sie mit «Medizin» und kochte das Ganze über einem Feuer in einem zerbrochenen Tontopf. Er steckte je einen Speer zu beiden Seiten des Topfes in die Erde. Dann bückten sich die zwölf anwesenden Personen einschließlich des Häuptlings über den Topf und atmeten mit tiefen Zügen den Dampf ein, tauchten die Finger in die Brühe und leckten sie ab. Alle taten dies, mit Ausnahme der Mutter des Jungen, welche auch anwesend war. Sie inhalierte zwar, aber weigerte sich, die Finger in den Topf zu tauchen. Aus dem Rest des Körpers stellte der Medizinmann eine Art von sogenanntem Brot her, womit die Ernte des Stammes behandelt werden sollte.

Dieser Zauberritus, obschon er kein eigentliches Kopfmysterium darstellt, hat verschiedenes gemeinsam mit den vorher behandelten Praktiken: Der Körper wird durch langanhaltendes Eintauchen mazeriert bzw. verwandelt. Das Opfer wird getötet. Wichtige Teile des Kopfes bilden ein Hauptingrediens der «starkmachenden» Medizin, welche für den Häuptling und seine unmittelbare Umgebung bestimmt ist. Der Körper wird zu einer Art symbolischen «Brotes» verarbeitet, welches offenbar auch als «starkmachende Medizin» für die Nährpflanzen des Stammes gedacht ist. Der Ritus ist ein Wandlungsvorgang, bzw. eine Art von Wiedergeburt nach neunmonatiger Inkubation im Wasser. LAURENS VAN DER POST ist der Ansicht, daß die «Weißung»[78] zum Zwecke der Angleichung an den weißen Mann geschieht, der die politische Macht besitzt. Ich stimme dieser Auffassung bei mit der Anmerkung, daß Bemalung mit weißem Ton vielerorts die Verwandlung in (Ahnen-)Geister bedeutet, ähnlich der Unsichtbarmachung der Neophyten im Nandigebiet, wo sie in tragbaren, konischen Grashütten umhergehen und damit ihre Unsichtbarkeit bekunden.

Der Schädelkult ist eine weitverbreitete primitive Angelegenheit. In Melanesien und Polynesien sind es hauptsächlich die Ahnenschädel, welche die Beziehung zu den Geistern vermitteln oder als Palladien dienen, wie z.B. auch das Haupt des Osiris in Ägypten. Unter den Heiligenreliquien spielen die Schädel ebenfalls eine beträchtliche Rolle. Es würde hier zu weit führen, auf den primitiven Schädelkult einzugehen. Ich verweise daher auf die Literatur[79]. Ich möchte nur hervorheben, daß abgeschnittene Ohren, Nasen und Mund als pars pro toto den Kopf vertreten können, wofür viele Beispiele bekannt sind. Ebenso dienen der Kopf oder Teile desselben (Gehirn!) als magisch wirksame Speise oder als Mittel zur Erhöhung der Ackerfruchtbarkeit.

Es ist besonders für die alchemistische Tradition von Bedeutung, daß auch in Griechenland der Orakelkopf bekannt war. So berichtet AELIAN[80], daß Kleomenes von Sparta den Kopf seines Freundes Archonides in einem Topf mit Honig aufbewahrte und denselben als Orakel befragte. Dasselbe wurde auch vom Haupte des Orpheus behauptet[81]. Sehr richtig weist ONIANS darauf hin, daß jene ψυχή, deren Sitz im Kopfe war, dem modernen «Unbewußten» entspricht, und zwar auf jener Stufe, auf der das Bewußtsein mit θυμός und φρένες in der Brust bzw. Herzregion lokalisiert war. Darum ist PINDARS Ausdruck für die Seele «αἰῶνος εἴδωλον» (Bild des Äon) so ungemein bezeichnend, denn das kollektive Unbewußte erteilt nicht nur «Orakel», sondern stellt auch seit jeher den Mikrokosmos dar.

Es bestehen wohl keine Hinweise dafür, welches die Quelle der Zosimos-Visionen gewesen ist. Es scheint sich teils um Traditionen, teils um spontane Phantasiebildungen zu handeln, welch letztere aber aus denselben archetypischen Grundlagen hervorgehen, aus denen schon erstere entstanden sind. Wie meine Beispiele zeigen, steht der Symbolgehalt der an sich seltsamen Visionen des ZOSIMOS keineswegs vereinzelt da, sondern ist innigst verwoben sowohl mit älteren Vorstellungen, die ZOSIMOS teils sicher, teils möglicherweise gekannt hat, als auch mit Parallelen schwer bestimmbaren Alters, welche noch auf viele Jahrhunderte hinaus die Alchemisten beeinflußt haben. Das religiöse Denken der frühchristlichen Jahrhunderte steht nicht außerhalb jeglichen Zusammenhangs mit dem Geiste der Alchemie, sondern es gehen Fäden hinüber und herüber, wie es auch später wieder die Naturphilosophie befruchtete. Gegen das Ende des 16. Jahrhunderts wurde *das alchemistische Opus sogar in Form der Messe dargestellt.* Der Autor dieses Kunststückes ist der ungarische Alchemist MELCHIOR CIBINENSIS. Ich habe diese Parallele schon in anderem Zusammenhang erwähnt und verweise auf meine in der Anmerkung angegebene Schrift[82].

In den Visionen des ZOSIMOS stellt der Hiereus, der zum Pneuma wird, den *Wandlungsprozeß der Natur und das Zusammenspielen der natürlichen Gegensatzkräfte* dar. Die klassische chinesische Philosophie hat diesen Vorgang als das enantiodromische [innergegenläufige] Zusammenwirken von Yang und Yin formuliert[83]. Die eigenartigen Personifikationen und Symbole aber, welche nicht nur für diese Visionen, sondern überhaupt für die Alchemie charakteristisch sind, zeigen nicht nur ebensowohl, sondern sogar in erster Linie, daß es sich dabei um einen psychischen Prozeß handelt, der vorzugsweise im Unbewußten spielt und daher nur durch Traum oder Vision bewußt werden kann. Für die damalige Zeit, wie für noch viele spätere Jahrhunderte, gab es keine Anschauung und keinen Begriff des Unbewußten. Inhalte, die als unbewußt hätten empfunden werden können, waren ins Objekt projiziert, respektive fanden sich als scheinbare Objekte oder Eigenschaften der Natur vor und wurden nicht als innerseelische Ereignisse erkannt. Gerade bei ZOSIMOS liegen nicht wenige Zeugnisse dafür vor, daß er der geistigen oder mystischen Seite seiner philosophischen Kunst durchaus gewahr war. Was er aber erfaßte, war für ihn nicht psychischer Natur, sondern ein Geist, der in den natürlichen Dingen wurzelte und nicht etwa im Grunde der menschlichen Seele.

Die Entgeistung der Natur war der modernen Naturwissenschaft mit ihrer sogenannten objektiven Erkenntnis des Stoffes vorbehalten. Alle anthropomorphen Projektionen wurden eine um die andere aus dem Objekt zurückgezogen, wodurch einerseits die mystische [bzw. unbewußte] Identität des Menschen mit der Natur in bisher unerhörtem Maße beschränkt wurde[84], andererseits aber erfolgte, durch die Zurückziehung der Projektionen in die Seele, eine solche Belebung des Unbewußten, daß die neuere Zeit nicht mehr umhin konnte, die Existenz einer unbewußten Psyche zu postulieren. Hierzu zeigen sich die ersten Ansätze schon bei LEIBNIZ und KANT und dann in rasch ansteigendem Maße bei SCHELLING, CARUS und VON HARTMANN, bis die moderne Psychologie auch noch die letzten metaphysischen Ansprüche der philosophischen Psychologen abstreifte und die Idee der psychischen Existenz auf die psychologische Aussage, d.h. auf die psychologische Phänomenologie beschränkte.

Insofern nun der dramatische Verlauf der Messe das Sterben, die Opferung und Wiedererstehung eines Gottes und die Einbeziehung und Anteilnahme des Priesters und der Kultgemeinde darstellt, kann ihre Phänomenologie wohl in Beziehung zu grundsätzlich ähnlichen, wenn schon primitiven Kultgebräuchen gebracht werden. Man muß es dabei in Kauf nehmen, daß das Gefühl es als unangenehm empfindet, wenn man «Kleines mit Großem vergleicht». Ich möchte aber in Kenntnis der primitiven Seele betonen, daß die «heiligen Schauer» des Kulturmenschen von denen des Primitiven sich nicht wesentlich unterscheiden und daß der im Mysterium gegenwärtige und handelnde Gott für beide ein Geheimnis ist. Wennschon die äußeren Verschiedenheiten so kraß wie möglich sind, so darf darob doch nicht die Ähnlichkeit oder Gleichheit des Sinnes übersehen werden.

IV. Zur Psychologie der Messe

1. ALLGEMEINES ÜBER DAS MESSOPFER

Während ich bei der Darstellung des Wandlungsritus, in Kapitel II, der kirchlichen Interpretation folgte, werde ich diese hier psychologisch als Symbol betrachten. Als Methode bedeutet dieses Verfahren *keine Bewertung der Glaubensinhalte.* Wennschon kritische Wissenschaft an dem Standpunkt festhalten muß, daß ein Meinen, Dafürhalten oder Glauben keinen anderen realen Tatbestand als einen psychologischen setzt, so muß man doch berücksichtigen, daß damit kein bloßes Nichts entstanden ist, sondern es ist vielmehr einer psychischen Wirklichkeit Ausdruck verliehen worden, nämlich jener, welche der Aussage des Glaubens oder des Ritus empirisch faßbar zugrunde liegt. Wenn die Psychologie eine Aussage dieser Art «erklärt», so ist erstens einmal dem Gegenstand dieser Aussage keine Wirklichkeit weggenommen, sondern im Gegenteil eine psychische Realität zuerkannt worden, und zweitens ist damit der als metaphysisch gedachten *Aussage* kein anderer Grund untergeschoben worden, indem sie schon immer ein psychisches Phänomen gewesen ist. Ihre besondere Qualifikation als «metaphysisch» will besagen, daß ihr Gegenstand über seine psychische Erscheinungsweise hinaus dem Zugriff der Wahrnehmung und des Verstandes entzogen sei und daher nicht beurteilt werden könne. Jede Wissenschaft aber erreicht beim Unerkennbaren ihr Ende. Sie würde aber keine Wissenschaft sein, wenn sie ihre jeweils vorläufige Grenze als definitiv betrachtete und die Existenz von darüber Hinausreichendem leugnete. Keine Wissenschaft betrachtet ihre Hypothese als endgültige Wahrheit.

Die psychologische Erklärung steht mit der metaphysischen Aussage so wenig im Widerspruch wie z. B. die physikalische Erklärung der Materie mit deren (noch unerkannten oder unerkennbaren) Natur. Die Voraussetzung des Glaubens an sich hat die Wirklichkeit einer psychischen Tatsache. Was wir aber mit dem Begriff «Psyche» setzen, können wir schlechterdings nicht wissen, denn die Psychologie ist in der unglücklichen Lage, daß in ihr Beobachter und Beobachtetes letzten Endes identisch sind. Es gibt für sie leider keinen archimedischen Punkt außerhalb, indem alle Wahrnehmung psychischer Natur ist und wir nur indirekt Kenntnis von Nicht-Psychischem haben.

Das rituelle Geschehen in der Messe hat einen doppelten Aspekt, einen menschlichen und einen göttlichen. Von der menschlichen Seite gesehen werden Gott Gaben am Altare dargebracht, welche zugleich auch die Selbsthingabe von Priester und Gemeinde bedeuten. Die rituelle Handlung weiht die Gaben und die Geber. Sie erinnert an und stellt dar das letzte Mahl, das der Herr mit den Jüngern feierte, die Inkarnation, die Passion, den Tod und die Auferstehung. Dieses anthropomorphe Handeln aber bedeutet, von der göttlichen Seite gesehen, nur etwas wie die äußere Schale oder das Gehäuse, in welchem kein menschliches, sondern ein göttliches Handeln stattfindet. Für einen Augenblick wird das in der Zeitlosigkeit ewig gegenwärtige Leben Christi sichtbar und verläuft in zeitlicher Abfolge, wenn auch in der konzentrierten Form der heiligen Handlung: Christus inkarniert sich als Mensch sub specie der dargebrachten Substanzen; er leidet, wird getötet, ist im Grab, bricht die Macht der Unterwelt und aufersteht in Glorie. Im Aussprechen der Konsekrationsworte greift die Gottheit selber handelnd und gegenwärtig ein und bekundet damit, daß alles wesentliche Geschehen der Messe ihr Gnadenakt ist, wobei dem Priester nur dienende Bedeutung zukommt, ebenso der Gemeinde und den dargebrachten Substanzen. Sie sind alle causae ministeriales des heiligen Geschehens. Die Gegenwart der Gottheit selber faßt alle Teile des Opferaktes in eine mystische Einheit zusammen, so daß es Gott selber ist, der sich in den Substanzen, in Priester und Gemeinde zum Opfer darbringt und in menschlicher Sohnesgestalt sich selber als dem Vater zur Sühne aufopfert.

Obschon dieser Akt ein ewiges, innergöttliches Ereignis ist, so wird die Menschheit doch als unerläßlicher Bestandteil darin eingeschlossen, und zwar in folgender Weise: Gott bekleidet sich einerseits selber mit menschlicher Natur, andererseits bedarf er des dienenden Mithandelns von Priester und Gemeinde, ja sogar der materiellen Substanzen von Brot und Wein, welche von spezifischer Bedeutung für den Menschen in erster Linie sind. Obschon Gott als Vater und Sohn von einerlei Natur ist, so erscheint er doch in der Zeit einerseits als ewiger Vater und andererseits als Mensch von beschränkter irdischer Lebensdauer. In dieser Menschennatur Gottes ist die Menschheit überhaupt inbegriffen, und darum ist sie auch in den Opferakt eingeschlossen. Wie die Gottheit im Opferakt agens et patiens ist, so auch der Mensch nach Maßgabe seines beschränkten Könnens. Die causa efficiens der Wandlung ist ein spontaner Gnadenakt Gottes. Die kirchliche Doktrin insistiert auf dieser Anschauung, welche sogar geneigt ist, auch das vorbereitende Handeln des Priesters und die Existenz des Ritus überhaupt mehr dem göttlichen Antrieb als der trägen, in der Erbsünde verstrickten Natur der Menschen zuzuschreiben[1]. Für das psychologische Verständnis der Messe ist diese Auffassung von größter Bedeutung. Jedes Vorwiegen des magischen Aspektes eines Ritus rückt diesen in die Nähe der ich-haften, nur-menschlichen, ja sogar untermenschlichen Machtbegierde des einzelnen und löst damit die Einheit des Corpus Mysticum der Kirche auf. Wo hingegen der Ritus als ein Handeln der Gottheit selber verstanden wird, kommt dem darin miteingeschlossenen Menschen nur instrumentale («dienende») Bedeutung zu. Die kirchliche Auffassung setzt daher den folgenden psychologischen Sachverhalt voraus: Das menschliche Bewußtsein (repräsentiert durch Priester und Gemeinde) ist konfrontiert mit einem autonomen, auf bewußtseinstranszendenter Basis sich abspielenden («göttlichen» und «zeitlosen») Geschehen, welches in keinerlei Weise von menschlichem Handeln abhängt, sondern im Gegenteil solches Handeln anregt, sogar den Menschen als Werkzeug ergreift und zum Darsteller «göttlichen» Geschehens macht. Im rituellen Handeln stellt sich der Mensch einem autonomen «Ewigen», d.h. jenseits der Bewußtseinskategorien existierenden «Wirkenden» zur Verfügung – si parva componere licet magnis –, etwa wie ein guter Schauspieler nicht bloß darstellt, sondern sich vom Genius des Dramendichters ergreifen läßt. Die *Schönheit der Kulthandlung* ist unerläßliches Requisit, denn der Mensch hat Gott nicht recht gedient, wenn er ihm nicht auch in Schönheit dient. Darum gibt es im Kult keine *Sachlichkeit,* denn diese ist *Zweckdienlichkeit,* eine nur menschliche Kategorie. Aber alles Göttliche ist *Selbstzweck* und der einzige legitime Selbstzweck, den wir kennen. Allerdings, wie ein Ewiges überhaupt «wirken» kann, ist eine Frage, in die man sich besser nicht verwickeln läßt: sie ist nämlich nicht beantwortbar. Da der Mensch im

Geschehen der Messe (freiwilliges) *Werkzeug* ist, so ist er auch gar nicht in der Lage, etwas über die Hand auszumachen, die ihn führt. Der Hammer findet jenes nicht in sich, das ihn schlagen macht. Es ist ein außer ihm Befindliches, Autonomes, welches ihn ergreift und bewegt. Das Ereignis der consecratio ist essentiell ein Wunder und soll es auch sein, denn sonst hätte der Mensch darüber zu befinden, entweder, ob er wohl magisch Gott herbeizwingen, oder ob er sich philosophisch wundern solle, wieso ein Ewiges überhaupt wirken könne, wo doch «Wirkung» ein Vorgang in der Zeit ist, mit Anfang, Mitte und Ende. Die Wandlung *muß* ein Wunder sein, das der Mensch unter keinen Umständen verstehen kann. Es ist ein «mysterium» im Sinne eines δεικνύμενον und δρώμενον, eines vorgezeigten und gehandelten Geheimnisses. Der gewöhnliche Mensch ist sich dessen unbewußt, was ihn veranlassen könnte, ein Mysterium darzustellen. Er kann und tut es nur, wenn und solange er *vom Mysterium ergriffen* ist. Diese Ergriffenheit oder die als außerbewußt gefühlte oder angenommene Existenz eines Ergreifenden ist das Wunder par excellence, ein wirkliches und wahrhaftes Wunder, wenn man bedenkt, *was* dargestellt wird. Was in aller Welt sollte den Menschen veranlassen, eine schlechthinige Unmöglichkeit darzustellen? Was sollte größte Anstrengung des Geistes, liebevollste Gestaltung der Schönheit, tiefste Andacht, heroischstes Selbstopfer, ja weitgehende Dienstbarkeit des Menschen auf Jahrtausende erzwingen? Was anders als ein Wunder? Es ist ein Wunder, über das der Mensch nicht verfügt, denn sobald er es selbst tun will oder sobald er darüber philosophiert und sich intellektuell Rechenschaft zu geben versucht, ist es auch schon verflogen. Ein *Wunder* ist das, worüber der Mensch sich *wundert,* weil es ihm unerklärlich erscheint. Es ist in der Tat aus der angeblich bekannten Natur des Menschen nicht zu erklären, wieso und woher dieser zu solcher Aussage und solchem Glauben genötigt wird. Es *muß* hiefür einen zwingenden Grund geben, welcher aber keinesfalls in der gewöhnlichen Erfahrung aufgefunden werden kann. Für die Existenz dieses Grundes spricht gerade die Unmöglichkeit der Behauptung. Dies ist recht eigentlich der Glaubensgrund, wie dies das «prorsus credibile, quia ineptum» [geradezu glaubhaft, weil ungereimt] TERTULLIANS († um 220) aufs trefflichste formuliert[2]. Eine unwahrscheinliche Meinung verfällt erwartungsgemäß baldiger Korrektur. Die religiösen Aussagen sind aber die allerunwahrscheinlichsten von allen und behaupten sich durch die Jahrtausende[3]. Mit ihrer durchaus nicht erwartungsgemäßen Lebenskraft beweisen sie aber die Existenz einer zureichenden Ursache, deren wissenschaftliche Erkenntnis sich dem menschlichen Geist bis jetzt entzogen hat. Ich kann als Psychologe zunächst nur auf das Vorhandensein des Phänomens hinweisen und meiner Überzeugung Ausdruck verleihen, daß es für derartige seelische Erscheinungen jedenfalls keine billigen «Nichts-Als»-Erklärungen gibt.

Der Doppelaspekt der Messe drückt sich nicht nur im Gegensatz menschlichen und göttlichen Handelns aus, sondern auch im Doppelaspekt von Gott und Gottmensch, die zwar ihrer Natur nach eine Einheit sind, aber im rituellen Drama eine Zweiheit darstellen. Ohne diese «Entzweiung» Gottes (wenn dieser Ausdruck gestattet ist) wäre der ganze Opferakt unvorstellbar und würde der actualitas entbehren. Nach der christlichen Anschauung hat Gott selber nie aufgehört, Gott zu sein, auch nicht, als er in menschlicher Gestalt in der Zeitlichkeit erschien. Bekennt doch der johanneische Christus: «Ich und der Vater sind Eins... Wer mich sieht, der sieht den Vater[4].» Und am Kreuz ruft Christus aus: «Mein Gott, mein Gott, warum hast du mich verlassen?» Dieser Widerspruch *muß* sein, wenn die Formel «wahrer Gott und wahrer Mensch» psychologisch richtig ist. Und wenn sie richtig ist, so sind die verschiedenen Aussagen Christi auch gar kein Widerspruch. Wahres Menschsein ist ein äußerstes Entfernt- und von Gott Verschiedensein. «De profundis clamavi ad te, Domine –» [aus der Tiefe rufe ich zu Dir, Herr], dieses Bekenntnis zeigt beides, das Fern- und das Nahsein, die äußerste Verfinsterung und zugleich das Aufblitzen des Gottesfunkens. Gott ist in seinem Menschsein sich selber wohl so ferne, daß er mit völligster Hingabe sich selber wieder suchen muß. Was wäre es mit der Ganzheit Gottes, wenn er nicht auch das «ganz Andere» sein könnte? Mit psychologischer Berechtigung haben demnach, wie mir scheint, der gnostische Nous, der in die Macht der Physis geriet, die chthonische Finsternisgestalt der Schlange und der manichäische Urmensch in gleicher Lage sogar die Eigenschaften des Bösen angenommen. Im tibetischen Buddhismus haben die Götter überhaupt eine gütige und eine zornige Gestalt, denn sie herrschen in allen Bereichen. Die Entzweiung Gottes in Gottheit und Menschheit und seine Rückkehr zu sich selber im Opferakt enthält für den Menschen die trostreiche Lehre, daß in seiner Finsternis ein Licht verborgen sei, das wieder zu seiner Quelle zurückkehren werde, ja daß dieses Licht auch in die Finsternis hinuntersteigen *wollte,* um das im

Dunkeln Gebundene zu befreien und dem ewigen Lichte zuzuführen. Das ist die schon vorchristliche Lehre vom ursprünglichen Lichtmenschen, dem ἄνϑρωπος oder Urmenschen, welchen die Reden Christi in den Evangelien bereits als allgemein bekannt voraussetzen.

2. ÜBER DIE PSYCHOLOGISCHE BEDEUTUNG DES OPFERS

a) Die Opfergaben

In seinem Buch, *Die Opferanschauungen der römischen Meßliturgie,* bemerkt KRAMP zu den das Opfer symbolisierenden Substanzen folgendes:

«Nun sind Brot und Wein nicht nur die gewöhnliche Nahrung eines Großteils der Menschheit, sondern auch auf der ganzen Erde zu haben (was für die Weltausbreitung des Christentums von größter Bedeutung ist). Ferner machen beide zusammen die vollkommene Nahrung des Menschen aus, der zu seiner Erhaltung fester und flüssiger Nahrung bedarf. Weil also beide zusammen als die typische Nahrung des Menschen angesehen werden können, sind sie am ehesten geeignet, als Symbol des menschlichen Lebens und der menschlichen Persönlichkeit zu dienen; ein Moment, das für das Gabensymbol von Wichtigkeit ist[5].»

Es ist allerdings nicht ohne weiteres ersichtlich, inwiefern gerade Brot und Wein ein «Symbol des menschlichen Lebens und der menschlichen Persönlichkeit» sein sollen. Diese Deutung erscheint wie ein Rückschluß aus dem besonderen Sinn, welcher diesen Substanzen in der Messe zukommt. Das wäre aber ein Verdienst des Messetextes und nicht der Substanzen an sich, d. h., man käme wohl kaum darauf, daß Brot und Wein an sich schon das menschliche Leben oder gar die menschliche Persönlichkeit bedeuten könnten. Insofern aber Brot und Wein in einer gewissen Hinsicht wichtige *Kulturprodukte* sind, so drücken sie eben die entsprechende menschliche Bemühung aus. Sie stellen eine bestimmte Kulturleistung dar, welche in Aufmerksamkeit, Geduld, Fleiß, Hingabe und mühsamer Arbeit besteht. Der Ausdruck «das tägliche Brot» bedeutet die ganze Sorge des Menschen um seine Existenz. Mit der Erzeugung des Brotes hat er sein Leben gesichert. Insofern er aber nicht nur «von Brot allein lebt», gesellt sich zum Brot passenderweise der Wein, dessen Kultur auch immer ein besonderes Interesse und eine entsprechende Mühewaltung seitens des Menschen beanspruchte. Darum ist der Wein ebenfalls ein Ausdruck der Kulturleistung. Wo Weizen- und Weinbau vorhanden, da herrscht zivilisiertes Leben. Wo aber kein Weizen- und Akkerbau vorhanden, da herrscht die Unkultur der Nomaden und Jäger vor.

In der Darbringung von Brot und Wein wird also in erster Linie das Kulturprodukt geopfert, gewissermaßen das *Beste,* was menschlicher Fleiß hervorbringt. Das «Beste» wird aber nur durch das «Beste» im Menschen erzeugt, nämlich durch seine Gewissenhaftigkeit und seine Hingabe. Kulturprodukte können daher leicht auch die *psychologische Bedingung ihres Entstehens* darstellen, nämlich eben jene Tugenden des Menschen, welche ihn überhaupt zur Kulturleistung befähigen[6].

Was nun die besondere Natur der Substanzen betrifft, so ist das Brot zweifellos ein Nahrungsmittel. Der Wein «stärkt» zwar, wie der Volksmund behauptet, aber in einem anderen Sinne als ein Nahrungsmittel. Er stimuliert und er «erfreut des Menschen Herz» vermöge einer gewissen volatilen Substanz, von jeher «Geist» genannt. Er ist deshalb, unähnlich dem harmlosen Wasser, ein «begeisterndes» Getränk, denn ein «Geist» oder «Gott» wohnt in ihm, der Rauschekstasen erzeugt. Das Weinwunder von Kana war zugleich das Wunder der Dionysostempel, und es hat einen tiefen Sinn, wenn auf dem Damaszener Abendmahlskelch Christus in den Weinranken thront wie ein Dionysos[7]. Wie Brot das physische Existenzmittel, so stellt der Wein das geistige dar. Wenn daher Brot und Wein geopfert werden, so bedeutet es eine Darbringung physischer sowohl wie geistiger Kulturleistung.

So sehr der Mensch auch seinen Aufwand an Besorgnis und Mühe empfunden hat, so wenig konnte er sich der Beobachtung entziehen, daß seine Kulturpflanzen aus eigenem, innerem Gesetz wachsen und gedeihen, oder daß ein Agens, eine Kraft in ihnen wirksam ist, die man dem eigenen Lebenshauche oder -geiste verglich. FRAZER hat nicht ohne Berechtigung dieses Prinzip als den «spirit of the corn» bezeichnet. Gewiß war menschliche Initiative und Arbeit nötig, aber noch nötiger erscheint es dem primitiven Menschen, diejenigen Zeremonien richtig und sorgfältig durchzuführen, welche das Numen der Kulturpflanzen unterhalten, stärken oder propitiieren[8]. Damit haftet auch dem Weizen und dem Wein etwas wie eine eigene Seele an, ein eigenes Lebensprinzip, welches sie geeignet macht, nicht nur menschliche Kulturleistung, sondern auch jenen saisonmäßig sterbenden und wiedererstehenden Gott, welcher ihr Lebensgeist ist, darzustellen. Kein Symbol ist «einfach». Einfach sind nur Zeichen und Allegorien. Das Symbol aber deckt immer einen komplizierten Tatbestand, welcher dermaßen jenseits der Sprachbegriffe steht, daß er eindeutig überhaupt nicht auszudrücken ist[9]. So haben wir es beim Symbol von Weizen und Wein mit einer vierfachen Sinnschichtung zu tun:

1. als Ackerbauprodukte,
2. als Produkte besonderer Zubereitung (Brot aus Weizen, Wein aus Trauben),
3. als Ausdruck psychologischer Leistung (Mühe, Fleiß, Geduld, Hingabe usw.) und der menschlichen Lebenskraft überhaupt,
4. als Erscheinung des Mana oder des Dämons der Vegetation.

Aus dieser Zusammenstellung ist unschwer zu ersehen, daß es schon eines Symbols bedarf, um einen derart komplizierten, physischen wie psychischen Tatbestand zu bezeichnen. Die einfachste Symbolformel ist daher «Brot und Wein» in der ursprünglichen, komplexen Bedeutsamkeit, welche diese Begriffe für den Ackerbau immer gehabt haben.

b) Das Opfer

Wie wir aus dem Vorhergegangenen ersehen haben, ist die Opfergabe *symbolisch,* d.h., sie betrifft alles, was durch das Symbol ausgedrückt ist, nämlich das physische Produkt, die zubereitete Substanz, die seelische Leistung des Menschen und das der Kulturpflanze eigentümliche autonome Lebensprinzip dämonischer Natur. Der Wert der Opfergabe wird dadurch erhöht, daß es *das Beste* oder ein *Erstling* ist. Insofern Brot und Wein das Beste sind, das der Ackerbau hervorbringt, so sind sie auch das Beste von menschlicher Bemühung. Dazu kommt, daß besonders der Weizen das sichtbare Erscheinen des sterbenden und wiedererstehenden göttlichen Numens, und der Wein die Gegenwart eines Berauschung und Ekstase verheißenden Pneumas bedeutet[10]. Die Antike hat letzteres als Dionysos und speziell als den *leidenden Dionysos-Zagreus* aufgefaßt, dessen göttliche Substanz in der ganzen Natur verbreitet ist. Was also geopfert wird in der Gestalt von Brot und Wein, ist, kurz gesagt, *Natur, Mensch und Gott* zusammengefaßt in der *Einheit der symbolischen Gabe.*

Die Darbringung einer so bedeutenden Gabe wirft ohne weiteres die Frage auf: Kann der Mensch überhaupt eine solche Gabe anbieten? Liegt eine solche Möglichkeit überhaupt in seinem seelischen Bereich? Die Kirche verneint diese Frage, indem sie feststellt, daß der Opferpriester Christus selber sei. Insofern aber die Menschheit in dieser Darbringung in doppelter Weise, wie wir gesehen haben, einbezogen ist, so wird die Frage von der Kirche auch, allerdings *bedingt,* bejaht. Auf der Seite des Opfernden finden wir ebenfalls einen komplizierten, symbolischen Tatbestand vor: *das Symbol ist nämlich Christus,* der Opferer und Geopfertes zugleich ist. Auch dieses Symbol hat einen mehrschichtigen Sinn, den ich im folgenden zu analysieren versuchen möchte.

Die Opferhandlung besteht zunächst im Geben einer Sache, die mir gehört. Alles, was mir gehört, trägt den Stempel des «Meinseins», nämlich einer subtilen Identität mit meinem Ich. Gewisse primitive Sprachen drücken dies in anschaulicher Weise aus, indem sie z. B. dem Kanu das Suffix des Belebtseins geben, wenn es mir gehört, nicht aber wenn es einem anderen gehört. Diese Zugehörigkeit aller Dinge, die den Stempel des «Meinseins» tragen, zu meiner Persönlichkeit hat LÉVY-BRUHL sehr passend als «participation mystique» formuliert[11]. Es handelt sich um eine irrationale, unbewußte Identität, welche davon herrührt, daß alles, was mit uns in Berührung steht, nicht nur sich selber, *sondern auch zugleich ein Symbol ist.* Die Symbolisierung entsteht dadurch, daß erstens einmal jeder Mensch unbewußte Inhalte hat, und daß zweitens jede Sache auch ihr Unbekanntes hat, z. B. meine Uhr. Wer, wenn er nicht ein Uhrmacher ist, kann sich erdreisten, zu behaupten, er kenne z. B. den Mechanismus seiner Taschenuhr? Und welcher Uhrmacher, der nicht zufälligerweise Mineraloge oder Physiker ist, kennt die Molekularstruktur des Uhrenfederstahls? Und welcher Mineraloge weiß, wie er seine Taschenuhr reparieren kann? Wo aber zwei Unbekannte zusammenkommen, da lassen sie sich nicht mehr unterscheiden. Das Unbekannte im Menschen und das Unbekannte in der Sache fallen in eins. Es entsteht eine psychische Identität, die gegebenenfalls groteske Formen annehmen kann. Was «mein» ist, darf ein anderer nicht berühren, geschweige denn gebrauchen. Man ist beleidigt, wenn er «meinen» Sachen nicht die genügende Hochachtung entgegenbringt. Zwei chinesische Rikschakulis z. B. gerieten in heftigen Streit, und als es zu Tätlichkeiten zu kommen drohte, da gab der eine dem Rikscha des anderen einen Tritt, womit der Streitfall beigelegt war. Unsere unbewußten Inhalte sind nämlich, solange sie unbewußt sind, stets projiziert, und zwar in alles, was «mein» heißt, Sachen sowohl wie Tiere und Menschen. Und insofern «meine» Eigentumsgegenstände Projektionsträger sind, so sind sie mehr und funktionieren auch als mehr, als was sie an und für sich sind. Sie haben einen mehrschichtigen Sinn und sind daher symbolisch, welche Tatsache einem allerdings selten oder nie zum Bewußtsein kommt. Unsere Psyche ist in Wirklichkeit weit über die Grenzen des Bewußtseins ausgebreitet, was schon ein gewisser Alchemist gewußt zu haben scheint, indem er sagte, daß die Seele zum größten Teil außerhalb des Menschen sei [12].

Was ich also von dem Meinen gebe, ist an sich schon ein Symbol, d. h. ein Mehrdeutiges, aber wegen der Unbewußtheit seines Symbolcharakters hängt es an meinem Ich, weil es ein Teil meiner Persönlichkeit ist. Daher ist mit jeder Gabe, laut oder leise, ein persönlicher Anspruch verknüpft. Ob man es will oder nicht, es ist stets ein «do ut des» [ich gebe, auf daß du gibst]. Die Gabe bedeutet darum eine persönliche Absicht, denn an sich ist das bloße Geben keineswegs ein *Opfer.* Zu einem solchen wird es erst, wenn die mit dem Geben verbundene Absicht des «do ut des» geopfert, d. h. aufgegeben wird. Das Gegebene soll, wenn es den Anspruch darauf erhebt, ein Opfer zu sein, auch so weggegeben sein, wie wenn es *vernichtet* worden wäre [13]. Erst dann nämlich besteht die Möglichkeit, daß der egoistische Anspruch aufgehoben ist. Würden Brot und Wein einfach gegeben ohne die Bewußtheit eines egoistischen Anspruches, so wäre die Unbewußtheit keine Entschuldigung, sondern im Gegenteil eine Gewähr für das Vorhandensein eines *heimlichen* Anspruches. Wegen der ausgesprochen egoistischen Natur des Anspruches würde die Darbringung unfehlbar den Charakter einer magisch propitiierenden Handlung besitzen mit dem uneingestandenen Zweck und der stillen Erwartung, damit das Wohlwollen Gottes erkauft zu haben. Um diesen ethisch wertlosen Anschein des Opferns zu vermeiden, muß die bestehende Identität mit der Gabe wenigstens so weit bewußt gemacht werden, daß man erkennt, *inwiefern man sich selber gibt,* indem man eine Gabe darbringt. Das heißt, aus dem natürlichen Tatbestand der Identität mit dem, was «mein» ist, erwächst die ethische Aufgabe, sich respektive jenen Teil von sich zu opfern, der mit der Gabe identisch ist. Man soll wissen, daß man sich selber gibt oder aushändigt und daß daran immer entsprechende Ansprüche geknüpft werden, um so mehr, je weniger man davon weiß. Erst diese Bewußtheit garantiert, daß das Geben auch wirklich ein Opfern ist. Denn wenn ich weiß und zugebe, daß ich mich selber gebe oder drangebe und hierfür nicht bezahlt sein will, dann habe ich meinen Anspruch, d. h. einen Teil von mir geopfert. Daher bedeutet jedes Geben mit aufgehobenem Anspruch, d. h. ein Geben à fonds perdu in jeglicher Hinsicht, ein *Selbstopfer.* Das gewöhnliche Geben, das nicht wieder bezahlt ist, wird wie ein Verlust *empfunden.* Das Opfer aber soll wie ein Verlust *sein,* damit nämlich der egoistische Anspruch sicher nicht mehr besteht. Die Gabe soll daher, wie schon gesagt, so gegeben sein, wie wenn sie vernichtet worden wäre. Weil sie nun mich selber darstellt, so habe ich in ihr mich selber vernichtet, d. h. mich selber ohne Erwartung weggegeben. Dieser beabsichtigte Verlust ist aber insofern und von einer anderen Seite betrachtet kein wirklicher Verlust, sondern im Gegenteil ein Gewinn, denn das *Sichopfernkönnen beweist das Sich-Haben.* Niemand kann geben, was er nicht hat. Wer sich also opfern, d. h. seinen Anspruch aufgeben kann, der muß diesen gehabt haben, mit anderen Worten, er muß sich des Anspruches bewußt gewesen sein. Dies setzt einen Akt der *Selbsterkenntnis* voraus, ohne welche man gerade solcher Ansprüche unbewußt bleibt. Daher geht dem Wandlungsritus in der Messe logischerweise das Sündenbekenntnis voraus. Durch die Selbstprüfung soll der mit jeder Gabe verbundene egoistische Anspruch bewußt werden, und dieser letztere soll bewußt «geopfert» werden, sonst ist die Gabe kein Opfer. Mit dem Opfer beweist man, daß man sich hat, denn das Opfern ist kein Sich-Nehmen-lassen, sondern eine bewußte und gewollte Abtretung, welche beweist, daß man über sich selber, d. h. über das Ich, verfügen kann. Damit wird das Ich zum *Objekt* des sittlichen Handelns, denn «ich» entscheide dann aus einer Instanz, die *meiner Ichhaftigkeit übergeordnet ist.* Ich beschließe gewissermaßen gegen mein «Ich» und hebe meinen Anspruch auf. Die Möglichkeit der Selbstaufhebung ist eine empirische Tatsache, die ich bloß psychologisch feststellen, aber nicht philosophisch diskutieren will. Psychologisch will sie besagen, daß das Ich eine relative Größe ist, die jederzeit irgendwelchen übergeordneten Instanzen subsumiert werden kann. Diese Instanzen sind nicht eo ipso gleichzusetzen mit einem moralischen Kollektivbewußtsein, wie FREUD es mit seinem Über-Ich haben wollte, sondern vielmehr mit psychischen Bedingungen, die im Menschen a priori vorhanden sind und nicht empirisch erworben wurden. Hinter dem Menschen steht weder die öffentliche Meinung noch der allgemeine Sittenkodex[14], sondern jene Persönlichkeit, die ihm noch unbewußt ist. Wie der Mensch stets noch das ist, was er früher war, so ist er auch immer schon das, was er noch sein wird. Das Bewußtsein umfaßt nicht die Ganzheit des Menschen, denn diese besteht einesteils aus seinen Bewußtseinsinhalten, anderenteils aber auch aus seinem unbestimmt weiten Unbewußten, von dem man keine Grenzen angeben kann. In diesem Ganzen ist das Bewußtsein enthalten, vielleicht wie ein kleinerer Kreis in einem größeren. Daher wohl besteht die Möglichkeit, das «Ich» zum Objekt zu machen, respektive die Möglichkeit, daß eine umfänglichere Persönlichkeit stufenweise im Verlaufe der Entwicklung hervortritt und das Ich in Dienstbarkeit nimmt. Dieser Zuwachs an Persönlichkeit geht aus dem Unbewußten hervor, dessen Grenzen nicht absteckbar sind. Infolgedessen ist auch der Umfang der stufenweise sich verwirklichenden Persönlichkeit *unbegrenzbar.* Sie ist aber, im strengsten Gegensatz zum FREUDschen Über-Ich *individuell.* Sie ist sogar die *Individualität* im höchsten Sinne, und daher theoretisch begrenzt, indem ein individuelles Wesen unmöglich alle Eigenschaften aufweisen kann. (Den Vorgang der Verwirklichung habe ich als *Individuationsprozeß* bezeichnet.) Insofern die Persönlichkeit noch potentiell ist, kann sie als *transzendent* bezeichnet werden, und insofern sie unbewußt ist, ist sie ununterscheidbar von allem, was ihre Projektionen enthalten, d.h. sie ist mit einem erheblichen Teile ihrer Umgebung identisch, was der oben beschriebenen «participation mystique» entspricht. Dieser Umstand ist praktisch insofern von größter Wichtigkeit, als dadurch die eigentümlichen Symbole, durch welche sich diese Wesenheit in den Träumen ausdrückt, erklärbar werden. Ich meine damit die Umwelts- und kosmischen Symbole. Diese Tatsachen bilden die psychologische Grundlage für die Vorstellung vom Menschen als *Mikrokosmos,* der bekanntlich durch die astrologisch formulierten Charakterkomponenten mit dem Makrokosmos verhängt ist.

Der Terminus «Selbst» schien mir eine passende Bezeichnung zu sein für diesen unbewußten Hintergrund, dessen jeweiliger Exponent im Bewußtsein das Ich ist. Das Ich steht zum Selbst, wie das patiens zum agens, oder wie das Objekt zum Subjekt, weil die Bestimmungen, die vom Selbst ausgehen, umfänglich und daher dem Ich überlegen sind.

Wie das Unbewußte, so ist das Selbst das a priori Vorhandene, aus dem das Ich hervorgeht. Es präformiert sozusagen das Ich. *Nicht ich schaffe mich selbst, ich geschehe vielmehr mir selber.* Diese Einsicht ist von prinzipieller Bedeutung für die Psychologie aller religiösen Phänomene, deshalb hat IGNATIUS VON LOYOLA mit Recht sein «Homo creatus est» als «Fundamentum» den Exerzitien vorangestellt. Obschon diese Einsicht grundlegend ist, so kann sie doch nur die Hälfte der psychologischen Wahrheit sein. Ihre ausschließliche Gültigkeit wäre gleichbedeutend mit *Determinismus,* denn als bloß Geschaffenes oder aus unbewußter Voraussetzung Werdendes hat der Mensch keine Freiheit, und das Bewußtsein keine raison d'être. Die psychologische Beurteilung muß der Tatsache Rechnung tragen, daß trotz aller kausalen Gebundenheit der Mensch ein Freiheitsgefühl besitzt, das mit der Autonomie des Bewußtseins identisch ist. Trotzdem alles und jedes dem Ich die Abhängigkeit und Vorbedingtheit beweist, so ist es doch nicht von seiner gänzlichen Unfreiheit zu überzeugen. Man muß in der Tat zugeben, daß ein absolut präformiertes Bewußtsein und ein total abhängiges Ich ein zweckloses Schauspiel wären, indem dann alles ebensogut oder noch besser unbewußt abliefe. Die Existenz des Ichbewußtseins hat nur Sinn, wenn sie frei und autonom ist. Mit dieser Feststellung haben wir allerdings eine *Antinomie* ausgesprochen, aber damit auch ein entsprechendes Bild der tatsächlichen Verhältnisse entworfen. Es gibt nun zeitliche, örtliche und individuelle Verschiedenheiten in den Graden der Abhängigkeit und der Freiheit. Es ist in Wirklichkeit immer beides vorhanden: die Übermacht des Selbst und die Hybris des Bewußtseins.

Dieser Konflikt zwischen Bewußtsein und Unbewußtem wird durch Bewußtwerdung der Lösung wenigstens näher gebracht. Ein solcher Akt der Bewußtmachung unbewußter Tatbestände ist im Selbstopfer vorausgesetzt. Das Ich muß sich seinen Anspruch bewußt machen, und das Selbst muß ihn aufheben gegen das Ich. Letzteres kann auf zweierlei Arten geschehen:

Ich hebe erstens meinen Anspruch auf in Berücksichtigung einer allgemeinen moralischen Voraussetzung, daß man für ein Geschenk keine Bezahlung erwarten dürfe. In diesem Fall koinzidiert das Selbst mit der öffentlichen Meinung und einem allgemeinen Sittenkodex. Das Selbst ist dann identisch mit FREUDS Über-Ich, daher in Umweltsbedingungen projiziert und deshalb als autonomer Faktor unbewußt.

Ich hebe zweitens meinen Anspruch auf, weil ich mich dazu aus nicht ganz erkennbaren inneren Gründen gedrängt fühle. Diese Gründe gewähren mir keine besondere moralische Genugtuung, sondern ich empfinde vielleicht sogar Widerstand gegen sie. Ich muß mich aber der Macht beugen, welche meinen egoistischen Anspruch unterdrückt. In diesem Fall ist das Selbst «integriert», d.h. aus der Projektion zurückgezogen und als bestimmende seelische Macht fühlbar geworden. Der Einwand, daß in diesem Fall der Sittenkodex einfach unbewußt sei, gilt insofern nicht, als ich genau weiß, gegen welche moralische Kritik ich meinen egoistischen Vorsatz durchsetzen würde. Es ist allerdings zuzugeben, daß in einem Fall, in dem mein Ichwunsch mit der moralischen Norm kollidiert, es schwer hält, die individuelle Natur der unterdrückenden Tendenz evident zu machen. Wenn es sich aber um eine Pflichtenkollision oder um jenen Fall handelt, für den Hoseas Heirat mit der Hure das klassische Paradigma ist, dann koinzidiert der Ichwunsch mit dem Sittenkodex, und Hosea hätte Jahwe der Unmoral zeihen müssen. Oder hätte der ungetreue Haushalter seine Schuld zugeben müssen? Jesus war in diesem Falle anderer Ansicht[15]. Erfahrungen solcher und ähnlicher Art machen es dann klar, daß das Selbst weder einer Kollektivmoral noch den Naturtrieben gleichgesetzt werden kann, sondern als individuelle Bestimmung sui generis aufgefaßt werden muß. Das Über-Ich ist ein notwendiger und unvermeidlicher Ersatz für die Erfahrung des Selbst.

Aus dieser Gegenüberstellung geht wohl eines mit Deutlichkeit hervor, daß nämlich nicht nur die Einstellungen verschieden sind, sondern auch die Situationen, in denen Ansprüche aufgehoben werden. In ersterem Fall muß es sich um eine Situation handeln, die einem persönlich nicht unmittelbar an die Haut geht. In letzterem Fall dagegen kann es sich nur um eine sehr persönliche und den Geber ernsthaft in Mitleidenschaft ziehende Gabe handeln, wo es wirklich auf eine Selbstüberwindung ankommt. Um in unserem Rahmen zu exemplifizieren: In ersterem Fall handelt es sich z.B. um die Teilnahme an einer Messe, in letzterem um etwas wie das Sohnesopfer des Abraham oder wie die Entscheidung Christi in Gethsemane. Das eine ist vielleicht sehr ernstlich anempfunden und fromm erlebt, das andere aber wirklich[16].

Solange das Selbst unbewußt ist, entspricht es dem Über-Ich FREUDS und bildet eine Quelle beständiger moralischer Konflikte. Wird es aber aus der Projektion zurückgezogen, d.h. ist es nicht mehr die Meinung der anderen, dann weiß man, daß man sein eigenes Ja und Nein ist. Dann wirkt das Selbst als eine *unio oppositorum* und bildet damit die unmittelbarste Erfahrung des Göttlichen, welche psychologisch überhaupt faßbar ist[17].

c) Der Opferer

Was ich opfere, das ist mein egoistischer Anspruch, womit ich zugleich mich selber aufgebe. Jedes Opfer ist daher mehr oder weniger Selbstopfer. Der Grad hängt von der Bedeutung der Gabe ab. Ist mir die Gabe sehr wertvoll und betrifft sie mein persönlichstes Gefühl, so kann ich sicher sein, daß das Aufgeben des egoistischen Anspruches meine Ichpersönlichkeit im Sinne der Auflehnung herausfordern wird. Ich kann auch sicher sein, daß die Macht, welche diesen Anspruch unterdrückt, mich selber unterdrückt, mithin das Selbst sein muß. *Das Selbst also ist es, das mich zum Opfern veranlaßt,* ja es zwingt mich zum Opfern[18]. Das Selbst ist der Opferer, und ich bin die geopferte Gabe, das Menschenopfer. Versetzen wir uns einen Augenblick in die Seele Abrahams, der seinen einzigen Sohn aus übermächtigem göttlichem Gebote heraus opfern sollte. Würde ein Vater unter solchen Umständen, jenseits von Mitleid mit dem Sohn, nicht sich selber als Opfer fühlen und den Stich des Opfermessers in seiner eigenen Brust empfinden? Ja, *er wäre Opferer und Geopferter zugleich.*

Da nun das Verhältnis des Ich zum Selbst demjenigen des Sohnes zum Vater entspricht, kann gesagt werden, daß das Selbst, indem es uns zum Selbstopfer zwingt, an sich selber den Opferakt vollzieht. Was dieser Opferakt uns bedeutet, dessen sind wir wohl hinlänglich gewahr; was er aber dem Selbst bedeutet, ist nicht so deutlich. Da uns das Selbst nur in einzelnen Akten faßbar wird, als Ganzes aber, um seiner umfänglicheren Natur willen, verborgen bleibt, so können wir nur aus dem wenigen, das vom Selbst erfahrbar ist, Schlüsse ziehen. Wir haben gesehen, daß ein Opfer nur stattfindet, wenn das Selbst es fühlbar und unzweifelhaft an uns vollzieht. Auch dürfen wir wagen, die Vermutung auszusprechen, daß, insofern das Selbst sich zu uns verhält wie der Vater zum Sohn, das Selbst unser Opfer gewissermaßen wie ein Selbstopfer empfinde. *Wir* gewinnen aus dem Selbstopfer uns selbst, *das* Selbst, denn nur was wir geben, das haben wir. Was aber gewinnt das Selbst? Wir sehen, daß es in Erscheinung tritt, daß es sich aus der unbewußten Projektion löst, daß es, indem es uns ergreift, auch in uns selber eintritt und damit aus dem dissoluten Zustand des Unbewußtseins in den des Bewußtseins und aus dem potentiellen in den aktuellen Zustand übergeht. Was es im unbewußten Zustand ist, wissen wir nicht; jetzt aber wissen wir, daß es *Mensch, ja uns selber geworden ist.*

Dieser Vorgang der Menschwerdung wird in Träumen und inneren Bildern als eine Zusammensetzung aus vielen Einheiten, als eine Sammlung von Zerstreutem einesteils, anderenteils als allmähliches Hervortreten und Deutlichwerden von etwas, das stets vorhanden war, dargestellt[19]. Um diesen Vorgang gravitiert das Denken und Spekulieren der Alchemie und zum Teil auch des Gnostizismus. Derselbe Vorgang drückt sich aber auch im christlichen Dogma und im besonderen im Wandlungsmysterium der Messe aus. Aus der Psychologie dieses Vorganges wird es verständlich, warum der Mensch einerseits als Opferer, andererseits als der Geopferte erscheint, und warum er auch wiederum nicht der Opferer und die Opfergabe ist, sondern vielmehr Gott beides ist, und warum Gott im Opferakt zum leidenden und sterbenden Menschen wird, und warum letzterer durch den eucharistischen Genuß des glorifizierten Leibes die Gewißheit seiner Auferstehung gewinnt, respektive seiner Teilnahme an der Gottheit innewird.

Die Integrierung oder Menschwerdung des Selbst wird, wie schon angedeutet, von der Bewußtseinsseite her vorbereitet durch die Bewußtmachung egoistischer Absichten, d. h. man legt sich Rechenschaft ab über seine Motive und versucht, sich ein möglichst vollständiges, objektives Bild seines eigenen Wesens zu formen. Es ist ein Akt der Selbstbesinnung, der Sammlung des Zerstreuten und nie recht in gegenseitige Verbindung Gebrachten und eine Auseinandersetzung mit sich selber zum Zwecke der völligen Bewußtwerdung. (Ein unbewußtes Selbstopfer ist daher nur ein Geschehnis, aber kein sittlicher Akt.) Selbstbesinnung ist aber dem vorwiegend unbewußten Menschen das Schwierigste und Widerwärtigste. Die menschliche Natur selber hat eine ausgesprochene Scheu vor der Bewußtwerdung. Was aber den Menschen doch dazu treibt, das ist eben das Selbst, welches Opfer verlangt, indem es gewissermaßen sich uns opfert. Einesteils ist die Bewußtwerdung, als eine Zusammenführung abgesplitterter Teile, eine bewußte Willensleistung des Ich, anderenteils aber bedeutet sie auch ein spontanes Hervortreten des Selbst[20], das von jeher war. Einerseits erscheint die Individuation als Synthese einer neuen Einheit, die zuvor aus zerstreuten Teilen bestand, andererseits aber als das Offenbarwerden eines Wesens, das dem Ich präexistent, ja dessen Vater oder Schöpfer und dessen Ganzheit es ist. Wir *erschaffen* gewissermaßen das Selbst durch das Bewußtmachen unbewußter Inhalte, und insofern ist es unser *Sohn*. Dementsprechend nannten die Alchemisten ihre inkorruptible Substanz, welche eben das Selbst bedeutet, den «filius philosophorum». Wir werden zu dieser Bemühung aber veranlaßt durch das unbewußte Vorhandensein des Selbst, von dem stärkste Bestimmungen zur Überwindung der Unbewußtheit ausgehen. In dieser Beziehung ist das Selbst der *Vater*. Daher stammen die alchemistischen Bezeichnungen: Mercurius als der Senex, nämlich Hermes Trismegistos, und Saturnus, der im Gnostizismus als Greis und Jüngling galt, genau wie Mercurius bei den Alchemisten. Am deutlichsten wohl drücken sich diese psychologischen Zusammenhänge in den antiken Anschauungen vom Urmenschen, Protanthropos, und dem Menschensohn aus. Christus ist als Logos von Ewigkeit, und als Mensch ist er der «Sohn des Menschen»[21]. Christus als der Logos ist das weltschöpferische Prinzip. Dem entspricht das Verhältnis des Selbst zum Bewußtsein, ohne welches die Welt als existierend gar nicht wahrgenommen würde. Der Logos ist recht eigentlich das principium individuationis, denn aus ihm ist alles hervorgegangen, und alles, was ist, existiert in individueller Form vom Kristall bis zum Menschen. In diesen vielfach geteilten und durch unendliche Verschiedenheit differenzierten Erscheinungen drückt sich das Wesen des auctor rerum aus. Dem entspricht einerseits das Selbst mit der Unbestimmtheit und Unbegrenztheit seiner unbewußten Existenz (trotz seiner Einmaligkeit und Einzigartigkeit!) und seinem Schöpferverhältnis zum individuellen Bewußtsein, andererseits der individuelle Mensch als Erscheinungsform des Selbst. Die antike Philosophie hat diesen Gedanken an die Legende vom zerstückelten Dionysos angelehnt, welcher als Schöpfer der «nichtgeteilte Geist», als Geschöpf aber der «geteilte Geist» ist[22]. Dionysos ist durch die ganze Natur ausgeteilt, und wie Zeus einst das noch zuckende Herz des Gottes verschlang, so zerfleischten auch seine Gläubigen wilde Tiere, um den zerstückelten Geist des Dionysos wieder zu integrieren. Das Sammeln der Lichtsubstanz in der Barbelo-Gnosis und im Manichäismus weist in gleiche Richtung. Dem entspricht psychologisch die Integration des Selbst durch Bewußtmachung abgespaltener Inhalte. Selbstbesinnung ist ein Sich-selber-Sammeln. Ganz in diesem Sinne ist jene Anweisung zu verstehen, welche MONOIMUS dem THEOPHRASTUS gibt:

«Suche ihn (nämlich Gott) von dir selber aus und lerne, wer es ist, der alles überhaupt in dir sich zueignet und spricht: Mein Gott, mein Geist (νοῦς), mein Verstand, meine Seele, mein Körper, und lerne, woher Trauer und Freude und Lieben und Hassen und das nicht gewollte Aufwachen und die nicht gewollte Schläfrigkeit und nicht gewollter Ärger und nicht gewollte Liebe kommen. Und wenn du diese genau untersuchst, so wirst du ihn in dir selber finden, das Eine und das Viele, entsprechend jenem Tüpfelchen, in dem er von dir selber seinen Ausgang nimmt[23].»

Die Selbstbesinnung oder – was dasselbe ist – der Drang zur Individuation sammelt das Zerstreute und Vielfältige und erhöht es zur ursprünglichen Gestalt des *Einen,* des *Urmenschen.* Dadurch wird die Sonderexistenz, d. h. die jeweilige Ichhaftigkeit, aufgehoben, der Kreis des Bewußtseins erweitert, und durch die Bewußtmachung der Paradoxien werden die Konfliktquellen zum Versiegen gebracht. Diese Annäherung an das Selbst ist insofern eine Art der Repristinierung oder der Apokatastasis, als das Selbst den Charakter der Inkorruptibilität respektive der «Ewigkeit» hat, vermöge seiner, dem Bewußtsein vorausgehenden, unbewußten Präexistenz[24]. Dieses Gefühl drückt sich aus in einer Stelle der Benedictio fontis: «Et quos aut sexus in corpore aut aetas discernit in tempore, omnes *in unam* pariat gratia mater *infantiam.*» (Damit die, welche entweder das Geschlecht im Körper oder das Alter in der Zeit unterscheidet, die Mutter Gnade alle in die *eine Kindheit* gebäre.)

Die Gestalt des göttlichen Opferers entspricht Zug um Zug den empirischen Erscheinungsweisen jenes Archetypus, der ungefähr allen bekannten Gottesvorstellungen zugrunde liegt. Dieser Archetypus ist nicht nur ein statisches Bild, sondern zugleich eine bewegte Dynamik: er ist immer ein Drama im Himmel, auf der Erde und in der Hölle[25].

d) Der Archetypus des Opfers

Die Vergleichung der Grundgedanken der Messe mit dem Inhalt der Zosimos-Visionen ergibt bei aller Verschiedenheit eine bemerkenswerte Ähnlichkeit. Der größeren Klarheit halber will ich die Ähnlichkeiten und Unähnlichkeiten in Parallele setzen.

Ähnliches:

Zosimos	*Messe*
1. Die handelnden Figuren sind zwei Priester.	1. Der Priester und der ewige Priester Christus.
2. Der eine Priester schlachtet den anderen.	2. Mactatio Christi durch die Konsekrationsworte, welche der Priester ausspricht.
3. Es werden auch andere Menschen geopfert.	3. Die Gemeinde ist selber Opfergabe.
4. Das Opfer ist ein freiwilliges Selbstopfer.	4. Christus gibt sich freiwillig zum Opfer.

Zosimos	*Messe*
5. Der Opfertod ist qualvoll.	5. Christus leidet im Opferakt.
6. Es findet eine Zerstückelung des Geopferten statt.	6. Fractio panis.
7. Es findet eine thysia statt.	7. Opfer des Weihrauchs.
8. Der Priester ißt sein eigenes Fleisch.	8. Christus trinkt sein eigenes Blut (St. CHRYSOSTOMUS).
9. Der Priester verwandelt sich in Pneuma.	9. Die Substanzen wandeln sich in Körper und Blut Christi.
10. Eine weißglänzende Gestalt, wie die Sonne am Mittag, erscheint.	10. Hostie als «Visio beatifica» («quaesivi vultum tuum, Domine»). Große Elevation.
11. Entstehung des «göttlichen Wassers» aus dem Opfer.	11. Die Gnadenwirkung der Messe. Der Wasserkelch dem Taufbade verglichen. Wassersymbolik der Gnadenwirkung.

Unähnliches:

Zosimos	*Messe*
1. Der Opfervorgang ist die Traumvision eines einzelnen. Er ist ein Stück Unbewußtes, das sich dem Traumbewußtsein darstellt.	1. Die Form der Messe ist ein bewußtes, kunstvolles Erzeugnis vieler Jahrhunderte und vieler Geister.

2. Der Träumer ist nur Zuschauer der symbolischen Traumhandlung.	2. Priester und Gemeinde sind Mithandelnde des Mysteriums.
3. Die Handlung ist ein blutiges und grausiges Menschenopfer.	3. Alles Anstößige ist vermieden. Die mactatio selber ist nicht erwähnt. Es ist ein unblutiges Opfer von Brot und Wein (incruente immolatur!).
4. Das Opfer ist begleitet von einer Skalpierung.	4. Nichts entsprechend Gegensätzliches.
5. Das Opfer wird parallel an einem Drachen vollzogen.	5. Das symbolische Opferlamm.

Zosimos	*Messe*
6. Es wird verbrannt und gekocht.	6. Die Substanzen werden geistig gewandelt.
7. Der Sinn der Opferhandlung ist die Herstellung des «göttlichen Wassers», welches zur Metallverwandlung und – mystice – zur Selbstwerdung dient.	7. Der Sinn der Messe ist die Communio des lebendigen Christus mit seiner Gemeinde.
8. Die in der Vision sich wandelnde Wesenheit ist vermutlich der Dämon des Saturn, des obersten Archon (der mit dem Gott der Juden in Beziehung steht). Es ist die finstere, schwere Hyle im Menschen, die zu Pneuma wird.	8. Die in der Messe sich wandelnde Wesenheit ist Gott, der als Vater den Sohn in menschlicher Gestalt zeugte, in dieser Gestalt litt und starb und wiederum aufstieg zu seinem Ursprung.

In der Vision fällt der brutale Konkretismus dermaßen auf, daß man sich leicht versucht fühlen könnte – aus ästhetischen und anderen Gründen –, eine Vergleichung mit der Messe überhaupt aufzugeben. Wenn ich es trotzdem wage, gewisse Analogien hervorzuheben, so geschieht dies keineswegs aus der aufklärerischen Absicht, die heilige Handlung dadurch zu entwerten, daß ich sie gewissermaßen in die Nähe eines heidnisch-naturhaften Geschehnisses rücke. Wenn ich überhaupt eine jenseits der wissenschaftlichen Wahrheit liegende Absicht habe, so ist es mein Wunsch, zu zeigen, daß das wichtigste Mysterium der katholischen Kirche u.a. auch auf psychischen Bedingungen beruht, die tief in der menschlichen Seele verwurzelt sind.

Die Vision, deren Traumcharakter höchst wahrscheinlich ist, muß als ein unabsichtliches, d.h. nicht bewußt bezwecktes, seelisches Produkt angesprochen werden. Es ist ein *Naturprodukt* wie alle Träume. Dagegen ist die Messe ein *Produkt des Geistes* und ein ausgesprochen geistiges und bewußtes Procedere. Unter Verwendung einer alten, aber nicht veralteten Nomenklatur kann die Vision als *psychisch,* die Messe aber als *pneumatisch* bezeichnet werden. Die Vision ist undifferenzierter Rohstoff, die Messe dagegen differenzierteste Kunstform; darum ist erstere grausig, letztere aber schön. Wennschon die Messe altertümlich ist, so ist sie es im besten Sinne des Wortes, und darum genügt ihre Liturgie auch den höchsten Ansprüchen der Gegenwart. Im Gegensatz dazu ist die Vision archaisch und primitiv, weist aber durch ihre Symbolik auf die alchemistische Grundidee der inkorruptiblen Substanz, nämlich des dem Wechsel entrückten Selbst hin. Die Vision ist ein Stück unverfälschter Natur, banal, grotesk, anstößig, schaurig und tief wie diese. Die Vision sagt es nicht, aber sie läßt es ahnen mit jener profunden Unsicherheit und Zweifelhaftigkeit wie alles Un-, Über- und Untermenschliche. Die Messe spricht aus, stellt dar und hüllt sogar die Gottheit in das Gewand schönster Menschlichkeit.

Aus alledem ist ersichtlich, daß Vision und Messe zwei verschiedene, nahezu inkommensurable Dinge sind. Gelänge es uns aber, den natürlichen Vorgang, auf dem die Messe *psychisch* begründet ist, nämlich jenen Vorgang im Unbewußten, zu rekonstruieren, so würden wir wohl ein Bild erhalten, das unserer Vision schon eher kommensurabel wäre. Bekanntlich beruht die Messe nach der kirchlichen Auffassung auf den Ereignissen des Lebens Jesu. Aus diesem «wirklichen» Leben wollen wir gewisse Einzelheiten hervorheben, welche dem Bild der Verwandlung einige konkretistische Züge beifügen und es damit der Vision des ZOSIMOS etwas näher bringen: ich erwähne die Geißelung, die Dornenkrönung, die Mantelbekleidung, womit Jesus zum archaischen *Königsopfer* wird. Dieser Zug wird unterstrichen durch den Barabbas-(«Sohn des Vaters») Zwischenfall, welcher das Königsopfer bestätigt. Sodann hebe ich die Tortur der Kreuzigung hervor, welche an sich ein schändliches und grausames Schauspiel ist, wahrlich ferne vom «incruente immolatur»! Die rechte Pleurahöhle und vielleicht die rechte Herzseite wurden durch einen Speerstoß geöffnet, und es flossen Blutcoagula und Serum heraus. Fügen wir diese Einzelheiten in das Bild des Vorganges, welcher der Messe zugrundeliegt, ein, so bilden sie ein beachtliches Äquivalent zu gewissen archaisch-grausamen Zügen des Visionsbildes. Dazu kommen nun noch die dogmatischen Grundideen: Wie die Bezugnahme auf das Isaakopfer im Gebet «Unde et memores» zeigt, hat das Opfer die Bedeutung nicht etwa nur eines Menschenopfers, sondern sogar eines Sohnesopfers, und zwar *des einzigen Sohnes*. Das ist ein Opfer, dessen Archaismus sich nicht mehr überbieten läßt. Das Opfer ist dermaßen grausam, daß Abraham es bekanntlich nicht vollziehen mußte[26]. Auch wenn er es vollzogen hätte, so wäre ein Messerstoß ins Herz ein schneller und relativ schmerzloser Tod für das Opfer gewesen. Selbst die blutige aztekische Opferzeremonie des Herzausschneidens bedeutete einen raschen Tod. Jenes Sohnesopfer aber, welches die Quintessenz der Messe bildet, war eingeleitet durch Geißelung und Verspottung und ausgeführt durch eine sechsstündige Suspension an einem Kreuz, an welches das Opfer, durch Hände und Füße genagelt, angeheftet war; also kein schneller Tod, sondern eine raffiniert langsame Zutodequälung. Zudem war Kreuzigung eine entehrende Strafe für Sklaven. In diesem Opfer halten sich physische und moralische Grausamkeit die Waage.

Sehen wir für einen Augenblick von der Einheit der Natur des Vaters mit der des Sohnes ab, was darum möglich ist, weil es ja zwei zu unterscheidende und nicht miteinander zu verwechselnde Personen sind, und versetzen wir uns in das Gefühl eines Vaters, der solches Leiden seines Sohnes, welcher sich in das Land der Feinde gewagt hat, mit eigenen Augen ansehen muß, mit dem Bewußtsein, daß *er* es war, der den Sohn willentlich und wissentlich dieser Gefahr ausgesetzt hat! Eine solche Hinrichtung wird in der Regel ausgeführt aus Rache oder als Strafe für ein gemeines Verbrechen, wobei beide, Vater sowohl als Sohn, getroffen werden sollen. Die Idee der *Strafe* wird besonders anschaulich gemacht durch die Kreuzigung mit zwei Verbrechern. *Die Strafe wird ausgeführt an der Gottheit selber.* Die Vorlage zu dieser Exekution ist der rituelle Königsmord. Der König wird getötet, wenn er Anwandlungen von Impotenz zeigt, oder wenn Mißernten einen Zweifel an seiner magischen Wirksamkeit aufkommen lassen. Er wird daher zur Verbesserung der Lage seines Volkes getötet, und Gott wird zur Erlösung der Menschheit geopfert.

Wie begründet sich nun diese Bestrafung Gottes? Ungeachtet der an Blasphemie streifenden Idee der Frage muß sie wegen des unzweifelhaften Strafcharakters des Opfers doch gestellt werden. Die gewöhnliche Erklärung ist ja, daß Christus um unserer Sünden willen bestraft worden sei[27]. Da es mir hier keineswegs um die kirchliche Erklärung geht, sondern vielmehr um die Rekonstruktion des zugrundeliegenden psychischen Vorganges, so muß logischerweise eine der Strafe entsprechende Schuld festgestellt werden. Wenn die Menschheit die wirkliche Schuld trägt, müßte logischerweise sie dafür bestraft werden. Wenn Gott ihr aber die Strafe abnimmt, so exkulpiert er sie, und es steht dann zu vermuten, daß die Menschheit auch gar nicht schuld sei, sondern daß Gott die Schuld habe, weshalb er sie auch logischerweise auf sich nähme. Aus begreiflichen Gründen ist nicht zu hoffen, innerhalb des ursprünglichen Christentums eine befriedigende Antwort zu finden. Wohl aber gibt es eine solche Antwort im Alten Testament, im zeitgenössischen Gnostizismus und in der späteren katholischen Spekulation. Aus dem Alten Testament wissen wir, daß Jahwe zwar ein Hüter des Gesetzes, selber aber nicht gerecht ist, und daß er an Zornanfällen litt, die er selber bereuen mußte[28]. Aus gewissen gnostischen Systemen ersehen wir, daß der auctor rerum ein niederer Archon gewesen ist, welcher wähnte, eine vollkommene Welt zu schaffen, während er doch nur leidvoll Unvollkommenes schuf. Dieser demiurgische Archon steht vermöge seines saturnischen Charakters in Analogie zum jüdischen Gott Jahwe, der ebenfalls als Weltschöpfer galt. Sein Werk war unvollkommmen und gedieh nicht, woran das Geschöpf nicht schuld ist. Dieses Argument führte innerhalb des Christentums zur Markionitischen Reformation und zur Säuberung des Neuen Testamentes von alttestamentlichen Bestandteilen. Noch im 17. Jahrhundert hat der gelehrte Jesuit Nicolaus Caussinus den Monoceros als ein passendes Symbol für den Gott des Alten Testamentes erklärt, u. a. darum, weil dieser in zornmütiger Weise die Welt wie ein gereiztes Nashorn in Unordnung gebracht habe. Schießlich aber, bezwungen von der Liebe zu einer reinen Jungfrau, habe er sich im Schoße derselben zu einem Gott der Liebe gewandelt[29].

In dieser Erklärung stoßen wir auf jene Naturlogik, welche wir in der kirchlichen Antwort vermißten. Die Schuld Gottes bestand darin, daß er als Weltschöpfer, als König seiner Geschöpfe, nicht genügte und deshalb der rituellen Tötung unterworfen werden mußte. Für den Primitiven ist der konkrete König erreichbar, für eine höhere Zivilisationsstufe mit einem geistigen Gottesbegriff hingegen war dies nicht mehr der Fall. Frühere Zeiten konnten ihre Götter noch entthronen, indem sie ihre Bilder prügelten oder sie in Fesseln legten. Auf höherer Stufe jedoch konnte nur noch ein Gott den anderen entthronen, und als der Monotheismus sich entwickelte, konnte nur noch Gott selber sich wandeln.

Daß der Wandlungsvorgang als «Strafe» erscheint – ZOSIMOS verwendet direkt diesen Ausdruck (κόλασις) –, dürfte einer gewissen Rationalisierung entsprechen bzw. einem Bedürfnis, sich die Grausamkeit des Vorganges einigermaßen zu erklären. Ein derartiges Bedürfnis stellt sich erst auf höherer Bewußtseinsstufe mit einem entwickelten Gefühl ein und sucht nach einer zureichenden Begründung für die anstoßerregende, unbegreifliche Grausamkeit der Prozedur, wie sie z. B. in dem Zerstückelungserlebnis der schamanistischen Initiation uns entgegentritt. Die nächstliegende Vermutung ist auf dieser Stufe wohl die Bestrafung einer Schuld oder Sünde. Damit erhält der Wandlungsvorgang eine moralische Bestimmung, die dem ursprünglichen Ereignis wohl kaum zugrundelag. Es scheint vielmehr, als ob eine höhere und spätere Bewußtseinsstufe ein nicht näher begründetes oder erklärtes Erlebnis vorgefunden hätte, welches sie sich dadurch verständlich zu machen suchte, daß sie eine moralische Ätiologie einflocht. Man kann unschwer sehen, daß die ursprüngliche Zerstückelung eindeutig dem Zweck diente, den Initianden als einen neuen und wirksameren Menschen herzustellen. Die Initiation hat sogar den Aspekt einer *Heilung*[30]. Im Lichte dieser Tatsache erscheint die moralische Deutung als «Strafe» einigermaßen daneben zu greifen und so den Verdacht aufkommen zu lassen, daß sie die Zerstückelung noch nicht ganz begriffen hätte. Sie hat in ihrer Unzulänglichkeit den Widerspruch, der in ihrer Erklärung liegt, nicht verstanden: eine Schuld sollte nämlich vermieden werden, damit man nicht bestraft wird. Es wäre aber für den Initianden eine wirkliche Sünde, wenn er sich der Qual der Initiation entzöge. Die ihm auferlegte Tortur ist eben gerade keine Strafe, sondern das unerläßliche Mittel, ihn seiner Bestimmung entgegenzuführen. Diese Ereignisse treten auch oft in einem so jugendlichen Alter auf, daß von einer Schuld entsprechenden Ausmaßes noch gar keine Rede sein kann. Aus diesem Grunde scheint mir die moralische Auffassung des Leidens als Strafe nicht nur unzulänglich, sondern in gewissem Grade auch irreführend zu sein. Sie ist offenbar ein erstmaliger Versuch zu einer psychologischen Erklärung im Falle einer seit alters überlieferten archetypischen Vorstellung, die nie zuvor Gegenstand des Nachdenkens gewesen war. Derartige Vorstellungen und Riten, fern davon, je erfunden zu sein, haben sich vielmehr ereignet und wurden getan, längst bevor darüber gedacht wurde. Ich habe bei Primitiven die Ausübung von Riten gesehen, von denen niemand anzugeben wußte, was sie bedeuteten, und in Europa gibt es noch Gebräuche, deren Sinn von jeher unbewußt war. Erste Erklärungsversuche pflegen daher meist etwas ungeschickt auszufallen.

Der Aspekt von Qual und Strafe entspricht einem danebenstehenden reflektierenden Bewußtsein, dem der eigentliche Sinn der Zerstückelung noch unbegreiflich ist. Was am Opfertier konkret ausgeführt wurde, und was der Schamane für eine wirkliche Tatsache hält, erscheint auf höherer Stufe, in der Zosimosvision, als ein *psychischer Vorgang,* in welchem eine Gestaltung des Unbewußten, nämlich ein Homunculus, zerteilt und gewandelt wird. Nach den Regeln der Traumdeutung ist dieser ein Aspekt des beobachtenden Subjektes selber, d. h. ZOSIMOS erscheint sich selber als Homunculus, bzw. das Unbewußte stellt ihn als solchen dar, nämlich als unvollständigen («verstümmelten») zwerghaften Menschen, der aus schwerer Materie (z. B. Blei oder Erz) besteht, was wohl soviel wie «hylischer Mensch» bedeuten will. Ein solcher ist dunkel und in der Stofflichkeit befangen. Er ist essentiell unbewußt und bedarf darum der Wandlung und Erleuchtung. Zu diesem Zwecke muß seine Gestalt auseinandergenommen und in ihre Teile zerlegt werden, welches Procedere die Alchemie als divisio, separatio und solutio bezeichnet und (in ihren späteren Schriften) als *Diskrimination* [Unterscheidung] und *Selbsterkenntnis* verstanden hat[31]. Dieser psychologische Vorgang ist zugestandenermaßen peinlich und für viele Menschen geradezu qualvoll, wie überhaupt jeder Schritt vorwärts auf dem Wege der Bewußtwerdung nur durch Leiden zu erkaufen ist.

Bei ZOSIMOS ist allerdings von einer eigentlichen Bewußtheit des Wandlungsvorganges noch keine Rede, wie seine Deutung der Vision unmißverständlich zeigt: er meint, das Traumbild zeige ihm die «Herstellung der Wässer». Daraus ist zu ersehen, daß er die Wandlung noch als exteriorisiert und keineswegs als seine eigene psychische Änderung empfindet.

Etwas ähnlich liegen die Dinge auch in der christlichen Psychologie, insofern Ritus und Dogma als bloß äußere Faktoren aufgefaßt und nicht als innere Vorgänge erlebt werden. Wie aber überhaupt die imitatio Christi und im besonderen die Messe ein deutliches Bestreben zeigen, den Gläubigen in den Wandlungsvorgang einzuschließen, indem gerade die Messe ihn parallel mit Christus als Opfergabe darstellt, so steht ein besser verstandenes Christentum ebenso hoch über dem Geiste, wie der Ritus der Messe über der archaischen Form der Zosimosvision. Die Messe bezweckt eine «participation mystique» respektive Identität von Priester und Gemeinde mit Christus, d.h. einerseits eine Angleichung der Seele an Christus und andererseits eine Verinnerlichung der Christusgestalt in der Seele. Es ist eine Wandlung des Gottes und der Seele zugleich, indem sich in der Messe das ganze Drama der Inkarnation wenigstens andeutungsweise wiederholt.

3. MESSE UND INDIVIDUATIONSPROZESS

Psychologisch betrachtet stellt Christus als Urmensch (Menschensohn, Adam secundus, τέλειος ἄνθρωπος) eine den gewöhnlichen Menschen überragende und umfassende Ganzheit dar, welche der bewußtseinstranszendenten totalen Persönlichkeit entspricht[32]. Diese bezeichnen wir, wie oben erwähnt, als das *Selbst.* Wie auf der archaischeren Stufe der Zosimosvision der Homunculus zum Pneuma gewandelt und erhöht wird, so verwandelt das eucharistische Mysterium die Seele des empirischen Menschen, der nur ein Teil seiner selbst ist, in ihre Ganzheit, die durch Christus ausgedrückt ist. Man kann daher in diesem Sinne die Messe als *Ritus des Individuationsprozesses* bezeichnen.

Überlegungen dieser Art sind in der altchristlichen Literatur schon sehr früh nachzuweisen, und zwar in den sogenannten *Johannesakten,* die wohl mit zum Bedeutendsten gehören, das die apokryphe Literatur übermittelt hat[33]. Die hier in Betracht kommende Textpartie beginnt mit der Schilderung eines mystischen Reigens, den Christus vor seiner Kreuzigung veranstaltete. Er befahl seinen Jüngern, sich gegenseitig an den Händen zu fassen und einen Kreis zu bilden. Er selber stand in der Mitte. Sie bewegten sich im Kreise, während Christus das Preislied sang, aus welchem ich einige charakteristische Verse hervorheben möchte.

«Gerettet werden will ich, und retten will ich. Amen.
Gelöst werden will ich, und lösen will ich. Amen.
Verwundet werden will ich, und verwunden will ich. Amen.
Gezeugt werden will ich, und zeugen will ich. Amen.
Essen will ich, und verzehrt werden will ich. Amen

. . . .

Gedacht werden will ich, der ich ganz Gedanke bin. Amen.
Gewaschen werden will ich, und waschen will ich. Amen.

. . . .

Die einzige Achtzahl lobsingt mit uns. Amen.
Die Zwölfzahl tanzt oben den Reigen. Amen.

. . . .

Wer nicht tanzt, erkennt nicht, was geschieht. Amen.

. . . .

Geeint werden will ich, und einen will ich. Amen.

. . . .

Eine Leuchte bin ich dir, der mich sieht. Amen.
Ein Spiegel bin ich dir, der mich erkennt. Amen.
Eine Tür bin ich dir, der an mich klopft. Amen.
Ein Weg bin ich dir, dem Wanderer.

Wenn du aber meinem Reigen Folge leistest, sieh dich in mir, dem Redenden . . . .

Wenn du tanzest, bedenke, was ich tue, daß es dein (Leid) ist, dies Menschenleid, welches ich leiden will! Denn du könntest überhaupt nicht einsehen, was du leidest, wenn ich dir nicht vom Vater als das Wort (Logos) gesandt wäre... Wenn du das Leiden kennen würdest, würdest du das Nichtleiden haben. Erkenne du das Leiden, so wirst du das Nichtleiden haben... In mir erkenne das Wort der Weisheit!»

Ich möchte hier den Text unterbrechen, da wir an einen natürlichen Abschnitt gelangt sind, und einige psychologische Erläuterungen einschieben. Sie werden uns helfen, die weiteren noch zu besprechenden Darlegungen der *Johannesakten* zu verstehen. Obschon unser Text offenkundig neutestamentliche Vorlagen benützt, so fällt doch vor allem sein antithetischer und paradoxer Stil auf, welcher mit dem Geiste der Evangelien sehr wenig gemeinsam hat. Dieser Charakter tritt in den kanonischen Schriften nur an verborgenen Stellen auf, wie z. B. im Gleichnis des ungetreuen Haushalters, im Vaterunser («Führe uns nicht in Versuchung»), Matth. 10,16 («Seid klug wie die Schlangen»), Joh. 10,34 («Ihr seid Götter»), im Logion des *Codex Bezae* zu Luk. 6,4, im apokryphen Logion («Wer mir nahe ist, ist nahe dem Feuer») usw. Es gibt auch Anklänge an den antithetischen Stil , wie z. B. Matth. 10,26 («Denn nichts ist verhüllt, was nicht enthüllt werden wird»).

Das Paradox ist ein Charakteristikum der gnostischen Schriften. Es wird dem *Unerkennbaren* mehr gerecht als die Eindeutigkeit, welch letztere das Geheimnis seiner Dunkelheit entreißt und es damit als ein *Erkanntes* hinstellt. Das ist eine Usurpation, welche den menschlichen Intellekt zur Hybris verleitet, indem sie ihm vorspiegelt, er sei nunmehr durch einen Erkenntnisakt in den Besitz des transzendenten Mysteriums gelangt und habe es «begriffen». Das Paradox entspricht daher einer höheren Stufe des Intellektes und gibt, indem es das Unerkennbare nicht gewaltsam als erkennbar hinstellt, den wirklichen Sachverhalt getreuer wieder.

Die antithetischen Prädikationen des Hymnus deuten *Gedankenarbeit* an, und zwar eine Formulierung der Gestalt des Herrn in gegensätzlichen Aussagen, nämlich als Gott und als Mensch, als Opferer und Opfergabe. Gerade letztere Formel ist darum wichtig, weil der Lobgesang vor der Gefangennahme gesprochen wird, also etwa in jenem Moment, in den von den Synoptikern das Abendmahl und vom Evangelisten Johannes (unter anderem) die Rede vom Weinstock gesetzt wird. Letzterer erwähnt bezeichnenderweise die Abendmahlseinsetzung nicht, und in den *Johannesakten* steht an deren Stelle der *Reigen.* Die Tafelrunde aber ist, wie der Reigen, eine *Zusammensetzung* und *Vereinigung;* im Abendmahl als Teilnahme am Körper und Blut Christi, d. h. als Einverleibung des Herrn, im Reigen als kreisförmige Zirkumambulation des Herrn als Mittelpunkt. Trotz der äußeren Verschiedenheit der Symbole ist ihr gemeinsamer Sinn: *Aufnahme des Herrn in die Mitte der Jünger.* Bei dieser gemeinsamen Grundbedeutung darf allerdings die äußere Verschiedenheit des Ritus nicht übersehen werden. Die klassische Eucharistiefeier folgt der synoptischen Linie, die der *Johannesakten* aber der johanneischen. Letztere drückt in einer der heidnischen Mysterienfeier entlehnten Form eine – man könnte fast sagen – unmittelbarere Beziehung der Gemeinde zu Christus aus, im Sinne des johanneischen Gleichnisses: «Ich bin der Weinstock, ihr seid die Reben. Wer in mir bleibt und ich in ihm, der trägt viel Frucht[34].» Diese enge Beziehung ist durch Kreis und Mittelpunkt dargestellt: beide Teile sind unerläßlich und äquivalent. Seit alters ist ja Kreis und Mittelpunkt ein Gottessymbol, das die Ganzheit des inkarnierten Gottes veranschaulicht: der einzelne Punkt im Zentrum und die vielen der Peripherie. Die kultische Zirkumambulation lehnt sich oft bewußt an das kosmische Gleichnis des rotierenden Sternenhimmels, des «Reigens der Sterne», an, welche Idee noch erhalten ist in der alten Vergleichung der zwölf Jünger mit den Gestirnen des Zodiakus, ebenso in den nicht seltenen Darstellungen des Tierkreises vor dem Altar oder unter der Vierung. Ebenso liegt dem mittelalterlichen Ballspiel des bischöflichen Klerus in der Kirche wohl ein ähnliches Bild zugrunde.

Auf alle Fälle bezweckt und bewirkt der feierliche Rundtanz die Einprägung des Bildes vom Kreis und vom Zentrum sowie die Beziehung jedes Punktes der Peripherie auf die Mitte[35]. Psychologisch bedeutet diese Anordnung ein Mandala und damit ein Symbol des Selbst[36], auf welches nicht nur das einzelne Ich, sondern zugleich mit ihm noch viele andere Gleichgesinnte oder Schicksalsverbundene ausgerichtet sind. Das Selbst ist ja kein Ich, sondern eine diesem übergeordnete Ganzheit, die Bewußtsein und Unbewußtes umfaßt. Da aber letzteres keine bestimmbaren Grenzen besitzt und zudem in seinen tieferen Schichten kollektiver Natur ist, so kann es auch nicht von dem eines anderen Individuums unterschieden werden. Infolgedessen bildet es die stets und überall vorhandene «participation mystique», d.h. die Einheit der Vielheit, den *einen* Menschen in allen. Diese psychologische Tatsache begründet den Archetypus des ἄνϑρωπος, des Menschensohnes, des homo maximus, des vir unus, des Purusha usw.[37]. Weil das Unbewußte an sich de facto sowohl wie per definitionem nicht diskriminiert [unterschieden] werden kann, so lassen sich höchstens aus der Empirie desselben Schlüsse auf dessen Natur ableiten. Es gibt nun unbewußte Inhalte, die zweifellos persönlich und individuell und keinem anderen Individuum gleicherweise zuzuschreiben sind. Daneben aber gibt es zahlreiche andere, die in beinahe identischer Form bei vielen verschiedenen und voneinander unabhängigen Individuen beobachtet werden können. Diese Erfahrungen weisen auf einen *kollektiven* Aspekt des Unbewußten hin. Es ist daher schwer zu verstehen, wieso man heutzutage noch die Existenz eines kollektiven Unbewußten in Zweifel ziehen kann. Es wird doch auch niemandem einfallen, die Instinkte oder die menschliche Morphologie für persönliche Erwerbungen oder Willkürlichkeiten zu halten. Das Unbewußte ist das allgemein Vermittelnde unter den Menschen. Es ist in gewisser Hinsicht der Eine, der alle umfaßt, oder das eine Psychische, das allen gemeinsam ist. Die Alchemisten haben es als ihren Mercurius bezeichnet und diesen als Mediator in Analogie zu Christus aufgefaßt[38]. In der Tat sagt die kirchliche Doktrin von Christus ähnliches aus, und in besonderem Maße tut dies unser Hymnus. Man könnte seine antithetischen Aussagen in der Tat ebensowohl und vielleicht noch eher auf den Mercurius deuten als auf Christus.

So ist z. B. schon im ersten Vers: «Gerettet werden will ich» undurchsichtig, inwiefern der Herr solches von sich aussagen könnte, da er doch der «Retter» (σωτήρ) par excellence ist. Mercurius dagegen, die hilfreiche Arkansubstanz der Alchemisten, ist die im Stoffe gefesselte Weltseele, welche, wie der der Physis verfallene Urmensch, der Rettung durch die Kunst des artifex bedarf. Mercurius wird gelöst und erlöst und ist als aqua permanens das klassische Lösungsmittel. Etwas durchsichtiger sind «Verwundung» und «verwunden», als Seitenwunde und als trennendes Schwert; ebenso aber wird auch Mercurius als Arkansubstanz vom Schwert zerteilt oder durchstoßen (separatio und penetratio) und verwundet selber mit dem Schwert oder dem telum passionis (Wurfgeschoß der Leidenschaft). Weniger klar als auf Christus bezüglich sind «Gezeugt werden» und «Zeugen», obschon erstere Aussage insofern sich wesentlich auf den Herrn bezieht, als der Sohn vom Heiligen Geiste gezeugt, aber nicht geschaffen ist. Das «Zeugen» hingegen gilt allgemein als Eigenschaft des Heiligen Geistes, aber nicht als solche Christi. Es bleibt allerdings dunkel, ob Mercurius als Weltseele gezeugt oder erschaffen ist, aber unzweifelhaft ist er «belebend», und als ithyphallischer Hermes Kyllenios ist er Symbol der Zeugung überhaupt. Das «Essen» ist im Vergleich zum «Gegessenwerden» nicht gerade charakteristisch für Christus, wohl aber für den verschlingenden Drachen, den korrosiven Mercurius, der überdies als Ouroboros sich selber auffrißt, wie der Homunculus des Zosimos.

Das «Gedachtwerden» ist, wenn überhaupt evangelisch, dann ausschließlich johanneische, nachapostolische Spekulation über die Logosnatur. Hermes galt schon sehr früh als Nous und Logos, und Hermes Trismegistos ist soviel wie offenbarender Nous. Mercurius galt noch bis ins späte 17. Jahrhundert hinein als die im menschlichen Körper, d. h. im

Stoff, verborgene veritas, die durch Meditation bzw. durch cogitatio, Nachdenken, erkannt werden muß. Meditation ist ein Begriff, der im Neuen Testament überhaupt nicht vorkommt[39]. Die eventuell entsprechende «cogitatio» hat im Neuen Testament meist negativen Charakter als die böse cogitatio cordis, in Übereinstimmung mit Gen. 6,5 (und 8,21): cuncta cogitatio cordis intenta ad malum (daß alles Dichten und Trachten ihres Herzens... nur böse war). 1 Petr. 4,1 gibt ἔννοια (Bewußtsein, «Gesinnung») als cogitatio wieder. Eigentlich positive Bedeutung hat cogitare bei Paulus (2 Kor. 10,7): «So bedenke er bei sich wiederum» (hoc cogitet iterum apud se, τοῦτο λογιζέσθω πάλιν ἐφ' ἑαυτοῦ), wo es wirklich «durch Nachdenken sich besinnen» heißt. Dieses positive Denken in uns ist aber eine Wirkung Gottes (2 Kor. 3,5: non quod sufficientes simus cogitare aliquid a nobis, quasi ex nobis – οὐχ ὅτι ἀφ' ἑαυτῶν ἱκανοί ἐσμεν λογίσασθαί τι ὡς ἐξ ἑαυτῶν – nicht daß wir von uns selbst aus tüchtig wären, etwas zu denken, als aus uns selbst heraus). Die einzige Stelle, an der cogitatio den Charakter der Meditation mit der sie krönenden Erleuchtung hat, ist Apg. 10,19 (Petro autem cogitante de visione, dixit Spiritus ei – τοῦ δὲ Πέτρου διενθυμουμένου περὶ τοῦ ὁράματος εἶπεν τὸ πνεῦμα – während aber Petrus über das Gesicht nachdachte, sprach der Geist zu ihm).

Das Denken war in den ersten nachchristlichen Jahrhunderten vielmehr eine Angelegenheit der Gnostiker als der Kirche, weshalb die großen Gnostiker, wie BASILIDES und VALENTINUS, beinahe als philosophierende christliche Theologen erscheinen. Mit der johanneischen Logoslehre war es gegeben, Christus als Nous und zugleich als Objekt des (menschlichen) Denkens zu betrachten, wie der Text sagt: Νοηθῆναι θέλω νοῦς ὢν ὅλος (Gedacht werden will ich, ganz Geist seiend)[40]. Ebenso heißt es in den *Petrusakten* von Christus: «Du bist nur dem Geiste nach erkennbar[41].»

Das «Waschen» bezieht sich auf die purificatio bzw. die Taufe und ebensowohl auch auf das Abwaschen des Leichnams. Letztere Vorstellung hat sich bis ins 18. Jahrhundert hinein als alchemistische Abwaschung des «schwarzen Leichnams» und als «opus mulierum» erhalten. Das Abzuwaschende war die schwarze Ausgangsmaterie und, wie diese, war das Waschmittel (sapo sapientum!) und der Wäscher der eine Mercurius in seinen verschiedenen Gestalten. Während aber in der Alchemie (die abzuwaschende) *nigredo* und *Sünde* identische Begriffe waren, bestehen im christlichen Gnostizismus nur Andeutungen einer möglichen Identität Christi mit dem Dunkeln, wie z. B. im λούσασθαι (Gewaschenwerden) unseres Textes.

Die *Achtheit* gehört als doppelte Vier zur Kreissymbolik (Mandala). Sie stellt hier deutlich den Archetypus des Reigens «an überhimmlischem Orte»[42] dar, indem sie mitschwingt. Dasselbe ist der Fall mit der *Zwölfzahl,* welche den zodiakalen Archetypus der Jüngerzahl darstellt; eine kosmische Vorstellung, die noch in DANTES *Paradiso* nachklingt, wo die Heiligen Konstellationen bilden.

Wer diesen Tanz nicht mitmacht bzw. die Zirkumambulation des Mittelpunktes, d. h. des Christus und Anthropos, der ist mit Blindheit geschlagen und sieht nichts. Was hier als äußeres Ereignis beschrieben wird, ist ein Symbol für die Hinwendung zum Zentrum in jedem Jünger, nämlich zum Archetypus des Anthropos, zum Selbst, denn man kann diesen Tanz nicht gut als ein historisches Ereignis verstehen. Er ist vielmehr als eine Art Paraphrase der Eucharistie und als eine Rezeptionserscheinung[42a], d. h. als ein amplifizierendes Symbol, das als psychisches Phänomen gedeutet werden will, aufzufassen. Er ist ein Akt höherer Bewußtwerdung, nämlich die Herstellung einer Verbindung zwischen dem Bewußtsein der einzelnen und dem übergeordneten Symbol der Ganzheit.

So sagt auch Petrus: «Du bist mir Vater, du mir Mutter, du mir Bruder, du Freund, du Diener, du Haushalter. Du (bist) das All, und das All (ist) in dir; und du (bist) das Sein, und es gibt nichts anderes was ist, außer allein du. Zu ihm nun fliehet auch ihr, Brüder, und lernet, daß euer Sein allein in ihm liegt, und ihr werdet dann das erlangen, von dem er zu euch sagt: ‹Was weder ein Auge gesehen hat, noch ein Ohr gehört hat, noch in ein Menschenherz gekommen ist›[43].»

In diesem Sinne ist der folgende Satz: «Geeint werden will ich...» zu verstehen: das subjektive Bewußtsein wird mit einem objektiven Mittelpunkt verbunden. Daraus entsteht die menschlich-göttliche Einheit, welche durch Christus dargestellt wird. Das Selbst wird durch die Konzentration der vielen auf die Mitte verwirklicht, und es will auch diese Konzentration. Es ist Subjekt und Objekt des Geschehens. Darum «leuchtet» es dem, der es «sieht». Sein Licht ist unsichtbar, wenn es nicht gesehen wird. Es ist, wie wenn es dann nicht existierte. Es ist vom Gesehenwerden so abhängig wie das Sehen vom Licht. Darin drückt sich wiederum die paradoxe Subjekt- und Objektnatur des Unerkennbaren aus. Darum ist Christus – bzw. das Selbst – ein «Spiegel», der einerseits das subjektive Bewußtsein des Jüngers spiegelt, d.h. diesen selbst sichtbar macht, andererseits aber auch Christus «kennt», d.h. nicht nur den empirischen Menschen widerspiegelt, sondern ihn auch als (transzendentale) Ganzheit zeigt. Wie eine «Türe» sich öffnet, an die «angeklopft» wird, oder wie dem Suchenden sich ein «Weg» offenbart, so hebt für denjenigen, der sich auf seine (transzendentale) Mitte bezieht, ein Bewußtwerdungsprozeß an und eine Entwicklung zur Einheit und Ganzheit. Er sieht sich nicht mehr als den *Vereinzelten,* sondern als den *Einen.* Vereinzelt ist nur das subjektive Bewußtsein. Wenn dieses aber auf seine Mitte bezogen ist, dann ist es dem Ganzen integriert. Wer mittanzt im Reigen, sieht sich im spiegelnden Zentrum, und das Leid des einzelnen ist jenes, das der, welcher in der Mitte steht, «leiden will». Man könnte die paradoxe Identität und Verschiedenheit von Ich und Selbst wohl nicht schöner und treffender ausdrücken.

Man vermöchte, wie der Text sagt, nicht einmal zu verstehen, was man leidet, wenn einem nicht jener archimedische Punkt außerhalb gegeben wäre, jener objektive Standpunkt des Selbst, von dem aus das Ich als Phänomen gesehen werden kann. Ohne die Objektivation des Selbst bliebe das Ich in hoffnungsloser Subjektivität befangen und könnte sich nur um sich selber drehen. Wer aber sein Leiden ohne subjektive Befangenheit einsieht und versteht, der kennt auch das «Nichtleiden» vermöge seines geänderten Standpunktes, denn er hat einen Ort («die Stätte der Ruhe») jenseits aller Verwicklungen. Das ist wohl der echte christliche Gedanke der Weltüberwindung in einer unerwartet psychologischen Formulierung, obschon er zu einer doketischen Wendung Anlaß gibt: «Wer ich bin, wirst du erkennen, wenn ich von hinnen gehe. Als was ich jetzt gesehen werde, das bin ich nicht.» Diese Sätze werden verdeutlicht durch eine Vision, in welcher der Herr in der Mitte einer Höhle steht und diese erleuchtet. Er spricht zu Johannes:

Johannes, für die Volksmenge dort unten in Jerusalem werde ich gekreuzigt und mit Lanzen und Rohren gestoßen und in Essig und Galle getränkt. Ich aber sage dir und, was ich sage, höre: Ich gab dir ein, auf diesen Berg zu steigen, damit du hörest, was der Schüler vom Lehrer lernen muß und der Mensch von Gott. Und indem er dies sagte, zeigte er mir ein aus Licht zusammengesetztes Kreuz und um das Kreuz herum eine große Volksmenge, welche *keine* Gestalt hatte (μίαν μορφὴν μὴ ἔχοντα), und in demselben (scl. Kreuz) war *eine* Gestalt und ein ähnliches (ὁμοία, entsprechendes?) Bild. Den Herrn selbst sah ich oben über (ἐπάνω) dem Kreuz und er hatte keine Gestalt (σχῆμα), sondern nur eine gewisse Stimme, aber nicht die uns vertraute Stimme, sondern eine süße und gütige und wahrliche (die eines) Gottes, die zu mir sprach: Johannes, einer muß von mir dieses hören; denn eines bedarf ich, der hören soll. Dieses Kreuz aus Licht wurde von mir um euretwillen bald Logos, bald Nous, bald Jesus, bald Christus, bald Türe, bald Weg, bald Brot, bald Same (σπόρος), bald Auferstehung, bald Sohn, bald Vater, bald Pneuma, bald Leben, bald Wahrheit, bald Glaube (πίστις), bald Gnade genannt. Solches nun für die Menschen; aber für sich selbst betrachtet und in unserer Sprechweise ist es die Begrenzung des Alls und das aus Unstetem Zusammengesetzte...[44] und die Harmonie der Weisheit, und zwar die Weisheit in der Harmonie. Es gibt aber rechte und linke (Stätten), Kräfte, Gewalten, Herrschaften, Dämonen, Wirksamkeiten, Drohungen, Zornausbrüche, Teufel, den Satanas und die untere Wurzel, von welcher die Natur des Entstehenden hervorging. Das Kreuz also ist es, welches das All durch das Wort sich zusammenfügte und das Reich der Entstehung und das Untere begrenzte, dann auch als die Einheit alles quellen ließ. Nicht das Kreuz ist es, welches du sehen wirst aus Holz, wenn du von hier hinabgehst. Auch bin ich der, den du jetzt nicht siehst, sondern dessen Stimme du nur hörst, nicht der auf dem Kreuze. Was ich nicht bin, dafür galt ich, der ich nicht bin, was ich für viele andere war; sondern was man von mir sagen wird, ist niedrig und meiner unwürdig. Da man also die Stätte der Ruhe weder sieht noch nennt, wird man viel weniger mich, ihren Herrn, sehen (oder nennen). Die (nicht) einförmige Volksmenge um das Kreuz herum aber ist die untere Natur. Und wenn auch die, welche du im Kreuze siehst, (noch) nicht *eine* Gestalt haben, so bedeutet das, daß noch nicht jedes Glied des herabgekommenen (Herrn) zusammengefaßt worden ist. Wenn aber der Menschen Natur und ein sich mir näherndes Geschlecht, das (meiner) Stimme folgt, aufgenommen ist, wird der mich jetzt Hörende mit diesem vereint werden und nicht mehr sein, was er jetzt ist, sondern über ihnen stehen, wie auch ich jetzt. Denn solange du dich noch nicht mein eigen nennst, bin ich nicht das, was ich war. Wenn du aber mich verstehst, wirst du als Verstehender sein wie ich; ich aber werde sein, was ich war, wenn ich dich bei mir habe. Denn von mir bist du (nämlich) das (was ich bin).

«Denn was du bist, siehst du, das zeigte ich dir. Was ich aber bin, das weiß ich allein, sonst niemand. Das Meine also laß mich haben, das Deine aber sieh durch mich! Mich aber sieh wirklich, nicht (was) ich, wie ich sagte, bin, sondern was du als Verwandter erkennen kannst[45].»

Unser Text gibt Anlaß zu einem Zweifel an der traditionsmäßigen und gewöhnlichen Auffassung des Doketismus. Es ist zwar auf Grund der Texte durchaus einleuchtend, daß Christus einen Scheinleib, der nur scheinbar litt, besessen habe. Dies ist aber eine grobe doketische Ansicht. Die *Acta Joannis* sind subtiler, indem sie beinahe erkenntniskritisch argumentieren: die historischen Tatsachen sind zwar wirklich, aber sie lassen nur erkennen, was dem Sinnenmenschen eindrücklich und begreifbar ist. Der Akt der Kreuzigung ist aber außerdem noch für den Erkenner göttlicher Geheimnisse ein *Mysterium,* d.h. ein Symbol, welches ein paralleles psychisches Ereignis im Anschauenden ausdrückt. In platonischer Sprache ist es ein Ereignis «an himmlischem Orte», d.h. auf einem «Berge» und in einer «Höhle», wo ein *Lichtkreuz* aufgerichtet ist, welches viele Synonyme, d.h. viele Aspekte und Bedeutungen hat. Es drückt die unerkennbare Natur des «Herrn», d.h. der übergeordneten Persönlichkeit und des τέλειος ἄνθρωπος, aus, und ist eine Quaternität, also eine viergeteilte Ganzheit, das klassische Symbol des Selbst.

In diesem Sinne verstanden, scheint der Doketismus der *Johannesakten* eher eine Vervollständigung der historischen Tatsachen als eine Entwertung derselben zu sein. Daß der Vulgus eine derartige Subtilität, die zwar vom psychologischen Standpunkt aus durchaus begreiflich ist, nicht verstanden hat, kann nicht wundernehmen. Andererseits war aber für den Gebildeten jener ersten Jahrhunderte der Parallelismus irdischen und metaphysischen Geschehens keineswegs fremdartig, nur war es ihm nicht klar, daß seine visionären Symbole nicht notwendigerweise metaphysische Wirklichkeiten, sondern in erster Linie Wahrnehmungen von innerpsychischen bzw. subliminalen Vorgängen, nämlich von *Rezeptionserscheinungen* waren. Die Kontemplation des kosmischen Opfertodes Christi in seiner traditionellen Form konstellierte (wie dies stets der Fall ist) analoge psychische Vorgänge, die dann ihrerseits Anlaß zu einer reichen Symbolbildung gaben, wie ich anderwärts gezeigt habe[46]. Dieser Fall liegt hier deutlich vor, und zwar in einer höchst anschaulichen Trennung zwischen dem historischen, sinnlich wahrnehmbaren Ereignis unten auf der Erde und dem ideellen visionären Vorgang in der Höhe; einerseits das Kreuz aus Holz als Marterinstrument, andererseits dasselbe als erleuchtendes Symbol. Offenkundig wird das Schwergewicht auf das ideelle Geschehen verschoben und damit dem psychischen Vorgang unwillkürlich die Hauptbedeutung verliehen. Die pneumatische Tendenz mindert zwar den Sinn des konkreten Geschehens in einseitiger und anfechtbarer Weise, kann aber doch nicht als überflüssig verworfen werden, indem ein konkretes Ereignis allein keine Bedeutung erzeugen kann, sondern hierfür in hohem Maße von der Art und Weise, wie es verstanden wird, abhängt. Wie das Wort «Bedeutung» anzeigt, ist «Deutung» zur Erfassung eines Sinnes unerläßlich. Mit den nackten Tatsachen allein ist an sich kein Sinn gegeben. Man kann daher der gnostischen Bemühung um die Deutung nicht alles Verdienst absprechen, auch wenn sie den Rahmen der urchristlichen Tradition weit überschreitet. Man könnte sogar die Behauptung wagen, sie sei implicite darin bereits gegeben, indem das Kreuz und die Gestalt des Gekreuzigten im neutestamentlichen Sprachgebrauch beinahe synonym sind[47].

Der Text stellt das *Kreuz* als einen *Gegensatz zur amorphen Volksmenge* dar: es hat oder ist «Gestalt» und bedeutet die Bestimmung eines Mittelpunktes durch zwei sich kreuzende Geraden. Es ist identisch mit dem Kyrios und Logos, mit Jesus und Christus. Inwiefern Johannes den Herrn über dem Kreuze gestaltlos «sehen» kann, bleibt dunkel. Er vernimmt nur eine erklärende Stimme, womit vielleicht angedeutet ist, daß auch das Lichtkreuz nur eine Veranschaulichung des Unerkennbaren ist, dessen Stimme man, getrennt vom Kreuze, hören kann. Dies wird wohl bestätigt durch die Bemerkung, daß das Kreuz «um euretwillen» Logos usw. genannt wird.

Das Kreuz bedeutet *Ordnung gegenüber dem Ungeordneten* bzw. Chaotischen der gestaltlosen Volksmenge. Es ist in der Tat eines der ursprünglichsten Ordnungssymbole, wie ich a. a. O. dargetan habe. Im Bereich der psychischen Vorgänge hat es ebenfalls die Funktion eines ordnungserzeugenden Mittelpunktes und erscheint daher auch als viergeteiltes Mandala in Zuständen psychischer Unordnung[48], wobei letztere meistens durch den Einbruch unbewußter Inhalte veranlaßt ist. In den urchristlichen Jahrhunderten war dies zweifellos eine häufige Erscheinung, und zwar nicht nur in gnostischen Kreisen[49]. Es ist daher begreiflich, daß die gnostische Introspektion nicht verfehlen konnte, die Numinosität dieses Archetypus wahrzunehmen und sich davon gebührend beeindrucken zu lassen. Das Kreuz war für sie funktionell genau das, was der Osten schon immer als Âtman, d. h. als Selbst, verstanden hat. Diese Wahrnehmung stellt ein zentrales Erlebnis des Gnostizismus dar.

Durchaus originell ist die Definition des Mittelpunktes bzw. des Kreuzes als διορισμός (Begrenzung) des Alls, d. h. das Universum erreicht seine Grenze nicht an einer Peripherie, die nicht vorhanden ist, sondern in seinem Mittelpunkt. Allein dort besteht die Möglichkeit eines «Jenseits von». Alles Unstete gipfelt im Ewigen und Ruhenden, und im Selbst kommen die Disharmonien zur Einheit und zur «Harmonie der Weisheit».

Die Mitte ist eine Idee der Ganzheit und Endgültigkeit. Es ist daher durchaus am Platze, wenn der Text sich hier ziemlich plötzlich an die Tatsache der Dichotomie des Alls erinnert, nämlich an das Rechte und Linke, das Helle und das Dunkle, an das Himmlische und an die «untere Wurzel», die omnium genetrix. Damit deutet er unmißverständlich an, daß in der Mitte alles enthalten ist, und daß mithin der «Herr» bzw. das Kreuz alles zusammensetzt und vereinigt, also «nirdvanda», d. h. «frei von Gegensätzen» ist, in klarer Übereinstimmung mit den entsprechenden östlichen Ideen und ebenso mit der Psychologie dieses archetypischen Symbols. Die gnostische Christusfigur bzw. das Kreuz, entspricht daher dem Typus des psychologischen Mandalas, welchen das Unbewußte bekanntlich spontan produziert. Es ist darum ein *natürliches Symbol* und unterscheidet sich prinzipiell von der dogmatischen Gestalt, in welcher das Dunkle expressis verbis fehlt.

In diesem Zusammenhang müssen auch die Abschiedsworte des Petrus erwähnt werden, die er bei seinem Martyrium (Kreuzigung mit dem Kopf nach unten) sprach.

«O Name des Kreuzes, verborgenes Geheimnis; o unaussprechliche Gnade, die bei dem Namen des Kreuzes (mit) ausgesprochen ist; o Menschennatur, die von Gott nicht getrennt werden kann; o unsagbare und unzertrennbare Liebe, die von unreinen Lippen nicht gezeigt werden kann; ich erfasse dich jetzt, der ich an dem Ende meiner irdischen Laufbahn stehe. Ich will dich bekannt machen, wie du bist. Ich will das meiner Seele einst verschlossene und verborgene Geheimnis des Kreuzes nicht verschweigen. Ihr, die ihr auf Christus hofft, nicht das, was erscheint, soll euch ein Kreuz sein; denn etwas von dem, was erscheint, durchaus Verschiedenes ist dieses (Leiden) gemäß dem Leiden Christi. Und jetzt zumal, da ihr, die ihr zu hören vermögt, (es hören) könnt von mir, der ich in der letzten und Abschiedsstunde meines Lebens stehe, höret: von allem sinnlich Wahrnehmbaren haltet eure Seelen fern, von allem Erscheinenden, da es nicht wirklich ist. Verschließet diese eure Augen, verschließet diese eure Ohren; (haltet euch fern) die Ereignisse, (die) in die Erscheinung (treten)! Und ihr werdet das, was mit Christus vorgegangen ist, und das ganze Geheimnis eures Heiles erkennen...

Erkennet das Geheimnis der gesamten Schöpfung und den Beginn aller Dinge, wie er gewesen ist. Denn der erste Mensch, dessen Geschlecht ich in (meiner)

Gestalt trage, mit dem Kopf nach unten gestürzt, zeigte eine Entstehungsart, die ehemals nicht existierte; denn sie war tot, da sie keine Bewegung hatte. Als er nun herabgezogen wurde, er, der auch seinen Ursprung auf die Erde warf, hat er die Gesamtheit der Einrichtung festgestellt, aufgehängt nach Art der Berufung, bei der er das Rechte als Linkes und das Linke als Rechtes gezeigt hat, und hat alle Zeichen der Natur geändert, (nämlich) das Nichtschöne als schön zu betrachten und das wirklich Schlechte als Gutes. Darüber sagt der Herr im Geheimnisse: ‹Wenn ihr nicht das Rechte macht wie das Linke und das Linke wie das Rechte und das Oben wie das Unten und das Hinten wie das Vorn, werdet ihr das (Himmel-)Reich nicht erkennen.› Dieses Verständnis habe ich zu euch gebracht, und die Art, in der ihr mich hangen seht, ist die Abbildung jenes Menschen, der zuerst zur Entstehung kam.»

Auch in diesem Text ist die symbolische Auffassung des Kreuzes mit dem Problem der Gegensätze verknüpft; einmal in der ungewöhnlichen Idee der allgemeinen Umkehrung, welche durch die Erschaffung des Urmenschen veranlaßt wurde, und sodann im Versuch der Gegensatzvereinigung durch Identifikation. Bedeutsam ist auch die Identität des umgekehrt gekreuzigten Petrus mit dem Ersterschaffenen und mit dem Kreuz:

«Das Wort sei dieses aufrecht stehende Holz, an dem ich gekreuzigt bin; der Schall aber ist der Querbalken (nämlich die) Menschennatur; der Nagel aber, der an dem geraden Holze den Querbalken in der Mitte festhält, ist die Umkehr und Sinnesänderung des Menschen[50].»

Man könnte aber trotzdem nicht behaupten, daß dem Gnostiker, respektive dem Verfasser der *Johannesakten,* die Konsequenzen aus seinen Prämissen völlig klar geworden wären. Vielmehr besteht der Eindruck, als ob das Licht alle Dunkelheit verschlungen hätte. Wie die erleuchtende Vision über der konkreten Kreuzigung steht, so steht der Erleuchtete über der gestaltlosen Volksmenge. Der Text sagt: «Darum kümmere dich nicht um die große Menge und verachte die, welche außerhalb des Geheimnisses stehen![51]» Diese überhebliche Haltung entspringt einer Inflation, die dadurch entstanden ist, daß der Erleuchtete sich mit seinem Licht identifiziert, d.h. sein Ich mit dem Selbst verwechselt und sich daher über seine Dunkelheit erhaben wähnt. Er vergißt, daß Licht nur dort Sinn hat, wo es eine Dunkelheit erleuchtet, und daß seine Erleuchtung ihm nur dann ihre Dienste leistet, wenn sie ihm hilft, seine eigene Dunkelheit zu erkennen. Sind die «linken» Kräfte aber ebenso wirklich wie die «rechten», so kann ihre gegenseitige Vereinigung nur ein Drittes erzeugen, welches an der Natur beider Anteil hat. Gegensätze vereinigen sich in einem Energiegefälle: das Dritte, das daraus entsteht, ist eine Gestalt, die, «frei von Gegensätzen», jenseits moralischer Kategorien steht. Dieser Schluß wäre für den Gnostizismus anachronistisch gewesen. Die Kirche hat die Gefahr des gnostischen Irrealismus erkannt und hat darum immer und mit praktischem Recht auf dem Konkretismus der historischen Tatsachen bestanden, obschon die neutestamentlichen Urschriften die schließliche Deifikation des Menschen voraussahen, und dies in seltsamster Übereinstimmung mit dem Worte der Paradiesschlange: «Eritis sicut dii» [Ihr werdet sein wie die Götter] [52]. Die Rangerhöhung des Menschen konnte aber mit einem gewissen Recht erst in der Zeit nach dem Tode erwartet werden. Damit wurde die Gefahr der gnostischen Inflation vermieden [53].

Hätte sich der Gnostiker nicht mit dem Selbst identifiziert, dann hätte er sehen müssen, aus wieviel Dunkelheit er besteht – eine Einsicht, die dem modernen Menschen schon etwas näher liegt, aber ihm auch die entsprechenden Beschwerden verursacht. Er ist sogar eher bereit anzunehmen, daß er selber ganz und gar des Teufels sei, als daß er glauben würde, sein Gott könnte sich gegensätzlicher Äußerungen bedienen. Mit all den üblen Folgen seiner fatalen Inflation hat sich der Gnostiker aber eine religionspsychologische bzw. religiöse Einsicht erworben, von der wir noch einiges lernen können. Er hat einen tiefen Blick in die Hintergründe des Christentums und damit auch in die zukünftigen Entwicklungen desselben geworfen. Das hängt mit der Tatsache zusammen, daß er vermöge seiner Vermählung mit der heidnischen Gnosis eine christliche Rezeptionserscheinung darstellt, welche die Christusbotschaft dem damaligen Zeitgeist zu integrieren versuchte.

Die ungewöhnliche Menge von Synonymen, welche zur Definition des Kreuzes zusammengehäuft werden, hat ihre Analogie in den naassenischen und peratischen Symbolen bei HIPPOLYTUS, die allesamt auf dieses Eine und Zentrale hinweisen. Es ist das ἓν τὸ πᾶν der Alchemie, einesteils das Herz und Prinzip des Makrokosmos, anderenteils die Spiegelung desselben in einem Punkte, d. h. in einem Mikrokosmos, als welcher seit alters der Mensch galt. Er ist vom Wesen des Alls, und sein Mittelpunkt ist das Zentrum des Universums. Dieses innere Erlebnis der Gnostiker, Alchemisten und Mystiker hat mit dem Wesen des Unbewußten zu tun;

ja man kann sagen, daß es das Erlebnis des Unbewußten sei, denn dieses ist ein Vorhandenes, Objektives, von dem unzweifelhaft Wirkungen auf das Bewußtsein ausgehen, das aber an und für sich nicht unterscheidbar und darum unerkennbar ist. Es sind zwar in ihm hypothetische Ansätze zu Verschiedenheiten zu vermuten, aber nicht nachzuweisen, indem alles mit allem kontaminiert erscheint. Das Unbewußte macht einerseits den Eindruck einer Fülle von Verschiedenem, andererseits aber auch den einer Einheit. Wir sind zwar einerseits von der ungeheuren Menge der in Raum und Zeit verschiedenen Dinge überwältigt, aber auf der anderen Seite wissen wir doch von der Sinneswelt, daß der Gültigkeitsbereich ihrer Gesetze sich in unermeßliche Entfernungen erstreckt. Wir glauben, daß es eine und dieselbe Welt sei, im kleinsten wie im größten. Der Intellekt versucht zwar, immer Unterschiede zu sehen, weil er ohne dieselben nicht erkennen kann. Deshalb bleibt ihm die Einheit der Welt immer ein etwas dunstiges Postulat, mit dem er nicht viel anzufangen weiß. Die Introspektion aber, die in die psychischen Hintergründe eindringt, stößt baldigst mit dem Unbewußten zusammen, welches im Gegensatz zum Bewußtsein bestimmte Inhalte nur mehr ahnen läßt und auf Schritt und Tritt mit einer verwirrenden Fülle von Beziehungen, Parallelen, Kontaminationen und Identitäten überrascht. Obschon man aus Erkenntnisgründen eine unbestimmte Menge unterschiedlicher Archetypen anzunehmen gezwungen ist, so befällt einen doch immer wieder der Zweifel, inwiefern sie irgendwie klar voneinander zu trennen wären. Sie überschneiden sich dermaßen und haben eine solche Kombinationsfähigkeit, daß alle Versuche zu einer Begriffsisolierung als hoffnungslos erscheinen. Zudem hat das Unbewußte, in scharfem Gegensatz zu den Bewußtseinsinhalten, die Neigung, sich in einheitlicher Weise zu personifizieren, wie wenn es nur *eine* bestimmte Gestalt oder Stimme hätte. Um dieser Eigenschaft willen vermittelt das Unbewußte ein *Einheitserlebnis,* dem alle jene Eigenschaften zukommen, auf welche die gnostischen und alchemistischen Aussagen anspielen, und noch eine große Anzahl darüber hinaus.

Wie der Gnostizismus und andere geistige Bewegungen deutlich erkennen lassen, besteht a priori und naiverweise die Neigung, alle Offenbarungen des Unbewußten sozusagen für bare Münze zu nehmen und zu glauben, daß sich das Wesen der Welt selber, d. h. die endgültige Wahrheit, darin enthüllt hätte. Diese Annahme, so überheblich sie sich auch auf den ersten Blick anläßt, scheint mir nicht ganz ohne Berechtigung zu sein, denn schießlich offenbart sich in den spontanen Äußerungen des Unbewußten eine Psyche, die mit dem Bewußtsein nicht identisch ist, sondern unter Umständen ganz erheblich von letzterem abweicht. Es ist eine natürlicherweise vorhandene psychische Tätigkeit, die weder angelernt noch der Willkür unterworfen ist. Die Äußerung des Unbewußten ist daher die Offenbarung eines Unerkennbaren im Menschen. Man muß nur von der Umweltbedingtheit der Traumsprache absehen und beispielsweise statt Aeroplan Adler, statt Auto und Lokomotive Ungetüme, statt Injektion Schlangenbiß usw. setzen, um zu der allgemeineren und fundamentaleren mythologischen Sprache zu gelangen. Dadurch erreicht man den Anschluß an die urtümlichen Bilder, die allen Denkakten zugrunde liegen und unsere Auffassungen – sogar die wissenschaftlichen – in erheblicher Weise beeinflussen[54].

In diesen archetypischen Formen drückt sich wohl etwas aus, das zum mindesten mit dem geheimnisvollen Wesen einer natürlichen Psyche, d. h. eines kosmischen Faktors erster Ordnung, zu tun hat. Ich muß nämlich zur Ehrenrettung der objektiven Psyche, die durch das neuzeitliche Überwuchern des Bewußtseins entwertet wurde, immer wieder betonen, daß ohne Psyche überhaupt keine Welt festgestellt, geschweige denn erkannt werden könnte. Es ist nach allem, was wir wissen, sicher, daß die ursprüngliche Psyche noch kein Bewußtsein ihrer selbst besitzt. Letzteres hat sich erst im Laufe der Entwicklung, die zum Teil in die geschichtliche Epoche fällt, herausgebildet[55]. Noch heute kennen wir primitive Stämme, deren Bewußtsein sich nicht allzuweit von dem Dunkel der Urpsyche entfernt hat, und sogar beim zivilisierten Menschen lassen sich noch zahlreiche Reste des Urzustandes nachweisen. Es ist sogar wahrscheinlich, in Anbetracht der erheblichen Möglichkeiten zu weiterer Differenzierung des Bewußtseins, daß dieses auch heute noch auf relativ tiefer Stufe steht. Immerhin hat es sich so weit entwickelt und selbständig gemacht, daß es seine Abhängigkeit von der unbewußten Psyche vergessen konnte. Auf diese Befreiung tut es sich nicht wenig zugute, übersieht aber die Tatsache, daß es zwar das Unbewußte scheinbar los ist, dafür aber seinen *selbsterzeugten Wortbegriffen* zum Opfer fällt. Der Teufel ist mit dem Beelzebub ausgetrieben. Die Abhängigkeit von Wörtern ist sogar dermaßen stark, daß ein philosophischer «Existentialismus» kompensierend eingreifen und auf eine trotz Wörtern bestehende Wirklichkeit hinweisen muß; dies allerdings mit dem bedrohlichen Risiko, daß aus «Existenz», «existentiell» usw. bereits wieder Wörter entstanden sind, mit denen man eine Wirklichkeit glaubt eingefangen zu haben. Man kann nämlich von Wörtern genauso abhängig sein wie vom Unbewußten – und man ist es auch. Der Fortschritt zum Logos ist zwar eine große Errungenschaft, die man aber in dem Maße mit Instinkt-, d. h. Wirklichkeitsverlust, bezahlen muß, als man in primitiver Weise an bloßen Wörtern hängt. Weil die Wörter Sachen ersetzen, was sie ja in Wirklichkeit nicht können, so nehmen sie gesteigerte Formen an, werden absonderlich, fremdartig, überstiegen und werden zu dem, was schizophrene Patienten als «Machtwörter» bezeichnen. Es entsteht einfach primitiver Wortzauber, von dem man sich über Gebühr beeindrucken läßt, weil das Absonderliche als besonders tief und bedeutsam empfunden wird. Hierfür liefert gerade der Gnostizismus die lehrreichsten Beispiele. Neologismen haben die Tendenz, sich nicht nur in erstaunlichem Maße zu verselbständigen, sondern auch das zu ersetzen, dessen Wirklichkeit sie ursprünglich hätten ausdrücken sollen.

Das Abreißen des Kontaktes mit dem Unbewußten und das Unterliegen unter die Tyrannei des Wortes bedeuten einen großen Nachteil: das Bewußtsein verfällt immer mehr seiner diskriminierenden Tätigkeit, und das Weltbild wird dadurch in unzählige Einzelheiten aufgelöst, wobei das ursprüngliche Gefühl der Einheit, das unauflösbar mit der Einheit der unbewußten Psyche verbunden ist, verlorengeht. Dieses Gefühl der Einheit, welches sogar die philosophische Betrachtungsweise in der Gestalt der Lehre von der Korrespondenz und Sympathie aller Dinge noch weit ins 17. Jahrhundert hinein beherrschte, tritt nach langer Versunkenheit erst heute dank den Entdeckungen der Psychologie des Unbewußten und der Parapsychologie wieder in das wissenschaftliche Blickfeld. Die Art und Weise, wie das Unbewußte sich in den Gesichtskreis des Bewußtseins eindrängt, nämlich durch eine neurotische Störung des letzteren, erinnert nicht nur an die politisch-sozialen Zustände der Gegenwart, sondern erscheint sogar als Teilphänomen derselben. In beiden Fällen nämlich entsteht eine analoge Dissoziation in dem einen als Spaltung des Weltbewußtseins durch einen «eisernen Vorhang», in dem anderen als Spaltung der einzelnen Persönlichkeit. Diese Dissoziation erstreckt sich über die ganze Welt und psychologisch über eine Unzahl von Individuen, deren Summierung eben die entsprechenden Massenphänomene hervorruft. Im Westen ist es hauptsächlich der soziale Massenfaktor und im Osten vorerst die Technik, welche alte Ordnungen unterminiert. Diese Entwicklung hat ihren Ursprung zunächst in der ökonomischen und psychologischen Entwurzelung der Industriebevölkerungen, welche ihrerseits wieder aus dem rapiden Fortschritt der Technik entstanden ist. Letztere aber beruht ersichtlicherweise auf einer besonderen, rational gerichteten Differenzierung des Bewußtseins, welche die Tendenz hat, alle irrationalen psychischen Faktoren zu verdrängen. Daraus entsteht im Individuum sowohl wie im Volk eine Gegenposition, die sich mit der Zeit zum offenen Konflikt verstärkt.

Etwas Umgekehrtes, aber Ähnliches hat sich in geringerem Maße und auf geistiger Ebene in den ersten nachchristlichen Jahrhunderten abgespielt. Die geistige Desorientierung der römischen Welt wurde durch den Einbruch des Christentums kompensiert. Natürlicherweise mußte es sich, um bestehen zu können, nicht nur gegen seine Feinde, sondern auch gegen seine eigenen zu weit gehenden Ansprüche wehren, so unter anderem gegen den Gnostizismus. Es mußte seine Lehre zunehmend rationalisieren, um die Flut des Irrationalen eindämmen zu können. Daraus entstand im Laufe der Jahrhunderte jene Ehe zwischen der ursprünglichen irrationalen Christusbotschaft und der menschlichen Vernunft, welche den abendländischen Geist charakterisiert. In dem Maße aber, als die Vernunft allmählich überwog, setzte sich der Intellekt durch und beanspruchte Autonomie. Und wie der Intellekt sich der Psyche bemächtigte, so auch der Natur, und er gebar ein wissenschaftlich-technisches Zeitalter, das dem natürlichen und irrationalen Menschen immer weniger Raum bot. Damit aber war das Fundament zu einer inneren Opposition gelegt, welche heute die Welt mit dem Chaos bedroht. Der Umkehrung entsprechend, versteckt sich die Unterwelt heute hinter Vernunft und Intellekt, d.h. einer rationalistischen Ideologie, welche sich aber als sturer Glaube mit Feuer und Schwert durchzusetzen versucht, wetteifernd mit den dunkelsten Aspekten einer ecclesia militans. Demgegenüber ist der abendländisch-christliche Geist in seltsamer Enantiodromie [Gegenläufigkeit] zum Verteidiger des Irrationalen geworden, indem er trotz seiner Vaterschaft dem Rationalismus und Intellektualismus nicht so weit erlegen ist, daß er den Glauben an die Menschenrechte, insbesondere die Freiheit des Individuums, aufgegeben hätte. In dieser Freiheit aber ist die prinzipielle Anerkennung des Irrationalen gewährleistet, trotz der stets lauernden Gefahr eines chaotischen Individualismus. Mit der Berufung auf die ewigen Menschenrechte ist der Glaube an *höhere Ordnung* unauflösbar verbunden, nicht nur wegen der historischen Tatsache, daß sich die Zentralidee Christus als ein Ordnungsfaktor von vielhundertjähriger Dauer erwiesen hat, sondern auch, weil das Selbst chaotische Zustände wirksam kompensiert, unabhängig davon, mit welchem Namen es immer bedacht wird: es ist der überweltliche Anthropos, in welchem die Freiheit und Würde des individuellen Menschen beschlossen ist. Unter diesem Gesichtswinkel ist Unterschätzung und Verachtung des Gnostizismus nicht mehr zeitgemäß. Seine offenkundig psychologische Symbolik könnte heute manchem als Brücke zu einem lebendigeren Verständnis der christlichen Tradition werden.

Wenn wir die Psychologie der gnostischen Christusgestalt verstehen wollen, so muß ich an diese historischen Wandlungen erinnern, denn die Aussagen der *Johannesakten* über die Natur des Herrn werden erst verständlich, wenn wir sie als einen Ausdruck des Erlebnisses der ursprünglichen Einheit gegenüber der amorphen Vielfalt der Bewußtseinsinhalte verstehen. Der gnostische Christus, dessen Gestalt schon im Johannesevangelium implizit angedeutet ist, stellt die ursprüngliche Einheit des Menschen dar und erhebt sie zum erlösenden Ziel der Entwicklung. Durch «Zusammensetzung des Unsteten», durch Ordnung im Chaos, Vereinigung der Disharmonien und Zentrierung im Mittelpunkt, also durch die «Begrenzung» des Vielfältigen und durch die Hinwendung des Bewußtseins auf das Kreuz soll das Bewußtsein mit dem Unbewußten und der unbewußte Mensch mit seinem Zentrum, das zugleich die Mitte des Alls ist, wieder verbunden und solchermaßen das Ziel der Erlösung und Erhöhung des Menschen erreicht werden.

So richtig diese Intuition sein mag, so gefährlich ist sie auch, denn sie setzt ein widerstandsfähiges Ich-Bewußtsein voraus, welches der Versuchung, sich mit dem Selbst zu identifizieren, nicht unterliegt. Ein solches Ich-Bewußtsein scheint aber noch relativ selten vorzukommen, wie die Geschichte zeigt: in der Regel besteht die Gefahr, daß das Ich sich mit dem inneren Christus identifiziert, unterstützt durch eine falsch verstandene imitatio Christi. Das bedeutet aber so viel wie Inflation, von der unser Text eine sprechende Probe ablegt. Um diese ernsthafte Gefahr zu beschwören, hat die Kirche von dem «Christus in uns» nicht zu viel Aufhebens gemacht, sondern das allermeiste von dem, was wir «gesehen, gehört und mit Händen betastet haben», nämlich vom historischen Ereignis «unten in Jerusalem». Das ist eine weise Haltung, welche der Primitivität des damaligen sowie des modernen Bewußtseins realistisch Rechnung trägt. Je weniger nämlich das Bewußtsein sich des Unbewußten erinnert, desto mehr wächst die Gefahr der Identifizierung mit letzterem, und damit die der Inflation, welche, wie wir es erlebt haben, als psychische Epidemie ganze Völker ergreifen kann. Wenn Christus für dieses relativ primitive Bewußtsein «wirklich» sein soll, dann kann er es nur als historische Gestalt und als metaphysische Wesenheit, aber nicht als ein seelisches Zentrum in der gefährlichen Nähe eines menschlichen Ichs. Die gnostische Entwicklung, unterstützt durch die Autorität der Heiligen Schrift, ist so weit vorgedrungen, daß Christus deutlich als eine innere, d. h. seelische Tatsache erkannt wurde. Damit war auch die Relativität der Christusgestalt gegeben, wie es in unserem Text bezeichnend formuliert wird: «Denn solange du dich noch nicht mein eigen nennst, bin ich nicht das, was ich war... Ich werde sein, was ich war, wenn ich dich bei mir habe.» Daraus geht unzweideutig hervor, daß Christus zwar in der Urzeit oder vor aller Zeit, d. h. vor dem Bewußtsein, ganz war, daß er aber diese Ganzheit an den Menschen verloren oder dahingegeben hat[56] und sie nur durch die Integration desselben wieder erreichen kann. Seine Ganzheit ist vom Menschen abhängig: «Du wirst als Verstehender sein wie ich.» Dieser unvermeidliche Schluß zeigt die Gefahr sehr deutlich. Das Ich ist im Selbst aufgegangen, d. h. es ist seiner selbst unbewußt mit all seiner Unzulänglichkeit und Dunkelheit zu einem Gott geworden und dünkt sich über den unerleuchteten Nebenmenschen erhaben. Es hat sich mit seiner eigenen Auffassung des «höheren Menschen» identifiziert, ohne sich im geringsten darüber Rechenschaft zu geben, daß diese Gestalt nach seiner eigenen Definition eine Zusammensetzung rechter und linker Kräfte, Gewalten, Herrschaften, «Dämonen», ja des Teufels selber ist. Eine solche Gestalt aber ist schlechthin unbegreiflich und ein «schauerliches Geheimnis», mit dem man sich besser nicht identifiziert, solange man bei gesunden Sinnen ist. Es würde genügen zu wissen, daß ein derartiges Geheimnis existiert und daß der Mensch irgendwo in dessen Nähe steht, sich aber hüten sollte, sein Ich damit zu verwechseln. Im Gegenteil sollte ihn die Konfrontation mit seiner Dunkelheit nicht nur vor der Identifikation warnen, sondern ihm auch einen heilsamen Schrekken vor dem, wessen ein Mensch fähig ist, einjagen. Er kann den unheimlichen Gegensatz seiner Natur nicht aus eigener Kraft bewältigen, sondern nur durch die Erfahrung eines von ihm unabhängigen, d. h. eines von ihm nicht bewirkten seelischen Vorganges.

Wenn ein derartiger Prozeß überhaupt existiert, so muß er erfahrbar sein. Meine persönliche Erfahrung von mehreren Jahrzehnten und an vielen Individuen, wie auch die vieler anderer Ärzte und Psychologen, ganz abgesehen von den terminologisch zwar anders gefaßten, aber im wesentlichen koinzidenten Aussagen aller großen Religionen und – last but not least – der universal verbreiteten Phänomenologie des sogenannten Schamanismus, der auf archaischer Stufe die alchemistische Individuationssymbolik vorwegnimmt[57], bestätigen das Vorkommen und Vorhandensein eines vom Ich-Bewußtsein unabhängigen, kompensierenden Ordnungsfaktors, dessen bewußtseinstranszendente Natur an sich nicht wunderbarer ist als die Ordnung des Radiumzerfalls oder die Abgestimmtheit eines Virus auf die Anatomie und Physiologie des Menschen[58] oder die Pflanze-Tiersymbiose. Unerhört wunderbar aber ist es, daß der Mensch ein bewußtes und reflektiertes Wissen um diese verborgenen Prozesse haben kann, während die Tiere, Pflanzen und unorganischen Körper eines solchen scheinbar ermangeln. Es wäre aber für ein Radiumatom wahrscheinlich auch ein ekstatisches Erlebnis, zu wissen, daß die Zeit seines Zerfalls ihm genau bestimmt ist, oder wenn der Falter die Blüte erkennt, die seine Fortpflanzung sichert und alles hierfür Nötige schon vorgesorgt hat.

Die numinose Erfahrung des Individuationsprozesses ist auf archaischer Stufe Angelegenheit des Schamanen und Medizinmannes, später des Arztes, Propheten und Priesters, und auf der Stufe der Zivilisation endlich der Philosophie und der Religion. Die Krankheits-, Tortur-, Tötungs- und Heilungserlebnisse des Schamanen enthalten auf höherer Stufe den Gedanken des Opfers, der ganzheitlichen Wiederherstellung, der Transsubstantiation und der Erhöhung zum pneumatischen Menschen, der apotheosis mit einem Wort. Die Messe ist Summe und Quintessenz einer vieltausendjährigen Entwicklung, welche mit fortschreitender Ausweitung und Vertiefung des Bewußtseins die anfänglich isolierte Erfahrung eines spezifisch disponierten Individuums allmählich zum Gemeingut einer größeren Gruppe werden läßt. Der zugrundeliegende psychische Vorgang bleibt allerdings Geheimnis und wird in entsprechenden «Mysterien» oder «Sakramenten» anschaulich und eindringlich dargestellt, unterstützt von Belehrungen, Übungen, Meditationen und Opferakten, welche den Mysten so weit in die Sphäre des Mysteriums eintauchen, daß er sich seines intimen Zusammenhangs mit den mythischen Ereignissen einigermaßen bewußt werden kann. So sehen wir z. B. im alten Ägypten, wie die Osirifikation[59], die ursprünglich königliche Prärogative war, sich allmählich auf die Vornehmen und schließlich, gegen das Ende der altägyptischen Tradition, auch auf das einzelne Individuum ausdehnt. Die ursprünglich abgeschlossenen und verschwiegenen Mysterien der griechischen Sphäre erweitern sich ebenfalls allmählich zu kollektiven Erlebnissen, und in der Kaiserzeit gehörte es sozusagen zum Sport der römischen Touristen, sich in fremde Mysterien einweihen zu lassen. Das Christentum vollends hat nach einigem Zögern die Mysterienfeier zur öffentlichen Veranstaltung gemacht, denn es war seine besondere Angelegenheit, möglichst viele Menschen in das Erlebnis des Mysteriums einzuführen. So konnte es denn nicht ausbleiben, daß der einzelne Gelegenheit bekam, sich seiner eigenen Wandlung und der dazu nötigen psychologischen Bedingungen, wie z. B. Bekenntnis und Bereuung der Sünden, bewußt zu werden. Damit war der Grund zur Einsicht gelegt, daß es bei der Wandlung im Mysterium sich weniger um ein magisches Bewirktwerden als vielmehr um psychologische Vorgänge handelte; eine Einsicht, die sich in der Alchemie schon frühzeitig Bahn brach, nämlich daß ihr opus operatum sich wenigstens an die Seite des kirchlichen Mysteriums stellen lasse, ja daß ihm sogar insofern eine kosmische Bedeutung zukomme, als dadurch die göttliche Weltseele aus dem Gefängnis des Stoffes befreit werde. Wie ich glaube gezeigt zu haben, stellt der «philosophische» Aspekt der Alchemie nichts anderes dar als eine symbolische Vorwegnahme psychologischer Erkenntnisse, die, wie das Beispiel des Gerardus Dorneus zeigt, gegen das Ende des 16. Jahrhunderts schon recht weit fortgeschritten waren[60]. Es brauchte aber schon die Verblendung unseres intellektualisierten Zeitalters dazu, um im Versuch der Alchemie eine mißglückte Chemie und in der modernen psychologischen Ansicht eine «Psychologisierung», d. h. Vernichtung des Mysteriums zu erblicken. Wie die Alchemisten wußten, daß die Herstellung ihres Steins ein Wunder war, das nur «concedente Deo» geschehen konnte, so ist sich der moderne Psychologe bewußt, daß er nicht mehr hervorbringen kann als eine in wissenschaftlichen Symbolen formulierte Beschreibung eines psychischen Vorganges, dessen wirkliche

Natur so bewußtseinstranszendent ist wie das Geheimnis des Lebens oder das der Materie. Er hat das Mysterium selber nirgends erklärt und dadurch zum Verwelken gebracht. Er hat es, dem Geiste der christlichen Tradition gemäß, nur etwas mehr dem individuellen Bewußtsein angenähert, indem er die Tatsächlichkeit und Erfahrbarkeit des Individuationsvorganges an empirischen Belegen sichtbar macht. Damit, daß eine sogenannte metaphysische Aussage als ein psychischer Vorgang betrachtet wird, ist keineswegs gesagt, daß er «bloß psychisch» sei, wie meine Kritiker sich auszudrücken belieben. Wie wenn mit «psychisch» etwas allgemein Bekanntes festgestellt wäre! Hat es noch niemand gedämmert, daß, wenn wir «Psyche» sagen, damit symbolisch das dichteste Dunkel, das man sich ersinnen kann, angedeutet ist? Es gehört zum Ethos des Forschers, daß er zugeben kann, wo er mit seinem Wissen zu Ende ist. Dieses Ende nämlich ist der Anfang höherer Erkenntnis.

Antwort auf Hiob

Lectori benevolo

Doleo super te frater mi...
2 Samuel 1,26

Meine Schrift bedarf, um ihres etwas ungewöhnlichen Inhaltes willen, eines kurzen Vorwortes, welches mein Leser nicht übersehen möge. Es wird nämlich im folgenden von ehrwürdigen Gegenständen des religiösen Glaubens die Rede sein, und wer immer solche Reden führt, läuft Gefahr, zwischen jenen beiden Parteien, die sich um eben diese Gegenstände streiten, in Stücke gerissen zu werden. Der Streit beruht auf der eigentümlichen Voraussetzung, daß etwas nur dann «wahr» sei, wenn es sich als eine *physische* Tatsache darbiete oder dargeboten habe. So wird z. B. die Tatsache, daß Christus von einer Jungfrau geboren worden sei, von den einen als physisch wahr geglaubt, von den anderen aber als physisch unmöglich bestritten. Jedermann kann sehen, daß dieser Gegensatz logisch unlösbar ist, und daß man darum besser daran täte, dergleichen unfruchtbare Dispute zu unterlassen. Beide nämlich haben Recht und Unrecht und könnten sich leicht einigen, wenn sie nur auf das Wörtchen «physisch» verzichten wollten. «Physisch» ist nicht das einzige Kriterium einer Wahrheit. Es gibt nämlich auch *seelische* Wahrheiten, die sich physisch weder erklären noch beweisen oder bestreiten lassen. Wenn z. B. ein allgemeiner Glaube vorhanden wäre, daß der Rhein zu irgendeiner Zeit einmal von der Mündung aufwärts in seine eigene Quelle zurückgeflossen sei, so ist dieser Glaube an sich eine Tatsache, obschon dessen Aussage, physisch verstanden, als äußerst unglaubwürdig gelten muß. Ein solcher Glaube bildet eine seelische Tatsache, die nicht zu bestreiten ist und keines Beweises bedarf.

Zu dieser Art gehören die religiösen Aussagen. Sie beziehen sich samt und sonders auf Gegenstände, die physisch nicht feststellbar sind. Täten sie es nicht, so würden sie unweigerlich in den Bereich der Naturwissenschaft fallen, um von dieser als unerfahrbar kassiert zu werden. Als auf Physisches Bezügliches haben sie überhaupt keinen Sinn. Sie wären bloße Wunder, die an sich schon dem Zweifel ausgesetzt sind, und könnten die Wirklichkeit eines Geistes, d.h. eines *Sinnes,* doch nicht beweisen, denn der Sinn erweist sich immer aus sich selbst. Der Sinn und Geist Christi ist uns gegenwärtig und vernehmlich auch ohne Wunder. Letztere appellieren nur an den Verstand solcher, die den Sinn nicht erfassen können. Sie sind ein bloßer Ersatz für die nicht verstandene Wirklichkeit des Geistes. Damit soll nicht bestritten werden, daß dessen lebendige Gegenwart nicht etwa gelegentlich von wunderlichen physischen Ereignissen begleitet ist, sondern es soll nur betont sein, daß letztere die allein wesentliche Erkenntnis des Geistes weder ersetzen noch bewerkstelligen können.

Die Tatsache, daß die religiösen Aussagen oft sogar im Gegensatz zu den physisch beglaubigten Erscheinungen stehen, beweist die Selbständigkeit des Geistes gegenüber der physischen Wahrnehmung und eine gewisse Unabhängigkeit der seelischen Erfahrung von den physischen Gegebenheiten. *Die Seele ist ein autonomer Faktor,* und religiöse Aussagen sind seelische Bekenntnisse, die in letzter Linie auf unbewußten, also transzendentalen Vorgängen fußen. Letztere sind der physischen Wahrnehmung unzugänglich, beweisen aber ihr Vorhandensein durch entsprechende Bekenntnisse der Seele. Diese Aussagen werden durch das menschliche Bewußtsein vermittelt bzw. in anschauliche Formen gebracht, welche ihrerseits mannigfachen Einflüssen äußerer und innerer Natur ausgesetzt sind. Daher kommt es, daß wir uns, wenn wir von religiösen Inhalten reden, in einer Welt von Bildern bewegen, welche auf ein Ineffabile [Unaussprechbares] hindeuten. Wir wissen nicht, wie deutlich oder wie undeutlich diese Bilder, Gleichnisse und Begriffe hinsichtlich ihres transzendentalen Gegenstandes sind. Sagen wir z.B. «Gott», so äußern wir ein Bild oder einen Wortbegriff, der im Laufe der Zeit viele Wandlungen erlebt hat. Dabei sind wir außerstande, mit irgendwelcher Sicherheit anzugeben – es sei denn durch den Glauben –, ob diese Veränderungen nur Bilder und Begriffe oder das Unaussprechliche selber betreffen. Man kann sich ja Gott ebensowohl als ewig strömendes, lebensvolles Wirken, das sich in unendlichen Gestalten abwandelt, wie als ewig unbewegtes, unveränderliches Sein vorstellen. Unser Verstand ist sich nur des einen gewiß, daß er nämlich Bilder handhabt, Vorstellungen, die von der menschlichen Phantasie und deren zeitlicher und örtlicher Bedingtheit abhängen und sich daher in ihrer jahrtausendealten Geschichte vielfach gewandelt haben. Unzweifelhaft liegt diesen Bildern ein bewußtseinstranszendentes Etwas zugrunde, welches bewirkt, daß die Aussagen nicht schlechthin grenzenlos und chaotisch variieren, sondern erkennen lassen, daß sie sich auf einige wenige Prinzipien bzw. Archetypen beziehen. Diese sind, wie die Psyche selber, oder wie die Materie, an sich unerkennbar, und es lassen sich davon nur Modelle entwerfen, von denen wir wissen, daß sie unzulänglich sind; was durch die religiösen Aussagen auch immer wieder bestätigt wird.

Wenn ich mich also im nachfolgenden mit diesen «metaphysischen» Gegenständen beschäftige, so bin ich mir völlig bewußt, daß ich mich dabei in der Bilderwelt bewege, und daß keine einzige meiner Überlegungen an das Unerkennbare rührt. Ich weiß zu gut, wie beschränkt unser Vorstellungsvermögen ist – von der Enge und Armut unserer Sprache schon gar nicht zu reden –, als daß ich mir einbilden könnte, meine Aussagen bedeuteten prinzipiell mehr, als wenn ein Primitiver meint, sein Rettergott sei ein Hase oder eine Schlange. Obschon unsere ganze religiöse Vorstellungswelt aus anthropomorphen Bildern besteht, die als solche einer rationalen Kritik niemals standhalten könnten, so darf man darüber doch nicht vergessen, daß sie auf *numinosen Archetypen* beruhen, d. h. auf einer emotionalen Grundlage, welche sich für die kritische Vernunft als unangreifbar erweist. Es handelt sich hier um seelische Tatsachen, die man nur übersehen, aber nicht wegbeweisen kann. Darum hat in dieser Hinsicht schon TERTULLIAN mit Recht das Zeugnis der Seele angerufen. In seiner Schrift *De Testimonio Animae* sagt er:

«Je wahrer diese Zeugnisse der Seele sind, desto einfacher sind sie, je einfacher desto allgemeiner üblich, je üblicher desto kollektiver, je kollektiver desto natürlicher, je natürlicher desto göttlicher. Ich glaube, daß sie niemandem unbedeutend und sinnlos erscheinen können, wenn man die Majestät der Natur betrachtet, von der die Autorität der Seele stammt. Was man der Lehrerin gewährt, wird man auch der Schülerin zuerkennen. Die Natur ist die Lehrerin, die Seele die Schülerin. Was jene gelehrt oder diese erlernt hat, wurde ihnen von Gott gegeben, der eben der Lehrmeister der Lehrerin selber ist. Was die Seele von ihrem obersten Lehrmeister in sich aufnehmen kann, kannst Du mittelst Deiner eigenen Seele in Dir beurteilen. Erfühle die, die ja Dein Fühlen bewirkt: denke von ihr, daß sie bei die Zukunft andeutenden Ereignissen Deine Seherin, bei Vorzeichen Deine Deuterin und bei den Ergebnissen Deine Schützerin ist. Wie wunderbar, wenn die von Gott Gegebene dem Menschen weissagen kann. Noch wunderbarer, wenn sie ihn, von dem sie gegeben wurde, erkennt.»*

Ich gehe einen Schritt weiter und betrachte auch die Aussagen der Heiligen Schrift als Äußerungen der Seele, auf die Gefahr hin, des Psychologismus verdächtigt zu werden. Wennschon die Aussagen des *Bewußtseins* Täuschungen, Lügen und sonstige Willkürlichkeiten sein können, so ist dies mit den Aussagen der *Seele* keineswegs der Fall: sie gehen zunächst immer über unseren Kopf hinweg, indem sie auf bewußtseinstranszendente Wirklichkeiten verweisen. Diese *entia* sind die Archetypen des kollektiven Unbewußten, welche Vorstellungskomplexe in der Art mythologischer Motive verursachen. Vorstellungen dieser Art werden nicht erfunden, sondern treten z. B. in Träumen als fertige Gebilde in die innere Wahrnehmung. Es sind spontane Phänomene, die unserer Willkür entzogen sind, und man ist daher berechtigt, ihnen eine gewisse Autonomie zuzuschreiben. Sie sind deshalb nicht nur als Objekte zu betrachten, sondern auch als eigengesetzliche Subjekte. Man kann sie natürlich vom Standpunkt des Bewußtseins aus als Objekte beschreiben und bis zu einem Grade auch erklären, wie man einen lebenden Menschen in demselben Maße beschreiben und erklären kann. Man muß dabei allerdings von ihrer Autonomie absehen. Zieht man letztere aber in Betracht, so müssen sie notgedrungenerweise als Subjekte gehandhabt werden, d. h. es muß ihnen Spontaneität und Absichtlichkeit bzw. eine Art von Bewußtsein und von liberum arbitrium, von freiem Willen, zuerkannt werden. Man beobachtet ihr Verhalten und berücksichtigt ihre Aussagen. Dieser doppelte Standpunkt, den man jedem relativ selbständigen Organismus gegenüber einnehmen muß, ergibt natürlich ein doppeltes Resultat, einesteils einen Bericht darüber, was ich mit dem Objekt tue, andererseits darüber, was es (eventuell auch mit mir) tut. Es ist klar, daß diese nicht zu umgehende Doppelheit im Kopfe meines Lesers zunächst einige Verwirrung stiften wird und dies in besonderem Maße, da wir es im folgenden mit dem Archetypus der Gottheit zu tun haben werden.

Sollte sich jemand versucht fühlen, zu den Gottesbildern unserer Anschauung ein «nur» zu setzen, so käme er in Widerstreit mit der Erfahrung, welche die außerordentliche Numinosität dieser Bilder über allen Zweifel hinaus dartut. Die außerordentliche Wirksamkeit (= Mana) derselben ist sogar derart, daß man nicht bloß das Gefühl hat, damit auf das *Ens realissimum* hinzudeuten, sondern vielmehr überzeugt ist, dasselbe auch auszusprechen und sozusagen zu setzen. Dadurch wird die Diskussion ungemein erschwert, wenn nicht unmöglich. Man kann sich ja in der Tat die Wirklichkeit Gottes nicht anders vor Augen führen als unter Benützung meist spontan entstandener oder durch Tradition geheiligter Bilder, deren psychische Natur und Wirkung der naive Verstand noch nie von deren unerkennbarer metaphysischer Grundlage getrennt hat. Er setzt ohne weiteres das wirkungskräftige Bild in eins mit dem transzendentalen X, auf welches es hinweist. Die scheinbare Berechtigung dieses Vorgehens leuchtet unmittelbar ein und kommt als Problem nicht in Betracht, solange keine ernstlichen Einwände gegen die Aussage erhoben werden. Liegt aber ein Anlaß zur Kritik vor, dann muß man sich daran erinnern, daß Bild und Aussage psychische Vorgänge und von ihrem transzendentalen Gegenstand verschieden sind; sie setzen ihn nicht, sondern deuten ihn bloß an. Im Bereich psychischer Vorgänge ist aber Kritik und Auseinandersetzung nicht nur gestattet, sondern sogar unumgänglich.

Was ich im folgenden versuchen werde, stellt eine Auseinandersetzung mit gewissen überlieferten religiösen Vorstellungen dar. Da ich es mit numinosen Faktoren zu tun habe, so ist nicht nur mein *Intellekt,* sondern auch mein *Gefühl* in die Schranken gefordert. Ich kann mich daher nicht kühler Objektivität bedienen, sondern muß meine emotionale Subjektivität zu Worte kommen lassen, um jenes darzustellen, das ich empfinde, wenn ich gewisse Bücher der Heiligen Schrift lese oder wenn ich mich an die Eindrücke erinnere, die ich von unserer Glaubenslehre empfangen habe. Ich schreibe nicht als Schriftgelehrter (der ich nicht bin), sondern als Laie und als Arzt, dem es vergönnt war, tiefe Einblicke in das Seelenleben vieler Menschen zu tun. Was ich ausspreche, ist zwar zunächst meine persönliche Auffassung, aber ich weiß, daß ich zugleich auch im Namen vieler spreche, denen es ähnlich ergangen ist wie mir.

Antwort auf Hiob

Das Buch Hiob ist ein Markstein auf dem langen Entwicklungsweg eines göttlichen Dramas. Als das Buch entstand, lagen schon vielerlei Zeugnisse vor, welche ein widerspruchsvolles Bild Jahwes entworfen hatten, nämlich das Bild eines Gottes, der maßlos war in seinen Emotionen und an eben dieser Maßlosigkeit litt. Er gab es sich selber zu, daß ihn Zorn und Eifersucht verzehrten und daß ihm dieses Wissen leidvoll war. Einsicht bestand neben Einsichtslosigkeit, wie Güte neben Grausamkeit und wie Schöpferkraft neben Zerstörungswillen. Es war alles da, und keines hinderte das andere. Ein derartiger Zustand ist uns nur denkbar, wenn entweder kein reflektierendes Bewußtsein vorhanden ist, oder wenn die Reflexion ein bloß ohnmächtig Gegebenes und Mitvorkommendes darstellt. Ein Zustand, der solchermaßen beschaffen ist, kann nur als *amoralisch* bezeichnet werden.

Wie die Menschen des Alten Testamentes ihren Gott empfanden, davon wissen wir durch die Zeugnisse der Heiligen Schrift. Doch nicht darum soll es sich hier handeln, sondern vielmehr um die Art und Weise, wie ein christlich erzogener und gebildeter Mensch unserer Tage sich mit den göttlichen Finsternissen, die sich im Hiobbuch enthüllen, auseinandersetzt, bzw. wie diese auf ihn wirken.

Es soll keine kühl abwägende, jeder Einzelheit gerecht werdende Exegese gegeben, sondern eine subjektive Reaktion dargestellt werden. Damit soll eine Stimme laut werden, die für viele, welche Ähnliches empfinden, spricht, und es soll eine Erschütterung zu Worte kommen, welche von dem durch nichts verschleierten Anblick göttlicher Wildheit und Ruchlosigkeit ausgelöst wird. Auch wenn wir um den Zwiespalt und das Leiden in der Gottheit wissen, so sind sie doch dermaßen unreflektiert und daher moralisch unwirksam, daß sie kein verständnisvolles Mitgefühl, sondern einen ebenso unreflektierten wie nachhaltigen Affekt erregen, welcher einer Wunde gleichkommt, die nur langsam heilt. Wie die

Wunde der verletzenden Waffe entspricht, so der Affekt der verursachenden Gewalttat.

Das Buch Hiob spielt nur die Rolle eines Paradigmas für die Art und Weise eines Gotteserlebnisses, das für unsere Zeit eine ganz besondere Bedeutung besitzt. Derartige Erfahrungen befallen den Menschen sowohl von innen wie von außen, und es hat keinen Zweck, sie rational umzudeuten und damit apotropaeisch abzuschwächen. Man gibt sich besser den Affekt zu und unterwirft sich seiner Gewalt, als daß man sich seiner durch allerhand intellektuelle Operationen oder durch gefühlsmäßige Fluchtbewegungen entledigt. Obschon man durch den Affekt alle schlechten Eigenschaften der Gewalttat nachahmt und sich dadurch desselben Fehlers schuldig macht, so ist dies doch eben gerade der Zweck solchen Geschehens: es soll in den Menschen eindringen, und er soll dieser Wirkung unterliegen. Er muß daher affiziert sein, denn sonst hat die Wirkung ihn nicht erreicht. Er soll aber wissen oder vielmehr kennenlernen, was ihn affiziert hat, denn damit wandelt er die Blindheit der Gewalt einerseits und des Affektes andererseits in Erkenntnis.

Aus diesem Grunde werde ich im folgenden ungescheut und rücksichtslos dem Affekt das Wort lassen und auf Ungerechtigkeit Ungerechtes antworten, damit ich verstehen lerne, warum oder wozu Hiob verwundet wurde, und welche Folgen aus diesem Geschehnis für Jahwe sowohl wie für den Menschen erwachsen sind.

I

Auf Jahwes Rede antwortet Hiob:

> «Siehe, ich bin zu gering, was soll ich dir antworten?
> Ich lege die Hand auf meinen Mund.
> Einmal habe ich geredet und wiederhole es nicht,
> zweimal, und tue es nicht wieder[1].»

In der Tat, im unmittelbaren Anblick unendlicher Schöpferkraft ist dies für einen Zeugen, dem der Schreck beinahe völliger Vernichtung noch in allen Gliedern liegt, die einzig mögliche Antwort. Wie könnte ein im Staub kriechender, halbzertretener Menschenwurm unter den obwaltenden Umständen überhaupt vernünftigerweise anders antworten?

Trotz seiner erbärmlichen Kleinheit und Schwäche weiß dieser Mensch, daß er einem übermenschlichen Wesen, das persönlich äußerst empfindlich ist, gegenübersteht und darum auf alle Fälle besser daran tut, sich aller kritischen Überlegungen zu enthalten, nicht zu sprechen von gewissen moralischen Ansprüchen, die man auch einem Gott gegenüber glaubt haben zu dürfen.

Jahwes Gerechtigkeit wird gepriesen. Vor ihn, als den gerechten Richter, könnte Hiob seine Klage und die Beteuerung seiner Unschuld wohl vorbringen. Aber er zweifelt an dieser Möglichkeit: «Wie kann ein Mensch Recht haben vor Gott?... Wollte ich ihn vor Gericht ziehen, er stünde nicht Rede... Gilt es das Recht, wer will ihn vorladen?» Ohne Grund schlägt er ihm «viele Wunden... Schuldlose wie Schuldige vernichtet er! Wenn seine Geißel plötzlich tötet, so lacht er der Verzweiflung der Unschuldigen... Ich weiß», spricht Hiob zu Jahwe, «daß du mich nicht ledig sprichst. Ich soll ja (nun einmal) schuldig sein.» Wenn er sich schon reinigte, so würde Jahwe ihn «in Unrat tauchen... Er ist nicht ein Mensch, wie ich, daß ich ihm erwiderte, daß wir zusammen vor Gericht gingen»[2]. Hiob will aber seinen Standpunkt vor Jahwe erklären, seine Klage erheben und sagt ihm, er wisse ja, daß er, Hiob, unschuldig sei, und daß ihn «niemand errettet aus deiner Hand»[3]. Es «gelüstet» ihn, «mit Gott zu rechten»[4]. Er will ihm «seine Wege ins Angesicht dartun»[5]. Er weiß, daß er «im Recht» ist. Jahwe sollte ihn vorladen und ihm Rede stehen oder ihn wenigstens seine Klage vorbringen lassen. In richtiger Einschätzung des Mißverhältnisses zwischen Gott und Mensch stellt er ihm die Frage: «Willst du ein verwehtes Blatt erschrecken und einen dürren Halm verfolgen?[6]» Gott hat sein «Recht gebeugt»[7]. Er hat ihm sein «Recht genommen». Er achtet nicht des Unrechtes. «Bis ich verscheide, beharre ich auf meiner Unschuld. An meiner Gerechtigkeit halte ich fest und lasse sie nicht[8].» Sein Freund Elihu glaubt nicht an die Ungerechtigkeit Jahwes: «Gott tut nicht Unrecht, und nicht verdreht der Allmächtige das Recht[9]», und begründet diese Ansicht unlogischerweise mit dem Hinweise auf die *Macht;* man wird zum König auch nicht sagen: «Du Nichtswürdiger» und «Du Gottloser» zu den Edlen. Man müsse «die Person der Fürsten ansehen» und «des Hohen mehr achten als des Niederen»[10]. Aber Hiob läßt sich nicht erschüttern und spricht ein bedeutendes Wort: «Schon jetzt, siehe, lebt im Himmel mir ein Zeuge, mir ein Mitwisser in der Höhe... *zu Gott blickt tränend auf mein Auge, daß er Recht schaffe dem Manne gegen Gott*[11]», und an anderer Stelle: «Ich aber weiß: mein Anwalt lebt, und ein Vertreter ersteht (mir) über dem Staube[12].»

Aus den Worten Hiobs geht deutlich hervor, daß er, trotz seinem Zweifel, ob ein Mensch vor Gott Recht haben könne, nur schwer von dem Gedanken lassen kann, auf dem Boden des Rechtes und damit der Moral Gott gegenüberzutreten. Das Wissen, daß göttliche Willkür das Recht beugt, fällt ihm nicht leicht, denn er kann trotz allem seinen Glauben an die göttliche Gerechtigkeit nicht aufgeben. Aber andererseits muß er sich gestehen, daß niemand anders ihm Unrecht und Gewalt antut als eben Jahwe selber. Er kann nicht leugnen, daß er sich einem Gott gegenüber befindet, der sich um kein moralisches Urteil kümmert bzw. keine für sich verbindliche Ethik anerkennt. Das ist wohl das Größte in Hiob, daß er angesichts dieser Schwierigkeit nicht an der Einheit Gottes irre wird, sondern klar sieht, daß Gott sich in Widerspruch mit sich selber befindet und zwar dermaßen total, daß er, Hiob, gewiß ist, in Gott einen Helfer und Anwalt gegen Gott zu finden. So gewiß ihm das Böse, so gewiß ist ihm auch das Gute in Jahwe. In einem Menschen, der uns Böses antut, können wir nicht zugleich den Helfer erwarten. Jahwe aber ist kein Mensch; er ist beides, Verfolger und Helfer in einem, wobei der eine Aspekt so wirklich ist wie der andere. Jahwe ist nicht gespalten, sondern eine *Antinomie,* eine totale innere Gegensätzlichkeit, die unerläßliche Voraussetzung seiner ungeheuren Dynamik, seiner Allmacht und Allwissenheit. Aus dieser Erkenntnis heraus hält Hiob daran fest, ihm «seine Wege darzutun», d. h. ihm seinen Standpunkt klarzumachen, denn ungeachtet seines Zornes ist er sich selber gegenüber auch der Anwalt des Menschen, der eine Klage vorzubringen hat.

Man könnte über die Gotteserkenntnis Hiobs noch mehr erstaunt sein, wenn man von der Amoralität Jahwes hier zum erstenmal vernähme. Die unberechenbaren Launen und verheerenden Zornanfälle Jahwes waren aber seit alters bekannt. Er erwies sich als eifersüchtiger Hüter der Moral; insbesondere war er empfindlich in bezug auf Gerechtigkeit. Er mußte daher stets als «gerecht» gepriesen werden, woran ihm, wie es scheint, nicht wenig lag. Dank diesem Umstand, bzw. dieser Eigenart, hatte er *distinkte Persönlichkeit,* die sich von der eines mehr oder weniger archaischen Königs nur durch den Umfang unterschied. Sein eifersüchtiges und empfindliches Wesen, das mißtrauisch die treulosen Herzen der Menschen und ihre heimlichen Gedanken durchforschte, erzwang ein persönliches Verhältnis zwischen ihm und dem Menschen, der nicht anders konnte, als sich persönlich von ihm angerufen zu fühlen. Das unterschied Jahwe wesentlich vom allwaltenden Vater Zeus, der wohlwollend und etwas detachiert die Ökonomie der Welt auf altgeheiligten Bahnen abrollen ließ und nur das Unordentliche bestrafte. Er moralisierte nicht, sondern waltete instinkthaft. *Von* den Menschen wollte er nichts, als die ihm gebührenden Opfer; *mit* ihnen wollte er schon gar nichts, denn er hatte keine Pläne mit ihnen. Vater Zeus ist zwar eine Gestalt, aber keine Persönlichkeit. Jahwe dagegen lag es an den Menschen. Sie waren ihm sogar ein Anliegen erster Ordnung. Er brauchte sie, wie sie ihn brauchten, dringlich und persönlich. Zeus konnte zwar auch Donnerkeile schmettern, aber nur auf einzelne unordentliche Frevler. Gegen die Menschheit im ganzen hatte er nichts einzuwenden. Sie interessierte ihn auch nicht besonders. Jahwe dagegen konnte sich maßlos über die Menschen als Genus und als Individuen aufregen, wenn sie sich nicht so benahmen, wie er wünschte und erwartete, ohne sich dabei allerdings je Rechenschaft darüber zu geben, daß es ja in seiner Allmacht gelegen hätte, etwas Besseres zu erschaffen, als diese «irden schlechten Töpfe».

Bei dieser intensiven persönlichen Bezogenheit auf sein Volk konnte es nicht ausbleiben, daß sich daraus ein eigentlicher Bund entwickelte, der sich auch auf einzelne Personen bezog, so z. B. auf David. Wie der 89ste Psalm berichtet, sagte Jahwe zu David:

> «... meine Treue will ich nicht brechen.
> Ich will meinen Bund nicht entweihen,
> und was meine Lippen gesprochen, nicht ändern.
> Das eine habe ich bei meiner Heiligkeit geschworen –
> nie werde ich David belügen ... [13].»

Und dann ist es doch geschehen, daß er, der so eifersüchtig über Gesetzes- und Vertragserfüllung wachte, seinen Schwur brach. Dem empfindsamen modernen Menschen wäre der schwarze Abgrund der Welt aufgerissen, der Boden wäre unter seinen Füßen gewichen, denn das, was er von seinem Gott zumindest erwarten würde, wäre, daß er dem Sterblichen in jeglicher Hinsicht überlegen sei, und zwar im Sinne des Besseren, Höheren, Edleren, aber nicht in der Hinsicht moralischer Beweglichkeit und Unzuverlässigkeit, die selbst einen Meineid in Kauf nimmt.

Man darf natürlich einen archaischen Gott nicht mit den Bedürfnissen moderner Ethik konfrontieren. Für den Menschen des frühen Altertums lag die Sache etwas anders: an seinen Göttern blühte und strotzte schlechthin alles, Tugenden und Laster. Man konnte sie daher auch bestrafen, anbinden, betrügen, sie aufeinanderhetzen, ohne daß sie an Prestige einbüßten – wenigstens nicht auf lange Sicht hinaus. Der Mensch jener Äone war an die göttlichen Inkonsequenzen so gewöhnt, daß sie ihn, wenn sie passierten, nicht über Gebühr erschütterten. Bei Jahwe lag der Fall allerdings insofern etwas anders, als in der religiösen Beziehung schon sehr früh der Faktor der persönlich-moralischen Bindung eine bedeutende Rolle spielte. Unter diesen Umständen mußte ein Vertragsbruch nicht nur persönlich, sondern auch moralisch verletzend wirken. Ersteres ersieht man aus der Art und Weise, wie David antwortet. Er sagt:

> «Wie lange, o Herr, willst du dich noch verbergen,
> deinen Grimm lodern lassen wie Feuer?
> Bedenke, o Herr: was ist doch das Leben!
> Wie nichtig alle Menschenkinder, die du geschaffen!
> - - - - - - - - - - - -
> Wo sind deine früheren Gnadenbeweise, o Herr,
> wie du sie David geschworen bei deiner Treue[14]?»

Wäre dies zu einem Menschen gesprochen, so würde es etwa lauten: «So nimm dich doch endlich zusammen und höre auf mit deiner sinnlosen Wüterei. Es ist doch wirklich zu grotesk, wenn jemand wie du sich über die Pflänzchen, die nicht ohne deine Schuld nicht recht gedeihen wollen, in solchem Maße aufregt. Du konntest doch früher auch vernünftig sein und das Gärtlein, das du gepflanzt, richtig besorgen, statt es zu zertrampeln.»

Der Interlocutor kann es allerdings nicht wagen, mit dem allmächtigen Partner wegen des Vertragsbruches zu rechten. Er weiß, was er zu hören bekäme, wenn *er* der bedauernswerte Rechtsbrecher wäre. Er muß sich, weil es sonst lebensgefährlich für ihn würde, auf das höhere Niveau der Vernunft zurückziehen und erweist sich damit, ohne es zu wissen und zu wollen, als dem göttlichen Partner in intellektueller sowohl als in moralischer Hinsicht leise überlegen. Jahwe merkt es nicht, daß er «behandelt» wird, so wenig wie er versteht, warum er anhaltend als gerecht gepriesen werden muß. Er hat einen dringlichen Anspruch an sein Volk, in allen möglichen Formen «gepriesen»[15] und propitiiert zu werden, mit dem offensichtlichen Zweck, ihn um jeden Preis bei Laune zu erhalten.

Der hieraus sichtbar werdende Charakter paßt zu einer Persönlichkeit, die nur vermöge eines Objektes sich ein Gefühl eigener Existenz verschaffen kann. Die Abhängigkeit vom Objekt ist absolut, wenn das Subjekt keinerlei Selbstreflexion und damit auch keine Einsicht in sich selbst besitzt. Es hat den Anschein, als ob es nur vermöge des Umstandes existiere, daß es ein Objekt hat, welches dem Subjekt versichert, es sei vorhanden. Wenn Jahwe, wie man wenigstens von einem einsichtigen Menschen erwarten dürfte, wirklich seiner selbst bewußt wäre, so hätte er, in Anbetracht der wirklichen Sachlage, den Lobpreisungen seiner Gerechtigkeit wenigstens Einhalt tun müssen. Er ist aber zu unbewußt, um «moralisch» zu sein. Moralität setzt Bewußtsein voraus. Damit soll selbstverständlich nicht gesagt sein, daß Jahwe etwa unvollkommen oder böse sei wie ein gnostischer Demiurg. Er ist jede Eigenschaft in ihrer Totalität, also u. a. die Gerechtigkeit schlechthin, aber auch das Gegenteil, und dies ebenso vollständig. So wenigstens muß er gedacht werden, wenn man sich ein einheitliches Bild seines Wesens machen will. Wir müssen uns dabei nur bewußt bleiben, daß wir damit nicht mehr als ein anthropomorphes Bild entworfen haben, welches nicht einmal besonders anschaulich ist. Die Äußerungsweise des göttlichen Wesens läßt erkennen, daß die einzelnen Eigenschaften ungenügend aufeinander bezogen sind, so daß sie in einander widersprechende Akte zerfallen. So z. B. reut es Jahwe, Menschen gemacht zu haben, wo doch seine Allwissenheit von Anfang an genau im Bilde darüber war, was mit solchen Menschen geschehen wird.

II

Da der Allwissende in alle Herzen blickt und Jahwes Augen «über die ganze Erde schweifen»[16], so ist es schon viel besser, wenn der Interlocutor des 89sten Psalmes seine leise moralische Überlegenheit über den unbewußteren Gott sich nicht zu schnell bewußt macht bzw. vor sich selber verbirgt, denn Jahwe liebt keine kritischen Gedanken, welche den von ihm verlangten Anerkennungszufluß irgendwie schmälern könnten. So laut seine Macht durch die kosmischen Räume dröhnt, so schmal ist die

Basis ihres Seins, das nämlich einer bewußten Widerspiegelung bedarf, um wirklich zu existieren. Gültig ist das Sein natürlich nur, sofern es jemandem bewußt ist. Darum bedarf ja der Schöpfer des bewußten Menschen, obschon er diesen, aus Unbewußtheit, am Bewußtwerden lieber verhindern möchte. Darum bedarf Jahwe der Akklamation einer kleinen Menschengruppe. Man kann sich vorstellen, was geschehen würde, wenn es dieser Versammlung einfallen sollte, mit dem Beifall aufzuhören: es gäbe einen Aufregungszustand mit blinder Zerstörungswut und dann ein Versinken in höllische Einsamkeit und qualvollstes Nichtsein, gefolgt von einer allmählich wiedererwachenden, unaussprechlichen Sehnsucht nach dem Etwas, das «Mich Mir Selber fühlbar macht». Darum wohl sind alle ursprünglichen Dinge, selbst der Mensch, bevor er zur Canaille wird, von rührender, ja zauberhafter Schönheit, denn in statu nascendi stellt ein «jegliches in seiner Art» das Kostbare, das innigst Ersehnte, das keimhaft Zarteste dar, ein Abbild der unendlichen Liebe und Güte des Schöpfers.

Angesichts der unzweifelhaften Furchtbarkeit des göttlichen Zornes und in einer Zeit, da man noch wußte, wovon man sprach, wenn man «Gottesfurcht» sagte, ergab sich das Unbewußtbleiben einer in gewisser Hinsicht überlegenen Menschlichkeit natürlicherweise. Die machtvolle Persönlichkeit Jahwes, welche zudem aller biographischen Antezedentien ermangelte – war doch seine Urbeziehung zu den Elohim längst in der Lethe versunken –, hatte ihn über alle Numina der Gentiles [Heidenvölker] erhoben und ihn damit gegen den Einfluß des schon seit einigen Jahrhunderten anhaltenden Abbaues der heidnischen Götterautorität immunisiert. Letzteren war gerade das Detail ihrer mythologischen Biographie, deren Unverständlichkeit und Anstößigkeit mit zunehmender Urteilskraft immer deutlicher erkannt wurde, zum Verhängnis geworden. Jahwe aber hatte keine Herkunft und keine Vergangenheit, mit Ausnahme seines Weltschöpfertums, mit dem überhaupt jede Geschichte anhob, und seiner Beziehung zu jenem Teile der Menschheit, dessen Urvater Adam er in einem offenbar speziellen Schöpferakt als den Anthropos, den Urmenschen schlechthin, nach seinem Bilde erschaffen hatte. Die anderen Menschen, die es dazumal auch schon gab, waren, wie man supponieren muß, zuvor mit den «verschiedenen Arten des Wildes und des Viehs» auf der göttlichen Töpferscheibe geformt worden, nämlich die Menschen, unter denen sich Kain und Seth ihre Weiber nahmen. Wenn man unsere Konjektur nicht billigen sollte, so bliebe nur noch die andere, weit anstößigere Möglichkeit offen, daß sie sich mit ihren textlich nicht beglaubigten Schwestern begattet hätten, wie noch der Geschichtsphilosoph KARL LAMPRECHT um das Ende des XIX. Jahrhunderts vermutete.

Die providentia specialis, welche den Juden, die zu den Gottebenbildlichen gehören, die Auserwähltheit bescherte, belastete sie von vornherein mit einer Verpflichtung, die sie begreiflicherweise so viel wie möglich zu umgehen versuchten, wie das ja mit dergleichen Hypotheken in der Regel der Fall ist. Da das Volk jede Gelegenheit zum Ausbrechen benützte, und es Jahwe als lebenswichtig empfand, das ihm unerläßliche Objekt, welches er ja zu diesem Zweck «gottähnlich» gebildet hatte, definitiv an sich zu binden, so schlug er schon in der Urzeit dem Erzvater Noah einen «Bund» zwischen sich einerseits und Noah, dessen Kindern und den zugehörigen zahmen und wilden Tieren andererseits vor; einen Vertrag, der für beide Teile Vorteile versprach. Um diesen Bund zu bekräftigen und ihn dem Gedächtnis frisch zu erhalten, setzte er den Regenbogen als ein Vertragsmal ein. Wenn er dann Wolken heranführt, welche Blitz und Wasserfluten in sich bergen, erscheint auch der Regenbogen, der ihn und sein Volk an den Vertrag erinnert und erinnern soll. Die Versuchung nämlich, eine Wolkenansammlung zu einem Sintflutexperiment zu benützen, ist nicht gering, und es ist darum gut, ein Werkzeichen damit zu verbinden, welches noch beizeiten vor einer möglichen Katastrophe warnt.

Trotz solcher Vorsichtsmaßnahmen war der Vertrag mit David in Stücke gegangen, welches Ereignis einen literarischen Niederschlag in den heiligen Schriften hinterließ, zur Betrübnis einiger weniger Frommer, die sich bei ihrer Lektüre etwas dachten. Es konnte ja bei der eifrigen Benützung des Psalters nicht ausbleiben, daß etliche Nachdenkliche doch über den 89sten Psalm[17] stolperten. Wie dem auch immer gewesen sein mag, so wird doch der fatale Eindruck des Vertragsbruches lebendig geblieben sein. Es ist zeitlich möglich, daß der Verfasser des Buches Hiob von diesem Motiv beeinflußt war.

Das Buch Hiob stellt den frommen und treuen, aber von Gott geschlagenen Mann auf eine weithin sichtbare Bühne, wo er vor den Augen und Ohren der Welt seine Sache vorbringt. Erstaunlich leicht nämlich und grundlos hatte sich Jahwe von einem seiner Söhne, einem *Zweifelsgedan-*

ken[18], beeinflussen und in bezug auf Hiobs Treue unsicher machen lassen. Bei seiner Empfindlichkeit und seinem Mißtrauen erregte ihn schon die bloße Möglichkeit eines Zweifels und verführte ihn zu jenem eigentümlichen Verhalten, von dem er schon im Paradies eine Probe gegeben hatte, nämlich zu einer zweideutigen Handlungsweise, die aus einem Ja und einem Nein besteht: er machte die ersten Eltern auf den Baum aufmerksam und verbot ihnen zugleich, von ihm zu essen. Damit hat er den nicht beabsichtigten Sündenfall provoziert. Nun soll der treue Knecht Hiob grund- und nutzlos einer moralischen Belastungsprobe unterzogen werden, obschon Jahwe von dessen Treue und Standhaftigkeit überzeugt ist und überdies auf Grund seiner Allwissenheit – wenn er sie zu Rate zöge – in dieser Beziehung unzweifelhafte Sicherheit hätte. Warum soll dann trotzdem der Versuch gemacht und eine Wette ohne Einsatz mit dem gewissenlosen Einflüsterer auf dem Rücken der machtlosen Kreatur ausgetragen werden? Es ist in der Tat kein erhebender Anblick, wenn man sieht, wie rasch Jahwe seinen treuen Knecht dem bösen Geiste preisgibt und wie unbekümmert und mitleidlos er ihn in den Abgrund physischer und moralischer Qualen fallen läßt. Das Verhalten des Gottes ist, vom menschlichen Standpunkt aus betrachtet, dermaßen empörend, daß man sich fragen muß, ob dahinter nicht ein tieferreichendes Motiv verborgen liegt. Sollte Jahwe einen geheimen Widerstand gegen Hiob haben? Das könnte sein Nachgeben gegenüber Satan erklären. Was aber besitzt der Mensch, das der Gott nicht hat? Wegen seiner Kleinheit, Schwäche und Wehrlosigkeit dem Mächtigen gegenüber besitzt er, wie wir schon andeuteten, ein etwas schärferes Bewußtsein auf Grund der Selbstreflexion: er muß sich, um bestehen zu können, immer seiner Ohnmacht dem allgewaltigen Gott gegenüber bewußt bleiben. Letzterer bedarf dieser Vorsicht nicht, denn nirgends stößt er auf jenes unüberwindliche Hindernis, das ihn zum Zögern und damit zur Selbstreflexion veranlassen könnte. Sollte Jahwe Verdacht geschöpft haben, daß der Mensch ein zwar unendlich kleines, aber konzentrierteres Licht als er, der Gott, besitzt? Eine Eifersucht solcher Art könnte das Benehmen Jahwes vielleicht erklären. Es wäre begreiflich, wenn eine derartige, nur geahnte und nicht begriffene Abweichung von der Definition eines bloßen Geschöpfes das göttliche Mißtrauen erregte. Schon zu oft haben sich ja die Menschen nicht voraussetzungsgemäß benommen. Auch der getreue Hiob könnte schließlich etwas im Schilde führen... daher die überraschende

Bereitschaft, den Einflüsterungen Satans entgegen der eigenen Überzeugung zu folgen!

Ohne Verzug wird Hiob seiner Herden beraubt; seine Knechte, ja seine Söhne und Töchter werden erschlagen, und er selber wird von Krankheit heimgesucht bis an den Rand des Grabes. Um ihm auch die Ruhe zu rauben, werden seine Frau und gute Freunde, die das Unrichtige reden, auf ihn losgelassen. Seine berechtigte Klage findet kein Ohr bei dem um seiner Gerechtigkeit willen gepriesenen Richter. Das Recht wird ihm verweigert, damit Satan bei seinem Spiel nicht gestört werde.

Man muß sich Rechenschaft darüber geben, daß sich hier in kürzester Frist dunkle Taten häufen: Raub, Mord, vorsätzliche Körperverletzung und Rechtsverweigerung. Erschwerend kommt dabei in Betracht, daß Jahwe keinerlei Bedenken, Reue oder Mitgefühl, sondern nur Rücksichtslosigkeit und Grausamkeit bekundet. Die Einrede der Unbewußtheit kann man insofern nicht gelten lassen, als er mindestens drei von den von ihm selber auf dem Sinaï erlassenen Gebote in flagranter Weise verletzt.

Zu seiner Qual steuern Hiobs Freunde nach Kräften moralische Torturen bei, und anstatt ihm, den Gott treulos verlassen, wenigstens mit Herzenswärme beizustehen, moralisieren sie in allzu menschlicher, d. h. stumpfsinniger Weise und nehmen ihm auch noch die letzten Hilfen der Anteilnahme und des menschlichen Verständnisses weg, wobei der Verdacht göttlicher Konnivenz nicht ganz von der Hand zu weisen ist.

Warum die Qualen Hiobs und das göttliche Wettespielen plötzlich zu Ende kommen, ist nicht leicht ersichtlich. Solange Hiob nicht stirbt, könnte das zwecklose Leiden noch weiter währen. Wir müssen aber ein Auge auf dem Hintergrund dieses Geschehens behalten: es wäre nicht unmöglich, daß etwas in diesem Hintergrund allmählich deutlicher wurde, nämlich eine Kompensation für das unverschuldete Leiden, welche Jahwe, auch wenn er sie nur von ferne ahnen sollte, nicht gleichgültig lassen konnte. Der unschuldig Gequälte war nämlich ohne sein Wissen und Wollen in aller Stille zu einer Überlegenheit der Gotteserkenntnis, die Gott selber nicht besaß, emporgehoben worden. Hätte Jahwe seine Allwissenheit befragt, so hätte ihm Hiob nichts vorausgehabt. Dann wäre aber allerdings so viel anderes auch nicht passiert.

Hiob erkennt die innere Antinomie Gottes, und damit erlangt das Licht seiner Erkenntnis selber göttliche Numinosität. Die Möglichkeit einer derartigen Entwicklung beruht, wie zu vermuten, auf der Gottebenbildlichkeit, die man wohl kaum in der Morphologie des Menschen suchen darf. Diesem Irrtum hat Jahwe selber durch das Bilderverbot vorgebeugt. Indem sich Hiob nicht davon abbringen läßt, seinen Fall, auch ohne Hoffnung auf Erhörung, vor Gott darzulegen, hat er sich ihm gestellt und damit jenes Hindernis geschaffen, an dem das Wesen Jahwes offenbar werden muß. Auf diesem dramatischen Höhepunkt bricht dieser das grausame Spiel ab. Wer nun aber erwarten sollte, daß sich sein Zorn gegen den Verleumder richten würde, der wird schwer enttäuscht. Jahwe denkt weder daran, seinen Sohn, von dem er sich überreden ließ, zur Verantwortung zu ziehen, noch fällt es ihm ein, durch eine Erklärung seines Verhaltens Hiob wenigstens eine gewisse moralische Genugtuung zu gewähren. Vielmehr fährt er mit seiner Allmacht im Gewitter daher und donnert den halbzertretenen Menschenwurm mit Vorwürfen an:

> «Wer ist's, der da verdunkelt den Ratschluß
> mit Reden ohne Einsicht[19]?»

Im Hinblick auf die folgenden Reden Jahwes muß man sich hier wirklich fragen: Wer verdunkelt hier welchen Ratschluß? Das ist ja eben dunkel, wie Gott dazu kam, mit Satan eine Wette abzuschließen. Daran hat Hiob sicher nichts verdunkelt und einen Ratschluß vollends nicht, denn von einem solchen war überhaupt nie die Rede und wird es auch im folgenden nie sein. In der Wette liegt, so viel man sehen kann, kein «Ratschluß»; es müßte denn sein, daß Jahwe selber den Satan angestiftet hätte, damit Hiob schließlich erhöht werde. In der Allwissenheit war diese Entwicklung natürlich vorgesehen, und es könnte sein, daß das Wort «Ratschluß» auf dieses ewige und absolute Wissen hindeutet. Sollte dem so sein, so erscheint Jahwes Haltung umso inkonsequenter und unbegreiflicher, denn er hätte dann Hiob hierüber erleuchten können, was in Ansehung des diesem geschehenen Unrechtes nur recht und billig gewesen wäre. Ich muß daher diese Möglichkeit als unwahrscheinlich betrachten.

Welche Reden sind ohne Einsicht? Jahwe bezieht sich wohl nicht auf die Reden der Freunde, sondern tadelt Hiob. Worin aber besteht dessen Schuld? Das einzige, das man ihm vorwerfen könnte, ist der Optimismus, mit dem er glaubt, an die göttliche Gerechtigkeit appellieren zu können. Damit hat er in der Tat Unrecht, wie die folgenden Reden Jahwes deutlich zeigen. Gott will gar nicht gerecht sein, sondern pocht auf seine Macht, die vor Recht geht. Das wollte Hiob nicht in den Kopf, weil er Gott als ein moralisches Wesen ansah. An Gottes Allmacht hat er nie gezweifelt, sondern darüber hinaus noch auf dessen Gerechtigkeit gehofft. Er hat aber diesen Irrtum schon selber zurückgenommen, indem er die göttliche Gegensatznatur erkannte und damit auch der Gerechtigkeit und Güte Gottes ihren Platz anweisen konnte. Von einem Mangel an Einsicht kann man hier wohl nicht reden.

Die Antwort auf Jahwes Frage lautet darum: Jahwe selber ist's, der seinen eigenen Ratschluß verdunkelt und keine Einsicht hat. Er dreht sozusagen den Spieß um und tadelt Hiob für das, was er selber tut: es soll dem Menschen nicht gestattet sein, eine Meinung über ihn zu haben und besonders keine Einsicht, die er selber nicht hat. Einundsiebzig Verse lang verkündet er die Macht des Weltschöpfers seinem elenden Opfer, das in der Asche sitzt und seine Geschwüre kratzt, längst und zutiefst überzeugt, übermenschlicher Gewalttätigkeit ausgeliefert zu sein. Hiob hat es ganz und gar nicht nötig, nochmals und bis zum Überdruß von dieser Macht beeindruckt zu werden. Jahwe, vermöge seiner Allwissenheit, könnte natürlich ebensogut wissen, wie unangebracht sein Einschüchterungsversuch in einer derartigen Situation ist. Er hätte ja leicht sehen können, daß Hiob an seine Allmacht nach wie vor glaubt und sie nie in Zweifel gezogen hat, sowenig als er ihm je untreu geworden ist. Er zieht überhaupt Hiobs Wirklichkeit so wenig in Betracht, daß der Verdacht, er habe noch ein anderes, ihm wichtigeres Motiv, gerechtfertigt erscheint: Hiob ist nicht mehr als der äußere Anlaß zu einer innergöttlichen Auseinandersetzung. Jahwe redet dermaßen an Hiob vorbei, daß man unschwer sehen kann, wie sehr er mit sich selber beschäftigt ist. Die emphatische Betonung seiner Allmacht und Größe hat vor einem Hiob, der unmöglich noch mehr überzeugt werden kann, keinen Sinn, sondern wird nur verständlich einem Hörer gegenüber, *der daran zweifelt.* Dieser Zweifelsgedanke ist Satan, der nach Durchführung des üblen Werkes in den väterlichen Busen zurückkehrte, um dort seine Wühlarbeit fortzusetzen. Jahwe muß ja gesehen haben, daß sich Hiobs Treue nicht erschüttern ließ und daß Satan seine Wette verloren hatte. Er mußte auch verstehen, daß er, indem er sich auf die Wette einließ, alles tat, um seinen treuen Knecht zur Untreue zu veranlassen, wobei er es sogar auf eine ganze Reihe von Verbrechen ankommen ließ. Es ist nun nicht etwa Reue, ganz zu schweigen von moralischem Entsetzen, das ihm zum Bewußtsein kommt, sondern vielmehr eine dunkle Ahnung von etwas, das seine Allmacht in Frage stellt. (In dieser Hinsicht herrscht eine besondere Empfindlichkeit, denn «Macht» ist das große Argument. In der Allwissenheit aber ist gewußt, daß mit Macht nichts entschuldigt ist.) Die Ahnung bezieht sich natürlich auf die höchst peinliche Tatsache, daß Jahwe sich von Satan hat beschwatzen lassen. Diese Schwäche kommt ihm aber nicht zu klarem Bewußtsein, denn Satan wird mit merkwürdiger Duldung und Rücksicht behandelt. Offenbar soll über dessen Intrige auf Kosten Hiobs hinweggesehen werden.

Hiob hat zu seinem Glück während der Allocution gemerkt, daß es sich um alles andere als um sein Recht handelt. Er hat eingesehen: man kann jetzt unmöglich die Rechtsfrage erörtern, denn es ist zu deutlich, daß Jahwe keinerlei Interesse für Hiobs Anliegen hat, sondern mit eigenen Angelegenheiten beschäftigt ist. Satan muß irgendwie verschwinden, was am besten dadurch geschieht, daß Hiob aufrührerischer Gesinnung verdächtigt wird. Das Problem wird dadurch auf ein anderes Geleise geschoben, und der Zwischenfall mit Satan bleibt unerwähnt und unbewußt. Es ist zwar dem Zuschauer nicht ganz klar, warum Hiob die Allmacht mit Blitz und Donner vorgeführt werden soll, aber die Vorführung ist an sich großartig und eindrucksvoll genug, um nicht nur ein weiteres Publikum, sondern in erster Linie Jahwe selber von seiner unantastbaren Macht zu überzeugen. Ob Hiob ahnt, welche Gewalt Jahwe seiner Allwissenheit hiermit antut, wissen wir zwar nicht, aber sein Schweigen und seine Unterwerfung lassen verschiedene Möglichkeiten offen. Hiob kann darum nichts Besseres tun, als sofort seinen Rechtsanspruch in aller Form widerrufen, und er antwortet daher mit den eingangs zitierten Worten: «Ich lege die Hand auf meinen Mund.»

Er verrät auf keinerlei Weise auch nur die Spur einer möglichen reservatio mentalis [geistiger Vorbehalt]. Seine Antwort läßt keinen Zweifel obwalten darüber, daß er restlos und selbstverständlich dem gewaltigen Eindruck der göttlichen Demonstration erlegen ist. Mit diesem Erfolg hätte sich auch der anspruchsvollste Tyrann zufriedengeben und sicher sein können, daß sein Knecht schon allein aus Angst (ganz abgesehen von seiner unzweifelhaften Loyalität) es auf die längste Zeit hinaus nicht mehr wagen würde, auch nur *einen* schiefen Gedanken zu hegen.

Merkwürdigerweise merkt Jahwe von alledem nichts. Er sieht Hiob und dessen Lage überhaupt nicht. Es ist vielmehr, wie wenn er einen Gewaltigen an Stelle von Hiob vor sich hätte, einen, welchen herauszufordern es sich lohnt. Das zeigt sich in der zweimaligen Anrede:

«Gürte doch wie ein Mann deine Lenden;
ich will dich fragen und du lehre mich[20].»

Man müßte schon groteske Beispiele wählen, um das Mißverhältnis der beiden Wettkämpfer zu illustrieren. Jahwe sieht etwas in Hiob, das wir kaum diesem, wohl aber ersterem zuschreiben würden, nämlich eine ebenbürtige Kraft, welche den Gott veranlaßt, seinen ganzen Machtapparat in imposanter Parade dem Gegner vorzuführen. Jahwe projiziert auf Hiob ein Zweiflergesicht, welches er nicht liebt, weil es sein eigenes ist, das ihn mit unheimlich kritischem Blick betrachtet. Er fürchtet es, denn nur gegen etwas Angsterregendes mobilisiert man laute Hinweise auf Kraft, Können, Mut, Unbezwinglichkeit usw. Was hat das mit Hiob zu tun? Lohnt es sich für den Starken, eine Maus zu erschrecken?

Jahwe kann sich mit der ersten siegreichen Runde nicht begnügen. Hiob liegt längst am Boden, aber der große Gegenspieler, dessen Phantom auf den erbarmungswürdigen Dulder projiziert wird, steht immer noch bedrohlich aufrecht. Darum holt Jahwe nochmals aus:

«Willst du gar mein Recht vernichten,
mir Unrecht geben, daß du Recht behaltest?
Ist denn dein Arm dem Arme Gottes gleich?
Hast du, wie er, des Donners Stimme[21]?»

Der schutz- und rechtlos preisgegebene Mensch, dessen Nichtigkeit ihm bei jeder Gelegenheit vorgehalten wird, erscheint Jahwe offenbar so gefährlich, daß er mit schwerster Artillerie zusammengeschossen werden muß. Was ihn reizt, verrät sich in seiner Herausforderung an den vermeintlichen Hiob:

«Mit deinem Blick demütige jeden Hohen
und zertritt die Gottlosen auf der Stelle!
Verscharre sie im Staube allzumal,
banne ihr Angesicht an verborgenen Ort!
Alsdann will auch ich dich preisen,
daß deine Rechte dir Sieg verleiht[22].»

Hiob wird herausgefordert, wie wenn er selber ein Gott wäre. Es war jedoch in der damaligen Metaphysik kein δεύτερος ϑεός, kein anderer [Gott] vorhanden, mit Ausnahme Satans, der Jahwes Ohr besitzt und ihn zu beeinflussen vermag. Er ist der einzige, der ihm den Boden unter den Füßen wegziehen, ihn verblenden und zu einer massiven Versündigung am eigenen Strafgesetz verführen konnte. Ein formidabler Gegenspieler fürwahr und wegen seiner nahen Verwandtschaft dermaßen kompromittierend, daß er mit äußerster Diskretion verheimlicht werden muß! Ja, er muß ihn im eigenen Busen vor seinem eigenen Bewußtsein verstecken und dafür den armseligen Gottesknecht als zu bekämpfenden Popanzen aufrichten, in der Hoffnung, das gefürchtete «Angesicht an verborgenen Ort» zu bannen, um sich selber im Stande der Unbewußtheit zu erhalten.

Die Veranstaltung des imaginären Zweikampfes, die dabei gehaltenen Reden und die eindrückliche Vorführung der Urmenagerie wären wohl ungenügend erklärt, wenn man sie auf den bloß negativen Faktor einer Scheu vor dem Bewußtwerden und den damit verbundenen Folgen der Relativierung zurückführen wollte. Der Konflikt wird für Jahwe vielmehr akut infolge einer *neuen Tatsache,* welche der Allwissenheit allerdings nicht verborgen ist. Aber in diesem Falle ist das vorhandene Wissen von keiner Schlußfolgerung begleitet. Die neue Tatsache, um die es sich handelt, betrifft den in der bisherigen Weltgeschichte unerhörten Fall, daß ein Sterblicher durch sein moralisches Verhalten, ohne es zu wissen und zu wollen, bis über die Sterne erhoben wird, von wo aus er sogar die Rückseite Jahwes, die abgründige Welt der «Schalen», erblikken kann[23].

Ob Hiob weiß, was er sieht? Er ist weise oder gewitzigt genug, es nicht zu verraten. Aber aus seinen Worten läßt sich allerhand vermuten:

> «Ich habe erkannt, daß du alles vermagst;
> nichts, was du sinnst, ist dir verwehrt[24].»

In der Tat, Jahwe vermag alles und erlaubt sich auch schlechthin alles, ohne mit der Wimper zu zucken. Er kann mit eiserner Stirne seine Schattenseite projizieren und auf Kosten des Menschen unbewußt bleiben. Er kann auf seine Übermacht pochen und Gesetze erlassen, die ihm selber weniger als Luft bedeuten. Mord und Totschlag geben ihm nichts zu tun, und wenn ihn die Laune ankommt, so kann er als feudaler Grandseigneur den Leibeigenen auch einmal generös den Schaden ersetzen, den die Hetzjagd in den Getreidefeldern angerichtet hat: «Deine Söhne, Töchter und Knechte sind in Verlust geraten? Kein Schade, ich gebe dir andere und bessere.»

Hiob fährt fort (wohl mit niedergeschlagenen Augen und leiser Stimme):

> «Wer ist's, der da verhüllt ohne Einsicht den Ratschluß?
> Darum habe ich geredet in Unverstand,
> Dinge, die zu wunderbar für mich, die ich nicht begriff.
> Höre doch, und ich will reden;
> ich will dich fragen, und du lehre mich!
> *Vom Hörensagen hatte ich von dir gehört;*
> *nun aber hat dich mein Auge gesehen.*
> Darum widerrufe ich und bereue
> in Staub und in Asche[25].»

Klugerweise nimmt Hiob hier die aggressiven Worte Jahwes auf und legt sich damit unter dessen Füße, wie wenn er tatsächlich der besiegte Gegenspieler wäre. So eindeutig seine Rede klingt, so doppelsinnig kann sie ebensowohl sein. Ja, wirklich hat er seine Lektion gelernt und «wunderbare Dinge» erlebt, die man nicht allzuleicht zu begreifen vermag. In der Tat, «vom Hörensagen» bloß hat er Jahwe gekannt, jetzt aber hat er dessen Wirklichkeit erfahren, mehr noch als David; eine wahrhaft eindringliche Lehre, die man besser nicht mehr vergißt. Er war früher naiv gewesen, hatte vielleicht sogar von einem «lieben» Gott geträumt oder einem wohlwollenden Herrscher und gerechten Richter; hatte sich eingebildet, ein «Bund» sei eine Rechtsfrage, und ein Vertragspartner könne auf einem ihm zugestandenen Rechte bestehen; Gott sei wahrhaft und treu oder zum mindesten gerecht und habe, wie man aus dem Dekalog vermuten dürfte, einige Anerkennung für gewisse ethische Werte oder fühle sich wenigstens seinem eigenen Rechtsstandpunkt verpflichtet. Er hat aber zu seinem Schrecken gesehen, daß Jahwe nicht nur kein Mensch, sondern in gewissem Sinne weniger als ein Mensch ist, nämlich das, was Jahwe vom Krokodil sagt:

> «Alles, was hoch ist, fürchtet sich vor ihm;
> es ist ein König über alle stolzen Tiere[26].»

Unbewußtheit ist tierisch-naturhaft. Wie alle alten Götter hat auch Jahwe seine Tiersymbolik und zwar in unverkennbarer Anlehnung an die viel älteren theriomorphen Göttergestalten Ägyptens, insbesondere die des Horus und seiner vier Söhne. Von den vier animalia Jahwes hat nur eines ein Menschengesicht. Das wird wohl Satan sein, der Pate des geistigen Menschen. Ezechiels Vision attribuiert dem animalischen Gott drei Viertel Tierisches und nur ein Viertel Menschliches, während der «obere» Gott, nämlich der über der Saphirplatte, einem Menschen nur ähnlich sieht[27]. Diese Symbolik erklärt das – von einem menschlichen Standpunkt aus betrachtet – unerträgliche Verhalten Jahwes. Es ist das Benehmen eines vorzugsweise unbewußten Wesens, das man nicht moralisch beurteilen kann: Jahwe ist ein *Phänomen* und «nicht ein Mensch»[28].

Man könnte ohne ernstliche Schwierigkeit einen derartigen Sinn in Hiobs Rede vermuten. Sei dem, wie ihm wolle, auf alle Fälle hat sich Jahwe endlich beruhigt. Die therapeutische Maßnahme des widerstandslosen Akzeptierens hat sich wieder einmal bewährt. Immerhin ist Jahwe in bezug auf die Freunde Hiobs noch etwas nervös: sie «könnten am Ende nicht recht von ihm reden»[29]. Die Projektion des Zweiflers erstreckt sich also auch – komischerweise, muß man schon sagen – auf diese biederen und etwas philiströsen Männer, wie wenn Gott weiß was davon abhinge, was diese dächten. Aber daß die Menschen denken können und erst noch über ihn, das ist aufreizend unheimlich und soll irgendwie verhindert werden. Es ist denn doch zu ähnlich dem, was sein herumvagierender Sohn oft plötzlich produziert und das ihn so unangenehm an der schwachen Stelle trifft. Wie oft hat er schon seine unüberlegten Aufwallungen bereuen müssen!

Man kann sich kaum dem Eindruck entziehen, daß die Allwissenheit sich allmählich einer Realisierung nähert, und eine Einsicht droht, die von Selbstvernichtungsängsten umwittert zu sein scheint. Die Schlußerklärung Hiobs ist allerdings – glücklicherweise – so formuliert, daß man mit ziemlicher Sicherheit annehmen kann, der Zwischenfall sei für die Beteiligten endgültig beigelegt.

Wir, der kommentierende Chor der großen Tragödie, die noch zu keiner Zeit ihre Lebendigkeit verloren hat, fühlen allerdings nicht ganz so. Aus unserem modernen Empfinden heraus will es uns keineswegs scheinen, als ob mit der profunden Verbeugung Hiobs vor der Allmacht göttlicher Präsenz und mit seinem weisen Schweigen eine wirkliche Antwort auf die durch den Satansstreich der göttlichen Wette aufgeworfene Frage gegeben worden wäre. Hiob hat weniger geantwortet, als angepaßt reagiert, und hat dabei eine bemerkenswerte Selbstbeherrschung an den Tag gelegt: aber eine unzweideutige Antwort steht noch aus.

Was ist es – um das Nächste zu nennen – mit dem moralischen Unrecht, das Hiob erlitten? Oder ist der Mensch im Angesichte Jahwes dermaßen nichtswürdig, daß ihm nicht einmal ein «tort moral» geschehen kann? Das widerspräche der Tatsache, daß der Mensch von Jahwe begehrt wird, und daß es letzterem offenkundig eine Angelegenheit bedeutet, ob die Menschen «recht» von ihm reden. Er hängt an Hiobs Loyalität, und es kommt ihm so viel darauf an, daß er zugunsten seines Testes vor nichts zurückschreckt. Diese Einstellung verleiht dem Menschen beinahe göttliches Gewicht, denn was anderes gibt es in der weiten Welt, das dem, der alles hat, noch etwas bedeuten könnte? Die zwiespältige Haltung Jahwes, welche einerseits menschliches Glück und Leben achtlos zertritt, andererseits aber den Menschen zum Partner haben muß, versetzt diesen in eine geradezu unmögliche Situation: einerseits benimmt sich Jahwe unvernünftig nach dem Vorbild von Naturkatastrophen und ähnlichen Unabsehbarkeiten, andererseits will er geliebt, geehrt, angebetet und als gerecht gepriesen werden. Er reagiert empfindlich auf jedes Wörtchen, das auch nur im entferntesten Kritik vermuten läßt, während er sich um seinen eigenen Moralcodex nicht kümmert, wenn sein Handeln mit dessen Paragraphen kollidiert.

Einem derartigen Gott kann sich der Mensch nur mit Furcht und Zittern unterwerfen und indirekt versuchen, mit massiven Lobpreisungen und ostentativem Gehorsam den absoluten Herrscher zu propitiieren. Ein Vertrauensverhältnis aber erscheint dem modernen Empfinden als völlig ausgeschlossen. Eine *moralische Genugtuung* gar ist von seiten eines derart unbewußten Naturwesens nicht zu erwarten, jedoch ist sie Hiob geschehen, allerdings ohne Absicht Jahwes und vielleicht auch ohne Wissen Hiobs, wie es der Dichter jedenfalls möchte erscheinen lassen. Die Reden Jahwes haben den zwar unreflektierten, aber nichtsdestoweniger durchsichtigen Zweck, die brutale Übermacht des Demiurgen dem Menschen vorzuführen: «Das bin Ich, der Schöpfer aller unbezwingbaren, ruchlosen Naturkräfte, die keinen ethischen Gesetzen unterworfen sind, und so bin auch ich selber eine amoralische Naturmacht, eine rein phänomenale Persönlichkeit, die ihren eigenen Rücken nicht sieht.»

Das ist oder könnte wenigstens eine moralische Genugtuung größten Stiles für Hiob sein, denn durch diese Erklärung wird der Mensch trotz seiner Ohnmacht zum Richter über die Gottheit erhoben. Wir wissen nicht, ob Hiob das gesehen hat. Wir wissen es aber positiv aus so und so vielen Hiobkommentaren, daß alle nachfolgenden Jahrhunderte übersehen haben, wie eine Μοῖρα oder Δίκη über Jahwe waltet, die ihn veranlaßt, sich solchermaßen preiszugeben. Jeder, der es wagt, kann sehen, wie er Hiob unwissentlich erhöht, indem er ihn in den Staub erniedrigt. Damit spricht er sich selber das Urteil und gibt dem Menschen jene Genugtuung, die wir im Buche Hiob immer so schmerzlich vermißten.

Der Dichter dieses Dramas hat eine Probe meisterhafter Diskretion abgelegt, indem er den Vorhang in jenem Augenblick fallen läßt, in welchem sein Held durch die Prostration vor der göttlichen Majestät die bedingungslose Anerkennung der ἀπόφασις μεγάλη des Demiurgen bekundete. *Es darf kein anderer Eindruck übrig bleiben.* Zuviel nämlich steht auf dem Spiele: es droht ein ungewöhnlicher Skandal in der Metaphysik mit vermutlich verheerenden Folgen, und niemand ist mit einer rettenden Formel bereit, um den monotheistischen Gottesbegriff vor einer Katastrophe zu bewahren. Leicht hätte schon damals der kritische Verstand eines Griechen (was, allerdings sehr viel später, auch geschehen ist)[30] diese biographische Neuerwerbung zuungunsten Jahwes aufgreifen und auswerten können, um diesem ein Schicksal zu bereiten, wie es damals den griechischen Göttern beschieden war. Eine Relativierung aber zu jener Zeit sowohl wie in den folgenden zwei Jahrtausenden war schlechthin undenkbar.

Der unbewußte Geist des Menschen sieht richtig, auch wenn der bewußte Verstand geblendet und ohnmächtig ist: das Drama hat sich für alle Ewigkeit vollendet, Jahwes Doppelnatur ist offenbar geworden, und jemand oder etwas hat sie gesehen und registriert. Eine derartige Offenbarung, ob sie nun zum Bewußtsein der Menschen gelangte oder nicht, konnte nicht ohne Folgen bleiben.

III

Bevor wir uns nun der Frage zuwenden, wie der Keim der Unruhe sich weiter entwickelte, wollen wir unseren Blick rückwärts wenden auf die

Zeit, in welcher das Hiobbuch verfaßt wurde. Leider ist die Datierung unsicher. Es wird angenommen, daß es zwischen 600 und 300 a. Chr. n. zustandegekommen ist, also zeitlich nicht allzu fern von den sogenannten Sprüchen Salomos (IV.–III. Jahrh.). In letzteren nun begegnen wir einem Symptom griechischen Einflusses, der, wenn früher angesetzt, über Kleinasien, wenn später, über Alexandrien das jüdische Gebiet erreicht hat. Es ist die Idee der Σοφία oder Sapientia Dei, eines coaeternen, der Schöpfung praeexistenten, annähernd hypostasierten *Pneuma weiblicher Natur:*

«Der Herr schuf mich, seines Waltens Erstling,
als Anfang seiner Werke, vorlängst.
Von Ewigkeit her bin ich gebildet,
von Anbeginn, vor dem Ursprung der Welt.

Noch ehe die Meere waren, ward ich geboren,
noch vor den Quellen, reich an Wasser.
- - - - - - - - - - - -
Als er den Himmel baute, war ich dabei,
- - - - - - - - - - - -
als er die Grundfesten der Erde legte,
da war ich als Liebling ihm zur Seite,
war lauter Entzücken Tag für Tag
und spielte vor ihm allezeit,
spielte auf seinem Erdenrund
und hatte mein Ergötzen an den Menschenkindern[31].»

Diese Sophia, die bereits wesentliche Eigenschaften mit dem Johanneïschen Logos teilt, schließt sich zwar einerseits an die Chochma der hebräischen Weisheitsliteratur an, geht aber andererseits wieder dermaßen weit über diese hinaus, daß man nicht umhin kann, an die indische Shakti zu denken. Beziehungen zu Indien bestanden ja damals (Ptolemäerzeit). Eine weitere Quelle zur Weisheit ist die Spruchsammlung Jesu, des Sohnes Sirachs (etwa um 200 verfaßt). Die Weisheit spricht über sich selber:

«*Ich bin aus dem Munde des Höchsten hervorgegangen*
und habe wie Nebel die Erde bedeckt.
Ich hatte meinen Wohnsitz in der Höhe,
und mein Thron stand auf einer Wolkensäule.

Ich umwanderte allein den Himmelskreis
und schritt durch die Tiefen der Fluten dahin.
Über die Wogen des Meeres und die Grundfesten der Erde,
über jedes Volk und Geschlecht hatte ich Gewalt.
- - - - - - - - - - - -
Vor aller Zeit, von Anfang an hat er mich geschaffen,
und in Ewigkeit werde ich kein Ende nehmen.
Im heiligen Zelte diente ich vor ihm,
und ebenso erhielt ich in Zion einen festen Sitz.
In der Stadt, die er liebt wie mich, ließ ich mich nieder,
und in Jerusalem übte ich meine Macht aus.
- - - - - - - - - - - -
Wie eine Zeder auf dem Libanon wuchs ich in die Höhe,
wie eine Zypresse auf den Bergen des Hermon;
wie eine Palme zu Engedi schoß ich auf
und wie Rosenbüsche zu Jericho;
wie ein stattlicher Ölbaum in der Niederung
und wie eine Platane am Wasser ragte ich empor.
Wie Zimt und Würzbalsam duftete ich
und verbreitete Wohlgeruch wie erlesene Myrrhe.
- - - - - - - - - - - -
Wie eine Terebinthe breitete ich meine Wurzeln aus,
und meine Zweige waren voll Pracht und Anmut;
wie ein Weinstock sproßte ich lieblich auf,
und meine Triebe waren voll Schönheit und Reichtum.
Ich bin die Mutter der edeln Liebe,
der Furcht, der Erkenntnis und der heiligen Hoffnung;
ich werde allen meinen Kindern geschenkt,
als ewige (Gabe) aber nur denen, die von Gott erwählt sind[32].»

Es lohnt sich, diesen Text etwas näher zu betrachten. Die Weisheit bezeichnet sich selber als Logos, als Wort Gottes. Als die Ruach, der Geist Gottes, hat sie im Anfang die Tiefe inkubiert. Wie Gott hat sie ihren Thron im Himmel. Als kosmogonisches Pneuma durchdringt sie Himmel und Erde und alle Geschöpfe. Ihr entspricht sozusagen in jedem Zuge der Logos des Johannesevangeliums. Wir werden unten sehen, inwiefern diese Beziehung auch inhaltlich belangreich ist.

Sie ist das weibliche Numen der «Metropolis» par excellence, der Mutterstadt Jerusalem. Sie ist die Mutter-Geliebte, ein Abbild der Ishtar, der heidnischen Stadtgöttin. Dies wird bestätigt durch die ausführliche Vergleichung der Weisheit mit Bäumen, wie Zeder, Palme, Terebinthe, Ölbaum, Zypresse etc. Alle diese Bäume sind seit alters Symbole der semitischen Liebes- und Muttergöttin. Neben ihrem Altar an hochgelegenen Orten stand ein heiliger Baum. Im Alten Testament sind Eichen und Terebinthen Orakelbäume. Gott oder Engel erscheinen in oder bei Bäumen. David konsultiert ein Maulbeerbaumorakel[33]. Auch repräsentiert der Baum (babylonisch) Tammuz, den Sohngeliebten, wie Osiris, Adonis, Attis und Dionysos, die früh sterbenden Götter Vorderasiens. Alle diese symbolischen Attribute erscheinen auch im Hohen Lied, wo sie beide, den Sponsus sowohl wie die Sponsa, charakterisieren. Der Weinstock, die Traube, die Weinblüte und der Weinberg spielen eine beträchtliche Rolle. Der Geliebte ist wie ein Apfelbaum. Von den Bergen (den Kultstätten der Muttergöttin) soll die Geliebte heruntersteigen, von den Wohnstätten der Löwen und Panther[34]; ihr «Schoß ist ein Park von Granatbäumen mit allerlei köstlichen Früchten, Cypertrauben... Narde und Safran, Gewürzrohr und Zimt... Myrrhen und Aloe mit den allerbesten Balsamen»[35]. Ihre Hände «triefen von Myrrhe»[36]. (Adonis ist aus der Myrrhe geboren!) Wie der Heilige Geist wird die Weisheit allen Erwählten Gottes geschenkt, worauf die Lehre vom Parakleten später zurückgreifen wird.

In dem noch späteren Apokryphon, Die Weisheit Salomos (100 bis 50 a. Chr. n.), tritt die pneumatische Natur der Sophia sowohl wie ihr weltbildnerischer Charakter als Maya noch deutlicher hervor: «Denn ein menschenfreundlicher Geist ist die Weisheit[37].» Die Weisheit ist die «Werkmeisterin aller Dinge»[38]. «In ihr wohnt ein vernunftvoller heiliger Geist» (πνεῦμα νοερὸν ἅγιον), «ein Hauch (ἀτμίς) der Kraft Gottes», ein «Ausfluß (ἀπόρροια) der Herrlichkeit des Allmächtigen», ein «Abglanz des ewigen Lichtes, ein fleckenloser Spiegel des göttlichen Wirkens»[39], ein feinstoffliches Wesen, das alle Dinge durchzieht. Sie steht mit Gott in vertrautem Verkehr (συμβίωσιν ἔχουσα), und der Herr des Alls (πάντων δεσπότης) liebt sie[40]. «Wer in aller Welt ist eine größere Werkmeisterin als sie[41]?» Sie wird vom Himmel und vom Thron der Herrlichkeit als ein «heiliger Geist» entsendet[41]. Als ein Psychopompos [Seelenbegleiter] führt sie zu Gott und sichert die Unsterblichkeit[43].

Das Buch der Weisheit ist emphatisch in bezug auf die Gerechtigkeit Gottes und wagt sich wohl nicht ohne pragmatische Absicht auf einen sehr dünnen Ast hinaus: «Die Gerechtigkeit ist unsterblich, die Ungerechtigkeit aber schafft sich den Tod[44].» Die Ungerechten und Gottlosen aber sagen:

> «Vergewaltigen wir den armen Gerechten...
> - - - - - - - - - - - -
> Unsere Stärke sei der Maßstab für die Gerechtigkeit,
> denn das Schwache erweist sich als unbrauchbar.
> Auflauern wollen wir dem Gerechten.
> - - - - - - - - - - - -
> Er wirft uns Übertretung des Gesetzes vor
> und schilt uns über unseren Mangel an Zucht.
> Er rühmt sich, die Erkenntnis Gottes zu besitzen,
> und nennt sich einen Knecht des Herrn.
> Er ward uns zum Vorwurf gegen unsere Gesinnung.
> - - - - - - - - - - - -
> Durch Hohn und Qual wollen wir ihn auf die Probe stellen,
> damit wir seine Sanftmut kennen lernen
> und seine Standhaftigkeit im Leiden prüfen[45].»

Wo haben wir kurz zuvor gelesen: «Und der Herr sprach zum Satan: Hast du achtgehabt auf meinen Knecht Hiob, daß seinesgleichen keiner ist auf Erden, ein Mann so fromm und bieder, so gottesfürchtig und dem Bösen feind? Noch hält er fest an seiner Frömmigkeit; und du hast mich wider ihn gereizt, ihn ohne Ursache zu verderben[46]»? «Weisheit ist besser als Stärke», sagt der Prediger[47].

Wohl nicht aus bloßer Gedankenlosigkeit und Unbewußtheit, sondern aus tieferem Beweggrund rührt hier das Buch der Weisheit an die empfindliche Stelle, was allerdings erst dann ganz verständlich würde, wenn es uns gelingen sollte, herauszufinden, in welcher Beziehung das Buch Hiob zu der zeitlich nahen Veränderung im Status Jahwes, eben zum Auftreten der Sophia, steht. Es handelt sich dabei keineswegs um eine literarhistorische Überlegung, sondern vielmehr um das dem Menschen gegenwärtige Schicksal Jahwes. Aus den alten Schriften wissen wir, daß das göttliche Drama sich zwischen dem Gott und seinem Volk vollzieht, welches ihm, der männlichen Dynamis, wie ein Weib angetraut ist und über dessen Treue er eifersüchtig wacht. Ein individueller Fall ist Hiob, dessen Treue einer grausamen Prüfung unterzogen wird. Erstaunlich leicht, sagte ich oben, gibt Jahwe der Einflüsterung Satans nach. Wenn es wahr ist, daß er Hiob vollkommen vertraut, so wäre es nichts als logisch, wenn er diesen in Schutz nähme, dafür den übelwollenden Verleumder entlarvte und ihn die Diffamierung des getreuen Gottesknechtes nachdrücklich entgelten ließe. Aber Jahwe denkt nicht daran, auch nachher nicht, nachdem sich Hiobs Unschuld erwiesen hat. Man hört nichts von Tadel oder Mißbilligung Satan gegenüber. Man kann darum an Jahwes Konnivenz nicht zweifeln. Seine Bereitschaft, Hiob dem mörderischen Zugriff Satans zu überlassen, beweist, daß er darum an Hiob zweifelt, weil er seine eigene Tendenz zur Untreue auf einen Sündenbock projiziert. Es besteht nämlich der Verdacht, daß er den Ehebund mit Israel zu lockern sich anschickt, diese Absicht aber sich selber verheimlicht. Die daher unbestimmt irgendwo gewitterte Untreue veranlaßt ihn, mittelst des Satans den Untreuen ausfindig zu machen, und er findet ihn ausgerechnet im Treuesten der Treuen, der nunmehr einem hochnotpeinlichen Verfahren unterworfen wird. Jahwe ist seiner eigenen Treue unsicher geworden.

Gleichzeitig oder etwas später wird es ruchbar, was geschehen ist: er hat sich eines weiblichen Wesens, das ihm nicht minder gefällig ist als den Menschen, erinnert, einer Freundin und Gespielin seit der Urzeit, eines Erstlings aller Gottesgeschöpfe, eines fleckenlosen Abglanzes seiner Herrlichkeit von aller Ewigkeit her und einer Werkmeisterin der Schöpfung, seinem Herzen näher verwandt und vertraut als die späten Nachfahren des sekundär geschaffenen, mit der Gottesimago geprägten Protoplasten (Urmensch). Es ist wohl eine dira necessitas, welche den Grund zu dieser Anamnesis der Sophia bildet: es konnte nicht mehr so weitergehen wie bisher; der «gerechte» Gott konnte nicht mehr selber Ungerechtigkeiten begehen und der «Allwissende» sich nicht mehr so verhalten wie ein ahnungs- und gedankenloser Mensch. Selbstreflexion wird zur gebieterischen Notwendigkeit, und dazu braucht es Weisheit: Jahwe muß sich seines absoluten Wissens erinnern. Denn, wenn Hiob Gott erkennt, dann muß auch Gott sich selber erkennen. Es konnte nicht sein, daß Jahwes Doppelnatur aller Welt ruchbar wurde und nur ihm selber verborgen blieb. Wer Gott erkennt, wirkt auf ihn. Das Scheitern des Versuches, Hiob zu verderben, hat Jahwe gewandelt.

Wir wollen nun das, was auf die Gotteswandlung folgt, aus den Andeutungen der Heiligen Schrift und der Geschichte zu rekonstruieren versuchen. Zu diesem Zwecke müssen wir in die Urzeit der Genesis zurückkehren, und zwar zum Urmenschen ante lapsum [vor dem Sündenfall]. Dieser hat als Adam durch die Mithilfe des Schöpfers aus seiner Seite die Eva, als seine weibliche Entsprechung, hervorgebracht, wie letzterer aus seinem Urstoff den hermaphroditischen Adam und mit ihm den gottähnlich geprägten Teil der Menschheit, nämlich das Volk Israel, geschaffen hat[48]. In geheimer Entsprechung mußte es Adam geschehen, daß sein erster Sohn (gleich wie Satan) ein Übeltäter und Mörder vor dem Herrn war, womit sich der Prolog im Himmel auf der Erde wiederholte. Man kann unschwer vermuten, daß hierin der tiefere Grund liegt, warum Jahwe den mißratenen Kain in seinen besonderen Schutz nahm, ist er doch Satans getreues Abbild im Diminutiv. Von einem Vorbild für den frühverblichenen Abel, der Gott lieber war als Kain, der fortschrittliche (und darum wahrscheinlich von einem Satansengel instruierte) Akkerbauer, haben wir allerdings nichts gehört. Vielleicht war es ein anderer Gottessohn, von konservativerer Natur als Satan; kein Herumschweifer, der neuen und schwarzen Gedanken nachhing, sondern in Kindesliebe dem Vater verbunden, der keine anderen als die väterlichen Gedanken hegt und im inneren Kreise der himmlischen Ökonomie verweilt. Darum wohl auch kann sein irdisches Abbild Abel so bald wieder «der bösen Welt enteilen», um mit dem Buch der Weisheit zu reden, und zum Vater zurückkehren, während Kain den Fluch seiner Fortschrittlichkeit einerseits und seiner moralischen Minderwertigkeit andererseits im irdischen Dasein auskosten muß.

Wenn der Urvater Adam das Abbild des Schöpfers trägt, so sein Sohn Kain sicherlich dasjenige des Gottessohnes Satan, und darum dürfte begründete Vermutung bestehen, daß auch der Gotteslichling Abel seine Entsprechung ἐν ὑπερουρανίῳ τόπῳ hatte. Die ersten bedenklichen Zwischenfälle, die sich gleich anfangs in einer anscheinend geglückten und befriedigenden Schöpfung ereigneten, der Sündenfall und der Brudermord, lassen aufhorchen, und man muß sich unwillkürlich vergegenwärtigen, daß die Anfangssituation, als nämlich der Geist Gottes den wüsten Abgrund bebrütete, kaum ein schlechthin vollkommenes Resultat erwarten läßt. Auch hat der Schöpfer, der sonst jeden Tag seines Werkes als gut befand, es unterlassen, dem, was am Montag geschah, eine gute Zensur zu geben. Er sagte einfach nichts; ein Umstand, der ein argumentum ex silentio begünstigt! Was an jenem Tag geschah, ist die endgültige

Trennung der oberen und der unteren Wasser durch die dazwischen befindliche Feste. Es ist klar, daß dieser unvermeidliche Dualismus schon damals, wie auch später, nicht recht ins monotheistische Konzept passen wollte, weil er auf eine metaphysische Zwiespältigkeit hinweist. Dieser Spalt muß, wie wir aus der Geschichte wissen, durch die Jahrtausende hindurch immer wieder geflickt, verheimlicht oder gar geleugnet werden. Trotz alledem hat er sich gleich zu Anfang schon im Paradies zur Geltung gebracht, indem dem Schöpfer, im Gegensatz zu seinem Programm, den Menschen als das klügste Wesen und als Herrn der Geschöpfe am letzten Schöpfungstag erscheinen zu lassen, eine merkwürdige Inkonsequenz unterlief oder unterschoben wurde, nämlich die Erschaffung der Schlange, die sich als erheblich klüger und bewußter als Adam und zudem als vor ihm entstanden erwies. Es ist kaum zu vermuten, daß Jahwe sich selber einen solchen Streich gespielt hätte; viel wahrscheinlicher dagegen hat hier sein Sohn, der Satan, seine Hand im Spiele. Er ist ein Trickster und Spielverderber und liebt es, ärgerliche Zwischenfälle zu veranlassen. Jahwe hat zwar die Reptilien vor Adam erschaffen, aber es waren die gewöhnlichen, höchst unintelligenten Schlangen, unter denen sich Satan eine Baumschlange gewählt hat, um in deren Gestalt zu schlüpfen. Von da an verbreitet sich das Gerücht, daß die Schlange das geistigste Tier (τὸ πνευματικώτατον ζῷον)[49] sei. Auch wird sie nachmals zum beliebtesten Symbol für den νοῦς (Geist, Verstand), kommt so zu hohen Ehren und darf selbst den zweiten Gottessohn symbolisieren, weil dieser als der welterlösende *Logos* (der vielfach mit Nous als identisch erscheint) verstanden wird. Eine später entstandene Sage will es haben, daß die Schlange im Paradies *Lilith,* Adams erste Frau gewesen sei, mit der dieser das Heer der Dämonen erzeugt habe. Diese Sage vermutet ebenfalls einen Trick, der kaum in der Absicht des Weltschöpfers gelegen hat. Die Heilige Schrift kennt denn auch nur Eva als legitime Gattin. Merkwürdig bleibt aber, daß der das Abbild Gottes darstellende Urmensch in der Tradition ebenfalls zwei Frauen hat, wie sein himmlischer Prototypus. Wie dieser mit dem Weibe Israel legitim verbunden ist, dabei aber seit Ewigkeit ein weibliches Pneuma zur vertrauten Gefährtin hat, so hat Adam zuerst Lilith (die Tochter oder Emanation des Satans) zur Frau als (satanische) Entsprechung zu Sophia, Eva aber entspräche dem Volke Israel. Wir wissen natürlich nicht, warum man erst so spät vernommen hat, daß die Ruach Elohim, der «Geist Gottes», nicht nur weiblich ist, sondern auch relativ selbständig neben Gott besteht, und daß längst vor der Ehe mit Israel eine Beziehung Jahwes zu Sophia existiert hat. Auch wissen wir nicht, was der Grund ist, daß in den älteren Traditionen das Wissen um diesen ersten Bund in Verlust geriet. Man hat übrigens auch sehr spät erst von der mißlichen Beziehung Adams zu Lilith gehört. Ob Eva für Adam eine ebenso unbequeme Gattin war wie das sozusagen beständig mit Untreue flirtende Volk für Jahwe, entzieht sich unserer Kenntnis. Jedenfalls bedeutet das Familienleben der Ureltern nicht eitel Freude: ihre beiden ersten Söhne stellen den Typus des feindlichen Brüderpaares dar, denn damals bestand anscheinend noch die Sitte, mythologische Motive zu verwirklichen. (Heutzutage wird dies als anstößig empfunden, und darum, wenn es vorkommt, geleugnet.) Die Eltern können sich in den erblich belastenden Faktor teilen: Adam muß sich nur an seine Dämonenprinzessin erinnern, und Eva darf nicht vergessen, daß sie die erste war, die sich auf die Lockung der Schlange eingelassen hat. Wie der Sündenfall, so ist auch das Kain-Abel-Intermezzo kaum auf der Liste der trefflichen Schöpfungsgegenstände erwähnt. Man darf diesen Schluß ziehen, weil Jahwe selber über die erwähnten Zwischenfälle nicht im voraus unterrichtet zu sein schien. Wie später, so besteht schon hier der Verdacht, daß aus der Allwissenheit keine Schlüsse gezogen wurden, d. h. Jahwe besinnt sich nicht auf sein Allwissen und ist infolgedessen nachher vom Resultat überrascht. Dieses Phänomen läßt sich auch bei Menschen beobachten, nämlich überall dort, wo man sich den Genuß seiner eigenen Emotion nicht versagen kann. Es ist zuzugeben, daß ein Wutanfall oder eine Trauer ihre heimlichen Reize haben. Wenn dem nicht so wäre, so hätten sogar die meisten Menschen schon einige Weisheit erlangt.

Von hier aus vermögen wir vielleicht etwas besser zu verstehen, was sich mit Hiob ereignet hat. Im pleromatischen oder Bardozustand[50] (wie die Tibeter ihn nennen) herrscht zwar ein vollkommenes Weltenspielen, aber mit der Schöpfung, d. h. mit dem Übertritt der Welt in das distinkte Geschehen in Raum und Zeit, beginnen die Ereignisse sich aneinander zu reiben und zu stoßen. Verdeckt und geschützt vom Saum des väterlichen Mantels setzt Satan bald hier bald dort falsche und in anderer Hinsicht richtige Akzente, wodurch Verwicklungen entstehen, die im Plane des Schöpfers anscheinend nicht vorgezeichnet waren und darum als Überraschungen wirken. Während die unbewußte Kreatur, wie Tiere, Pflanzen und Kristalle, so weit wir wissen, befriedigend funktioniert, geht es mit dem Menschen irgendwie anhaltend schief. Zwar ist anfänglich sein Bewußtsein nur unmerklich höher als das der Tiere, weshalb auch seine Willensfreiheit sich als äußerst beschränkt erweist. Aber Satan interessiert sich für ihn und experimentiert in seiner Art mit ihm, verführt ihn zu Ungehörigkeiten, und seine Engel lehren ihn Wissenschaften und Künste, welche bisher der Vollkommenheit des Pleromas vorbehalten waren. (Satan hätte schon damals den Namen «Lucifer» verdient!) Die sonderbaren, nicht vorausgesehenen Extravaganzen der Menschen erregen Jahwes Affekte und verwickeln ihn dadurch in seine eigene Schöpfung. Göttliche Interventionen werden zu gebieterischen Notwendigkeiten. Es ist diesen aber ärgerlicherweise jeweils nur vorübergehender Erfolg beschieden, selbst die drakonische Strafe der Ertränkung alles Lebenden (mit Ausnahme der Erwählten), welcher nach der Auffassung des alten Johann Jakob Scheuchzer sogar die Fische nicht entgangen sind (wie die Petrefakte ausweisen), hat keine dauernde Wirkung. Die Schöpfung erweist sich nach wie vor als infiziert. Seltsamerweise sucht Jahwe die Ursache dafür immer bei den Menschen, die anscheinend nicht gehorchen wollen, nie aber bei seinem Sohn, dem Vater aller Trickster. Diese unrichtige Orientierung kann seine ohnehin schon reizbare Natur nur verschärfen, so daß die Gottesfurcht bei den Menschen allgemein zum Prinzip, und sogar als Anfang aller Weisheit betrachtet wird. Während die Menschen sich unter dieser harten Zucht anschicken, ihr Bewußtsein durch den Erwerb einer gewissen Weisheit, d. h. zunächst Vorsicht oder Besonnenheit[51], zu erweitern, wird aus dieser historischen Entwicklung ersichtlich, daß Jahwe seine pleromatische Koexistenz mit Sophia seit den Tagen der Schöpfung offensichtlich aus den Augen verloren hat. An ihre Stelle tritt der Bund mit dem auserwählten Volk, das dadurch in die weibliche Rolle gedrängt wird. Das damalige «Volk» bestand in einer patriarchalen Männergesellschaft, in welcher der Frau nur eine sekundäre Bedeutung zukam. Die Gottesehe mit Israel war daher eine wesentlich männliche Angelegenheit, etwa wie die (ungefähr gleichzeitige) Gründung der griechischen Polis. Die Unterlegenheit der Frau war eine ausgemachte Sache. Die Frau galt als unvollkommener als der Mann, wie schon die Anfälligkeit der Eva für die Einflüsterungen der Schlange im Paradies ausweist. Die *Vollkommenheit* ist ein männliches Desideratum, während die Frau von Natur aus zur *Vollständigkeit* neigt. Und in der Tat kann auch heute noch der Mann besser und auf längere

Zeit eine relative Vollkommenheit aushalten, während sie der Frau in der Regel nicht gut bekommt und ihr sogar gefährlich werden kann. Wenn die Frau nach Vollkommenheit strebt, so vergißt sie ihrer diese ergänzenden Rolle, nämlich die der Vollständigkeit, die zwar an sich unvollkommen ist, aber dafür das der Vollkommenheit so notwendige Gegenstück bildet. Denn wie die Vollständigkeit stets unvollkommen, so ist die Vollkommenheit stets unvollständig und stellt darum einen Endzustand dar, der hoffnungslos steril ist. «Ex perfecto nihil fit» [aus Vollkommenem wird nichts], sagen die alten Meister, während dagegen das «imperfectum» [Unvollkommene] die Keime zukünftiger Verbesserung in sich trägt. Der Perfektionismus endet immer in einer Sackgasse, während die Vollständigkeit allein der selektiven Werte ermangelt.

Der Ehe mit Israel liegt ein perfektionistisches Vorhaben Jahwes zugrunde. Damit ist jene Bezogenheit, die man als «Eros» bezeichnen könnte, ausgeschlossen. Der Mangel an Eros, d.h. an Wertbeziehung, tritt im Hiob recht deutlich hervor: das herrliche Paradigma der Schöpfung ist ein Ungetüm, nicht etwa der Mensch – wohlgemerkt! Jahwe hat keinen Eros, keine Beziehung zum Menschen, sondern nur zu einem Zwecke, zu dem ihm der Mensch verhelfen soll. Das alles hindert aber nicht, daß er eifersüchtig und mißtrauisch ist wie nur je ein Ehegatte, aber er meint sein Vorhaben und nicht den Menschen.

Die Treue des Volkes wird umso wichtiger, je mehr Jahwe der Weisheit vergißt. Aber das Volk verfällt immer wieder der Treulosigkeit trotz vielfacher Gunstbeweise. Dieses Verhalten hat Jahwes Eifersucht und Mißtrauen natürlich nicht besänftigt, daher fällt die Insinuation Satans auf fruchtbaren Boden, als er den Zweifel an Hiobs Treue in das väterliche Ohr träufelt. Trotz aller Überzeugung von des letzteren Treue gibt er ohne Zögern seine Zustimmung zu den schlimmsten Quälereien. Man vermißt hier die Menschenfreundlichkeit der Sophia mehr als sonst. Selbst Hiob schon sehnt sich nach der unauffindbaren Weisheit[52].

Hiob bezeichnet den Höhepunkt dieser mißlichen Entwicklung. Er stellt als Paradigma einen Gedanken dar, der in der damaligen Menschheit reif geworden ist, einen gefährlichen Gedanken, welcher an die Weisheit der Götter und Menschen einen hohen Anspruch stellt. Hiob ist sich dieses Anspruches zwar bewußt, weiß aber offenbar nicht genügend um die mit Gott coaeterne Sophia. Weil die Menschen der Willkür Jahwes sich ausgeliefert fühlen, bedürfen sie der Weisheit, nicht aber

Jahwe, dem bisher nichts entgegensteht als die Nichtigkeit des Menschen. Mit dem Hiobdrama ändert sich die Situation aber von Grund auf. Hier stößt Jahwe auf den standhaften Menschen, der an seinem Recht festhält, bis er der brutalen Macht weichen muß. Er hat das Angesicht Gottes und dessen unbewußte Zwiespältigkeit gesehen. Gott war erkannt, und diese Erkenntnis wirkte nicht nur in Jahwe, sondern auch in den Menschen weiter, und so sind es die Menschen der letzten vorchristlichen Jahrhunderte, welche, unter der leisen Berührung durch die präexistente Sophia, Jahwe und seine Haltung kompensierend, gleichzeitig die Anamnesis der Weisheit vollziehen. Die Weisheit, in hohem Maße personifiziert und damit ihre Autonomie bekundend, offenbart sich ihnen als freundlicher Helfer und Anwalt Jahwe gegenüber und zeigt ihnen den lichten, gütigen, gerechten und liebenswerten Aspekt ihres Gottes.

Damals, als der Satansstreich das als vollkommen geplante Paradies kompromittierte, hat Jahwe Adam und Eva, die er als Abbild seines männlichen Wesens und seiner weiblichen Emanation schuf, in die außerparadiesische Schalen- oder Zwischenwelt verbannt. Es bleibt dunkel, wieviel an der Eva Sophia darstellt und wieviel von ersterer Lilith meint. Adam besitzt die Priorität in jeder Hinsicht. Eva ist sekundär seinem Leibe entnommen. Sie kommt daher an zweiter Stelle. Ich erwähne diese Einzelheit aus der Genesis, weil das Wiederauftreten der Sophia im göttlichen Raum auf kommende Schöpfungsereignisse hinweist. Sie ist ja die «Werkmeisterin»; sie verwirklicht die Gedanken Gottes, indem sie ihnen stoffliche Gestalt verleiht, was eine Prärogative des weiblichen Wesens überhaupt darstellt. Ihr Zusammensein mit Jahwe bedeutet den ewigen Hierosgamos [Heilige Hochzeit], aus welchem Welten gezeugt und geboren werden. Eine große Wendung steht bevor: *Gott will sich im Mysterium der himmlischen Hochzeit erneuern* (wie die ägyptischen Hauptgötter es von jeher getan haben) *und will Mensch werden.* Er benützt hierzu anscheinend die ägyptische Vorlage der Gottesinkarnation im Pharao, welche aber ihrerseits wiederum ein bloßes Abbild des ewigen pleromatischen Hierosgamos ist. Aber es wäre nicht korrekt anzunehmen, daß sich dieser Archetypus sozusagen mechanisch wiederholt. Das ist, so viel wir wissen, nie der Fall, indem archetypische Situationen nur auf besondere Veranlassung wiederkehren. Der eigentliche Grund für die Menschwerdung ist in der Auseinandersetzung mit Hiob zu suchen. Wir werden unten noch ausführlicher auf diese Frage zurückkommen.

IV

Wie der Entschluß zur Menschwerdung sich anscheinend des altägyptischen Vorbildes bedient, so können wir auch erwarten, daß der Verlauf derselben im einzelnen sich an gewisse Präfigurationen anlehnen wird. *Die Annäherung der Sophia bedeutet neue Schöpfung.* Diesmal soll aber nicht die Welt geändert werden, sondern Gott will sein eigenes Wesen wandeln. Die Menschheit soll nicht, wie früher, vernichtet, sondern *gerettet* werden. Man erkennt in diesem Entschluß den menschenfreundlichen Einfluß der Sophia: es sollen keine neuen Menschen geschaffen werden, sondern nur einer, der *Gottmensch.* Zu diesem Zwecke muß ein umgekehrtes Verfahren angewendet werden. Der männliche Adam secundus soll nicht als erster unmittelbar aus der Hand des Schöpfers hervorgehen, sondern er soll aus dem menschlichen Weibe geboren werden. Die Priorität fällt diesmal also der Eva secunda zu, und zwar nicht etwa nur in zeitlichem, sondern auch in substantiellem Sinne. Mit Berufung auf das sogenannte Proto-Evangelium, nämlich speziell Gen. 3,15, entspricht die zweite Eva dem «Weibe und seinem Samen», das der Schlange «den Kopf zertreten» wird. Wie Adam als ursprünglich hermaphroditisch gilt, so gilt auch das «Weib und sein Same» als ein Menschenpaar, nämlich als die Regina coelestis und Gottesmutter einerseits und der göttliche Sohn, der keinen menschlichen Vater hat, andererseits. So wird Maria, die Jungfrau, als reines Gefäß für die kommende Gottesgeburt auserwählt. Ihre Selbständigkeit und Unabhängigkeit vom Manne wird durch ihre prinzipielle Jungfrauschaft hervorgehoben. Sie ist eine «Gottestochter», die, wie später dogmatisch festgestellt wird, von allem Anfang an schon durch das Privileg der unbefleckten Empfängnis ausgezeichnet und damit von der Befleckung der Erbsünde befreit ist. Ihre Zugehörigkeit zum status ante lapsum [Zustand vor dem Sündenfall] ist daher evident. Damit wird ein neuer Anfang gesetzt. Die göttliche Makellosigkeit ihres Zustandes läßt ohne weiteres erkennen, daß sie nicht nur die imago Dei in ungeminderter Reinheit trägt, sondern daß sie als Gottesbraut auch ihren Prototypus, die Sophia, inkarniert. Ihre in den alten Dokumenten ausführlich hervorgehobene Menschenfreundlichkeit läßt vermuten, daß Jahwe in dieser seiner neuesten Schöpfung sich von Sophia in wesentlichen Stücken hat bestimmen lassen. Denn Maria, die «gebenedeite unter den Weibern», ist eine Freundin und Fürbitterin der Sünder, welche die

Menschen allesamt sind. Sie ist wie Sophia eine Mediatrix [Mittlerin], die zu Gott führt und den Menschen dadurch das Heil der Unsterblichkeit sichert. Ihre Assumptio [Aufnahme in den Himmel] ist das Vorbild für die leibliche Auferstehung des Menschen. Als Gottesbraut und Himmelskönigin hat sie die Stelle der alttestamentlichen Sophia inne.

Bemerkenswert sind die ungewöhnlichen Vorsichtsmaßnahmen, mit welchen die Gestaltung der Maria umgeben wird: conceptio immaculata [unbefleckte Empfängnis], Ausmerzung der macula peccati [Makel der (persönlichen) Sünde], immerwährende Virginität. Damit wird die Gottesmutter offenkundig gegen die Streiche Satans gesichert. Man darf aus dieser Tatsache schließen, daß Jahwe seine Allwissenheit zu Rate gezogen hat, denn in dieser besteht ein klares Wissen um die perversen Neigungen, denen der dunkle Gottessohn huldigt. Maria muß unbedingt vor dessen korrumpierenden Einflüssen geschützt werden. Die unvermeidliche Folge dieser eingreifenden Schutzmaßnahmen ist allerdings ein Umstand, den man bei der dogmatischen Bewertung der Inkarnation ungenügend in Rechnung gesetzt hat: die Befreiung von der Erbsünde enthebt die Jungfrau auch der allgemeinen Menschheit, deren gemeinsames Merkmal die Erbsünde und daher die Erlösungsbedürftigkeit ist. Der status ante lapsum bedeutet soviel als paradiesische, d. h. pleromatische und göttliche Existenz. Maria wird durch die Anwendung besonderer Schutzmaßnahmen sozusagen zum Status einer Göttin erhoben und büßt damit ihre volle Menschlichkeit ein: sie wird ihr Kind nicht wie alle anderen Mütter in der Sünde empfangen, und daher wird es auch nie ein Mensch, sondern ein Gott sein. Man hat – meines Wissens wenigstens – nie gesehen, daß damit die wirkliche Menschwerdung Gottes in Frage gestellt bzw. nur teilweise vollzogen wurde. *Beide, Mutter und Sohn, sind keine wirklichen Menschen, sondern Götter.*

Diese Veranstaltung bedeutet zwar eine Erhöhung der Persönlichkeit Mariä im männlichen Sinn, indem sie der Vollkommenheit Christi angenähert wird, aber zugleich auch eine Kränkung des weiblichen Prinzips der Unvollkommenheit bzw. der Vollständigkeit, indem dieses durch Perfektionierung bis auf jenen kleinen Rest, der Maria noch von Christus unterscheidet, vermindert wird – Phoebo propior lumina perdit [Dem Strahlenden näher verliert sie an Licht]! Je mehr somit das weibliche Ideal in die Richtung des männlichen umgebogen wird, desto mehr verliert die Frau die Möglichkeit, das männliche Streben nach Vollkommenheit zu kompensieren, und es entsteht ein männlich idealer Zustand, der, wie wir sehen werden, von einer Enantiodromie [Gegenläufigkeit] bedroht ist. Über die Vollkommenheit hinaus führt kein Weg in die Zukunft, es sei denn eine Umkehr, d. h. eine Katastrophe des Ideals, welche durch das weibliche Ideal der Vollständigkeit hätte vermieden werden können. Mit dem jahwistischen Perfektionismus hat sich das Alte Testament in das Neue fortgesetzt, und trotz aller Anerkennung und Erhöhung des weiblichen Prinzips ist letzteres gegenüber der patriarchalen Herrschaft nicht durchgedrungen. Es wird also noch von sich hören lassen.

V

Bei den von Satan verdorbenen Ureltern war der erste Sohn mißraten. Er war ein Eidolon Satans, und nur der jüngere Sohn Abel war Gott wohlgefällig. Das Gottesbild war in Kain entstellt; in Abel dagegen war es bedeutend weniger getrübt. Wie der ursprüngliche Adam als Abbild Gottes gedacht ist, so stellt der wohlgeratene Gottessohn, das Vorbild Abels (über das, wie wir sahen, keine Dokumente vorliegen), die Präfiguration des Gottmenschen dar. Von letzterem wissen wir positiv, daß er als Logos praeexistent und coaetern, ja sogar ὁμοούσιος (gleichen Wesens) mit Gott ist. Man kann Abel daher als unvollkommenen Prototyp des nunmehr in Maria zu erzeugenden Gottessohnes betrachten. Wie Jahwe ursprünglich den Versuch unternahm, sich im Urmenschen Adam ein chthonisches Äquivalent zu schaffen, so beabsichtigt er jetzt etwas Ähnliches, aber bedeutend Besseres. Diesem Zwecke dienen die oben erwähnten außerordentlichen Vorsichtsmaßnahmen. Der neue Sohn, Christus, soll wie Adam einerseits chthonischer Mensch, also leidensfähig und sterblich, andererseits aber nicht wie Adam ein bloßes Abbild, sondern Gott selber sein, von sich selbst als Vater erzeugt und als Sohn den Vater verjüngend. Als Gott ist er schon immer Gott gewesen, und als Sohn der Maria, die wie ersichtlich ein Abbild der Sophia darstellt, ist er der Logos (synonym mit Nous), welcher, wie Sophia, ein Werkmeister der Schöpfung ist, wie das Johannesevangelium berichtet[53]. Diese Identität von Mutter und Sohn wird von der Mythologie vielfach beglaubigt.

Trotzdem es sich bei der Geburt Christi um ein geschichtliches und einmaliges Ereignis handelt, so ist es doch immer schon in der Ewigkeit vorhanden gewesen. Dem Laien in diesen Dingen ist die Vorstellung der Identität eines unzeitlichen und ewigen mit einem einmaligen historischen Ereignis stets schwergefallen. Er muß sich aber an den Gedanken gewöhnen, daß «Zeit» ein relativer Begriff ist und eigentlich ergänzt werden sollte durch den Begriff einer «gleichzeitigen» Bardo- oder pleromatischen Existenz aller geschichtlichen Vorgänge. Was im Pleroma als ein ewiger «Vorgang» vorhanden ist, das erscheint in der Zeit als aperiodische Sequenz, d.h. in vielfacher unregelmäßiger Wiederholung. Um nur *ein* Beispiel zu geben: Jahwe hat einen mißratenen und einen guten Sohn. Diesem Prototypus entsprechen Kain und Abel sowie Jakob und Esau und in allen Zeiten und Zonen das Motiv der feindlichen Brüder, welch letzteres in unzähligen modernen Varianten noch die Familien spaltet und den Psychotherapeuten beschäftigt. Ebensoviele und ebenso instruktive Beispiele ließen sich für die in der Ewigkeit vorgezeichneten zwei Frauen beibringen. Derartige Dinge sind deshalb, wenn sie als moderne Varianten erscheinen, nicht etwa bloß für persönliche Zwischenfälle, Launen oder zufällige individuelle Idiosynkrasien zu halten, sondern für den in zeitliche Einzelereignisse auseinandergefallenen pleromatischen Vorgang, der einen unerläßlichen Bestandteil oder Aspekt des göttlichen Dramas bedeutet.

Als Jahwe die Welt aus seiner Urmaterie, dem sogenannten «Nichts», schuf, konnte er gar nicht anders, als sich selber in die Schöpfung, die er in jedem Stück selber ist, hineingeheimnissen, wovon jede vernünftige Theologie schon längstens überzeugt ist. Daher kommt die Überzeugung, man könne Gott aus seiner Schöpfung erkennen. Wenn ich sage, er hätte nicht anders gekonnt, so bedeutet dies keine Einschränkung seiner Allmacht, sondern im Gegenteil die Anerkennung, daß alle Möglichkeiten in ihm beschlossen sind und es daher gar keine anderen gibt als diejenigen, die ihn ausdrücken.

Alle Welt ist Gottes, und Gott ist in aller Welt von allem Anfang an. Wozu dann die große Veranstaltung der Inkarnation, fragt man sich erstaunt. Gott ist ja de facto in allem, und doch muß irgend etwas gefehlt haben, daß nunmehr ein sozusagen zweiter Eintritt in die Schöpfung mit so viel Umsicht und Sorgfalt inszeniert werden soll. Da die Schöpfung universal ist, die fernsten Sternnebel umfaßt und auch das organische Leben als unendlich variabel und differenzierungsfähig angelegt hat, so ist hierin ein Manko wohl kaum ersichtlich. Daß Satan überall seinen korrumpierenden Einfluß hineingemischt hat, ist zwar aus vielen Gründen bedauerlich, tut aber im wesentlichen nichts zur Sache. Eine Antwort auf diese Frage ist nicht leicht zu geben. Man wird natürlich behaupten wollen, daß Christus erscheinen muß, um die Menschheit vom Übel zu erlösen. Wenn man aber bedenkt, daß das Übel ursprünglich von Satan insinuiert wurde und noch beständig hineingezaubert wird, so erschiene es doch bedeutend einfacher, wenn Jahwe diesen «practical joker» einmal energisch zur Ordnung riefe und seinen schädlichen Einfluß und damit die Wurzel des Übels eliminierte. Es brauchte dann gar nicht die Veranstaltung einer besonderen Inkarnation mit all den unabsehbaren Folgen, die eine Menschwerdung Gottes mit sich bringt. Man vergegenwärtige sich, was das heißt: *Gott wird Mensch.* Das bedeutet nichts weniger als weltumstürzende Wandlung Gottes. Es bedeutet etwas wie seinerzeit die Schöpfung, nämlich eine Objektivation Gottes. Damals offenbarte er sich in der Natur schlechthin; jetzt aber will er, noch spezifischer, gar zum Menschen werden. Allerdings, müssen wir sagen, hat eine Tendenz in dieser Richtung schon immer bestanden. Als nämlich die offenbar vor Adam geschaffenen Menschen mit den höheren Säugetieren in Erscheinung traten, schuf Jahwe anderntags in einem besonderen Schöpfungsakt einen Menschen, der das Abbild Gottes war. Damit geschah die erste Präfiguration zur Menschwerdung. Jahwe nahm das Volk, die Nachkommen Adams, in seinen persönlichen Besitz und erfüllte von Zeit zu Zeit Propheten dieses Volkes mit seinem Geist. Das waren lauter vorbereitende Ereignisse und Anzeichen einer innergöttlichen Tendenz zur Menschwerdung. In der Allwissenheit aber bestand seit Ewigkeit das Wissen um die Menschennatur Gottes oder die Gottesnatur des Menschen. Darum finden wir, schon längst vor der Abfassung der Genesis, entsprechende Zeugnisse in den altägyptischen Dokumenten. Diese Andeutungen und Präfigurationen der Menschwerdung wollen einem als gänzlich unverständlich oder überflüssig erscheinen, da ja alle Schöpfung, die ex nihilo erfolgte, Gottes ist, aus nichts anderem als aus Gott besteht und daher auch der Mensch, wie die ganze Kreatur, sowieso konkret gewordener Gott ist. Präfigurationen sind aber an sich keine Schöpfungsereignisse, sondern bloß Stufen im Bewußtwerdungsprozeß. Man hat eben erst sehr spät realisiert (resp. ist immer noch damit beschäftigt), daß Gott das Wirkliche schlechthin ist, also nicht zum mindesten auch Mensch. Diese Realisierung ist ein säkularer Prozeß.

VI

In Ansehung des großen Problems, das wir zu erläutern uns nun anschikken, schien mir dieser Exkurs über pleromatische Ereignisse als Einleitung nicht überflüssig zu sein.

Was ist nun aber der wirkliche Grund zur Menschwerdung als historischem Ereignis?

Um diese Frage zu beantworten, müssen wir etwas weiter ausholen. Wie wir sahen, hat Jahwe anscheinend eine Abneigung dagegen, das absolute Wissen gegenüber seiner Allmachtsdynamik in Betracht zu ziehen. Der in dieser Beziehung wohl instruktivste Fall ist seine Beziehung zu Satan; immer liegen die Dinge so, daß es aussieht, als ob Jahwe über die Absichten seines Sohnes nicht unterrichtet wäre. Das rührt aber davon her, daß er seine Allwissenheit nicht in Betracht zieht. Man kann sich etwas Derartiges dadurch erklären, daß Jahwe durch seine sukzessiven Schöpfungsakte dermaßen fasziniert und in Anspruch genommen war, daß er seine Allwissenheit darüber vergaß. Es ist durchaus begreiflich, daß die zauberhafte Körperlichwerdung diversester Gegenstände, die zuvor nie und nirgends in solcher Anschaulichkeit existiert hatten, ein unendliches göttliches Entzücken verursachte. Sophia erinnert sich wohl ganz richtig, wenn sie sagt:

> «Als er die Grundfesten der Erde legte,
> da war ich als Liebling ihm zur Seite,
> war lauter Entzücken Tag für Tag...[54].»

Noch im Buch Hiob klingt die stolze Schöpferfreude nach, wenn Jahwe auf seine Tiere, die ihm gelungen sind, hinweist:

> «Siehe doch das Flußpferd, das ich schuf wie dich...
> - - - - - - - - - - - - -
> Das ist der Erstling von Gottes Schaffen,
> gemacht zum Beherrscher seiner Genossen[55].»

Noch in der Zeit Hiobs ist Jahwe berauscht von der ungeheuren Macht und Größe seiner Schöpfung. Was bedeuten daneben schon die Sticheleien Satans und die Lamentationen der wie Flußpferde geschaffenen Menschen, auch wenn sie Gottes Abbild tragen? Jahwe scheint überhaupt vergessen zu haben, was letzteres bedeutet, sonst hätte er wohl Hiobs menschliche Würde nicht so vollständig ignoriert.

Es sind eigentlich erst die sorgfältigen und vorausschauenden Vorbereitungen zur Geburt Christi, welche erkennen lassen, daß die Allwissenheit anfängt, einen nennenswerten Einfluß auf Jahwes Handeln zu gewinnen. Ein gewisser philanthropischer und universalistischer Zug macht sich bemerkbar. Die «Kinder Israel» treten gegenüber den Menschenkindern etwas in den Hintergrund, auch hören wir seit Hiob zunächst nichts mehr von neuen Bünden. Weisheitssprüche scheinen an der Tagesordnung zu sein, und ein eigentliches Novum, nämlich *apokalyptische Mitteilungen,* macht sich bemerkbar. Das deutet auf metaphysische Erkenntnisakte hin, d. h. auf «konstellierte» unbewußte Inhalte, die bereit sind, ins Bewußtsein durchzubrechen. In allem ist, wie schon gesagt, Sophias hilfreiche Hand am Werke.

Wenn man Jahwes Verhalten bis zum Wiederauftreten der Sophia im ganzen betrachtet, so fällt die eine unzweifelhafte Tatsache auf, daß sein Handeln von einer *inferioren Bewußtheit* begleitet ist. Immer wieder vermißt man die Reflexion und die Bezugnahme auf das absolute Wissen. Seine Bewußtheit scheint nicht viel mehr als eine primitive «awareness» (wofür es leider kein deutsches Wort gibt) zu sein. Man kann den Begriff mit «bloß wahrnehmendes Bewußtsein» umschreiben. Awareness kennt keine Reflexion und keine Moralität. Man nimmt bloß wahr und handelt blind, d. h. ohne bewußt-reflektierte Einbeziehung des Subjektes, dessen individuelle Existenz unproblematisch ist. Heutzutage würde man einen solchen Zustand psychologisch als «unbewußt» und juristisch als «unzurechnungsfähig» bezeichnen. Die Tatsache, daß das Bewußtsein keine Denkakte vollzieht, beweist aber nicht, daß solche nicht vorhanden sind. Sie verlaufen bloß unbewußt und machen sich indirekt bemerkbar in Träumen, Visionen, Offenbarungen und «instinktiven» Bewußtseinsveränderungen, aus deren Natur man erkennen kann, daß sie von einem «unbewußten» Wissen herrühren und durch unbewußte Urteilsakte und Schlüsse zustande gekommen sind.

Etwas Derartiges beobachten wir in der merkwürdigen Veränderung, die nach der Hiobepisode sich im Verhalten Jahwes eingestellt hat. Es ist wohl nicht daran zu zweifeln, daß ihm die moralische Niederlage, die er sich Hiob gegenüber zugezogen hat, zunächst nicht zum Bewußtsein gekommen war. In seiner Allwissenheit stand diese Tatsache allerdings schon seit jeher fest, und es ist nicht undenkbar, daß dieses Wissen ihn unbewußt allmählich in die Lage gebracht hat, so unbedenklich mit Hiob zu verfahren, um durch die Auseinandersetzung mit letzterem sich etwas bewußt zu machen und eine Erkenntnis zu gewinnen. Satan, dem später nicht zu Unrecht der Name «Lucifer» [Lichtträger] zuerkannt wurde, verstand es, die Allwissenheit öfter und besser zu nützen als sein Vater[56]. Es scheint, daß er der einzige unter den Gottessöhnen war, der soviel Initiative entwickelte. Auf alle Fälle war er es, der Jahwe diejenigen unvorhergesehenen Zwischenfälle in den Weg legte, welche in der Allwissenheit als nötig, ja unerläßlich für die Entwicklung und Vollendung des göttlichen Dramas gewußt waren. Dazu gehörte der entscheidende Fall Hiob, der nur dank der Initiative Satans zustande kam.

Der Sieg des Unterlegenen und Vergewaltigten ist einleuchtend: Hiob stand moralisch höher als Jahwe. Das Geschöpf hatte in dieser Beziehung den Schöpfer überholt. Wie immer, wenn ein äußeres Ereignis an ein unbewußtes Wissen rührt, kann letzteres bewußt werden. Man erkennt das Ereignis als ein «déjà vu» und erinnert sich an ein präexistentes Wissen darum. Etwas Derartiges muß mit Jahwe geschehen sein. Die Überlegenheit Hiobs kann nicht mehr aus der Welt geschafft werden. Damit ist eine Situation entstanden, die nun wirklich des Nachdenkens und der Reflexion bedarf. Aus diesem Grunde greift Sophia ein. Sie unterstützt die nötige Selbstbesinnung und ermöglicht dadurch den Entschluß Jahwes, nun selber Mensch zu werden. Damit fällt eine folgenschwere Entscheidung: er erhebt sich über seinen früheren primitiven Bewußtseinszustand, indem er indirekt anerkennt, daß der Mensch Hiob ihm moralisch überlegen ist und daß er deshalb das Menschsein noch nachzuholen hat. Hätte er diesen Entschluß nicht gefaßt, so wäre er in flagranten Gegensatz zu seiner Allwissenheit geraten. Jahwe muß Mensch werden, denn diesem hat er Unrecht getan. Er, als der Hüter der Gerechtigkeit, weiß, daß jedes Unrecht gesühnt werden muß, und die Weisheit weiß, daß auch über ihm das moralische Gesetz waltet. *Weil sein Geschöpf ihn überholt hat, muß er sich erneuern.*

Da nun nichts geschehen kann ohne eine präexistente Vorlage, selbst nicht die creatio ex nihilo [Schöpfung aus dem Nichts], die sich immerhin auf den ewigen Bilderschatz in der Phantasie der «Werkmeisterin» berufen muß, so kommt als unmittelbares Vorbild für den zu erzeugenden Sohn einesteils (aber nur in beschränktem Maße) Adam, anderenteils (dies in höherem Maße) Abel in Frage. Adams Beschränkung besteht darin, daß er zur Hauptsache Geschöpf und Vater, wenn schon Anthropos ist. Abels Vorteil aber besteht darin, daß er der Gott wohlgefällige Sohn, erzeugt und nicht direkt geschaffen ist. Dabei muß ein Nachteil in Kauf genommen werden: er ist früh durch Gewalt ums Leben gekommen, zu früh, um eine Witwe mit Kindern zu hinterlassen, was zu einem vollen menschlichen Schicksal eigentlich gehört hätte. Abel ist nicht der eigentliche Archetypus des Gott wohlgefälligen Sohnes, sondern bereits ein Abbild, aber als solches das erste, das wir aus der Heiligen Schrift kennen. Der frühsterbende Gott ist auch in damaligen heidnischen Religionen beglaubigt, ebenso der Brudermord. Wir gehen daher wohl kaum fehl in der Annahme, daß Abels Schicksal auf ein metaphysisches Ereignis zurückweist, welches sich zwischen Satan und einem lichten, dem Vater mehr ergebenen Gottessohn abgespielt hat. Davon geben uns ägyptische Überlieferungen Kunde. Wie gesagt kann der präfigurierende Nachteil des Abeltypus wohl nicht umgangen werden, denn er ist ein integrierender Bestandteil des mythischen Sohndramas, wie die verschiedenen heidnischen Varianten dieses Motivs zeigen. Der kurze, dramatische Verlauf des Abelschicksals kann wohl als Paradigma für das Leben und den Tod eines menschgewordenen Gottes dienen.

Wir erblicken also den unmittelbaren Grund für die Menschwerdung in der Erhöhung Hiobs und den Zweck derselben in der Bewußtseinsdifferenzierung Jahwes. Dazu hat es allerdings einer bis aufs Äußerste zugespitzten Situation bedurft, einer affektvollen Peripetie, ohne welche kein höheres Bewußtseinsniveau erreicht wird.

VII

Für die kommende Geburt des Gottessohnes kommt neben Abel die seit alters festliegende und durch Tradition übermittelte Disposition des Heldenlebens überhaupt als Vorbild in Frage. Er ist ja nicht bloß als nationaler Messias, sondern als universaler Menschenerretter gedacht, infolgedessen kommen auch die heidnischen Mythen bzw. Offenbarungen in bezug auf das Leben eines von den Göttern ausgezeichneten Mannes in Betracht.

Die Geburt Christi ist daher gekennzeichnet durch die bei Heldengeburten üblichen Begleiterscheinungen, wie die Vorausverkündigung, die göttliche Erzeugung aus der Jungfrau, die Koinzidenz mit der dreimaligen coniunctio maxima (♃ ☌ ♄) im Zeichen der Fische, welches dazumal gerade den neuen Äon einleitet, verbunden mit der Erkenntnis einer Königsgeburt, die Verfolgung des Neugeborenen, dessen Flüchtung und Verbergung, die Unansehnlichkeit der Geburt usw. Das Motiv des Heldenwachstums ist noch erkennbar in der Weisheit des Zwölfjährigen im Tempel, und für die Losreißung von der Mutter liegen einige Beispiele vor.

Es ist ohne weiteres verständlich, daß dem Charakter und Schicksal des menschgewordenen Gottsohnes ein ganz besonderes Interesse eignet. Aus beinahe zweitausendjähriger Entfernung gesehen, bedeutet es allerdings eine ungemein schwierige Aufgabe, aus den erhaltenen Traditionen ein biographisches Bild Christi zu rekonstruieren; liegt uns doch nicht ein einziger Text vor, der auf die modernen Anforderungen an Geschichtsschreibung auch nur die geringste Rücksicht nähme. Die als historisch verifizierbaren Tatsachen sind äußerst spärlich, und was sonst als biographisch verwertbares Material vorliegt, ist nicht genügend, um daraus einen widerspruchslosen Lebenslauf oder einen irgendwie wahrscheinlichen Charakter herzustellen. Den Hauptgrund hierfür haben gewisse theologische Autoritäten darin entdeckt, daß sich von der Biographie und Psychologie Christi die Eschatologie nicht trennen läßt. Unter Eschatologie ist im wesentlichen die Aussage zu verstehen, daß Christus nicht bloß Mensch, sondern zugleich auch Gott ist und darum neben menschlichem Schicksal auch göttliches erleidet. Die beiden Naturen durchdringen sich derart, daß ein Trennungsversuch beide Naturen verstümmelt: die Göttlichkeit überschattet den Menschen, und der Mensch ist als empirische Persönlichkeit kaum erfaßbar. Auch die Erkenntnismittel der modernen Psychologie genügen nicht, um alle Dunkelheiten aufzuhellen. Jeder Versuch, einen einzelnen Zug der Klarheit halber herauszuheben, vergewaltigt einen anderen, der entweder hinsichtlich der Göttlichkeit oder hinsichtlich der Menschlichkeit ebenso wesentlich ist. Das Alltägliche ist vom Wunderbaren und Mythischen dermaßen durchwoben, daß man seiner Tatsachen nie ganz sicher ist. Was wohl am meisten stört und verwirrt, ist der Umstand, daß gerade die ältesten Schriften, nämlich diejenigen des Paulus, für die konkrete menschliche Existenz

Christi nicht das mindeste Interesse zu haben scheinen. Auch die synoptischen Evangelien sind unbefriedigend, da sie mehr den Charakter von Propagandaschriften als von Biographien haben.

Was die menschliche Seite Christi anbelangt, wenn man von einem *nur* menschlichen Aspekt überhaupt reden kann, so tritt die «Philanthropie» besonders deutlich hervor. Dieser Zug ist schon angedeutet in der Beziehung der Maria zu Sophia und sodann, in besonderem Maße, in der Zeugung durch den Heiligen Geist, dessen weibliche Natur Sophia personifiziert, denn sie ist die unmittelbare historische Vorform des ἅγιον πνεῦμα, welches durch die *Taube,* den Vogel der Liebesgöttin, symbolisiert wird. Auch ist meist die Liebesgöttin die Mutter des frühsterbenden Gottes. Die Philanthropie Christi wird aber nicht unwesentlich eingeschränkt durch eine gewisse prädestinatianische Neigung, welche ihn sogar gelegentlich veranlaßt, seine heilsame Offenbarung den Nichterwählten vorzuenthalten. Wenn man die Prädestinationslehre wörtlich nimmt, so kann man sie im Rahmen der christlichen Botschaft nur schwer verstehen. Faßt man sie dagegen psychologisch als ein Mittel zur Erreichung eines bestimmten Effektes auf, so ist leicht zu begreifen, daß die Anspielung auf Vorherbestimmung ein Gefühl der Ausgezeichnetheit bewirkt. Wenn einer weiß, daß er seit Anfang der Welt von göttlicher Wahl und Absicht ausersehen ist, so fühlt er sich herausgehoben aus der Hinfälligkeit und Belanglosigkeit der gewöhnlichen menschlichen Existenz und versetzt in einen neuen Stand der Würde und der Bedeutsamkeit eines, der am göttlichen Weltdrama teilhat. Damit wird der Mensch in die Gottesnähe entrückt, was dem Sinne der evangelischen Botschaft durchaus entspricht.

Neben der Menschenliebe macht sich im Charakter Christi eine gewisse Zornmütigkeit bemerkbar, und, wie es bei emotionalen Naturen häufig der Fall zu sein pflegt, ebenso ein Mangel an Selbstreflexion. Nirgends findet sich ein Anhaltspunkt dafür, daß Christus sich je über sich selbst gewundert hätte. Er scheint nicht mit sich selber konfrontiert zu sein. Von dieser Regel gibt es nur *eine* bedeutende Ausnahme, nämlich den verzweiflungsvollen Aufschrei am Kreuz: «Mein Gott, mein Gott, warum hast Du mich verlassen?» Hier erreicht sein menschliches Wesen Göttlichkeit, nämlich in dem Augenblick, wo der Gott den sterblichen Menschen erlebt und das erfährt, was er seinen treuen Knecht Hiob hat erdulden lassen. Hier wird die Antwort auf Hiob gegeben, und, wie ersichtlich, ist auch dieser supreme Augenblick ebenso göttlich wie menschlich, ebenso «eschatologisch» wie «psychologisch». Auch hier, wo man restlos den Menschen empfinden kann, ist der göttliche Mythus ebenso eindrucksvoll gegenwärtig. Und beides ist eines und dasselbe. Wie will man da die Gestalt Christi «entmythologisieren»? Ein solcher rationalistischer Versuch würde ja das ganze Geheimnis dieser Persönlichkeit herauslaugen, und was übrig bliebe, wäre nicht mehr die Geburt und das Schicksal eines Gottes in der Zeit, sondern ein historisch schlecht beglaubigter religiöser Lehrer, ein jüdischer Reformator, der hellenistisch gedeutet und mißverstanden wurde – etwa ein Pythagoras oder meinetwegen ein Buddha oder ein Mohammed, aber keinesfalls ein Sohn Gottes oder ein menschgewordener Gott. Überdies scheint man sich nicht genügend darüber Rechenschaft zu geben, zu welchen Überlegungen ein von aller Eschatologie desinfizierter Christus Anlaß geben müßte. Es gibt heutzutage eine empirische Psychologie, die trotzdem existiert, obschon die Theologie sie möglichst ignoriert, und von ihr könnten gewisse Aussagen Christi unter die Lupe genommen werden. Wenn diese Aussagen von der Verbindung mit dem Mythus gelöst werden, dann sind sie nämlich nur noch persönlich zu erklären. Zu welchem Schlusse aber muß man notwendigerweise gelangen, wenn man z. B. die Aussage: «Ich bin der Weg und die Wahrheit und das Leben; niemand kommt zum Vater außer durch mich» [57], auf eine persönliche Psychologie reduziert? Offenbar zu demselben, den auch die Verwandten Jesu in ihrer Unkenntnis der «Eschatologie» gezogen haben, als sie sagten: «Er ist von Sinnen [58].» Was soll eine Religion ohne Mythus, wo sie doch, wenn überhaupt etwas, eben gerade die Funktion bedeutet, die uns mit dem ewigen Mythus verbindet?

Auf Grund dieser eindrucksvollen Unmöglichkeiten hat man, wie aus einer gewissen Ungeduld mit dem schwierigen Tatsachenmaterial heraus, angenommen, Christus sei überhaupt nur ein Mythus, d. h. in diesem Fall so viel wie *Fiktion*. Der Mythus ist aber keine Fiktion, sondern besteht in beständig sich wiederholenden Tatsachen, die immer wieder beobachtet werden können. Er ereignet sich am Menschen, und Menschen haben mythische Schicksale so gut wie griechische Heroen. Daß das Christusleben in hohem Grade Mythus ist, beweist daher ganz und gar nichts gegen seine Tatsächlichkeit; ich möchte fast sagen, im Gegenteil, denn der mythische Charakter eines Lebens drückt geradezu die menschliche Allgemeingültigkeit desselben aus. Es ist psychologisch durchaus möglich, daß das Unbewußte bzw. ein Archetypus einen Menschen völlig in Besitz nimmt und sein Schicksal bis ins kleinste determiniert. Dabei können objektive, d.h. nichtpsychische Parallelerscheinungen auftreten, welche ebenfalls den Archetypus darstellen. Es scheint dann nicht nur, sondern ist so, daß der Archetypus sich nicht nur psychisch im Individuum, sondern auch außerhalb desselben objektiv erfüllt. Ich vermute, daß Christus eine derartige Persönlichkeit war. Das Christusleben ist gerade so, wie es sein muß, wenn es das Leben eines Gottes und eines Menschen zugleich ist. Es ist ein *Symbolum,* eine Zusammensetzung heterogener Naturen, etwa so, wie wenn man Hiob und Jahwe in *einer* Persönlichkeit vereinigt hätte. Jahwes Absicht, Mensch zu werden, die sich aus dem Zusammenstoß mit Hiob ergeben hat, erfüllt sich im Leben und Leiden Christi.

VIII

Man wundert sich, in Erinnerung an frühere Schöpfungsakte, wo Satan bei alledem mit seinen subversiven Einflüssen bleibt. Überall sät er ja sein Unkraut unter den Weizen. Man könnte seine Hand im herodianischen Kindermord vermuten. Bekannt ist sein Versuch, Christus zur Rolle eines weltlichen Herrschers zu verlocken. Ebenso deutlich ist die Tatsache, daß er, wie aus den Aussagen des Besessenen hervorgeht, über Christi Natur sich als wohl informiert erweist, auch scheint er Judas inspiriert zu haben, ohne aber den wesentlichen Opfertod beeinflussen bzw. verhindern zu können.

Seine relative Unwirksamkeit erklärt sich einesteils gewiß aus der sorgfältigen Vorbereitung der Gottesgeburt, andererseits aber auch aus einem merkwürdigen metaphysischen Ereignis, welches Christus wahrgenommen hat: *Er sah, wie Satan wie ein Blitz aus dem Himmel fiel*[59]. Dieses Gesicht betrifft das Zeitlichwerden einer metaphysischen Begebenheit, nämlich die historische (vorderhand) endgültige Trennung Jahwes von seinem dunkeln Sohn. Satan ist aus dem Himmel verbannt und hat keine Gelegenheit mehr, seinen Vater zu zweifelhaften Unternehmungen zu überreden. Dieses «Ereignis» dürfte erklären, warum Satan, wo immer er in der Menschwerdungsgeschichte auftaucht, eine so unterlegene Rolle spielt, die in nichts mehr an das frühere Vertrauensverhältnis zu Jahwe erinnert. Er hat die väterliche Geneigtheit offenbar verscherzt und ist ins Exil geschickt worden. Damit hat ihn die Strafe, die wir in der Hiobgeschichte vermißt haben, nun doch – allerdings in merkwürdig bedingter Form – erreicht. Obschon er vom himmlischen Hofe entfernt ist, so hat er doch die Herrschaft über die sublunare Welt behalten. Er wird nicht direkt in die Hölle, sondern auf die Erde geworfen und soll erst in der Endzeit eingeschlossen und dauernd unwirksam gemacht werden. Die Tötung Christi ist nicht auf seine Rechnung zu setzen, denn durch die Präfiguration in Abel und in den frühsterbenden Göttern bedeutet der Opfertod als ein von Jahwe gewähltes Schicksal die Wiedergutmachung für das Hiob geschehene Unrecht einerseits, und andererseits eine Leistung zugunsten der geistigen und moralischen Höherentwicklung des Menschen. Denn zweifellos wird der Mensch in seiner Bedeutung gemehrt, wenn sogar Gott selber Mensch wird.

Infolge der relativen Einschränkung Satans ist Jahwe durch Identifikation mit seinem lichten Aspekt zu einem guten Gott und liebenden Vater geworden. Er hat zwar seinen Zorn nicht verloren und kann strafen, aber mit Gerechtigkeit. Fälle in der Art der Hiobstragödie sind anscheinend nicht mehr zu erwarten. Er erweist sich als gütig und gnädig; er hat Erbarmen mit den sündigen Menschenkindern und wird als die Liebe selber definiert. Obschon Christus ein vollkommenes Vertrauen in seinen Vater hat und sich sogar eins mit ihm weiß, kann er doch nicht umhin, im Vaterunser die vorsichtige Bitte (und Warnung) einzuflechten: «Führe uns nicht in Versuchung, sondern erlöse uns von dem Bösen.» Das heißt, Gott möge uns nicht direkt durch Verlockung zum Bösen veranlassen, sondern uns lieber davon erlösen. Die Möglichkeit, daß Jahwe, trotz aller Vorsichtsmaßnahmen und trotz seiner ausgesprochenen Absicht, zum Summum Bonum [Höchsten Gut(en)] zu werden, wieder auf frühere Wege zurückgeraten könnte, liegt also nicht so fern, als daß sie nicht im Auge behalten werden müßte. Jedenfalls erachtet es Christus als zweckmäßig, im Gebet den Vater an seine für den Menschen verderblichen Neigungen zu erinnern und ihn zu bitten, davon abzulassen. Es gilt ja nach menschlichem Dafürhalten für unfair, ja sogar für äußerst unmoralisch, kleine Kinder zu Handlungen, die ihnen gefährlich werden könnten, zu verlocken und zwar einfach nur darum, um ihre moralische Standfestigkeit zu erproben! Der Unterschied zwischen einem Kind und einem Erwachsenen ist zudem unermeßlich viel geringer, als zwischen Gott und seinen Geschöpfen, deren moralische Schwäche ihm am bekanntesten sein muß. Das Mißverhältnis ist sogar so groß, daß man, wenn diese Bitte nicht im Vaterunser stünde, sie als Blasphemie bezeichnen müßte, denn es geht doch wahrhaftig nicht an, daß man dem Gott der Liebe und dem Summum Bonum eine derartige Inkonsequenz zuschreibt.

Die sechste Bitte des Vaterunsers läßt in der Tat tief blicken, denn angesichts dieser Tatsache wird die immense Sicherheit Christi hinsichtlich des Charakters seines Vaters etwas fraglich. Es ist ja leider eine allgemeine Erfahrung, daß besonders positive und kategorische Behauptungen namentlich dort auftreten, wo ein leiser Zweifel, der sich im Hintergrund bemerkbar macht, aus der Welt geschafft werden soll. Man muß ja zugeben, daß es schließlich gegen alle vernünftige Erwartung wäre, wenn ein Gott, der seit Urzeiten neben aller Generosität zeitweise verheerenden Wutanfällen ausgeliefert war, nun plötzlich zum Inbegriff alles Guten hätte werden können. Der uneingestandene, aber nichtsdestoweniger deutliche Zweifel Christi in dieser Hinsicht wird noch im Neuen Testament und zwar in der Apokalypse des Johannes bestätigt. Dort liefert sich nämlich Jahwe wiederum einer unerhörten Zerstörungswut gegenüber der Menschheit aus, von welcher bloß 144000 Exemplare übrig zu bleiben scheinen[60].

Man ist in der Tat in Verlegenheit, wie man eine derartige Reaktion mit dem Verhalten eines liebenden Vaters, von dem man erwarten müßte, er werde seine Schöpfung mit Geduld und Liebe schließlich verklären, in Einklang bringen könnte. Es hat sogar allen Anschein, als ob gerade der Versuch, dem Guten endgültig und absolut zum Siege zu verhelfen, zu einer gefährlichen Aufstauung des Bösen und damit zu einer Katastrophe führen müßte. Neben dem Weltende ist die Zerstörung von Sodom und Gomorrha, ja sogar die Sintflut, reines Kinderspiel; denn dieses Mal geht die Schöpfung überhaupt aus den Fugen. Da Satan zeitweise eingeschlossen, dann überwunden und in den Feuersee geworfen wird[61], so kann die Weltzerstörung kein Teufelswerk sein, sondern stellt einen von Satan nicht beeinflußten «act of God» dar.

Dem Weltende geht die Tatsache voraus, daß selbst der Sieg des Gottessohnes Christus gegen seinen Bruder, den Satan (der Gegenschlag Abels gegen Kain), nicht wirklich und endgültig erfochten ist, denn es ist vorher noch eine letzte machtvolle Manifestation Satans zu erwarten. Man kann kaum annehmen, daß die Inkarnation Gottes in seinem einen

Sohne Christus vom Satan ruhig hingenommen würde. Sie muß gewiß seine Eifersucht aufs Höchste erregt und in ihm den Wunsch wachgerufen haben, Christus nachzuahmen (welche Rolle ihm als πνεῦμα ἀντίμιμον besonders liegt) und nun seinerseits den *dunkeln* Gott zu inkarnieren. (Hierüber hat sich die spätere Legendenbildung, wie bekannt, ausführlich verbreitet.) Dieser Plan wird durch die Gestalt des *Antichristus* zur Ausführung gebracht werden und zwar nach Ablauf des astrologisch vorausbestimmten Jahrtausends, das der Dauer der Herrschaft Christi zugeschrieben wird. In dieser schon neutestamentlichen Erwartung wird ein Zweifel an der unmittelbaren Endgültigkeit oder der universalen Wirksamkeit des Erlösungswerkes laut. Leider – muß man sagen – bilden diese Erwartungen unreflektierte Offenbarungen, die mit der sonstigen Heilslehre nirgends auseinandergesetzt oder gar in Einklang gebracht werden.

IX

Ich erwähne die zukünftigen apokalyptischen Geschehnisse zunächst nur darum, um den Zweifel, der sich in der sechsten Bitte des Vaterunsers indirekt ausdrückt, zu illustrieren, nicht aber um eine Auffassung der Apokalypse überhaupt zu geben. Darauf werde ich unten zurückkommen. Zuvor aber müssen wir uns der Frage zuwenden, wie es sich mit der Menschwerdung Gottes über Christi Tod hinaus verhält. Man hat uns seit alters gelehrt, daß die Menschwerdung ein einmaliges historisches Ereignis sei. Man könne keine Wiederholung desselben und ebensowenig eine weitere Offenbarung des Logos erwarten, denn auch diese sei in der Einmaligkeit der vor bald 2000 Jahren erfolgten Erscheinung des menschgewordenen Gottes auf Erden beschlossen. Die einzige Quelle der Offenbarung und die endgültige Autorität ist also die Bibel, und Gott nur insofern, als er die Schriften des Neuen Testamentes autorisiert hat. Mit dem Schluß des Neuen Testamentes hören die authentischen Mitteilungen Gottes auf. Soweit der protestantische Standpunkt! Die katholische Kirche, die direkte Erbin und Fortbildnerin des historischen Christentums, erweist sich hinsichtlich dieser Frage etwas vorsichtiger, denn sie nimmt an, daß das Dogma mit Beihilfe des Heiligen Geistes sich weiterentwickeln und entfalten könne. Diese Auffassung steht in bester Übereinstimmung mit Christi Lehre vom Heiligen Geist und damit der weiteren Fortsetzung der Inkarnation. Christus ist der Ansicht, daß wer an ihn glaube bzw. glaube, daß er der Sohn Gottes sei, die Werke, die er tue, auch tun könne und noch größere als diese[62]. Er erinnert seine Jünger daran, daß ihnen gesagt sei, sie seien Götter[63]. Die Gläubigen oder Auserwählten sind Kinder Gottes und «Miterben Christi»[64]. Wenn Christus den irdischen Schauplatz verläßt, so wird er den Vater bitten, den Seinen einen «Beistand» (den «Parakleten») zu senden, der in Ewigkeit bei und in ihnen bleibt[65]. Der Beistand aber ist der Heilige Geist, der vom Vater her gesendet wird. Dieser «Geist der Wahrheit» wird die Gläubigen lehren und «in die ganze Wahrheit leiten»[66]. Christus hat sich demnach eine beständige Verwirklichung Gottes in dessen Kindern und daher in seinen Geschwistern im Geiste gedacht, wobei seine Werke nicht einmal notwendigerweise als die größten gelten müßten.

Da der Heilige Geist die dritte Person der Trinität darstellt und in jeder der drei Personen jeweils der ganze Gott gegenwärtig ist, so bedeutet die Einwohnung des Heiligen Geistes nichts weniger als eine Annäherung des Gläubigen an den Status des Gottessohnes. Man begreift daher unschwer den Hinweis: «Ihr seid Götter.» Dieser deifizierenden Wirkung des Heiligen Geistes kommt natürlich die dem Erwählten eigentümliche imago Dei entgegen. Gott in der Gestalt des Heiligen Geistes schlägt sein Zelt bei und in den Menschen auf, denn er ist offenbar gesonnen, nicht nur in den Nachkommen Adams, sondern auch in einer unbestimmt großen Anzahl von Gläubigen, oder vielleicht in der Menschheit überhaupt, sich fortschreitend zu verwirklichen. Es ist daher bezeichnend, daß Barnabas und Paulus in Lystra mit Zeus und Hermes identifiziert wurden: «Die Götter sind den Menschen ähnlich geworden und zu uns herabgestiegen[67].» Das war allerdings die naivere heidnische Auffassung der christlichen Transmutation, aber eben gerade deshalb überzeugt sie. Ein solcher Fall schwebte wohl TERTULLIAN vor, als er den «sublimiorem Deum» als eine Art von «Ausleiher von Göttlichkeit» bezeichnete, der «Götter aus den Menschen machte»[68].

Die Inkarnation Gottes in Christus bedarf insofern einer Fortsetzung und Ergänzung, als Christus infolge der Parthenogenesis [Jungfrauengeburt] und der Sündlosigkeit kein empirischer Mensch war und daher, wie es in Joh. 1,5 heißt, ein Licht darstellte, das zwar in die Finsternis leuchtete, aber von dieser nicht begriffen wurde. Er blieb außerhalb und oberhalb der wirklichen Menschheit. Hiob aber war ein gewöhnlicher

Mensch, und deshalb kann nach göttlicher Gerechtigkeit das ihm und, mit ihm, der Menschheit geschehene Unrecht nur durch eine Inkarnation Gottes im empirischen Menschen wiedergutgemacht werden. Dieser Sühneakt wird durch den Parakleten vollzogen, denn wie der Mensch an Gott, so muß Gott am Menschen leiden. Anders kann es keine «Versöhnung» zwischen den beiden geben.

Die fortlaufende, unmittelbare Einwirkung des Heiligen Geistes auf die zur Kindschaft berufenen Menschen bedeutet de facto eine in die Breite sich vollziehende Menschwerdung. Christus, als der von Gott gezeugte Sohn, ist ein Erstling, der von einer großen Anzahl nachgeborener Geschwister gefolgt wird. Diese letzteren sind allerdings weder vom Heiligen Geist gezeugt noch aus einer Jungfrau geboren. Das mag ihren metaphysischen Status beeinträchtigen, keinesfalls aber wird ihre bloß menschliche Geburt die Anwartschaft auf eine zukünftige Ehrenstellung am himmlischen Hofe gefährden und ebensowenig ihre Leistungsfähigkeit in bezug auf Wunderwerke vermindern. Ihre niedere Herkunft (aus der Klasse der Säugetiere) hindert sie nicht, in ein nahes Verwandtschaftsverhältnis zu Gott als Vater und zu Christus als «Bruder» zu treten. In übertragenem Sinne ist es sogar eine «Blutsverwandtschaft», denn sie haben Anteil am Blute und Fleische Christi empfangen, was mehr als bloße Adoption bedeutet. Diese tiefgreifenden Änderungen im menschlichen Status sind direkt durch das *Erlösungswerk* Christi bewirkt. Die Erlösung oder Errettung hat verschiedene Aspekte, so vor allem den einer durch Christi Opfertod geleisteten *Sühne* für die Verfehlungen der Menschheit. Sein Blut reinigt uns von den bösen Folgen der Sünde. Er versöhnt Gott mit dem Menschen und befreit diesen von dem ihm drohenden Verhängnis des Gotteszornes und der ewigen Verdammnis. Es leuchtet unmittelbar ein, daß derartige Vorstellungen Gottvater immer noch als den gefährlichen und deshalb zu propitiierenden Jahwe voraussetzen: der qualvolle Tod seines Sohnes muß ihm Genugtuung für eine Beleidigung leisten: er hat einen «tort moral» erlitten und wäre eigentlich geneigt, sich dafür furchtbar zu rächen. Wir stolpern hier wiederum über das Mißverhältnis zwischen einem Weltschöpfer und seinen Geschöpfen, die sich zu seinem Ärger nie so benehmen, wie es seiner Erwartung entspräche. Es ist, wie wenn jemand eine Bakterienkultur anlegte, welche ihm mißrät. Er kann dann zwar darüber fluchen, aber er wird den Grund für das Fehlresultat doch nicht bei den Bakterien suchen und diese dafür moralisch bestrafen wollen. Er wird vielmehr einen passenderen Nährboden auswählen. Das Verhalten Jahwes gegenüber seinen Geschöpfen widerspricht allen Anforderungen der sogenannten «göttlichen» *Vernunft,* deren Besitz den Menschen vor dem Tier auszeichnen soll. Dazu kommt, daß ein Bakteriologe in der Wahl seines Nährbodens sich irren kann, denn er ist ein Mensch. Gott aber, vermöge seiner Allwissenheit, könnte sich nie irren, wenn er diese befragte. Er hat allerdings seine menschlichen Geschöpfe mit einem gewissen Bewußtsein und daher mit einem entsprechenden Grade von Willensfreiheit ausgestattet. Aber er kann auch wissen, daß er dadurch den Menschen in Versuchung führt, einer gefährlichen Selbständigkeit zu verfallen. Das wäre insoweit kein zu großes Risiko, als der Mensch es mit einem nur gütigen Schöpfer zu tun hätte. Aber Jahwe übersieht seinen Satanssohn, dessen List sogar er selber gelegentlich erliegt. Wie sollte er da erwarten können, daß der Mensch mit seinem beschränkten Bewußtsein und seinem so unvollkommenen Wissen es besser mache? Zudem übersieht er, daß der Mensch, je mehr Bewußtsein er besitzt, desto mehr von seinen Instinkten, die ihm wenigstens noch eine gewisse Witterung von der verborgenen Weisheit Gottes geben, abgetrennt und jeder Irrtumsmöglichkeit preisgegeben ist. Satans List ist er schon gar nicht gewachsen, wenn nicht einmal sein Schöpfer diesem mächtigen Geist Einhalt gebieten kann oder will.

X

Die Tatsache der göttlichen «Unbewußtheit» wirft ein eigenartiges Licht auf die Erlösungslehre: die Menschheit wird keineswegs von ihren Sünden befreit, auch wenn man noch so regelrecht getauft und somit abgewaschen ist, sondern von der *Furcht vor den Folgen der Sünde, nämlich dem Gotteszorn. Das Erlösungswerk will also den Menschen von der Gottesfurcht erlösen,* was dort gewiß möglich ist, wo der Glaube an den liebenden Vater, der seinen eingeborenen Sohn zur Rettung des Menschengeschlechtes gesandt hat, den deutlich persistierenden Jahwe mit seinen gefährlichen Affekten verdrängt. Ein derartiger Glaube setzt aber einen Mangel an Reflexion oder ein sacrificium intellectus voraus, von denen es zweifelhaft ist, ob sie noch moralisch verantwortet werden können. Man darf ja nicht vergessen, daß Christus selber es war, der uns gelehrt hat, mit den anvertrauten Pfunden zu wuchern und sie nicht zu vergraben. Man darf sich nicht dümmer und unbewußter stellen als man ist, denn in allen anderen Belangen sollen wir wach, kritisch und unserer selbst bewußt sein, damit wir «nicht in Anfechtung fallen», und die «Geister», die Einfluß auf uns gewinnen wollen, «prüfen, ob sie von Gott seien»[69], um die Fehler, die wir begehen, erkennen zu können. Es bedürfte sogar übermenschlicher Intelligenz, um den listigen Fallstricken Satans zu entgehen. Diese Obliegenheiten schärfen unvermeidlicherweise den Verstand, die Wahrheitsliebe und den Erkenntnisdrang, die ebensowohl genuine menschliche Tugenden wie Wirkungen jenes Geistes, der «selbst die Tiefen der Gottheit erforscht»[70], sein können. Diese intellektuellen und moralischen Kräfte sind selber göttlicher Natur und können und dürfen deshalb nicht abgeschnitten werden. Man gerät daher eben gerade durch die Befolgung der christlichen Moral in die ärgsten Pflichtenkollisionen. Nur wer es sich zur Gewohnheit macht, fünfe gerade sein zu lassen, kann diesen entgehen. Die Tatsache, daß christliche Ethik in Pflichtenkollisionen hineinführt, spricht zu ihren Gunsten. Indem sie unlösbare Konflikte und damit eine «afflictio animae» erzeugt, bringt sie den Menschen der Gotteserkenntnis näher: aller Gegensatz ist Gottes, darum muß sich der Mensch damit belasten, und indem er es tut, hat Gott mit seiner Gegensätzlichkeit von ihm Besitz ergriffen, d.h. sich inkarniert. Der Mensch wird erfüllt vom göttlichen Konflikt. Wir verbinden mit Recht die Idee des Leidens mit einem Zustand, in welchem Gegensätze schmerzlich aufeinanderprallen, und wir scheuen uns, eine solche Erfahrung als Erlöstheit zu bezeichnen. Jedoch ist nicht zu leugnen, daß das große Symbol des christlichen Glaubens, das Kreuz, an dem die Leidensgestalt des Erlösers hängt, seit beinahe zweitausend Jahren dem Christen eindrücklich vor Augen geführt wird. Ergänzt wird dieses Bild durch die beiden Schächer, von denen der eine in die Hölle fährt, der andere ins Paradies eingeht. Man könnte die Gegensätzlichkeit des christlichen Zentralsymbols wohl nicht besser darstellen. Wieso dieses unvermeidliche Ergebnis der christlichen Psychologie Erlösung bedeuten soll, ist schwierig einzusehen, wenn nicht gerade das Bewußtwerden des Gegensatzes, so schmerzhaft diese Erkenntnis im Moment auch sein mag, die unmittelbare Empfindung der Erlöstheit mit sich führte. Es ist einerseits die Erlösung aus dem qualvollen Zustand dumpfer und hilfloser Unbewußtheit, andererseits das Innewerden der göttlichen Gegensätzlichkeit, deren der Mensch teilhaft werden kann, sofern er sich der Verwundung durch das trennende Schwert, welches Christus ist, nicht entzieht. Eben gerade im äußersten und bedrohlichsten Konflikt erfährt der Christ die Erlösung zur Göttlichkeit, sofern er daran nicht zerbricht, sondern die Last, ein Gezeichneter zu sein, auf sich nimmt. So und einzig auf diese Weise verwirklicht sich in ihm die imago Dei, die Menschwerdung Gottes. Die siebente Bitte des Vaterunsers: «Und erlöse uns von dem Bösen» ist dabei in dem Sinne zu verstehen, welcher der Bitte Christi in Gethsemane: «Ist es möglich, so gehe dieser Kelch an mir vorüber»[71], zugrunde liegt. Im Prinzip scheint es nämlich nicht der Absicht Gottes zu entsprechen, den Menschen mit dem Konflikt und so mit dem Bösen zu verschonen. Es ist daher zwar menschlich, einen derartigen Wunsch auszusprechen, aber er darf nicht zum Prinzip erhoben werden, weil er sich gegen den göttlichen Willen richtet und nur auf menschlicher Schwäche und Furcht beruht. Letztere ist allerdings in gewissem Sinne berechtigt, denn, um den Konflikt zu vervollständigen, muß der Zweifel und die Unsicherheit bestehen, ob nicht der Mensch am Ende überfordert werde.

Weil das Gottesbild die ganze menschliche Sphäre durchdringt und von der Menschheit unwillkürlich dargestellt wird, so wäre es nicht undenkbar, daß das seit 400 Jahren bestehende Schisma in der Kirche sowohl wie die heutige Zweigeteiltheit der politischen Welt die nicht anerkannte Gegensätzlichkeit des beherrschenden Archetypus ausdrückt.

Die traditionelle Auffassung des Erlösungswerkes entspricht einer einseitigen Betrachtungsweise, ob wir diese nun als rein menschlich oder als von Gott gewollt bezeichnen. Die andere Ansicht, welche das Versöhnungswerk nicht als das Abtragen einer menschlichen Schuld an Gott, sondern vielmehr als die Wiedergutmachung eines göttlichen Unrechtes am Menschen betrachtet, haben wir oben skizziert. Letztere Auffassung scheint mir den tatsächlichen Machtverhältnissen besser angepaßt zu sein. Das Schaf kann zwar das Wässerlein für den Wolf trüben, aber diesem keinen anderen Schaden antun. So kann das Geschöpf zwar den Schöpfer enttäuschen, aber es ist kaum glaublich, daß es ihm qualvolles Unrecht anzutun vermöchte. Letzteres liegt nur in der Macht des Schöpfers dem machtlosen Geschöpf gegenüber. Damit wird allerdings der Gottheit ein Unrecht imputiert, was aber kaum schlimmer aussieht, als das, was man ihr zumutet, wenn man annimmt, daß es, nur um den Zorn des Vaters zu beschwichtigen, nötig sei, den Sohn am Kreuz zu Tode zu martern. Was ist das für ein Vater, der lieber den Sohn abschlachtet, als daß er seinen übelberatenen und von seinem Satan verführten Geschöpfen großmütig verzeiht? Was soll mit diesem grausamen und archaischen Sohnesopfer demonstriert werden? Etwa die Liebe Gottes? Oder seine Unversöhnlichkeit? Wir wissen aus Gen. 22[72] und Ex. 22,29, daß Jahwe eine Tendenz hat, solche Mittel, wie Tötung des Sohnes und der Erstgeburt, entweder als Test oder zur Geltendmachung seines Willens anzuwenden, obschon seine Allwissenheit und seine Allmacht derart grausame Prozeduren gar nicht nötig haben und überdies den Mächtigen auf der Erde damit ein schlechtes Beispiel gegeben wird. Es ist begreiflich, daß ein naiver Verstand Neigung bekundet, vor solchen Fragen Reißaus zu nehmen und diese Notmaßnahme als sacrificium intellectus zu beschönigen. Zieht er es also vor, den 89sten Psalm nicht zu lesen, d.h. mit anderen Worten, sich zu drücken, so wird es damit nicht sein Bewenden haben. Wer einmal unterschlägt, wird es wieder tun, und zwar bei der Selbsterkenntnis. Letztere aber wird in der Gestalt der Gewissenserforschung von der christlichen Ethik gefordert. Es waren sehr fromme Leute, welche behaupteten, daß Selbsterkenntnis den Weg zur Gotteserkenntnis bereite.

XI

Der Glaube an Gott als das Summum Bonum ist einem reflektierenden Bewußtsein unmöglich. Es fühlt sich keineswegs von der Gottesfurcht erlöst und fragt sich daher mit Recht, was ihm Christus eigentlich bedeute. Das ist in der Tat die große Frage: Kann Christus heute überhaupt noch interpretiert werden? Oder muß man sich mit der historischen Deutung begnügen?

Eines läßt sich wohl nicht bezweifeln: Christus ist eine höchst numinose Figur. Damit steht die Deutung als Gott und Gottessohn im Einklang. Die alte Anschauung, die auf seine eigene Auffassung zurückgeht, behauptet, daß er zur Errettung des von Gott bedrohten Menschen in die Welt kam, gelitten habe und gestorben sei. Außerdem bedeute seine leibliche Auferstehung, daß alle Gotteskinder dieser Zukunft gewiß seien.

Wir haben bereits zur Genüge darauf hingewiesen, wie seltsam sich die Rettungsaktion Gottes ausnimmt. Er tut ja in der Tat nichts anderes, als daß er selber in der Gestalt seines Sohnes die Menschheit vor sich selber errettet. Dieser Gedanke ist so skurril wie die alte rabbinische Anschauung von Jahwe, der die Gerechten vor seinem Zorn unter seinem Thron verbirgt, wo er sie nämlich nicht sieht. Es ist geradezu so, als ob Gottvater ein anderer Gott wäre als der Sohn, was aber keineswegs die Meinung ist. Es besteht auch keine psychologische Notwendigkeit zu einer derartigen Annahme, denn die unzweifelhafte Unreflektiertheit des göttlichen Bewußtseins genügt zur Erklärung seines merkwürdigen Verhaltens. Mit Recht gilt darum die Gottesfurcht als der Anfang aller Weisheit. Auf der anderen Seite darf man die hochgepriesene Güte, Liebe und Gerechtigkeit Gottes nicht als bloße Propitiierung auffassen, sondern man muß sie als genuine Erfahrung anerkennen, denn Gott ist eine coincidentia oppositorum [Zusammenfall von Gegensätzen]. Beides ist berechtigt: *die Furcht vor und die Liebe zu Gott.*

Einem differenzierteren Bewußtsein muß es auf die Dauer schwer ankommen, einen Gott als gütigen Vater zu lieben, den man wegen seines unberechenbaren Jähzorns, seiner Unzuverlässigkeit, Ungerechtigkeit und Grausamkeit fürchten muß. Daß der Mensch allzumenschliche Inkonsequenzen und Schwächen an seinen Göttern nicht schätzt, hat der Verfall der antiken Götter zur Genüge bewiesen. So hat wohl auch die moralische Niederlage Jahwes Hiob gegenüber ihre geheimen Folgen gehabt: einerseits die unbeabsichtigte Erhöhung des Menschen, andererseits eine Beunruhigung des Unbewußten. Erstere Wirkung bleibt zunächst eine bewußt nicht realisierte, bloße Tatsache, welche aber vom Unbewußten registriert wurde. Das ist mit ein Grund für die Beunruhigung des Unbewußten, denn es erhält dadurch eine gegenüber dem Bewußtsein erhöhte Potentialität: *im Unbewußten ist der Mensch dann mehr als im Bewußtsein.* Unter diesen Umständen entwickelt sich ein Gefälle vom Unbewußten zum Bewußtsein hin, und das Unbewußte bricht in Gestalt von Träumen, Visionen und Offenbarungen in das Bewußtsein ein. Leider ist eine Datierung von Hiob unsicher. Er fällt, wie erwähnt, in die Zeitspanne von 600–300 a. Chr. n. In der ersten Hälfte des VI. Jahrhunderts tritt Ezechiel auf[73], der Prophet mit den sogenannten «pathologischen» Zügen, womit in laienhafter Weise seine Visionen gekennzeichnet werden. Als Psychiater muß ich ausdrücklich hervorheben, daß die Vision und ihre Begleiterscheinungen nicht unkritisch als krankhaft bewertet werden dürfen. Sie ist, wie der Traum, ein zwar seltenes aber natürliches Vorkommnis und darf nur dann als «pathologisch» bezeichnet werden, wenn ihre krankhafte Natur erwiesen ist. Rein klinisch betrachtet sind die Visionen Ezechiels von archetypischer Natur und in keinerlei Weise krankhaft verzerrt. Es besteht kein Anlaß, sie für pathologisch anzusehen[74]. Sie bilden ein Symptom dafür, daß damals ein vom Bewußtsein einigermaßen getrenntes Unbewußtes bereits vorhanden war. Das erste große Gesicht besteht in zwei wohlgeordneten und zusammengefaßten Quaternitäten, d.h. Ganzheitsvorstellungen, wie wir sie auch heute noch vielfach als spontane Phänomene beobachten. Ihre quinta essentia ist dargestellt durch eine «Gestalt, wie ein Mensch anzusehen»[75]. Ezechiel hat hier den wesentlichen Inhalt des Unbewußten geschaut, nämlich die *Idee des höheren Menschen,* vor dem Jahwe moralisch unterlag und zu dem er später werden wollte.

Ein sozusagen gleichzeitig in Indien auftretendes Symptom derselben Tendenz ist Gotamo Buddha (geb. 562 a. Chr. n.), welcher der maximalen Differenzierung des Bewußtseins die Suprematie auch über die höchsten Brahmagötter zusprach. Diese Entwicklung stellt eine logische Konsequenz aus der Purusha-Atmanlehre dar und stammt aus der inneren Erfahrung der Yogapraxis.

Ezechiel hat die Annäherung Jahwes an den Menschen im Symbol erfaßt, was Hiob zwar erlebt, aber wahrscheinlich nicht gewußt hat: nämlich daß sein Bewußtsein höher steht als dasjenige Jahwes und daß infolgedessen Gott Mensch werden will. Zudem tritt bei Ezechiel zum erstenmal der Titel «Menschensohn» auf, mit dem Jahwe bezeichnenderweise den Propheten anredet und damit vermutlich andeutet, daß er ein Sohn des «Menschen» auf dem Throne ist; eine Präfiguration der viel späteren Christusoffenbarung! Mit größtem Recht sind daher die vier Seraphim des Gottesthrones zu den Evangelistenemblemen geworden, denn sie bilden die Quaternität, welche die Ganzheit Christi ausdrückt, wie die Evangelien die vier Säulen seines Thrones darstellen.

Die Beunruhigung des Unbewußten dauert mehrere Jahrhunderte lang an. Daniel (um 165 a. Chr. n.) hat ein Gesicht mit vier Tieren und dem «Hochbetagten» (dem «Alten der Tage»), «zu dem mit den Wolken des Himmels einer kam, der einem Menschensohn glich»[76]. Hier ist der «Menschensohn» nicht mehr der Prophet, sondern, unabhängig von diesem, ein Sohn des «Hochbetagten», dem die Aufgabe zukommt, den Vater zu verjüngen.

Ausführlicher ist das um 100 a. Chr. n. zu datierende Buch Henoch. Es gibt uns einen aufschlußreichen Bericht über jenen präfigurierenden Vorstoß der Gottessöhne in die Menschenwelt, welchen man als «Engelsturz» bezeichnet hat. Während nach der Genesis[77] Jahwe damals beschloß, daß sein Geist nicht mehr, wie bisher, viele hundert Jahre im Menschen auf Erden leben sollte, verliebten sich die Gottessöhne (kompensatorisch!) in die schönen Menschentöchter. Das geschah zu der Zeit der Riesen. Henoch weiß, daß 200 Engel unter Anführung des Semjasa auf die Erde herunterstiegen, nachdem sie sich untereinander verschworen hatten, Menschentöchter zu Weibern nahmen und mit diesen 3000 Ellen lange Riesen zeugten[78]. Die Engel, unter denen sich Asasel besonders auszeichnete, lehrten den Menschen Wissenschaften und Künste. Sie erwiesen sich als besonders fortschrittliche Elemente, welche das menschliche Bewußtsein erweiterten und entwickelten, wie schon der böse Kain gegenüber Abel den Fortschritt repräsentiert hatte. Sie vergrößerten dadurch die Bedeutung des Menschen ins «Riesenhafte», was auf eine Inflation des damaligen Kulturbewußtseins hindeutet. Eine Inflation ist aber immer von einem Gegenschlag des Unbewußten bedroht, der dann auch in der Gestalt der Sintflut eintrat. Zuvor aber «zehrten» die Riesen «den Erwerb der Menschen auf» und begannen sodann diese selber aufzufressen, während die Menschen ihrerseits die Tiere auffraßen, so daß «die Erde über die Ungerechten klagte»[79].

Die Invasion der Menschenwelt durch die Gottessöhne hatte also bedenkliche Folgen, welche die von Jahwe ergriffenen Vorsichtsmaßnahmen vor seinem eigenen Erscheinen in der Menschenwelt um so begreiflicher machen. Der Mensch war eben der göttlichen Übermacht auch nicht von ferne gewachsen. Es ist nun von höchstem Interesse, zu verfolgen, wie sich Jahwe in dieser Angelegenheit verhielt. Es handelte sich, wie das spätere drakonische Urteil beweist, um eine nicht unwesentliche Affäre in der himmlischen Ökonomie, als nicht weniger als 200 Gottessöhne den väterlichen Hofstaat verließen, um auf eigene Faust in der Menschenwelt zu experimentieren. Man sollte annehmen, daß diese «sortie en masse» sofort ruchbar geworden wäre (ganz abgesehen von der göttlichen Allwissenheit). Aber nichts dergleichen geschah. Erst nachdem die Riesen schon längst gezeugt und bereits daran waren, die Menschen totzuschlagen und aufzufressen, hörten, wie zufällig, vier Erzengel das Klagegeschrei der Menschen und entdeckten nun, was auf Erden geschah. Man weiß wirklich nicht, worüber man sich mehr wundern soll, über die lose Organisation der Engelchöre oder über die mangelhafte Information im Himmel. Sei dem, wie ihm wolle, diesmal fühlten sich die Erzengel doch veranlaßt, mit folgender Rede vor Gott zu treten: «Alles ist vor dir aufgedeckt und offenbar; du siehst alles, und nichts kann sich vor dir verbergen. Du hast gesehen, was Asasel getan hat, wie er allerlei Ungerechtigkeit auf Erden gelehrt und die himmlischen Geheimnisse der Urzeit geoffenbart hat... Die Beschwörungen hat Semjasa gelehrt, dem du die Vollmacht gegeben hast, die Herrschaft über seine Genossen zu üben... Du aber weißt alles, bevor es geschieht. *Du siehst dies und läßt sie gewähren und sagst uns nicht, was wir deswegen mit ihnen tun sollen*[80].»

Entweder ist das, was die Engel sagen, gelogen, oder Jahwe hat aus seiner Allwissenheit unbegreiflicherweise keine Schlüsse gezogen, oder die Engel müssen ihn daran erinnern, daß er es wieder einmal vorgezogen hat, von seiner Allwissenheit nichts zu wissen. Auf alle Fälle löst erst ihre Intervention eine umfassende Racheaktion aus, aber keine wirklich gerechte Strafe, denn er ersäuft gleich die ganze leidende Kreatur, mit Ausnahme von Noah und dessen Angehörigen. Dieses Intermezzo beweist, daß die Gottessöhne irgendwie vigilanter, fortschrittlicher und bewußter sind als ihr Vater. Um so höher ist die spätere Wandlung Jahwes zu veranschlagen. Die Vorbereitungen zu seiner Inkarnation machen tatsächlich den Eindruck, als ob er aus der Erfahrung gelernt habe und bewußter zu Werke gehe als früher. Zu dieser Bewußtseinsvermehrung trägt unzweifelhaft die Wiedererinnerung an die Sophia bei. Parallel damit wird auch die Offenbarung der metaphysischen Struktur expliziter. Während wir bei Ezechiel und Daniel nur Andeutungen über die Quaternität und den Menschensohn finden, gibt Henoch ausführliche und klare Berichte in dieser Hinsicht. Die Unterwelt, eine Art Hades, ist in vier Räume geteilt, welche zum Aufenthalt der Totengeister bis zum Endgericht dienen. Drei dieser Räume sind dunkel, und einer ist hell und enthält eine «helle Wasserquelle»[81]. Das ist der Raum für die Gerechten.

Mit Aussagen dieser Art gerät man in ein ausgesprochen psychologisches Gebiet, nämlich in die Mandalasymbolik, wohin auch die Proportionen 1:3 und 3:4 gehören. Der viergeteilte Hades des Henoch entspricht einer chthonischen Quaternität, die man wohl stets als im Gegensatz zu einer pneumatischen oder himmlischen stehend vermuten darf. Erstere entspricht in der Alchemie dem Elementenquaternio, letztere einem vierfachen, d.h. ganzheitlichen Aspekt der Gottheit, wie z.B. Barbelo, Kolorbas, Mercurius quadratus oder die viergesichtigen Götter andeuten.

In der Tat erblickt Henoch die vier «Gesichter» Gottes. Drei davon beschäftigen sich mit Lobpreisen, Beten und Bitten, das vierte aber «wehrte die Satane ab und gestattete ihnen nicht, vor den Herrn der Geister zu treten, um die Bewohner des Festlandes anzuklagen»[82].

Die Vision stellt eine wesentliche Differenzierung des Gottesbildes dar: Gott hat vier Gesichter bzw. vier Engel des Angesichtes, d.h. vier Hypostasen oder Emanationen, wovon die eine ausschließlich damit beschäftigt ist, den in eine Mehrzahl verwandelten Gottessohn älteren Datums, Satan, in Übereinstimmung mit unserer obigen Konstatierung, von Gott fernzuhalten und weitere Experimente im Stile des Hiobbuches zu verhindern[83]. Noch befinden sich die Satane im himmlischen Bereich, denn der Sturz Satans ist noch nicht eingetreten. Die oben erwähnten Proportionen sind auch hier dadurch angedeutet, daß drei Engel heilige bzw. wohltätige Funktionen ausüben, der vierte aber ist streitbar, denn er muß Satan abwehren.

Diese Quaternität ist ausgesprochen pneumatischer Natur, daher durch Engel ausgedrückt, die meist als gefiederte Wesen vorgestellt werden, also als Luftwesen, was hier darum besonders wahrscheinlich ist, als sie von den vier Seraphim des Ezechiel abstammen dürften[84]. Die Verdoppelung und Trennung der Quaternität in eine obere und eine untere weist auf eine bereits eingetretene metaphysische Spaltung hin, ebenso wie die Fernhaltung der Satane vom himmlischen Hofe. Die pleromatische Spaltung ihrerseits aber stellt das Symptom einer weit tiefer gehenden Spaltung im göttlichen Willen dar: der Vater will Sohn, Gott Mensch, der Amoralische ausschließlich gut und der Unbewußte bewußt verantwortlich werden. Aber all dies befindet sich erst in statu nascendi.

Das Unbewußte Henochs ist davon gewaltig erregt und offenbart seine Inhalte in apokalyptischen Visionen. Zudem veranlaßt es ihn zur «peregrinatio», zur Reise nach den vier Himmelsgegenden und zur Mitte der Erde, womit er selber durch seine Bewegungen ein Mandala zeichnet, in Übereinstimmung mit den «Reisen» der alchemistischen Philosophen und den entsprechenden Phantasien des modernen Unbewußten.

Als Jahwe den Ezechiel mit «Menschensohn» anredete, war dies zunächst nicht mehr als eine dunkle unverständliche Andeutung. Hier aber wird es klar: Henoch, der Mensch, ist nicht nur Empfänger göttlicher Offenbarung, sondern er wird zugleich in das göttliche Drama miteinbezogen, wie wenn er zum mindesten einer der Gottessöhne wäre. Man kann dies wohl nicht anders verstehen, als daß im gleichen Maße, in dem Gott Mensch zu werden sich anschickt, der Mensch in das pleromatische Geschehen eingetaucht, sozusagen darin getauft und der göttlichen Quaternität teilhaftig gemacht (d.h. mit Christus gekreuzigt) wird. Darum wird noch heute bei dem Ritus der benedictio fontis [Taufwasserweihe] das Wasser durch die Hand des Priesters kreuzweise geteilt und davon etwas nach den vier Himmelsgegenden ausgeschüttet.

Henoch erweist sich als dermaßen vom göttlichen Drama ergriffen und beeinflußt, daß man von ihm ein ganz besonderes Verständnis der kommenden Gottesinkarnation beinahe voraussetzen kann: der bei dem «Hochbetagten» befindliche «Menschensohn» sieht einem Engel (d.h. einem der Gottessöhne) gleich. Er ist es, «der die Gerechtigkeit hat, bei dem die Gerechtigkeit wohnt...; denn der Herr der Geister hat ihn auserwählt, und sein Los hat... alles durch Rechtschaffenheit... übertroffen» [85]. Es ist wohl kein Zufall, daß gerade die Gerechtigkeit so sehr hervorgehoben wird, denn sie ist jene Eigenschaft, deren Jahwe ermangelt, was einem Manne wie dem Verfasser des Buches Henoch kaum verborgen geblieben ist.

Unter der Herrschaft des Menschensohnes wird «das Gebet des Gerechten erhört und das Blut des Gerechten vor dem Herrn der Geister gerächt» [86]. Henoch erblickt einen «Brunnen der Gerechtigkeit, der unerschöpflich war» [87]. Der Menschensohn «wird ein Stab für die Gerechten und Heiligen sein... Zu diesem Zwecke war er auserwählt und verborgen vor ihm (Gott), bevor die Welt geschaffen wurde, und (er wird) bis in Ewigkeit vor ihm (sein). Die Weisheit des Herrn der Geister hat ihn... geoffenbart; denn er bewahrt das Los der Gerechten» [88]. «Denn Weisheit ist wie Wasser ausgegossen... Denn er ist mächtig über alle Geheimnisse der Gerechtigkeit, und Ungerechtigkeit wird wie ein Schatten vergehen... In ihm wohnt der Geist der Weisheit und der Geist dessen, der Einsicht gibt, und der Geist der Lehre und Kraft... [89].»

Unter der Herrschaft des Menschensohnes wird «die Erde die, welche in ihr angesammelt sind, zurückgeben, und auch die Scheol wird wiedergeben, was sie empfangen hat, und die Hölle [90] wird, was sie schuldet, herausgeben... Der Auserwählte wird in jenen Tagen auf meinem Throne sitzen, und alle Geheimnisse der Weisheit werden aus den Gedanken seines Mundes hervorkommen»[91].

«Alle werden Engel im Himmel werden[92].» Asasel und seine Scharen werden in den Feuerofen geworfen, weil «sie dem Satan untertan wurden und die Erdenbewohner verführten»[93].

In der Endzeit hält der Menschensohn Gericht über alle Geschöpfe. Sogar «die Finsternis wird vernichtet», und «unaufhörlich wird das Licht sein»[94]. Selbst die beiden großen Beweisstücke Jahwes müssen dranglauben: der Leviathan und der Behemoth werden zerteilt und aufgegessen. An dieser Stelle[95] wird Henoch vom offenbarenden Engel mit dem Titel «Menschensohn» angesprochen; ein Anzeichen mehr dafür, daß er, ähnlich wie Ezechiel, vom göttlichen Mysterium assimiliert bzw. in dasselbe einbezogen wird, was übrigens schon die bloße Tatsache, daß er Zeuge desselben ist, andeutet. Henoch wird entrückt und nimmt seinen Sitz im Himmel ein. Im «Himmel der Himmel» sieht er das Haus Gottes aus Kristall, das von Feuer umströmt und von den nie schlafenden gefiederten Wesen bewacht ist[96]. Der «Betagte» mit der Quaternität (Michael, Gabriel, Raphael, Phanuel) tritt heraus und spricht zu ihm: «Du bist der Mannessohn, der zur Gerechtigkeit geboren wird; Gerechtigkeit wohnt über dir, und die Gerechtigkeit des betagten Hauptes verläßt dich nicht[97].»

Es ist bemerkenswert, daß der Menschensohn und seine Bedeutung immer wieder mit der Gerechtigkeit zusammengebracht wird. Sie scheint ein Leitmotiv und Hauptanliegen zu sein. Nur wo Ungerechtigkeit droht oder schon geschehen ist, hat eine derartige Betonung der Gerechtigkeit einen Sinn. Niemand, nur Gott, kann in nennenswerter Weise Gerechtigkeit austeilen, und gerade in bezug auf ihn besteht berechtigterweise die Furcht, er möchte seine Gerechtigkeit vergessen. In diesem Falle würde dann sein gerechter Sohn bei ihm für die Menschen eintreten. So werden «die Gerechten Frieden haben»[98]. Die Gerechtigkeit, die unter dem Sohn herrschen wird, ist dermaßen hervorgehoben, daß der Eindruck entsteht, als ob früher unter der Herrschaft des Vaters das Unrecht den Vorrang gehabt hätte und erst mit dem Sohne ein Zeitalter des Rechtes angebrochen wäre. Es scheint, als ob Henoch hiermit auf Hiob unbewußt Antwort gäbe.

Die Betonung des Alters Gottes hängt logisch mit der Existenz eines Sohnes zusammen, insinuiert aber auch den Gedanken, daß er etwas in den Hintergrund treten und dem Sohne die Regierung der Menschenwelt mehr und mehr überlassen werde, woraus eine gerechtere Ordnung erhofft wird. Man sieht aus alledem, daß irgendwo ein seelisches Trauma, die Erinnerung an eine himmelschreiende Ungerechtigkeit, nachwirkt und das Vertrauensverhältnis zu Gott trübt. Gott selber will einen Sohn haben, und man wünscht sich einen Sohn, damit er den Vater ersetze. Dieser Sohn muß, wie wir zur Genüge sehen, *unbedingt gerecht* sein, und dies vor allen anderen Tugenden. Gott und Mensch wollen der blinden Ungerechtigkeit entgehen.

Henoch erkennt sich in der Ekstase als Menschensohn bzw. Gottes Sohn, obschon ihn weder Geburt noch Vorbestimmung ausersehen zu haben scheinen[99]. Er erlebt jene göttliche Erhöhung, die wir bei Hiob bloß vermuteten bzw. als unvermeidlich erschlossen. Hiob selbst ahnt etwas Derartiges, wenn er bekennt: «Ich aber weiß: mein Anwalt lebt[100].» Diese höchst merkwürdige Äußerung kann sich, unter den damaligen Umständen, nur auf den gütigen Jahwe beziehen. Die traditionelle christliche Deutung dieser Stelle als einer Antizipation Christi besteht aber insofern zu Recht, als Jahwes wohlwollender Aspekt als eigene Hypostase sich im Menschensohn inkarniert und dieser sich bei Henoch als ein Vertreter der Gerechtigkeit und im Christentum als Rechtfertiger des Menschen erweist. Zudem ist der Menschensohn präexistent, darum kann sich Hiob wohl auf ihn berufen. Wie der Satan die Rolle des Anklägers und Verleumders, so spielt Christus, der andere Gottessohn, die Rolle des Anwaltes und Verteidigers.

Trotz Widerspruch hat man begreiflicherweise in diesen messianischen Vorstellungen Henochs christliche Interpolationen sehen wollen. Aus psychologischen Gründen scheint mir dieser Verdacht aber ungerechtfertigt zu sein. Man sollte sich nur Rechenschaft darüber geben, was die Ungerechtigkeit, ja Amoralität Jahwes einem frommen Denker bedeuten mußte! Es war ein allerschwerstes Stück, mit einer derartigen Gottesvorstellung belastet zu sein. Noch ein spätes Zeugnis erzählt uns von einem frommen Weisen, der nie den 89sten Psalm lesen konnte, *weil es ihm zu schwerfiel.* Wenn man berücksichtigt, mit welcher Intensität und Ausschließlichkeit nicht nur die Lehre Christi, sondern auch die Kirchenlehre der nachfolgenen Jahrhunderte bis auf den heutigen Tag die Güte des liebenden Vaters im Himmel, die Erlösung von der Angst, das Summum Bonum [höchste (und nur) Gute] und die privatio boni [(das

Böse als) Beraubung des (Fehlen des) Guten] vertraten, so kann man daraus ermessen, welche Inkompatibilität die Gestalt Jahwes bedeutet und wie unerträglich eine derartige Paradoxie dem religiösen Bewußtsein erscheint. Dem war wohl schon immer so seit den Tagen Hiobs.

Die innere Instabilität Jahwes ist Voraussetzung nicht nur der Weltschöpfung, sondern auch des pleromatischen Dramas, dessen tragischen Chor die Menschheit bildet. Die Auseinandersetzung mit der Kreatur wandelt den Schöpfer. In den alttestamentlichen Schriften finden wir vom 6. Jahrhundert an in zunehmendem Maße die Spuren dieser Entwicklung. Die beiden ersten Hauptpunkte bilden die Hiobstragödie einerseits und die Offenbarung des Ezechiel andererseits. Hiob ist der ungerecht Leidende, Ezechiel aber schaut die Vermenschlichung und Differenzierung Jahwes, und durch die Anrede «Menschensohn» wird ihm bereits angedeutet, daß die Inkarnation und Quaternität Gottes sozusagen das pleromatische Vorbild dafür sei, was dem Menschen schlechthin, nicht bloß dem seit Ewigkeit vorgesehenen Gottessohn, durch die Wandlung und Menschwerdung Gottes geschehen werde. Dies erfüllt sich in intuitiver Vorwegnahme bei Henoch. Er wird ekstatisch zum Menschensohn im Pleroma, und seine Entrückung auf dem Wagen (wie Elias) präfiguriert die Totenauferstehung. Zur Erfüllung seiner Rolle als Gerechtigkeitswalter muß er ja in Gottes unmittelbare Nähe gelangen, und als präexistenter Menschensohn ist er dem Tode nicht mehr unterworfen. Insofern er aber gewöhnlicher Mensch und daher an sich sterblich war, so kann auch anderen Sterblichen so gut als ihm das Schauen Gottes zustoßen, und sie können ihres Erretters bewußt und damit unsterblich werden.

Alle diese Ideen hätten schon damals auf Grund der bestehenden Voraussetzungen bewußt werden können, wenn nur jemand etwas ernstlich darüber nachgedacht hätte. Dazu braucht es keine christlichen Interpolationen. Das Buch Henoch antizipierte in großem Stile, aber alles hing noch in der Luft als bloße Offenbarung, die nirgends den Boden erreichte. Man kann in Anbetracht dieser Tatsachen beim besten Willen nicht einsehen, wieso das Christentum, wie man immer wieder hören kann, als absolutes Novum in die Weltgeschichte eingebrochen sei. Wenn je etwas historisch vorbereitet und von den schon bestehenden Anschauungen der Umwelt getragen und unterstützt war, so bildet das Christentum hierfür ein schlagendes Beispiel.

XII

Jesus tritt zunächst als jüdischer Reformator und als Prophet eines ausschließlich guten Gottes auf. Damit rettet er den bedrohten religiösen Zusammenhang. In dieser Beziehung erweist er sich in der Tat als σωτήρ (Retter). Er bewahrt die Menschheit vor dem Verlust der Gottesgemeinschaft und dem Verlorengehen ins bloße Bewußtsein und dessen «Vernünftigkeit».

Das hätte soviel wie eine Dissoziation zwischen dem Bewußtsein und dem Unbewußten bedeutet, also einen unnatürlichen bzw. pathologischen Zustand, einen sogenannten «Seelenverlust», von dem der Mensch seit Urzeit immer wieder bedroht ist. Immer wieder und in steigendem Maße gerät er in die Gefahr, die irrationalen Gegebenheiten und Notwendigkeiten seiner Psyche zu übersehen und sich einzubilden, mit Willen und Vernunft alles zu beherrschen und damit die Rechnung ohne den Wirt zu machen, was am deutlichsten bei den großen sozialpolitischen Bestrebungen wie Sozialismus und Kommunismus zu sehen ist: unter ersterem leidet der Staat und unter letzterem der Mensch.

Jesus hat, wie ersichtlich, die vorhandene Tradition in seine persönliche Wirklichkeit übersetzt und verkündet die frohe Botschaft: «Gott hat ein Wohlgefallen an der Menschheit. Er ist ein liebender Vater und liebt euch, so wie ich euch liebe, und hat mich als seinen Sohn gesandt, euch von der alten Schuld loszukaufen.» Er selber bietet sich als das Sühnopfer an, welches die Versöhnung mit Gott herbeiführen soll. Je wünschenswerter nun ein wirkliches Vertrauensverhältnis zwischen Gott und Mensch ist, desto mehr muß die Rachsucht und Unversöhnlichkeit Jahwes gegenüber seinen Kreaturen auffallen. Von Gott als dem guten Vater, der die Liebe selber ist, dürfte man verstehende Verzeihung erwarten. Daß aber der suprem Gute diesen Gnadenakt sich durch ein Menschenopfer und zwar durch die Tötung seines eigenen Sohnes abkaufen läßt, kommt als unerwarteter Schock. Anscheinend hat Christus diese Antiklimax übersehen, jedenfalls haben alle folgenden Jahrhunderte sie ohne Widerspruch hingenommen. Man muß sich vor Augen halten: der Gott des Guten ist dermaßen unversöhnlich, daß er sich nur durch ein Menschenopfer beschwichtigen läßt! Das ist eine Unerträglichkeit, die man heutzutage nicht mehr ohne weiteres schlucken kann, denn man muß schon blind sein, wenn man das grelle Licht, das von hier auf den göttlichen Charakter fällt und das Gerede von Liebe und Summum Bonum Lügen straft, nicht sieht.

Christus erweist sich in doppelter Hinsicht als Mittler: er hilft dem Menschen gegenüber Gott und beschwichtigt die Angst, die man vor diesem Wesen empfindet. Er nimmt eine wichtige Mittelstellung zwischen den zwei schwer zu vereinbarenden Extremen Gott und Mensch ein. Sichtlich verschiebt sich der Focus des göttlichen Dramas auf den vermittelnden *Gottmenschen*. Ihm fehlt weder das Menschliche noch das Göttliche, deshalb ist er auch schon früh durch ganzheitliche Symbole gekennzeichnet worden, weil er als alles umfassend und als die Gegensätze einend verstanden wird. Ebenso ist ihm die, ein differenziertes Bewußtsein andeutende, Quaternität des Menschensohnes zugedacht worden (vide Kreuz und Tetramorph). Das entspricht im allgemeinen der Vorlage bei Henoch, aber mit *einem* bedeutenen Abstrich: Ezechiel und Henoch, die beiden Träger des Titels «Menschensohn», sind gewöhnliche Menschen, während Christus schon durch Abstammung[101], Zeugung und Geburt ein Heros und Halbgott in antikem Sinne ist. Er ist durch den Heiligen Geist jungfräulich gezeugt. Er ist kein kreatürlicher Mensch und hat daher keine Neigung zur Sünde. Die Infektion des Bösen wurde durch die Vorbereitung der Inkarnation bei ihm ausgeschaltet. Christus steht daher mehr auf der göttlichen als auf der menschlichen Seite. Er inkarniert den guten Gotteswillen ausschließlich und steht darum nicht genau in der Mitte, denn das Essentielle des kreatürlichen Menschen, die Sünde, erreicht ihn nicht. Die Sünde ist ursprünglich vom göttlichen Hofstaat her durch Satan in die Schöpfung eingedrungen, worüber Jahwe sich dermaßen erzürnte, daß schließlich sein eigener Sohn geopfert werden mußte, um ihn zu versöhnen. Seltsamerweise hat er nicht vor allem Satan aus seiner Umgebung entfernt. Bei Henoch ist ein besonderer Erzengel, Phanuel, damit betraut, die satanischen Einflüsterungen von Jahwe fernzuhalten, und erst in der Endzeit soll Satan als Stern[102] gefesselt in den Abgrund geworfen und vernichtet werden (nicht so in der Apokalypse des Johannes, wo er ewig in seinem Element erhalten bleibt).

Obschon im allgemeinen angenommen wird, daß das einmalige Opfer Christi den Fluch der Erbsünde gebrochen und Gott endgültig versöhnt habe, so scheint Christus in dieser Hinsicht doch etwelche Besorgnisse empfunden zu haben. Was wird mit den Menschen, insbesondere mit seinen Anhängern geschehen, wenn die Herde ihren Hirten verloren hat, und wenn sie den vermissen, der für sie beim Vater eingetreten ist? Er versichert zwar seine Jünger, daß er immer gegenwärtig sein werde, ja, daß er in ihnen selber sei. Trotzdem scheint ihm dies nicht zu genügen, sondern er verspricht ihnen darüber hinaus, an seiner Statt einen anderen παράκλητος (Anwalt, Rechtsbeistand), der ihnen mit Rat und Tat beistehen und ewig bei ihnen bleiben werde[103], vom Vater her zu senden. Man könnte demnach vermuten, daß die «Rechtslage» noch immer nicht über alle Zweifel hinaus geklärt sei, bzw. noch immer ein Unsicherheitsfaktor bestehe.

Die Sendung dieses Parakleten hat aber noch einen anderen Aspekt. Dieser Geist der Wahrheit und Erkenntnis ist der Heilige Geist, von dem Christus gezeugt worden ist. Er ist der Geist der physischen und geistigen Zeugung, der von nun an in den kreatürlichen Menschen seine Wohnung aufschlagen soll. Da er die dritte Person der Gottheit darstellt, so heißt das soviel, als daß *Gott im kreatürlichen Menschen gezeugt werde.* Das bedeutet eine gewaltige Veränderung im Status des Menschen, indem er dadurch in gewissem Sinne zur Sohnschaft und zur Gottmenschlichkeit erhoben wird. Damit erfüllt sich die Präfiguration bei Ezechiel und Henoch, wo, wie wir sahen, der Titel «Menschensohn» bereits dem kreatürlichen Menschen verliehen wird. Damit gerät aber der Mensch, trotz seiner ihm anhaftenden Sünde, in die Stellung des Mittlers, des Einigers von Gott und Kreatur. Christus hat diese unabsehbare Möglichkeit wohl im Auge gehabt, als er sagte: «Wer an mich glaubt, der wird die Werke, die ich tue, auch tun und wird größere als diese tun[104]»; und als er an die Psalmstelle (82,6) erinnerte: «Wohl habe ich gesprochen: Götter seid ihr, ihr alle seid Söhne des Höchsten», da fügte er bei: «Die Schrift kann nicht aufgelöst werden[105].»

Die zukünftige Einwohnung des Heiligen Geistes im Menschen bedeutet soviel wie eine fortschreitende Inkarnation Gottes. Christus als der gezeugte Gottessohn und als präexistenter Mittler ist ein Erstling und ein göttliches Paradigma, das gefolgt wird von weiteren Inkarnationen des Heiligen Geistes im wirklichen Menschen. Dieser Mensch aber hat Teil am Dunkel der Welt, und darum entsteht nun mit dem Tode Christi eine kritische Situation, die wohl zu Besorgnissen Anlaß geben kann. Bei der Menschwerdung wurde ja das Dunkle und Böse überall sorgfältig draußen gehalten. Henochs Wandlung zum Menschensohn verläuft ganz im Lichten und noch mehr so die Menschwerdung in Christus. Es ist keineswegs wahrscheinlich, daß die Verbindung zwischen Gott und Mensch mit dem Tode Christi abreißt; im Gegenteil wird die Kontinuität dieser Beziehung immer wieder betont und durch die Sendung des Parakleten noch ausführlich bestätigt. Je inniger die Verbindung sich aber gestaltet, desto mehr nähert sich der Zusammenstoß mit dem Bösen. Aus einer schon früh bestehenden Ahnung heraus entwickelt sich nun die Erwartung, daß auf die lichte Manifestation eine entsprechend dunkle und auf Christus ein Antichristus folgen werde. Man sollte eine derartige Ansicht nach der metaphysischen Sachlage eigentlich nicht erwarten, denn die Macht des Bösen ist angeblich überwunden, und bei einem liebenden Vater kann man nicht voraussetzen, daß er nach der ganzen umfangreichen Heilsveranstaltung in Christus, der Versöhnung und Deklaration der Menschenliebe, seinen bösen Hofhund, in Mißachtung alles Vorausgegangenen, wieder auf seine Kinder loslassen könnte. Warum diese enervierende Duldsamkeit gegenüber Satan? Woher die hartnäckige Projektion des Bösen auf die Menschen, die er ja so schwach, anfällig und dumm geschaffen hat, daß sie seinen bösen Söhnen natürlich längst nicht gewachsen sind? Warum das Übel nicht an der Wurzel packen?

Der gute Gotteswille hat einen guten und hilfreichen Sohn gezeugt und das Bild eines guten Vaters von sich geprägt; leider – wie man sagen muß – wieder einmal ohne Berücksichtigung des Umstandes, daß ein Wissen um eine anderslautende Wahrheit vorhanden war. Hätte er sich Rechenschaft über sich selber gegeben, so hätte er sehen müssen, in was für eine Dissoziation er durch seine Menschwerdung geraten war. Wo ist denn seine Dunkelheit hingekommen, vermöge welcher Satan stets der verdienten Strafe entgeht? Glaubt er, er sei ganz gewandelt und seine Amoralität sei von ihm abgefallen? Selbst sein lichter Sohn hat ihm in dieser Hinsicht nicht ganz getraut. Nun sendet er gar den «Geist der Wahrheit» zu den Menschen, welche mit dessen Hilfe bald genug entdecken werden, was man erwarten muß, wenn Gott sich bloß in seinem lichten Aspekt inkarniert und glaubt, das Gute selber zu sein, oder wenigstens dafür gehalten zu werden wünscht. Man muß sich auf eine Enantiodromie [Umschlag ins Gegenteil] großen Stils gefaßt machen. Das ist wohl der Sinn der Antichristerwartung, welche wir vielleicht eben gerade der Wirksamkeit des «Geistes der Wahrheit» verdanken.

Der Paraklet war zwar metaphysisch von größter Bedeutung, aber für die Organisation einer Kirche höchst unerwünscht, denn er entzieht sich, sogar unter Berufung auf die Schriftautorität, jeglicher Kontrolle. Im Gegensatz dazu muß im Interesse der Kontinuität und der Kirche die Einmaligkeit der Menschwerdung und des Erlösungswerkes ebenso energisch betont werden, wie die fortschreitende Einwohnung des Heiligen Geistes möglichst decouragiert und ignoriert wird. Man kann keine weiteren individualistischen Digressionen mehr dulden. Wer sich etwa zu abweichenden Meinungen durch den Heiligen Geist bewogen fühlt, wird notwendigerweise zum Ketzer, dessen Bekämpfung und Ausrottung ganz nach dem Geschmack Satans ausfällt. Allerdings muß man andererseits begreifen, daß, wenn jedermann die Intuitionen seines Heiligen Geistes zur Verbesserung der allgemeinen Lehre den anderen hätte aufdrängen wollen, das damalige Christentum wohl in kürzester Frist in einer babylonischen Sprachverwirrung untergegangen wäre – ein Schicksal, das bedrohlich nahe lag.

Dem Parakleten, dem «Geist der Wahrheit», fällt die Aufgabe zu, in menschlichen Individuen zu wohnen und zu wirken, um sie daran zu erinnern, was Christus gelehrt, und um sie in die Klarheit zu führen. Ein gutes Beispiel für diese Tätigkeit des Heiligen Geistes ist Paulus, der den Herrn nicht gekannt und sein Evangelium nicht von den Aposteln, sondern durch Offenbarung empfangen hat. Er gehört zu denen, deren Unbewußtes beunruhigt war und offenbarende Ekstasen verursachte. Das Leben des Heiligen Geistes zeigt sich eben darin, daß er tätig ist und Wirkungen hat, welche nicht bloß Vorhandenes bestätigen, sondern noch darüber hinausführen. So gibt es auch schon in den Äußerungen Christi Anzeichen von Ideen, die über das traditionell «Christliche» hinausgehen, z. B. das Gleichnis vom ungetreuen Haushalter, dessen Moral mit dem Logion des *Codex Bezae*[106] übereinstimmt und einen anderen ethischen Standpunkt als den erwarteten verrät. Das moralische Kriterium bildet hier die *Bewußtheit,* und nicht Gesetz und Konvention. Man könnte hier auch die eigenartige Tatsache anführen, daß Christus gerade den Petrus, der wenig Selbstbeherrschung und einen wankelmütigen Charakter besitzt, zum Felsen und Fundament seiner Kirche machen will. Dies scheinen mir Züge zu sein, die auf eine Einbeziehung des Bösen in eine moralisch differenzierende Betrachtungsweise hindeuten. Gut ist z. B., wenn das Böse vernünftigerweise verhüllt wird, böse ist die Unbewußtheit des Handelns. Man könnte fast vermuten, daß solche Ansichten bereits eine Zeit ins Auge fassen, wo neben dem Guten auch das Böse in Betracht fällt bzw. nicht mehr a limine unterdrückt wird unter der zweifelhaften Annahme, man wisse jeweils ganz genau, was böse ist.

Auch die Antichristuserwartung scheint eine weiterführende Offenbarung oder Entdeckung zu sein, ebenso die bemerkenswerte Feststellung, daß der Teufel trotz Sturz und Exil doch immerhin noch der «Herr dieser Welt» bleibt und in der allumgebenden Luft beheimatet ist. Trotz seinen Missetaten und trotz dem göttlichen Rettungswerk zugunsten der Menschheit hat er doch noch eine beträchtliche Machtposition inne, in deren Bereich die gesamte sublunare Kreatur fällt. Eine derartige Situation kann man nicht anders als kritisch bezeichnen, jedenfalls entspricht sie nicht dem, was man nach dem Inhalt der frohen Botschaft vernünftigerweise hätte erwarten können. Der Böse ist keineswegs angekettet, auch wenn die Tage seiner Herrschaft gezählt sind. Noch immer zögert Gott, dem Satan Gewalt anzutun. Man muß annehmen, daß er offenbar noch immer nicht darum weiß, wie seine eigene dunkle Seite den bösen Engel begünstigt. Dem «Geist der Wahrheit», der im Menschen seine Wohnung genommen hat, kann diese Sachlage auf die Dauer natürlich nicht verborgen bleiben. Er stört darum das Unbewußte des Menschen und verursacht noch in der christlichen Urzeit eine weitere große Offenbarung, die, um ihrer Dunkelheit willen, in der Folgezeit zu vielen Deutungen und Mißdeutungen Anlaß gab. Es ist die *Offenbarung des Johannes.*

XIII

Man könnte sich unter dem Johannes der Apokalypse wohl kaum eine geeignetere Persönlichkeit vorstellen als den Verfasser der *Johannesbriefe:* dieser bekennt, daß Gott Licht und «keine Finsternis in ihm ist»[107]. (Wer sprach denn davon, daß in Gott etwas Finsteres sei?) Immerhin weiß er, daß wir, wenn wir sündigen, bei Gott einen Fürsprecher brauchen, nämlich Christus, das Sühnopfer[108], obschon uns die Sünden um seinetwillen bereits vergeben sind. (Warum brauchen wir dann einen Rechtsbeistand?) Der Vater hat uns seine große Liebe geschenkt (wo sie ihm doch durch ein Menschenopfer abgekauft werden mußte!), und wir sind die Kinder Gottes. Wer aus Gott gezeugt ist, begeht keine Sünde[109]. (*Wer* begeht *keine* Sünde?) Er predigt die Botschaft der Liebe. Gott selbst ist die Liebe. Vollkommene Liebe vertreibt die Furcht. Aber er muß vor falschen Propheten und Irrlehrern warnen, und er ist es, der das Kommen des Antichristus ankündigt[110]. Seine bewußte Einstellung ist orthodox, aber ihm ahnt Böses. Er könnte leicht böse Träume haben, die nicht auf seinem bewußten Programm angemerkt sind. Er spricht so, wie wenn er nicht nur einen sündlosen Zustand, sondern auch eine vollkommene Liebe kennte, unähnlich Paulus, dem es nicht an der nötigen Selbstreflexion fehlt. Johannes ist etwas zu sicher und darum riskiert er eine Dissoziation. Unter solchen Umständen nämlich entsteht im Unbewußten eine Gegenposition, die einmal in Gestalt einer Offenbarung ins Bewußtsein durchbrechen kann. Die Offenbarung wird, wenn sie erfolgt, die Form eines mehr oder weniger subjektiven Mythus haben, weil sie unter anderem die Einseitigkeit eines individuellen Bewußtseins kompensiert; dies im Gegensatz zur Vision eines Ezechiel oder Henoch, deren Bewußtseinslage hauptsächlich durch (unverschuldete) Unwissenheit gekennzeichnet ist und darum durch eine mehr oder weniger objektive und allgemeingültige Gestaltung des archetypischen Materials kompensiert wird.

Diesen Bedingungen entspricht die Apokalypse, soweit wir dies feststellen vermögen. Schon in der Eingangsvision tritt eine *furchterregende* Gestalt auf: Christus verschmolzen mit dem «Hochbetagten», dem Menschen- und Menschensohnähnlichen. Aus seinem Munde geht ein «scharfes zweischneidiges Schwert», das zu Kampf und Blutvergießen tauglicher erscheint als zur Bekundung brüderlicher Liebe. Da Christus ihm sagt: «Fürchte dich nicht», muß man wohl annehmen, daß Johannes nicht von Liebe überwältigt war, als er «wie tot» hinfiel[111], sondern vielmehr von *Furcht.* (Wie steht es hier mit der vollkommenen Liebe, die alle Furcht vertreibt?)

Christus trägt ihm sieben Sendschreiben an die Gemeinden in der Provinz Asia auf. Die Gemeinde in Ephesus wird ermahnt, Buße zu tun, ansonsten sie mit der Beraubung des Lichtes bedroht wird («... sonst komme ich über dich und werde deinen Leuchter von seiner Stelle stoßen»)[112]. Man erfährt in diesem Schreiben auch, daß Christus die Nicolaïten «haßt». (Wie verträgt sich das mit der Nächstenliebe?)

Die Gemeinde von Smyrna kommt besser weg. Ihre Gegner sind angeblich Juden, bilden aber «eine Synagoge des Satans», was nicht gerade freundlich klingt.

Pergamus wird getadelt, weil sich dort ein Irrlehrer bemerkbar macht. Ebenso gibt es dort Nicolaïten. Also soll die Gemeinde Buße tun, «sonst komme ich schnell über dich», was man wohl als Drohung verstehen muß.

Thyatira läßt die falsche Prophetin Isebel gewähren. Er wird «sie aufs Siechbett werfen» und «ihre Kinder will ich des Todes sterben lassen». Wer aber bei ihm verharrt, «dem will ich Macht über die Heiden geben, und ‹er wird sie mit eisernem Stabe weiden, wie die irdenen Gefäße zerschlagen werden› – wie auch ich (solche Macht) von meinem Vater empfangen habe – und ich will ihm den Morgenstern geben»[113]. Christus lehrt wie bekannt: «Liebt eure Feinde», hier droht er aber mit bethlehemitischem Kindermord!

Die Werke der Gemeinde von Sardes sind nicht vollkommen vor Gott. Darum «tut Buße»! Sonst wird er wie ein Dieb zu unerwarteter Stunde über sie kommen[114] – eine nicht gerade wohlwollende Warnung.

An Philadelphia ist nichts zu tadeln. Laodicea aber will er wegen ihrer Lauheit «ausspeien» aus seinem Munde. Sie soll Buße tun. Bezeichnend ist die Erklärung: «Ich strafe und züchtige alle, die ich liebhabe[115].» Es wäre begreiflich, wenn sich jemand nicht zu viel von dieser «Liebe» wünschte.

Fünf von den sieben Gemeinden erhalten schlechte Zensuren. Dieser apokalyptische «Christus» benimmt sich eher wie ein übelgelaunter, machtbewußter «boss», der durchaus dem «Schatten» eines die Liebe predigenden Bischofs gleicht.

Wie zur Bestätigung des Gesagten folgt eine Gottesvision im Stile Ezechiels. Aber der, der auf dem Throne sitzt, sieht nicht gerade einem Menschen ähnlich, sondern «war seinem Ansehen nach *gleich einem Jaspis- und Karneolstein»*[116]. Vor ihm war ein «gläsernes Meer, gleich Kristall». Um den Thron stehen die vier «Wesen» (ζῷα, animalia), welche überall, vorne und hinten, außen und innen *mit Augen bedeckt* sind[117]. Das Symbol des Ezechiel ist in seltsamer Weise modifiziert: Stein, Glas, Kristall, lauter tote und starre Dinge charakterisieren die Gottheit, Stoffe, die dem anorganischen Reiche entstammen. Man denkt unwillkürlich an die Präokkupation der nachfolgenden Zeiten, wo der geheimnisvolle «Mensch», der «homo altus» als λίθος οὐ λίθος (Stein kein Stein) bezeichnet wurde, und wo im Meere des Unbewußten die vielen «Augen» aufleuchteten[118]. Jedenfalls kommt hier johanneische Psychologie herein, welche Witterung von einem Jenseits des christlichen Kosmos erhalten hat.

Hierauf folgt die Eröffnung des mit sieben Siegeln verschlossenen Buches durch das «Lamm». Letzteres hat die menschlichen Züge des «Hochbetagten» abgelegt und erscheint in rein theriomorpher, aber monströser Form, wie eines der vielen anderen gehörnten Tiere der Apokalypse: es hat sieben Augen und sieben Hörner, ist darum nicht lamm-, sondern widderähnlich und muß überhaupt ziemlich übel ausgesehen haben. Obschon es als «wie geschlachtet» [119] dargestellt wird, benimmt es sich in der Folge doch keineswegs als unschuldiges Opfer, sondern recht lebhaft. Aus den vier ersten Siegeln entläßt es die vier unheilvollen apokalyptischen Reiter. Beim fünften Siegel hört man das Rachegeschrei der Märtyrer («Wie lange, heiliger und wahrhaftiger Herr, *richtest* du nicht und *rächst* unser Blut nicht an denen, die auf Erden wohnen?») [120]. Das sechste Siegel bringt eine kosmische Katastrophe, und alles verbirgt sich «vor dem *Zorn* des Lammes. Denn gekommen ist *der große Tag seines Zorns...*» [121].

Man erkennt das sanfte Lamm, das sich ohne Widerstand zur Schlachtbank führen läßt, nicht wieder, wohl aber den streit- und reizbaren Widder, dessen Wut nun endlich loslegen kann. Ich sehe darin weniger ein metaphysisches Geheimnis, als zunächst einmal den Ausbruch längst aufgestauter negativer Gefühle, die man beim Vollkommen-sein-Wollenden häufig beobachtet. Man darf es bei dem Verfasser der johanneischen Briefe als selbstverständlich voraussetzen, daß er sich alle Mühe gibt, das, was er den Mitchristen predigt, auch bei sich vorbildlich wahrzumachen. Zu diesem Zweck muß er alle negativen Gefühle ausschalten, und infolge eines hilfreichen Mangels an Selbstreflexion kann er sie vergessen. Sie sind zwar von der Bildfläche des Bewußtseins verschwunden, wuchern aber unter der Decke weiter und erzeugen mit der Zeit ein ausgedehntes Gespinst von Ressentiments und Rachegedanken, die dann einmal offenbarungsweise über das Bewußtsein hereinbrechen. Daraus entsteht ein schreckenerregendes Gemälde, das allen Vorstellungen von christlicher Demut, Duldsamkeit, Nächsten- und Feindesliebe, von einem liebenden Vater im Himmel und einem menschenrettenden Sohn und Heiland ins Gesicht schlägt. Eine wahre Orgie von Haß, Zorn, Rache und blinder Zerstörungswut, die sich an phantastischen Schreckgebilden nicht genugtun kann, bricht aus und überschwemmt mit Blut und Feuer eine Welt, die man eben noch zu dem ursprünglichen Status der Unschuld und der Liebesgemeinschaft mit Gott zu erlösen sich bemüht hat.

Die Eröffnung des siebenten Siegels bringt natürlich eine neue Flut von Miseren, welche die unheilige Phantasie des Johannes zu erschöpfen drohen. Wie zur Stärkung muß er nun ein Büchlein verschlingen, um weiter «prophezeien» zu können.

Als der siebente Engel endlich ausgeblasen hat, erscheint am Himmel, nach der Zerstörung Jerusalems, das *Sonnenweib,* das den Mond unter den Füßen und einen Kranz von zwölf Sternen auf seinem Haupte hat[122]. Sie ist in Geburtsnöten, und vor ihr liegt der feuerrote Drache, der ihr Kind verschlingen will.

Diese Vision fällt aus der Reihe. Während man bei den bisherigen Bildern sich nur schwer dem Eindruck, daß sie einer nachträglichen, ordnenden und ausschmückenden Bearbeitung unterzogen wurden, entziehen kann, hat man bei diesem Stück das Gefühl, daß es ursprünglich und auf keinen erzieherischen Zweck ausgerichtet sei. Die Vision ist eingeleitet durch die Eröffnung des Tempels im Himmel und das Sichtbarwerden der Bundeslade[123]. Dies ist wohl ein Vorspiel zum Herabkommen der himmlischen Braut Jerusalem, eines Äquivalents der Sophia, denn es handelt sich hier um ein Stück des himmlischen Hierosgamos [Heilige Hochzeit], dessen Frucht ein göttlicher Knabe ist. Ihm droht das Schicksal Apolls, des Sohnes der Leto, welcher ebenfalls vom Drachen verfolgt wurde. Hier müssen wir für einen Augenblick bei der Gestalt der Mutter verweilen. Sie ist «ein Weib, angetan mit der Sonne». Man beachte die einfache Konstatierung «ein Weib», eine Frau schlechthin, keine Göttin und keine ewige Jungfrau, die unbefleckt empfangen wurde. Es sind keinerlei Maßnahmen bemerkbar, welche sie ihrer vollständigen Weiblichkeit entheben würden, allerdings mit der Ausnahme der ihr beigegebenen kosmisch-naturhaften Attribute, die sie zu einer anima mundi, dem kosmischen Urmenschen ebenbürtig, stempeln. Sie ist der weibliche Urmensch, das Gegenstück des Urmännlichen, wozu sich das Motiv der heidnischen Leto vorzüglich eignet, denn in der griechischen Mythologie mischt sich noch gleichwertig Matriarchales mit Patriarchalem. Oben die Sterne, unten der Mond, in der Mitte die Sonne, der Horus des Aufganges und der Osiris des Unterganges, rings umgeben von der mütterlichen Nacht, οὐρανὸς ἄνω, οὐρανὸς κάτω [Himmel oben, Himmel unten][124] – dieses Symbol enthüllt das ganze Geheimnis des «Weibes»: sie enthält in ihrem Dunkel die Sonne des «männlichen» Bewußtseins, die als Kind dem Nachtmeer des Unbewußten entsteigt und als Greis darin versinkt.

Sie fügt zum Hellen das Dunkle; sie bedeutet den Hierosgamos der Gegensätze und versöhnt die Natur mit dem Geist.

Der Sohn, der dieser himmlischen Hochzeit entspringt, ist notwendigerweise eine complexio oppositorum [Zusammenfassung der Gegensätze], ein vereinigendes Symbol, eine Ganzheit des Lebens. Gewiß nicht ohne Grund macht hier das Unbewußte des Johannes eine Anleihe bei der griechischen Mythologie, um das eigenartige eschatologische Erlebnis zu schildern: es soll nämlich nicht mit der Geburt des Christusknaben, die, unter ganz anderen Umständen, schon längst zuvor erfolgt war, verwechselt werden. Der neugeborene Knabe wird zwar, in offenkundiger Anlehnung an das «zornige» Lamm, d.h. an den apokalyptischen Christus, als ein Duplikat desselben, nämlich als einer, der «alle Heiden weiden soll mit eisernem Stabe»[125], charakterisiert. Er wird also an die vorherrschenden Haß- und Rachegefühle assimiliert, so daß es den Anschein hat, als ob er, überflüssigerweise, das Strafgericht noch in einer fernen Zukunft fortsetzen würde. Das paßt insofern nicht, als das Lamm bereits mit dieser Aufgabe betraut ist und letztere, im Verlaufe der Offenbarung, auch zu Ende führt, ohne daß der neugeborene Knabe irgendwann eine Gelegenheit zu eigenem Handeln hätte. Er kehrt nirgends wieder. Ich bin deshalb geneigt anzunehmen, daß seine Charakterisierung als Rachesohn, wenn sie keine deutende Interpolation sein sollte, dem Apokalyptiker als geläufige Phrase und zugleich als ihm naheliegende Deutung in die Feder geflossen ist. Dies ist um so wahrscheinlicher, als unter den damaligen Umständen dieses Intermezzo kaum irgendwie anders hätte verstanden werden können, obschon die Deutung völlig sinnlos ist. Wie ich oben schon bemerkte, bildet die Sonnenweibepisode einen Fremdkörper im Flusse der Visionen. Es dürfte daher nicht abwegig sein, zu vermuten, daß schon der Verfasser der Apokalypse und, wenn nicht dieser, dann ein perplexer Abschreiber das Bedürfnis empfand, diese offenkundige Christusparallele irgendwie zu deuten bzw. dem Gesamttext anzugleichen. Das konnte leicht mit dem geläufigen Bild vom Hirten mit dem eisernen Stabe geschehen. Ein anderer Zweck dieser Assoziation wäre mir unerfindlich.

Der Knabe wird zu Gott, seinem offenkundigen Vater, entrückt, und die Mutter wird in der Wüste verborgen, womit wohl angedeutet sein soll, daß es sich um eine vorderhand auf unbestimmte Zeit latente Gestalt handelt, deren spätere Wirksamkeit noch vorbehalten ist. Die Hagargeschichte dürfte hier präfigurierend sein. Die relative Ähnlichkeit dieser Geschichte mit der Geburtslegende Christi will offenbar nur bedeuten, daß die neuere Geburt ein analoges Ereignis dazu darstellt und zwar vermutlich in derselben Weise, wie die zuvor geschilderte Inthronisierung des Lammes in seiner metaphysischen Herrlichkeit, wobei dieser Akt schon längst, nämlich zur Zeit der Himmelfahrt, stattgefunden haben muß. In gleicher Weise ist geschildert, wie der Drache, d. h. der Teufel, auf die Erde geworfen wird[126], wo doch Christus den Satanssturz ebenfalls schon viel früher beobachtet hat. Diese merkwürdige Wiederholung oder Verdoppelung der für das Christusleben charakteristischen Ereignisse lassen die Vermutung aufkommen, daß ein zweiter, endzeitlicher Messias zu erwarten sei. Es kann sich dabei nicht um ein Wiederkommen von Christus selber handeln, denn er würde ja «in den Wolken des Himmels» kommen, nicht aber ein zweites Mal *geboren* werden, und dazu noch aus einer Sonne-Mondkonjunktion. Der endzeitlichen Epiphanie entspricht vielmehr der Inhalt von Offenbarung 1 oder 19,11 ff. Die Tatsache, daß Johannes bei der Geburtsschilderung den Apollo-Letomythus benützt, dürfte ein Fingerzeig sein: im Gegensatz zur christlichen Tradition handelt es sich bei der Vision um ein Produkt des Unbewußten[127]. Im Unbewußten aber ist alles vorhanden, was im Bewußtsein verworfen wird, und je christlicher das Bewußtsein ist, desto heidnischer gebärdet sich das Unbewußte, wenn nämlich im verworfenen Heidentum noch lebenswichtige Werte stecken, d. h. wenn das Kind (wie es so häufig geschieht) mit dem Bade ausgeschüttet wurde. Das Unbewußte isoliert und differenziert seine Objekte nicht, wie das Bewußtsein es tut. Es denkt nicht abstrakt oder abgesehen vom Subjekt: die Person des Ekstatikers und Visionärs ist stets einbezogen und einbegriffen. In diesem Falle ist es Johannes selber, dessen unbewußte Persönlichkeit mit Christus annähernd identifiziert ist, d. h. er wird ähnlich geboren wie dieser und zu ähnlicher Bestimmung. Johannes ist vom Archetypus des göttlichen Sohnes ergriffen und sieht daher dessen Wirken im Unbewußten, oder, mit anderen Worten, wie Gott im (zum Teil heidnischen) Unbewußten wiederum geboren wird, ununterscheidbar vom Selbst des Johannes, indem das «göttliche Kind» Symbol des einen wie des anderen ist, gleicherweise wie Christus. Das Bewußtsein eines Johannes war allerdings fern davon, Christus als Symbol aufzufassen. Für den gläubigen Christen stellt dieser alles dar, nur kein *Symbol,* d. h. *einen Ausdruck für etwas Unerkennbares bzw.*

noch nicht Erkennbares. Und doch ist dem natürlicherweise so. Christus hätte seinen Gläubigen keinen Eindruck gemacht, wenn er nicht zugleich etwas, das in ihrem Unbewußten lebte und am Werke war, ausgedrückt hätte. Das Christentum selber hätte sich in der antiken Welt nicht mit dieser erstaunlichen Schnelligkeit ausgebreitet, wenn seiner Vorstellungswelt nicht eine analoge psychische Bereitschaft entgegengekommen wäre. Diese Tatsache ist es, die auch die Aussage ermöglicht, daß der, welcher an Christus glaubt, nicht nur in ihm enthalten ist, sondern Christus wohnt dann auch im Gläubigen als der gottebenbildliche, vollkommene Mensch, der Adam secundus [zweite Adam]. Es handelt sich dabei psychologisch um dasselbe Verhältnis, welches in der indischen Anschauung die Beziehung von Purusha-Âtman zum menschlichen Ichbewußtsein darstellt. Es ist die Überordnung des «vollkommenen» (τέλειος), d.h. ganzheitlichen Menschen, der aus der Totalität der Psyche, also aus Bewußtsein und Unbewußtem, besteht, über das Ich, welches nur das Bewußtsein und dessen Inhalte repräsentiert, das Unbewußte aber nicht kennt, obschon es davon in mannigfacher Hinsicht abhängt und sehr oft entscheidend beeinflußt wird. Es ist die Beziehung vom Selbst zum Ich, die sich in der Relation Christus-Mensch widerspiegelt. Daher stammen die unverkennbaren Analogien zwischen gewissen indischen und christlichen Anschauungen, die Anlaß zur Vermutung von indischen Einflüssen auf das Christentum gegeben haben.

Dieser in Johannes bisher latente Parallelismus bricht in Gestalt einer Vision in das Bewußtsein ein. Daß dieser Einbruch authentisch ist, sieht man an der, für einen damaligen Christen höchst unwahrscheinlichen, Benützung heidnischen Mythenmaterials, bei dem sogar astrologische Einflüsse wahrscheinlich sind. Daraus dürfte sich auch die durchaus «heidnische» Bemerkung «und die Erde half dem Weibe»[128] erklären. Wenn schon das damalige Bewußtsein ausschließlich von christlichen Vorstellungen erfüllt war, so lagen doch die früheren bzw. zeitgenössischen heidnischen Inhalte gleich unter der Schwelle, wie dies z.B. auch bei S. Perpetua[129] der Fall war. Bei einem Judenchristen – ein solcher war wohl der Verfasser der Apokalypse – kommt als Vorlage noch die kosmische Sophia in Betracht, auf welche Johannes sich einige Male bezieht. Sie könnte unschwer als Mutter des göttlichen Kindes[130] gelten, da sie offenbar ein Weib im Himmel ist, d.h. eine Göttin und Gefährtin eines Gottes. Sophia entspricht dieser Definition, ebenso die erhöhte Maria.

Wäre unsere Vision ein moderner Traum, so würde man nicht zögern, die Geburt des göttlichen Kindes als das *Bewußtwerden des Selbst* zu deuten. Im Falle des Johannes hat die Glaubenseinstellung des Bewußtseins eine Rezeption des Christusbildes in das Material des Unbewußten bewirkt, den Archetypus der göttlichen Jungfrau-Mutter und der Geburt ihres Sohn-Geliebten belebt und mit dem christlichen Bewußtsein zur Konfrontation gebracht. Damit wird Johannes persönlich in das göttliche Geschehen einbezogen.

Sein von negativen Gefühlen getrübtes Christusbild ist allerdings zu dem eines grausamen Rächers geworden, der eigentlich mit einem Erlöser gar nichts mehr zu tun hat. Man ist nicht allzu sicher, ob nicht am Ende diese Christusgestalt mehr vom Menschen Johannes mit dessen kompensierendem Schatten an sich hat als vom göttlichen Erlöser, der als lumen de lumine «keine Finsternis» in sich enthält. Schon die groteske Paradoxie des «zornigen» Lammes hätte uns auf diesen Verdacht bringen können. Man kann es drehen und wenden wie man will, im Lichte des Evangeliums der Liebe gesehen ist und bleibt der Rächer und Richter eine *finstere Gestalt.* Man darf auch vermuten, daß hierin der Grund liegt, der Johannes mag bewogen haben, den neugeborenen Knaben an die Rächergestalt zu assimilieren und damit dessen mythologischen Charakter als den eines lieblichen und liebenswerten Götterjünglings, wie er uns in der Gestalt eines Tammuz, Adonis oder Balders entgegentritt, zu verwischen. Die bezaubernde frühlingshafte Schönheit des göttlichen Knaben stellt eben einen jener antiken Werte dar, welche das Christentum und insbesondere die düstere Welt des Apokalyptikers so sehr vermissen lassen, den unbeschreiblichen Morgenglanz eines Frühlingstages, der nach des Winters Totenstarre die Erde grünen und blühen und des Menschen Herz froh sein und an einen liebenden gütigen Gott glauben läßt.

Als Ganzheit ist das Selbst per definitionem immer eine complexio oppositorum, und seine Erscheinungsweise ist umso dunkler und drohender, je mehr das Bewußtsein sich Lichtnatur vindiziert und daher auf moralische Autorität Anspruch erhebt. Man darf bei Johannes derartiges annehmen, denn er war ein Hirt seiner Herde und obendrein auch ein Mensch und darum fehlbar. Wäre die Apokalypse eine sozusagen persönliche Angelegenheit des Johannes und daher nichts als ein Ausbruch persönlichen Ressentiments, so hätte die Gestalt des zornigen Lammes diesem vollends Genüge getan. Rebus sic stantibus hätte der neugeborene

Knabe einen wahrnehmbar positiven Aspekt haben müssen, denn er hätte, seiner ganzen symbolischen Natur nach, die unleidliche Verwüstung, welche der Ausbruch zurückgedrängter Leidenschaften angerichtet hatte, kompensiert; war er doch das Kind der coniunctio oppositorum, der sonnerfüllten Tag- und der lunaren Nachtwelt. Er hätte als Mediator zwischen dem liebevollen und dem rachsüchtigen Johannes vermittelt und wäre damit ein wohltätig ausgleichender Erlöser gewesen. Dieser positive Aspekt muß Johannes aber entgangen sein, sonst hätte er das Kind nicht als mit dem rächenden Christus auf einer Linie stehend auffassen können.

Das Problem des Johannes ist aber kein persönliches. Es handelt sich nicht um sein persönliches Unbewußtes und um einen launenhaften Ausbruch, sondern um Gesichte, die einer größeren und umfassenderen Tiefe entsteigen, nämlich dem kollektiven Unbewußten. Die Problematik des Johannes drückt sich zu viel in kollektiven und archetypischen Formen aus, als daß es erlaubt wäre, sie auf eine bloß persönliche Situation zu reduzieren. Das wäre nicht nur zu billig, sondern auch praktisch wie theoretisch unrichtig. Johannes war als Christ ergriffen von einem kollektiven, archetypischen Geschehen und muß daher vor allem und in erster Linie aus diesem erklärt werden. Gewiß hatte er auch seine persönliche Psychologie, in die wir, wenn wir den Verfasser der Briefe und den Apokalyptiker für eine und dieselbe Person halten dürfen, sogar einigen Einblick haben. Daß die imitatio Christi im Unbewußten einen entsprechenden Schatten erzeugt, dafür haben wir genügend Beweise. Die Tatsache, daß Johannes überhaupt Visionen hatte, ist schon ein Beweis für eine ungewöhnliche Gegensatzspannung zwischen dem Bewußtsein und dem Unbewußten. Wenn er identisch ist mit dem Verfasser der Briefe, so muß er bei der Abfassung der Apokalypse schon in höchstem Alter gestanden haben. In confinio mortis und am Abend eines langen, inhaltsreichen Lebens eröffnet sich der Blick oft in ungeahnte Fernen. Ein solcher Mann lebt nicht mehr in den Interessen des Alltags und den Peripetien persönlicher Beziehungen, sondern in der Schau über weite Zeiträume und in der säkularen Bewegung der Ideen. Das Auge des Johannes dringt in die ferne Zukunft des christlichen Äons und in die dunkle Tiefe jener Mächte, denen sein Christentum die Waage hält. Was in ihm aufbricht, ist der Sturm der Zeiten, die Ahnung einer ungeheuerlichen Enantiodromie [Gegenbewegung], die er nicht anders verstehen kann denn als eine endgültige Vernichtung jener Finsternis, die das Licht, das in Christus erschienen war, nicht begriffen hatte. Er sah aber nicht, daß die Macht der Zerstörung und Rache eben gerade jene Finsternis ist, von welcher sich der menschgewordene Gott abgespalten hatte. Er konnte darum auch nicht verstehen, was jenes Sonne-Mondkind bedeutete, welches er nur als eine weitere Rachefigur zu begreifen vermochte. Die Leidenschaft, die in seiner Offenbarung durchbricht, läßt nichts ahnen von der Mattigkeit oder Abgeklärtheit des hohen Alters, denn sie ist unendlich viel mehr als persönliches Ressentiment; sie ist der Geist Gottes selber, der durch die schwache sterbliche Hülle dringt und wiederum die *Furcht* der Menschen vor der unabsehbaren Gottheit fordert.

XIV

Der Strom negativer Gefühle scheint unerschöpflich zu sein und die schlimmen Ereignisse nehmen ihren Fortgang. Aus dem Meere kommen «gehörnte» (mit Macht begabte) Ungeheuer als weitere Ausgeburten der Tiefe. Dieser Übermacht von Finsternis und Zerstörung gegenüber wird es begreiflich, wenn das verängstigte menschliche Bewußtsein nach einem Berg der Rettung, einem Punkt der Ruhe und Sicherheit Ausschau hält. Johannes flicht daher passenderweise eine Vision des Lammes auf dem Berge Zion ein (Kap. 14), wo die 144000 Erwählten und Geretteten um das Lamm versammelt sind[131]. Es sind παρθένοι, die Jungfräulichen, «die sich nicht mit Frauen befleckt haben»[132]. Es sind die, welche, in der Nachfolge des frühsterbenden Gottessohnes, nie zu ganzen Menschen geworden sind, sondern der Teilnahme am menschlichen Schicksal freiwillig entsagt und damit zur Fortsetzung der Existenz auf der Erde Nein gesagt haben[133]. Könnten sich alle zu diesem Standpunkt bekehren, so wäre die Kreatur Mensch in wenigen Jahrzehnten ausgerottet. Der Vorausbestimmten sind aber relativ wenige. Johannes glaubt an die Prädestination in Übereinstimmung mit höherer Autorität. Das ist ungeschminkter Pessimismus.

> «Denn alles, was entsteht,
> Ist wert, daß es zugrunde geht»,

sagt Mephisto.

Die nur einigermaßen tröstliche Aussicht wird sofort wieder von den warnenden Engeln unterbrochen. Der erste verkündet ein *«ewiges Evangelium»,* dessen Quintessenz lautet: «Fürchtet Gott!» Von der Liebe Gottes ist nicht mehr die Rede. Gefürchtet wird nur das *Furchtbare*[134].

Der Menschensohn hält in den Händen eine scharfe Sichel und hat einen Helfer, der ebenfalls eine Sichel handhabt[135]. Die Weinernte aber besteht in einem Blutbad sondergleichen: «Es floß Blut aus der Kelter (in welcher die Menschen eingestampft werden) bis an die Zügel der Pferde, sechzehnhundert Stadien weit[136].»

Aus dem himmlischen Tempel treten die sieben Engel mit den Zornschalen, die sie nunmehr über die Welt ausschütten[137]. Das Hauptstück bildet die Vernichtung der großen Buhlerin Babylon, des Gegenstückes zum himmlischen Jerusalem. Babylon bildet die chthonische Entsprechung zum Sonnenweib Sophia, allerdings mit Umkehrung des moralischen Vorzeichens. Wenn sich die Erwählten zu Ehren der großen Mutter Sophia in «Jungfrauen» verwandeln, so wird im Unbewußten zur Kompensation eine greuliche Unzuchtsphantasie erzeugt. Die Vernichtung der Babylon bedeutet daher nicht nur die Ausrottung der Unzucht, sondern die Aufhebung der Lebenslust überhaupt, wie aus Off. 18,22f. zu ersehen ist: «Und ein Ton von Harfenspielern und Musikern und Flötenspielern und Trompetenbläsern wird nicht mehr in dir gehört werden, und kein Künstler in irgendeiner Kunst wird mehr in dir gefunden werden... und das Licht der Lampe wird nicht mehr in dir scheinen, und die Stimme des Bräutigams... wird nicht mehr in dir vernommen werden...»

Da wir gegenwärtig in der Endzeit des christlichen Äons der Fische leben, kann man nicht umhin, des Verhängnisses, das unsere moderne Kunst erreicht hat, zu gedenken.

Symbole wie Jerusalem, Babylon etc. sind natürlich stets überdeterminiert, d. h. sie haben mehrere Bedeutungsaspekte und können daher nach verschiedenen Richtungen gedeutet werden. Ich beschränke mich auf den psychologischen Aspekt. Die möglichen Beziehungen zur damaligen Zeitgeschichte will ich nicht beurteilen.

Der Untergang aller Schönheit und Lebensfreude, das unvorstellbare Leid der ganzen Kreatur, die einstmals aus der Hand eines verschwenderischen Schöpfers hervorgegangen war, gäbe wohl einem fühlenden Herzen Anlaß zu tiefster Melancholie. Johannes aber schreibt: «Frohlocke über sie, du Himmel und ihr Heiligen und ihr Apostel und ihr Propheten; denn Gott hat euch an ihr (der Babylon) gerächt[138]», woraus zu ersehen ist, wie weit die Rachsucht und Zerstörungslust geht, und was der «Pfahl im Fleische» ist.

Christus als der Heerführer der Engel ist es, der «die Kelter des Zornweins des Grimmes des allmächtigen Gottes»[139] tritt. Sein Gewand ist «in Blut getaucht»[140]. Er reitet auf einem *weißen Pferd*[141] und mit dem Schwert, das aus seinem Munde geht, tötet er das Tier und mit ihm den «falschen Propheten», vermutlich seine oder des Johannes dunkle Widerspiegelung oder Entsprechung, d. h. also den *Schatten*. Der Satan wird in die Unterwelt eingeschlossen auf 1000 Jahre, und *ebensolange wird Christus herrschen*. «Nachher muß er (Satan) auf kurze Zeit losgelassen werden[142].» Die 1000 Jahre entsprechen astrologisch der ersten Hälfte des Fischäons. Die Freilassung des Satans nach dieser Zeit, wofür man sich wirklich keinen anderen Grund ersinnen könnte, entspricht der Enantiodromie des christlichen Äons, d. h. dem Antichristus, dessen Kommen aus astrologischen Gründen vorausgesagt werden konnte. Nach Ablauf einer nicht näher angegebenen Frist wird der Teufel schließlich auf ewig in den Feuersee geworfen (aber nicht völlig vernichtet, wie bei Henoch), und die ganze ursprüngliche Schöpfung verschwindet[143].

Nun kann der angekündigte Hierosgamos, die Hochzeit des Lammes mit «seinem Weibe»[144], stattfinden. Die Braut ist das vom Himmel herabkommende neue Jerusalem[145]. «Ihre Leuchte ist gleich dem kostbarsten Edelstein, wie ein kristallheller Jaspis[146].» Die Stadt bildet ein gleichseitiges Viereck und besteht aus Goldglas, ebenso ihre Straße. Gott selber und das Lamm sind der Tempel in ihr und die Quelle unaufhörlichen Lichtes. Es gibt keine Nacht mehr, und Unreines kann nicht in die Stadt eindringen[147]. (Diese nochmalige Versicherung beschwichtigt einen noch immer nicht ganz zur Ruhe gekommenen Zweifel!) Vom Throne der Gottheit fließt die Quelle des Lebenswassers, und dabei stehen die Lebensbäume, womit auf das Paradies und die pleromatische Präexistenz hingewiesen ist[148].

Diese Schlußvision, die, wie bekannt, auf das Verhältnis der Kirche zu Christus gedeutet wird, hat die Bedeutung eines «vereinigenden Symbols» und stellt darum Vollkommenheit und Ganzheit dar; daher die Quaternität, die sich in der Stadt als Quadratur, beim Paradies in den vier Strömen, bei Christus in den vier Evangelisten und bei Gott in den vier

Lebewesen ausdrückt. Während der Kreis die Rundung des Himmels und das allumfassende Wesen der (pneumatischen) Gottheit bedeutet, bezieht sich das Quadrat auf die Erde[149]. Der Himmel ist männlich, die Erde aber weiblich. Daher thront Gott im Himmel, die Weisheit aber auf der Erde, wie sie bei Jesus Sirach sagt: «In der Stadt, die er liebt wie mich, ließ ich mich nieder, und in Jerusalem übte ich meine Macht aus.» Sie ist die «Mutter der edlen Liebe»[150], und wenn Johannes Jerusalem als die Braut darstellt, so lehnt er sich wohl an Jesus Sirach an. Die Stadt ist die Sophia, die vor aller Zeit schon bei Gott war und in der Endzeit durch die Heilige Hochzeit Gott wieder verbunden wird. Sophia koinzidiert als das Weibliche mit der Erde, von der, wie ein Kirchenvater sagt, Christus entsprungen ist[151], daher mit der Quaternität der Gotteserscheinung bei Ezechiel, nämlich den vier lebendigen Wesen. Ähnlich wie die Sophia die Selbstreflexion Gottes bedeutet, so stellen die vier Seraphim das Bewußtsein Gottes mit seinen vier funktionellen Aspekten dar. Darauf weisen auch die vielen wahrnehmenden Augen[152], welche in den vier zusammengefaßt sind. Es handelt sich um eine vierteilige Synthese der unbewußten Luminositäten, entsprechend der Tetramerie des lapis philosophorum [Stein der Weisen], an welchen die Schilderung der himmlischen Stadt erinnert: alles funkelt von Edelstein, Kristall und Glas, ganz entsprechend der oben erwähnten Gottesvision. Wie der Hierosgamos Jahwe und Sophia (in der Kabbala = Schechinah) vereinigt und damit den pleromatischen Anfangszustand wiederherstellt, so weist auch die parallele Schilderung von Gott und Stadt auf ihre gemeinsame Natur hin: sie sind ursprünglich eines; ein hermaphroditisches Urwesen, ein Archetypus von größter Universalität.

Zweifellos soll dieses Ende eine endgültige Lösung des furchtbaren Konfliktes der Existenz überhaupt bedeuten. Die Lösung besteht aber nicht in der Versöhnung der Gegensätze, sondern in deren endgültiger Auseinanderreißung, wobei die Menschen, die dazu bestimmt sind, sich dadurch retten können, daß sie sich mit der lichten pneumatischen Seite Gottes identifizieren. Eine unerläßliche Bedingung scheint die Verweigerung der Fortpflanzung und des Geschlechtslebens überhaupt zu sein.

XV

Die Apokalypse ist einerseits so persönlich und andererseits so archetypisch und kollektiv, daß man wohl beide Aspekte in Betracht ziehen muß. Das moderne Interesse würde sich gewiß zunächst der Person des Johannes zuwenden. Wie bereits angedeutet, ist es nicht unmöglich, daß Johannes, der Verfasser der Briefe, mit dem Apokalyptiker identisch ist. Der psychologische Befund spricht zugunsten dieser Annahme. Die «Offenbarung» wurde von einem frühen Christen erlebt, der vermutlich als Autorität ein vorbildliches Leben führen und einer Gemeinde die christlichen Tugenden des richtigen Glaubens, der Demut, Geduld, Hingebung, der selbstlosen Liebe und der Entsagung aller Weltlüste demonstrieren mußte. Das kann auf die Dauer auch dem Besten zuviel werden. Reizbarkeit, üble Launen und Affektausbrüche stellen die klassischen Symptome der chronischen Tugendhaftigkeit dar[153]. In bezug auf seine christliche Einstellung erleuchten uns wohl am besten seine eigenen Worte: «Geliebte, lasset uns einander lieben, denn die Liebe ist aus Gott, und jeder der liebt, ist aus Gott gezeugt und erkennt Gott. Wer nicht liebt, hat Gott nicht erkannt; denn Gott ist Liebe... Darin besteht die Liebe, nicht daß wir Gott geliebt haben, sondern daß er uns geliebt und seinen Sohn als Sühnopfer für unsere Sünden gesandt hat. Geliebte, wenn Gott uns so geliebt hat, sind auch wir *verpflichtet,* einander zu lieben... Und wir haben erkannt und geglaubt die Liebe, die Gott zu uns hat. Gott ist Liebe, und wer in der Liebe bleibt, der bleibt in Gott, und Gott bleibt in ihm... Furcht ist nicht in der Liebe... Wer sich aber fürchtet, ist nicht zur Vollkommenheit in der Liebe gelangt... Wenn jemand sagt: Ich liebe Gott, und (doch) seinen Bruder haßt, ist er ein Lügner... Und dieses Gebot haben wir von ihm, daß, wer Gott liebt, auch seinen Bruder lieben soll[154].»

Wer aber haßt die Nicolaïten? Wer ist rachsüchtig und will die Isebel sogar aufs Siechbett werfen und ihre Kinder des Todes sterben lassen? Wer kann sich nicht genug tun an blutrünstigen Phantasien? Seien wir aber psychologisch genau: es ist nicht das Bewußtsein des Johannes, das solche Phantasien ersinnt, sondern sie stoßen ihm in gewalttätiger «Offenbarung» zu; sie überfallen ihn mit ungewollter und unerwarteter Vehemenz und mit einer Intensität, welche, wie bereits angedeutet, alles überschreitet, was wir als Kompensation einer etwas einseitigen Bewußtseinseinstellung normalerweise erwarten könnten.

Ich habe viele kompensierende Träume gläubiger Christen gesehen, die sich über ihre wirkliche seelische Beschaffenheit täuschten und sich in einer anderen Verfassung wähnten, als es der Wirklichkeit entsprach. Aber ich habe nichts gesehen, das auch nur im entferntesten mit der brutalen Gegensätzlichkeit der johanneïschen Offenbarung verglichen werden könnte. Es sei denn, daß es sich um eine schwere Psychose handelte. Zu einer derartigen Diagnose gibt aber Johannes keinen Anlaß. Dazu ist die Apokalypse nicht verworren genug, zu konsequent, nicht subjektiv und skurril genug. Ihre Affekte sind, in Ansehung ihres Gegenstandes, adäquat. Ihr Verfasser braucht kein unbalancierter Psychopath zu sein. Es genügt, daß er ein leidenschaftlich religiöser Mensch mit einer im übrigen geordneten Psyche ist. Er muß aber ein intensives Verhältnis zu Gott haben, das ihn für einen alles Persönliche weit überschreitenden Einbruch offen legt. Der wirklich religiöse Mensch, dem zugleich die Möglichkeit einer ungewöhnlichen Bewußtseinsausweitung in die Wiege gelegt ist, muß solche Gefahren gewärtigen.

Der Zweck der apokalyptischen Visionen besteht ja nicht darin, den gewöhnlichen Menschen Johannes wissen zu lassen, wie viel Schatten er unter seiner Lichtnatur birgt, sondern dem Seher den Blick für die Unermeßlichkeit Gottes aufzutun, denn wer liebt, wird Gott erkennen. Man kann sagen, eben weil Johannes Gott liebte und sein Möglichstes tat, auch seine Mitmenschen zu lieben, sei ihm die «Gnosis», die Gotteserkenntnis, zugestoßen, und er hat, wie Hiob, die wilde Furchtbarkeit Jahwes geschaut, darum sein Evangelium der Liebe als einseitig erlebt und durch das der Furcht ergänzt: *Gott kann geliebt und muß gefürchtet werden.*

Damit weitet sich das Gesichtsfeld des Sehers weit über die erste Hälfte des christlichen Äons hinaus: er ahnt, daß nach 1000 Jahren der antichristliche Zeitabschnitt beginnen wird, ein deutliches Anzeichen dafür, daß Christus nicht unbedingter Sieger ist. Johannes antizipiert die Alchemisten und JACOB BOEHME; er fühlt vielleicht seine persönliche Implikation im göttlichen Drama, indem er die Möglichkeit der Gottesgeburt im Menschen, welche die Alchemisten, MEISTER ECKHART und ANGELUS SILESIUS ahnten, vorwegnahm. Er umriß damit das Programm des gesamten Fischäons mit dessen dramatischer Enantiodromie und dessen dunklem Ende, das wir noch nicht erlebt haben, und vor dessen wahrhaft und unübertrieben apokalyptischen Möglichkeiten die Menschheit schaudert. Die vier unheimlichen Reiter, die drohenden Posaunenstöße und die auszuschüttenden Zornschalen warten schon oder noch: die Atombombe hängt über uns wie ein Damoklesschwert, und dahinter lauern die unvergleichlich furchtbareren Möglichkeiten des chemischen Luftkrieges, der selbst die Greuel der Apokalypse in den Schatten stellen könnte. Luciferi vires accendit Aquarius acres – Aquarius entzündet die wilden Kräfte Lucifers. Wer möchte im Ernst behaupten, daß Johannes wenigstens die Möglichkeiten, die in der Endzeit des christlichen Äons unsere Welt unmittelbar bedrohen, nicht richtig vorausgesehen habe? Er weiß auch, daß im göttlichen Pleroma das Feuer, in welchem der Teufel gepeinigt wird, auf ewig besteht. Gott hat einen furchtbaren Doppelaspekt: ein Meer der Gnade stößt an einen glühenden Feuersee, und das Licht der Liebe überstrahlt eine dunkle Glut, von der es heißt: ardet non lucet – sie brennt, aber sie leuchtet nicht. Das ist das ewige Evangelium (im Gegensatz zum zeitlichen): *man kann Gott lieben und muß ihn fürchten.*

XVI

Die Apokalypse, die mit Recht am Ende des Neuen Testamentes steht, greift über dieses hinaus in eine Zukunft, die mit allen apokalyptischen Schrecken in greifbarer Nähe steht. Der Entschluß eines unbesonnenen Momentes in einem herostratischen Kopfe[155] kann genügen, um die Weltkatastrophe auszulösen. Der Faden, an dem unser Schicksal hängt, ist dünn geworden. Nicht die Natur, sondern der «Genius der Menschheit» hat sich den fatalen Strick geknüpft, mit dem er sich jederzeit exekutieren kann. Es ist dies nur eine andere façon de parler, als wenn Johannes vom «Zorn Gottes» spricht.

Leider haben wir kein Mittel, uns zu vergegenwärtigen, wie sich Johannes, falls er, wie ich vermute, mit dem Verfasser der Briefe identisch ist, mit dem Doppelaspekt Gottes auseinandergesetzt haben würde. Es ist wohl ebensogut möglich, ja sogar wahrscheinlich, daß ihm kein Gegensatz auffiel. Es ist überhaupt erstaunlich, wie wenig man sich mit numinosen Gegenständen auseinandersetzt und wie mühsam die Auseinandersetzung ist, wenn man sich einmal daran wagt. Die Numinosität des Gegenstandes erschwert dessen denkerische Behandlung, indem die Affektivität immer mit in Frage kommt. Man ist pro et contra beteiligt, und «absolute Objektivität» ist hier noch seltener zu erreichen als anderswo.

Hat man positive religiöse Überzeugungen, d. h. «glaubt» man, so empfindet man den Zweifel als sehr unangenehm und fürchtet ihn auch. Aus diesem Grunde analysiert man den Gegenstand des Glaubens lieber nicht. Hat man keine religiösen Anschauungen, so gibt man sich das Gefühl des Defizites nicht gerne zu, sondern pocht vernehmlich auf seine Aufgeklärtheit oder deutet wenigstens den edlen Freimut seines Agnostizismus an. Von diesem Standpunkt aus kann man die Numinosität des religiösen Gegenstandes kaum zugeben und läßt sich von ihr nicht weniger am kritischen Denken verhindern, denn es könnte unangenehmerweise die Möglichkeit eintreten, daß man im Glauben an die Aufklärung oder an den Agnostizismus erschüttert würde. Beide fühlen ja, ohne es zu wissen, das Ungenügende ihres Argumentes. Die Aufklärung operiert mit inadäquaten rationalistischen Wahrheitsbegriffen und weist z. B. darauf hin, daß Behauptungen wie jungfräuliche Geburt, Gottessohnschaft, Totenauferstehung, Transsubstantiation etc. Unsinn seien. Der Agnostizismus behauptet, keine Gottes- noch irgendwelche andere metaphysische Erkenntnis zu besitzen, und übersieht, daß man eine metaphysische Überzeugung niemals *besitzt,* sondern daß man *von ihr besessen* ist. Beide sind von der Vernunft besessen, welche den indiskutablen supremen Arbiter darstellt. Wer aber ist die «Vernunft»? Warum soll sie suprem sein? Bedeutet nicht das, *was ist und west,* eine dem vernünftigen Urteil überlegene Instanz, wofür die Geistesgeschichte ja so viele Beispiele aufweist? Unglücklicherweise operieren auch die Verteidiger des «Glaubens» mit denselben futilen Argumenten, nur in umgekehrter Richtung. Unzweifelhaft ist nur die Tatsache, daß es metaphysische Aussagen gibt, welche eben um ihrer Numinosität willen affektvoll behauptet und bestritten werden. Diese Tatsache bildet die sichere empirische Grundlage, von der man auszugehen hat. Sie ist objektiv real als psychisches Phänomen. In dieser Konstatierung sind natürlich schlechthin alle, auch die widerstreitendsten Behauptungen, die jemals numinos waren oder es noch sind, einbegriffen. Man wird die Gesamtheit *aller* religiösen Aussagen zu berücksichtigen haben.

XVII

Kehren wir wieder zurück zu der Frage der Auseinandersetzung mit dem durch den Inhalt der Apokalypse bloßgelegten paradoxen Gottesbegriff! Das strikt evangelische Christentum braucht sich nicht damit auseinanderzusetzen, denn es hat ja als wesentlichen Lehrinhalt einen Gottesbegriff gebracht, der, im Gegensatz zu Jahwe, mit dem Inbegriff des Guten koinzidiert. Ein anderes wäre es allerdings gewesen, wenn der Johannes der Briefe mit dem der Offenbarung sich hätte auseinandersetzen können oder müssen. Für die Späteren konnte der dunkle Inhalt der Apokalypse in dieser Beziehung leicht außer Betracht fallen, denn die spezifisch christliche Errungenschaft durfte nicht leichtsinnig gefährdet werden. Für den Menschen der Gegenwart liegt der Fall allerdings anders. Wir haben Dinge erlebt, so unerhört und erschütternd, daß die Frage, ob sich solches mit der Idee eines gütigen Gottes noch irgendwie vereinen lasse, brennend wurde. Es handelt sich dabei nicht mehr um ein theologisch-fachwissenschaftliches Problem, sondern um einen allgemeinmenschlichen, religiösen Alptraum, zu dessen Behandlung auch ein theologischer Laie, der ich bin, ein Wort beitragen kann oder vielleicht auch muß.

Ich habe im obigen dargelegt, zu was für unvermeidlichen Schlüssen man, wie mir scheint, gelangen muß, wenn man die Tradition mit kritischem commonsense betrachtet. Wenn man nun solchermaßen mit einem paradoxen Gottesbegriff konfrontiert ist und zugleich als religiöser Mensch die ganze Tragweite des Problems ermißt, so befindet man sich in der Situation des Apokalyptikers, von dem wir voraussetzen dürfen, daß er ein überzeugter Christ war. Seine mögliche Identität mit dem Johannes der Briefe enthüllt die ganze Schärfe des Widerspruchs: In welchem Verhältnis steht dieser Mensch zu Gott? Wie erträgt er den unerträglichen Widerspruch im Wesen der Gottheit? Obschon wir nichts von seiner Bewußtseinsentscheidung wissen, so glauben wir doch in der Vision des gebärenden Sonnenweibes einen Anhaltspunkt zu finden.

Die Paradoxie Gottes zerreißt auch den Menschen in Gegensätze und liefert ihn einem anscheinend unlösbaren Konflikt aus. Was geschieht nun in einem derartigen Zustand? Hier müssen wir der Psychologie das Wort lassen, denn sie stellt die Summe aller Beobachtungen und Erkenntnisse dar, welche sie aus der Empirie schwerer Konfliktzustände gesammelt hat. Es gibt z.B. Pflichtenkollisionen, von denen niemand weiß, wie sie zu lösen wären. Das Bewußtsein weiß nur: tertium non datur! Der Arzt rät darum seinen Patienten, abzuwarten, ob nicht das Unbewußte einen Traum erzeugt, welcher ein irrationales und deshalb unvorhergesehenes und unerwartetes Drittes zur Lösung vorschlägt. Wie die Erfahrung zeigt, tauchen in den Träumen tatsächlich *Symbole vereinigender Natur* auf, worunter das Motiv des Heldenkindes und der Quadratur des Zirkels, d. h. die Vereinigung der Gegensätze, zu den häufigsten gehören. Wem die spezifisch ärztlichen Erfahrungen nicht zugänglich sind, der kann sich seinen Anschauungsunterricht aus den Märchen und in besonderem Maße aus der Alchemie holen. Der eigentliche Gegenstand der hermetischen Philosophie ist ja die coniunctio oppositorum [Vereinigung der Gegensätze]. Sie bezeichnet ihr «Kind» einerseits als *Stein* (z. B. als Karfunkel), andererseits als homunculus – oder als *filius sapientiae* [Sohn der Weisheit] oder gar als *homo altus* [höherer Mensch]. Eben dieser Gestalt begegnen wir in der Apokalypse als dem Sohn der Sonnenfrau, dessen Geburtsgeschichte eine Paraphrase der Christusgeburt darstellt; eine Paraphrase, die von den Alchemisten in abgewandelter Form oftmals wiederholt wurde, setzen sie doch ihren «Stein» als mit Christus parallel (dies, bis auf eine Ausnahme, ohne Beziehung auf die Apokalypse). Wiederum ohne Zusammenhang mit der Alchemie tritt in den Träumen der modernen Menschen dieses Motiv in entsprechender Form und in den entsprechenden Situationen auf, und immer handelt es sich dabei um die Zusammensetzung des Hellen und des Dunkeln, wie wenn sie so gut wie die Alchemisten ahnten, was für ein Problem durch die Apokalypse der Zukunft gestellt wurde.

Diese Frage ist es, um welche sich die Alchemisten während beinahe 1700 Jahren gemüht haben, und es ist dieselbe Frage, die auch den heutigen Menschen bedrückt. Er weiß zwar in der einen Hinsicht mehr, aber in der anderen weniger als die Alchemisten. Das Problem ist für ihn nicht mehr auf den Stoff verschoben wie für erstere. Dagegen ist es ihm psychologisch akut geworden, und deshalb hat in dieser Angelegenheit der psychologische Arzt das Wort, mehr als der Theologe, der seiner altertümlichen, figürlichen Sprache verhaftet geblieben ist. Der Arzt ist durch die Probleme der Neurosentherapie, oft sehr gegen seinen eigenen Willen, gezwungen worden, sich das religiöse Problem genauer anzusehen. Ich selber bin nicht ohne Grund sechsundsiebzig Jahre alt geworden, bis ich mich daran gewagt habe, mir wirkliche Rechenschaft über die Natur jener «Obervorstellungen» abzulegen, welche unser, für das praktische Leben so unendlich wichtiges, ethisches Verhalten entscheiden. Sie sind in letzter Linie die Prinzipien, die laut oder leise die moralischen Entscheidungen, von denen das Wohl und Wehe unserer Existenz abhängt, determinieren. Alle diese Dominanten gipfeln im positiven oder negativen Gottesbegriff[156].

Seit Johannes, der Apokalyptiker, erstmals (vielleicht unbewußt) jenen Konflikt, in den das Christentum direkt hineinführt, erfahren hat, ist die Menschheit mit diesem belastet: *Gott wollte und will Mensch werden.* Darum wohl hat Johannes in der Vision eine zweite Sohnesgeburt aus der Mutter Sophia, die durch eine coniunctio oppositorum gekennzeichnet ist, erlebt, eine Gottesgeburt, die den filius sapientiae, den Inbegriff eines *Individuationsprozesses* vorwegnimmt. Das ist die Wirkung des Christentums in einem Christen der Urzeit, der lange und entschieden genug gelebt hatte, um einen Blick in die ferne Zukunft tun zu können. Die Vermittlung der Gegensätze ist schon im Symbolismus des Christusschicksals angedeutet, nämlich in der Kreuzigungsszene, wo der Mittler zwischen den Schächern hängt, von denen der eine ins Paradies, der andere in die Hölle fährt.

Wie nicht anders möglich, mußte der Gegensatz in der christlichen Schau zwischen Gott und Mensch liegen, und letzterer lief Gefahr, mit der dunkeln Seite identifiziert zu werden. Dies und die prädestinatianischen Andeutungen des Herrn haben Johannes stark beeinflußt: nur wenige seit Ewigkeit Vorbestimmte werden gerettet, während die große Masse der Menschheit in der Endkatastrophe untergeht. Der Gegensatz zwischen Gott und Mensch in der christlichen Auffassung dürfte eine jahwistische Erbschaft aus jener Frühzeit sein, in der das metaphysische Problem ausschließlich im Verhältnis Jahwes zu seinem Volke bestand. Die Furcht vor Jahwe war noch zu groß, als daß man es – trotz der Gnosis Hiobs – gewagt hätte, die Antinomie in die Gottheit selber zu verlegen. Wenn man aber den Gegensatz zwischen Gott und Mensch beläßt, so gelangt man schließlich – nolens volens – zum christlichen Schluß: omne bonum a Deo, omne malum ab homine [alles Gute von Gott, alles Böse vom Menschen], womit die Kreatur absurderweise in Gegensatz zu ihrem Schöpfer gestellt und dem Menschen eine geradezu kosmische oder dämonische Größe im Bösen imputiert wird. Der furchtbare Zerstörungswille, der in der Ekstase des Johannes aufbricht, gibt eine Idee davon, was es bedeutet, wenn man den Menschen zu dem Gott des Guten in Gegensatz stellt: man belastet ihn mit der dunkeln Gottesseite, die bei Hiob noch an der richtigen Stelle ist. In beiden Fällen aber wird der

Mensch mit dem Bösen identifiziert, das eine Mal mit der Wirkung, daß er sich gegen das Gute stellt, das andere Mal, daß er sich bestrebt, so vollkommen zu sein wie sein Vater im Himmel.

Der Entschluß Jahwes, Mensch zu werden, ist ein Symbol für jene Entwicklung, die einsetzen muß, wenn es dem Menschen bewußt wird, mit was für einem Gottesbild er konfrontiert ist[157]. Der Gott wirkt aus dem Unbewußten des Menschen und zwingt diesen dazu, die beständigen gegensätzlichen Einflüsse, denen sein Bewußtsein von seiten des Unbewußten ausgesetzt ist, zu harmonisieren und zu vereinen. Das Unbewußte will ja beides, trennen und vereinigen. Bei seinen Einigungsversuchen darf der Mensch daher immer auf die Hilfe eines metaphysischen Anwaltes rechnen, wie schon Hiob dies klar erkannt hat. Das Unbewußte will ins Bewußtsein einfließen, um zum Licht zu gelangen, und zugleich hindert es sich selber daran, da es lieber unbewußt bleiben möchte, d. h. Gott will Mensch werden, aber nicht ganz. Der Konflikt in seiner Natur ist so groß, daß die Menschwerdung nur durch das sühnende Selbstopfer gegenüber dem Zorn der dunkeln Gottesseite erkauft werden kann.

Gott hat zuerst das Gute inkarniert, um damit, wie man vermuten darf, für die spätere Assimilation der anderen Seite eine möglichst widerstandsfähige Grundlage zu schaffen. Aus der Verheißung des Parakleten dürfen wir den Schluß ziehen, daß Gott *ganz* Mensch werden, d. h. in seiner eigenen dunkeln Kreatur – in dem von der Erbsünde nicht befreiten Menschen – sich wiedererzeugen und -gebären will. Der Apokalyptiker hat uns ein Zeugnis für das Weiterwirken des Heiligen Geistes im Sinne der fortschreitenden Menschwerdung hinterlassen. Er ist ein kreatürlicher Mensch, in welchen der dunkle Gott des Zorns und der Rache, ein ventus urens – ein sengender Wind, einbricht. (Dieser Johannes war vielleicht der Lieblingsjünger, dem in hohem Alter die Ahnung der zukünftigen Entwicklung zustieß.) Dieser verwirrende Einbruch erzeugt in ihm das Bild des göttlichen Knaben, eines zukünftigen Heilbringers, geboren von der göttlichen Gefährtin, deren Abbild in jedem Manne wohnt; des Kindes, das auch MEISTER ECKHART in der Vision erblickte. Er war es, der wußte, daß Gott in seiner Gottheit allein nicht selig ist, sondern in der Seele des Menschen geboren werden muß. Die Inkarnation in Christus ist das Vorbild, das durch den Heiligen Geist fortschreitend in die Kreatur übertragen wird.

Da sich unser Lebenswandel mit dem des Urchristen Johannes kaum vergleichen läßt, so kann bei uns neben dem Bösen noch allerhand Gutes einbrechen, namentlich in Hinsicht der Liebe. Einen so reinen Zerstörungswillen wie bei Johannes können wir bei uns deshalb nicht erwarten. In meiner Erfahrung habe ich derartiges nie beobachtet, gewisse schwere Psychosen und kriminelle Besessenheiten ausgenommen. Vermöge der geistigen Differenzierung in der Reformation, insbesondere der Entwicklung der Wissenschaften (die ja ursprünglich von den gefallenen Engeln gelehrt wurden), sind wir schon ansehnlich mit Dunkel gemischt und könnten uns neben der Reinheit der urzeitlichen (und auch noch späteren) Heiligen nicht mit Vorteil sehen lassen. Unsere relative Schwärze nützt uns natürlich nichts. Sie mildert zwar den Anprall böser Mächte, macht uns aber andererseits dafür anfällig und relativ widerstandsunfähig. Wir brauchen darum doch mehr Licht, Güte und moralische Kraft und müssen die unhygienische Schwärze, so gut es geht und soviel es möglich ist, abwaschen, sonst gelingt es nicht, den dunklen Gott, der auch Mensch werden will, aufzunehmen und zugleich auszuhalten, ohne zugrunde zu gehen. Dazu bedarf es aller christlichen Tugenden und nicht nur dieser – denn das Problem ist nicht nur moralisch –, sondern auch der *Weisheit,* die schon Hiob suchte. Sie war aber damals noch bei Jahwe verborgen bzw. von ihm noch nicht wieder erinnert. Vom «unbekannten» Vater gezeugt und von der Sapientia geboren ist jener höhere und vollständige (τέλειος) Mensch, der unsere bewußtseinstranszendente Ganzheit in der Gestalt des puer aeternus [ewigen Knaben] – vultu mutabilis albus et ater (von wandelbarem Aussehen, sowohl weiß als schwarz)[158] – darstellt. In diesen Knaben mußte sich Faust aus seiner aufgeblasenen Einseitigkeit, die den Teufel nur außen sah, herausverwandeln. Präfigurierend sagt Christus: «So ihr nicht werdet wie die Kinder...», in denen die Gegensätze nahe beisammen liegen; nämlich der Knabe, der aus der Reife des Mannesalters geboren wird, nicht das unbewußte Kind, das man bleiben möchte. Vorausschauend hat Christus auch, wie oben erwähnt, das Prinzip einer Moral des Bösen angedeutet.

Fremd, unvermittelt, wie nicht hineingehörend erscheint das Sonnenweib mit seinem Kind im Strome der apokalyptischen Visionen. Es gehört einer anderen, zukünftigen Welt an. Deshalb ist der Knabe, wie der jüdische Messias, vorderhand zu Gott entrückt, und seine Mutter muß sich auf lange Zeit in der Wüste verborgen halten, wo sie aber von Gott ernährt wird[159]. Denn das unmittelbar vorliegende Problem bedeutet noch längst nicht die Vereinigung der Gegensätze, sondern es handelt sich vielmehr um die Inkarnation des Lichten und Guten, um die Bändigung der concupiscentia (der Weltlust) und um die Festigung der civitas Dei im Hinblick auf den nach 1000 Jahren erfolgenden Advent des Antichristen, der seinerseits die Schrecken der Endzeit, nämlich die Epiphanie des zornigen und rächenden Gottes, ankündigt. Das in einen dämonischen Widder verwandelte Lamm eröffnet ein neues Evangelium, das Evangelium Aeternum, welches, über die Liebe zu Gott hinaus, die *Gottesfurcht* zum Inhalt hat. Aus diesem Grunde schließt die Apokalypse, wie der klassische Individuationsprozeß, mit dem Symbol des Hierosgamos, der Hochzeit des Sohnes mit der Mutter-Braut. Die Hochzeit aber findet im Himmel statt, wo «nichts Unreines» eindringt, jenseits der verwüsteten Welt. Licht gesellt sich zu Licht. Das ist das Programm des christlichen Äons, das erfüllt werden muß, bevor Gott im kreatürlichen Menschen sich inkarnieren kann. Erst in der Endzeit wird sich die Vision vom Sonnenweib erfüllen. In Anerkennung dieser Wahrheit und offensichtlich bewogen vom Wirken des Heiligen Geistes hat der Papst, sehr zum Erstaunen aller Rationalisten, das Dogma der *Assumptio Mariae* [Aufnahme Mariens] verkündet: Maria ist als die Braut mit dem Sohne und als Sophia mit der Gottheit im himmlischen Brautgemach vereinigt[160].

Dieses Dogma ist in jeder Hinsicht zeitgemäß. Es erfüllt erstens figürlich die Vision des Johannes[161], spielt zweitens auf die endzeitliche Hochzeit des Lammes an und wiederholt drittens die alttestamentliche Anamnesis der Sophia. Diese drei Beziehungen sagen die Menschwerdung Gottes voraus; die zweite und dritte die Inkarnation in Christus[162], die erste aber die im kreatürlichen Menschen.

XVIII

Auf den Menschen kommt es nun an: ungeheure Macht der Zerstörung ist in seine Hand gegeben, und die Frage ist, ob er dem Willen, sie zu gebrauchen, widerstehen und ihn mit dem Geiste der Liebe und Weisheit bändigen kann. Aus eigener Kraft allein wird er dazu kaum fähig sein. Er bedarf dazu eines «Anwaltes» im Himmel, eben des zu Gott entrückten Knaben, welcher die «Heilung» und Ganzmachung des bisher fragmentarischen Menschen bewirkt. Was immer das Ganze des Menschen, das Selbst, an sich bedeuten mag, so ist es empirisch ein vom Unbewußten spontan hervorgebrachtes Bild des Lebenszieles, jenseits der Wünsche und Befürchtungen des Bewußtseins. Es stellt das Ziel des ganzen Menschen dar, nämlich das Wirklichwerden seiner Ganzheit und Individualität mit oder gegen seinen Willen. Die Dynamis dieses Prozesses ist der Instinkt, der dafür sorgt, daß alles, was in ein individuelles Leben hineingehört, auch hineinkommt, ob das Subjekt dazu ja sagt oder nicht, oder ob es ihm bewußt wird, was geschieht, oder nicht. Es macht natürlich subjektiv einen großen Unterschied, ob man weiß, was man lebt, ob man versteht, was man tut, und ob man sich für das, was man beabsichtigt oder getan hat, verantwortlich erklärt oder nicht. Was die Bewußtheit oder das Fehlen derselben ausmacht, hat ein Wort Christi umfassend formuliert: «Wenn du weißt, was du tust, so bist du selig, wenn du aber nicht weißt, was du tust, so bist du verflucht und ein Übertreter des Gesetzes[163].» Unbewußtheit gilt vor dem Richterstuhl der Natur und des Schicksals nie als Entschuldigung; im Gegenteil stehen hohe Strafen auf ihr, darum sehnt sich alle unbewußte Natur nach dem Licht des Bewußtseins, dem sie doch so sehr widerstrebt.

Gewiß konfrontiert uns die Bewußtmachung des Verborgenen und Geheimgehaltenen mit einem unlösbaren Konflikt; so wenigstens erscheint es dem Bewußtsein. Aber die aus dem Unbewußten in Träumen hervortretenden Symbole weisen auf die Konfrontation der Gegensätze hin, und die Bilder des Zieles stellen deren geglückte Vereinigung dar. Hier kommt uns eine empirisch feststellbare Hilfe von seiten unserer unbewußten Natur entgegen. Es ist die Aufgabe des Bewußtseins, diese Andeutungen zu verstehen. Wenn dies aber nicht geschieht, so geht der Individuationsprozeß dennoch weiter; nur werden wir ihm zum Opfer fallen und vom Schicksal zu jenem unvermeidlichen Ziele geschleppt, das wir aufrechten Ganges hätten erreichen können, hätten wir nur zu Zeiten Mühe und Geduld darauf verwendet, die numina des Schicksalsweges zu begreifen. Es kommt jetzt nur noch darauf an, ob der Mensch eine höhere moralische Stufe, d.h. ein höheres Niveau des Bewußtseins zu erklimmen vermag, um der übermenschlichen Macht, die ihm die gefallenen Engel zugespielt haben, gewachsen zu sein. Er kann aber mit sich selber nicht weiterkommen, wenn er über *seine eigene Natur* nicht besser Bescheid weiß. In dieser Hinsicht herrscht leider eine erschreckende Ignoranz und eine nicht minder große Abneigung dagegen, das Wissen um das eigene Wesen zu mehren. Immerhin können sich heutzutage die unerwartetsten Köpfe nicht mehr der Einsicht verschließen, daß etwas mit dem Menschen in psychologischer Hinsicht geschehen *sollte.* Leider verrät das Wörtchen «sollte», daß man nicht weiß, was tun, und den Weg nicht kennt, der zum Ziele führt. Man kann zwar auf die unverdiente Gnade Gottes, der unsere Gebete erhört, hoffen. Aber Gott, der unsere Gebete *nicht* erhört, will auch Mensch werden, und dazu hat er sich durch den Heiligen Geist den kreatürlichen Menschen mit dessen Dunkelheit ausersehen; den natürlichen Menschen, den die Erbsünde befleckt und den die gefallenen Engel die göttlichen Wissenschaften und Künste gelehrt haben. *Der schuldige Mensch ist geeignet und darum ausersehen,* zur Geburtsstätte der fortschreitenden Inkarnation zu werden, nicht der unschuldige, der sich der Welt vorenthält und den Tribut ans Leben verweigert, denn in diesem fände der dunkle Gott keinen Raum.

Seit der Apokalypse wissen wir wieder, daß Gott nicht nur zu lieben, sondern auch zu fürchten ist. *Er erfüllt uns mit Gutem und mit Bösem,* sonst wäre er ja nicht zu fürchten, und weil er Mensch werden will, muß die Einigung seiner Antinomie im Menschen stattfinden. Das bedeutet für den Menschen eine neue Verantwortlichkeit. Er kann sich jetzt nicht mehr mit seiner Kleinheit und Nichtigkeit ausreden, denn der dunkle Gott hat ihm die Atombombe und die chemischen Kampfstoffe in die Hand gedrückt und ihm damit die Macht gegeben, die apokalyptischen Zornschalen über seine Mitmenschen auszugießen. Da ihm sozusagen göttliche Macht geworden, kann er nicht mehr blind und unbewußt bleiben. Er muß um die Natur Gottes und um das, was in der Metaphysik vorgeht, wissen, damit er sich selbst verstehe und dadurch Gott erkenne.

XIX

Die Verkündung des neuen Dogmas hätte Anlaß zur Untersuchung der psychologischen Hintergründe geben können. Es war interessant, zu sehen, daß unter den vielen Artikeln, die anläßlich der Deklaration von katholischer wie protestantischer Seite publiziert wurden, sich, soviel ich sah, nicht einer fand, der das unzweifelhaft mächtige Motiv, nämlich die populäre Bewegung und deren psychisches Bedürfnis, irgendwie gebührend hervorgehoben hätte. Man hat sich im wesentlichen mit gelehrten dogmatisch-historischen Konsiderationen, die mit dem lebendigen religiösen Geschehen gar nichts zu tun haben, begnügt. Wer aber die in den letzten Jahrzehnten sich häufenden Marienerscheinungen aufmerksam verfolgte und sich über deren psychologische Bedeutung Rechenschaft gab, der konnte wissen, was im Tun war. Namentlich die Tatsache, daß es vielfach Kinder waren, welche die Visionen hatten, konnte zu denken geben, denn in derartigen Fällen ist immer das kollektive Unbewußte am Werke. Übrigens soll auch der Papst selber anläßlich der Deklaration mehrere Visionen der Gottesmutter gehabt haben. Man konnte schon seit geraumer Zeit wissen, daß ein tiefer Wunsch durch die Massen ging, die Fürbitterin und Mediatrix möge endlich ihren Platz bei der Heiligen Trinität einnehmen und «als Himmelskönigin und Braut am himmlischen Hofe» aufgenommen werden. Daß die Gottesmutter dort weile, galt zwar schon seit mehr als 1000 Jahren als ausgemacht, und daß Sophia schon vor der Schöpfung bei Gott war, wissen wir aus dem Alten Testament. Daß der Gott durch eine menschliche Mutter Mensch werden will, ist uns aus der altägyptischen Königstheologie bekannt, und daß das göttliche Urwesen Männliches und Weibliches umfaßt, ist eine schon prähistorische Erkenntnis. Aber in der Zeit ereignet sich eine derartige Wahrheit erst, wenn sie feierlich verkündet oder wiederentdeckt wird. Es ist für unsere Tage psychologisch bedeutsam, daß im Jahre 1950 die himmlische Braut mit dem Bräutigam vereinigt wurde. Für die Deutung dieses Ereignisses kommt natürlich nicht nur das in Betracht, was die Bulle an Argumenten heranzieht, sondern auch die Präfiguration in der apokalyptischen Hochzeit des Lammes und in der alttestamentlichen Anamnesis der Sophia. Die hochzeitliche Vereinigung im Thalamus bedeutet den Hierosgamos, und dieser wiederum bildet die Vorstufe zur Inkarnation, d.h. zur Geburt jenes Heilbringers, der seit der Antike als filius solis et lunae [Sohn von Sonne und Mond], als filius sapientiae [Sohn der Weisheit] und als Entsprechung Christi galt. Wenn also ein Sehnen nach der Erhöhung der Gottesmutter durch das Volk geht, so bedeutet diese Tendenz, wenn zu Ende gedacht, den Wunsch, es möge ein Heilbringer, ein Friedensstifter, ein Mittler, der Frieden unter den Feinden stiftet[164], geboren werden. Obschon er im Pleroma immer schon geboren ist, kann seine Geburt in der Zeit nur dadurch zustande kommen, daß sie vom Menschen wahrgenommen, erkannt und erklärt (declaratur) wird.

Motiv und Inhalt der populären Bewegung, welche den Entschluß des Papstes zu der folgenschweren declaratio solemnis des neuen Dogmas mit veranlaßt hat, besteht nicht in einer *neuen* Gottesgeburt, sondern in der fortschreitenden Inkarnation Gottes, welche mit Christus angehoben hat. Mit historisch-kritischen Argumenten wird man dem Dogma nicht gerecht; man trifft sogar beklagenswert daneben, wie auch mit jenen unsachlichen Befürchtungen, denen die englischen Erzbischöfe Ausdruck verliehen haben: erstens ist durch die Deklaration des Dogmas prinzipiell nichts an der seit über tausend Jahren bestehenden katholischen Auffassung geändert, und zweitens ist die Verkennung der Tatsache, daß Gott ewig Mensch werden will und sich darum durch den Heiligen Geist in der Zeit fortschreitend inkarniert, sehr bedenklich und kann nichts anderes besagen, als daß der protestantische Standpunkt, der sich in solchen Erklärungen äußert, ins Hintertreffen geraten ist, indem er die Zeichen der Zeit nicht versteht und das fortschreitende Wirken des Heiligen Geistes außer acht läßt. Er hat offenbar die Fühlung mit den gewaltigen archetypischen Entwicklungen in der Seele des einzelnen wie der Masse und mit jenen Symbolen[165], welche die wahrhaft apokalyptische Weltlage zu kompensieren bestimmt sind, verloren. Er scheint einem rationalistischen Historismus verfallen zu sein und das Verständnis für den Heiligen Geist, der im Verborgenen der Seele wirkt, eingebüßt zu haben. Er kann daher eine weitere Offenbarung des göttlichen Dramas weder begreifen noch zugeben.

Dieser Umstand hat mir, einem Laien in theologicis, Anlaß gegeben, zur Feder zu greifen, um meine Auffassung dieser dunklen Dinge darzustellen. Mein Versuch wird unterstützt durch die psychologische Erfahrung, welche ich auf einem langen Lebensweg geerntet habe. Ich unterschätze die Seele in keinerlei Hinsicht und bilde mir vor allem nicht ein, daß das psychische Geschehen durch Erklärung in eitel Dunst aufgelöst sei. Der Psychologismus stellt noch primitives magisches Denken dar, mit dem man hofft, die Wirklichkeit der Psyche wegzaubern zu können, etwa in der Art des Proktophantasmisten im *Faust:*

> «Ihr seid noch immer da! Nein, das ist unerhört.
> Verschwindet doch! Wir haben ja aufgeklärt.»

Man wäre übel beraten, wollte man mich mit diesem kindischen Standpunkt identifizieren. Man hat mich aber so oft gefragt, ob ich an die Existenz Gottes glaube oder nicht, daß ich einigermaßen besorgt bin, man könne mich, viel allgemeiner als ich ahne, für einen «Psychologisten» halten. Was die Leute meist übersehen oder nicht verstehen können, ist der Umstand, daß ich die Psyche für wirklich halte. Man glaubt eben nur an physische Tatsachen und muß damit zum Schluß kommen, daß entweder das Uran selber oder wenigstens die Laboratoriumsapparate die Bombe zusammengesetzt haben. Das ist ebenso absurd wie die Annahme, daß eine nichtwirkliche Psyche hierfür verantwortlich sei. Gott ist eine offenkundige psychische und nichtphysische Tatsache, d. h. sie ist nur psychisch, nicht aber physisch feststellbar. Ebenso ist diesen Leuten noch nicht eingegangen, daß Religionspsychologie in zwei scharf zu trennende Gebiete zerfällt, nämlich erstens in die Psychologie des religiösen Menschen und zweitens in die Psychologie der Religion bzw. der religiösen Inhalte.

Es sind hauptsächlich die Erfahrungen auf letzterem Gebiet, welche mir mit den Mut gegeben haben, mich in die Diskussion der religiösen Frage und insbesondere in das pro et contra des Assumptionsdogmas zu mischen, welches ich, beiläufig gesagt, für das wichtigste religiöse Ereignis seit der Reformation halte. Es ist eine petra scandali [Stein des Anstoßes] für den unpsychologischen Verstand. Wie kann eine derart unbeglaubigte Behauptung wie die körperliche Aufnahme der Jungfrau in den Himmel als glaubwürdig hingestellt werden? Die Methode der päpstlichen Beweisführung ist aber für den psychologischen Verstand durchaus einleuchtend, denn sie stützt sich erstens auf die unerläßlichen Präfigurationen und zweitens auf eine mehr als tausendjährige Aussagetradition. Das Beweismaterial für das Vorhandensein des psychischen Phänomens ist daher mehr als ausreichend. Daß eine physisch unmögliche Tatsache behauptet wird, tut überhaupt nichts zur Sache, denn alle religiösen Behauptungen sind physische Unmöglichkeiten. Wären sie es nicht, so müßten sie, wie gesagt, in der Naturwissenschaft abgehandelt werden. Sie betreffen aber allesamt die *Wirklichkeit der Seele* und nicht die der Physis. Was aber den protestantischen Standpunkt in Sonderheit kränkt, ist die unendliche Approximation der Deipara [Gottesgebärerin] an die Gottheit und die dadurch gefährdete Suprematie Christi, auf die sich der Protestantismus festgelegt hat, ohne sich dabei Rechenschaft darüber zu geben, daß die protestantische Hymnologie voll ist von Anspielungen auf den «himmlischen Bräutigam», der nun auf einmal keine gleichberechtigte Braut haben soll. Oder hat man etwa den «Bräutigam» in psychologistischer Weise als bloße Metapher aufgefaßt?

Die Konsequenz der päpstlichen Deklaration ist nicht zu überbieten und überläßt den protestantischen Standpunkt dem Odium einer bloßen *Männerreligion, die keine metaphysische Repräsentation der Frau* kennt; ähnlich dem Mithraismus, welchem dieses Präjudiz sehr zum Nachteil gereicht hat. Der Protestantismus hat offenbar die Zeichen der Zeit, die auf die Gleichberechtigung der Frau hinweisen, nicht genügend beachtet. Die Gleichberechtigung verlangt nämlich ihre metaphysische Verankerung in der Gestalt einer «göttlichen» Frau, der Braut Christi. Wie man die Person Christi nicht durch eine Organisation ersetzen kann, so auch nicht die Braut durch die Kirche. Das Weibliche verlangt eine ebenso personhafte Vertretung wie das Männliche.

Durch die Dogmatisierung der Assumptio hat Maria allerdings den Status einer Göttin nach dogmatischer Ansicht nicht erreicht, obschon sie als Herrscherin des Himmels (im Gegensatz zum Fürsten des sublunaren Luftreiches, Satan) und Mediatrix Christo [Mittlerin zu Christus], dem König und Mittler, funktionell so gut wie gleichwertig ist. Jedenfalls genügt ihre Stellung dem Bedürfnis des Archetypus. Das neue Dogma bedeutet eine erneuerte Hoffnung auf Erfüllung der die Seele im Tiefsten bewegenden Sehnsucht nach Frieden und Ausgleich der drohend angespannten Gegensätze. An dieser Spannung hat jeder Anteil, und jeder erfährt sie in der individuellen Form seiner Unrast, und dies um so mehr, je weniger er eine Möglichkeit sieht, sie mit rationalen Mitteln zu beheben. Es ist daher kein Wunder, wenn in der Tiefe des kollektiven Unbewußten und zugleich in den Massen sich die Hoffnung, ja Erwartung einer göttlichen Intervention erhebt. Dieser Sehnsucht hat die päpstliche Deklaration tröstlichen Ausdruck verliehen. Wie konnte der protestantische Standpunkt daran vorbeisehen? Man kann dieses Unverständnis nur dadurch erklären, daß die dogmatischen Symbole und hermeneutischen Allegorien ihren Sinn für den protestantischen Rationalismus verloren haben. Dies gilt auch in gewissem Maße für die innerhalb der katholischen Kirche bestehende Opposition gegen das neue Dogma resp. gegen die Dogmatisierung der bisherigen Doktrin. Ein gewisser Rationalismus steht allerdings dem Protestantismus besser an als der katholischen Einstellung. Letztere läßt dem säkularen Entwicklungsprozeß des archetypischen Symbols freien Raum und setzt dieses in seiner ursprünglichen Gestalt durch, unbekümmert um Schwierigkeiten des Verständnisses und kritische Einwendungen. Hierin erweist die katholische Kirche ihren mütterlichen Charakter, indem sie den aus ihrer Matrix wachsenden Baum sich nach dem ihm eigentümlichen Gesetz entwickeln läßt. Der einem väterlichen Geist verpflichtete Protestantismus dagegen hat sich nicht nur anfänglich aus einer Auseinandersetzung mit dem weltlichen Zeitgeist herausgebildet, sondern setzt auch die Diskussion mit den jeweiligen geistigen Zeitströmungen fort; denn das Pneuma ist, seiner ursprünglichen Windnatur gemäß, schmiegsam und stets in lebendigem Fluß, bald dem Wasser, bald dem Feuer vergleichbar. Es kann sich von seiner ursprünglichen Stätte entfernen, sich sogar verlaufen und verlieren, wenn es vom Zeitgeist allzusehr überwältigt wird. Der protestantische Geist muß, um der Erfüllung seiner Aufgabe zu genügen, unruhvoll und bisweilen unbequem, ja aggressiv sein, um der Tradition den Einfluß auf die Umwälzungen der weltlichen Anschauungen zu sichern. Die Erschütterungen, die er bei dieser Auseinandersetzung erleidet, verändern und beleben zugleich die Tradition, welche in ihrem langsamen, säkularen Prozeß ohne diese Störungen schließlich zur völligen Erstarrung und damit zur Unwirksamkeit gelangen müßte. Aus bloßer Kritik an gewissen Entwicklungen im katholischen Christentum und bloßer Opposition dagegen gewinnt aber der Protestantismus nur ein kümmerliches Leben, wenn er nicht, eingedenk der Tatsache, daß die Christenheit aus zwei getrennten Lagern oder – besser – aus einem uneinigen Geschwisterpaar besteht, sich darauf besinnt, daß er neben der Verteidigung seiner eigenen Existenz auch die Daseinsberechtigung des Katholizismus anerkennen muß. Ein Bruder, welcher der älteren Schwester den Lebensfaden aus theologischen Gründen abschneiden möchte, müßte mit Recht unmenschlich genannt werden – von Christlichkeit ganz zu schweigen – et vice-versa. Eine bloß negative Kritik ist nicht konstruktiv. Sie ist nur in dem Maße berechtigt, als sie schöpferisch ist. Es schiene mir darum nützlich, wenn der Protestantismus z. B. zugäbe, daß er vom neuen Dogma nicht nur darum schockiert ist, weil es die Kluft zwischen den beiden Geschwistern peinlich beleuchtet, sondern auch darum, weil sich innerhalb des Christentums eine Entwicklung aus schon lange vorhandenen Grundlagen ergeben hat, welche das Christentum überhaupt dem Bereich weltlichen Verständnisses noch weiter entrückt, als dies schon bisher der Fall war. Der Protestantismus weiß – oder könnte es wissen –, wie viel seine Existenz der katholischen Kirche verdankt. Wie viel oder wie wenig besitzt der Protestant noch, wenn er nicht mehr kritisieren und protestieren kann? Angesichts des intellektuellen Skandalons, welches das neue Dogma bedeutet, sollte sich der Protestantismus seiner christlichen Verantwortung («Soll ich meines Bruders Hüter sein?») entsinnen und allen Ernstes untersuchen, welche Gründe, laut oder leise, für die Deklaration des neuen Dogmas maßgeblich waren. Man möge sich dabei vor billigen Verdächtigungen hüten und täte gut daran, anzunehmen, daß mehr und Bedeutsameres dahintersteckt als päpstliche Willkür. Es wäre wünschenswert, wenn der Protestantismus begriffe, daß ihm durch das neue Dogma eine neue Verantwortung vor dem weltlichen Zeitgeist zugewachsen ist, denn er kann seine ihm problematische Schwester vor der Welt nicht einfach desavouieren. Er muß ihr, auch wenn sie ihm unsympathisch ist, doch gerecht werden, wenn er seine Selbstachtung nicht verlieren will. Er könnte es z.B. dadurch tun, daß er sich bei dieser günstigen Gelegenheit überhaupt einmal die Frage vorlegte, was nicht nur das neue Dogma, sondern alle mehr oder weniger dogmatischen Behauptungen jenseits ihres wortwörtlichen Konkretismus zu bedeuten haben. Da er mit seiner willkürlichen und schwankenden Dogmatik sowohl wie mit seiner losen und durch Spaltungen zerklüfteten Kirchenverfassung es sich nicht leisten kann, gegenüber dem Zeitgeist starr und unzugänglich zu bleiben, und überdies, gemäß seiner Verpflichtung an den Geist, darauf angewiesen ist, sich mehr mit der Welt und ihren Gedanken auseinanderzusetzen als mit dem lieben Gott, so wäre es wohl angezeigt, daß er anläßlich des Einzugs der Gottesmutter ins himmlische Brautgemach an die große Aufgabe einer neuen Interpretation der christlichen Traditionen heranträte.

Wenn es sich um Wahrheiten handelt, die zutiefst in der Seele verankert sind, woran niemand, der auch nur einen Schatten von Einsicht besitzt, zweifeln kann, so muß die Lösung dieser Aufgabe möglich sein. Dazu bedarf es der Freiheit des Geistes, die, wie wir wissen, nur im Protestantismus gewährleistet ist. Die Assumptio bedeutet für die historische und rationalistische Orientierung einen Schlag ins Gesicht und würde es für alle Zeiten bleiben, wenn man sich auf Argumente der Vernunft und der Historie versteifen sollte. Wenn je, so liegt hier der Fall vor, der ein psychologisches Verständnis erheischt, denn das zutage tretende Mythologem ist dermaßen offenkundig, daß es schon absichtlicher Blindheit bedarf, um dessen symbolische Natur bzw. Deutbarkeit verkennen zu können.

Durch die Dogmatisierung der Assumptio Mariae wird auf den Hierosgamos [Heilige Hochzeit] im Pleroma [Erfüllung] hingewiesen, und dieser seinerseits bedeutet, wie gesagt, die zukünftige Geburt des göttlichen Kindes, welches, entsprechend der göttlichen Tendenz zur Inkarnation, den empirischen Menschen zur Geburtsstätte erwählen wird. Dieser metaphysische Vorgang ist der Psychologie des Unbewußten als *Individuationsprozeß* bekannt. Insofern letzterer in der Regel unbewußt verläuft, wie er dies schon immer getan hat, will er nicht mehr bedeuten, als daß eine Eichel zur Eiche und ein Kalb zur Kuh und ein Kind zum Erwachsenen wird. Wird aber der Individuationsprozeß bewußt gemacht, so muß zu diesem Zweck das Bewußtsein mit dem Unbewußten konfrontiert und ein Ausgleich zwischen den Gegensätzen gefunden werden. Da dies logisch nicht möglich ist, so ist man auf *Symbole,* welche die irrationale Vereinigung der Gegensätze ermöglichen, angewiesen. Sie werden vom Unbewußten spontan hervorgebracht und vom Bewußtsein amplifiziert. Die zentralen Symbole dieses Prozesses beschreiben das *Selbst,* nämlich die Ganzheit des Menschen, der einerseits aus dem, was ihm bewußt ist, und andererseits aus den Inhalten des Unbewußten besteht. Das Selbst ist der τέλειος ἄνϑρωπος, der vollständige Mensch, dessen Symbole das göttliche Kind oder dessen Synonyme sind. Dieser hier nur summarisch skizzierte Prozeß läßt sich beim modernen Menschen jederzeit beobachten, oder man kann darüber in den Dokumenten der hermetischen Philosophie des Mittelalters nachlesen und wird über den Parallelismus der Symbole erstaunt sein, wenn man beides kennt, die Psychologie des Unbewußten und die Alchemie.

Der Unterschied zwischen dem natürlichen, unbewußt verlaufenden und dem bewußt gemachten Individuationsprozeß ist gewaltig. In ersterem Falle greift das Bewußtsein nirgends ein; das Ende bleibt daher so dunkel wie der Anfang. In letzterem Falle dagegen kommt so viel Dunkles ans Licht, daß einerseits die Persönlichkeit durchleuchtet wird, andererseits das Bewußtsein unvermeidlich an Umfang und Einsicht gewinnt. Die Auseinandersetzung zwischen Bewußtsein und Unbewußtem hat dafür zu sorgen, daß das Licht, das in die Finsternis scheint, nicht nur von der Finsternis begriffen wird, sondern auch letztere begreift. Der filius solis et lunae ist ebensowohl Symbol wie Möglichkeit der Gegensatzvereinigung. Er ist das A und Ω des Prozesses, der Mediator und Intermedius. «Habet mille nomina» [Er hat tausend Namen], sagen die Alchemisten und deuten damit an, daß das, woraus der Individuationsprozeß kausal hervorgeht und worauf er hinzielt, ein namenloses Ineffabile ist.

Daß die Gottheit auf uns wirkt, können wir nur mittels der Psyche feststellen, wobei wir aber nicht zu unterscheiden vermögen, ob diese Wirkungen von Gott oder vom Unbewußten kommen, d.h. es kann nicht ausgemacht werden, ob die Gottheit und das Unbewußte zwei verschiedene Größen sind. Beide sind Grenzbegriffe für transzendentale Inhalte. Es läßt sich aber empirisch mit hinreichender Wahrscheinlichkeit feststellen, daß im Unbewußten ein Archetypus der Ganzheit vorkommt, welcher sich spontan in Träumen etc. manifestiert, und daß eine vom bewußten Willen unabhängige Tendenz besteht, andere Archetypen auf dieses Zentrum zu beziehen. Es erscheint daher nicht unwahrscheinlich, daß ersterer auch an sich eine gewisse zentrale Position besitzt, welche ihn dem Gottesbild annähert. Die Ähnlichkeit wird insbesondere noch dadurch unterstützt, daß der Archetypus eine Symbolik hervorbringt, welche von jeher schon die Gottheit charakterisierte und versinnbildlichte.

Diese Tatsachen ermöglichen eine gewisse Einschränkung unseres obigen Satzes von der Ununterscheidbarkeit des Gottesbegriffes und des Unbewußten: das Gottesbild koinzidiert, genau gesprochen, nicht mit dem Unbewußten schlechthin, sondern mit einem besonderen Inhalt desselben, nämlich mit dem Archetypus des Selbst. Dieser ist es, von dem wir empirisch das Gottesbild nicht mehr zu trennen vermögen. Man kann zwar arbiträr eine Verschiedenheit dieser beiden Größen postulieren. Das nützt uns aber gar nichts, im Gegenteil hilft es nur dazu, Mensch und Gott zu trennen, wodurch die Menschwerdung Gottes verhindert wird. Gewiß hat der Glaube recht, wenn er dem Menschen die Unermeßlichkeit und Unerreichbarkeit Gottes vor Augen und zu Gemüte führt; aber er lehrt auch die Nähe, ja Unmittelbarkeit Gottes, und es ist gerade die Nähe, die empirisch sein muß, soll sie nicht völlig bedeutungslos sein. Nur das, was auf mich wirkt, erkenne ich als wirklich. Was aber nicht auf mich wirkt, kann ebensogut nicht existieren. Das religiöse Bedürfnis verlangt nach Ganzheit und ergreift darum die vom Unbewußten dargebotenen Ganzheitsbilder, die, unabhängig vom Bewußtsein, aus den Tiefen der seelischen Natur aufsteigen.

XX

Es ist dem Leser wohl deutlich geworden, daß die im Vorausgegangenen dargestellte Entwicklung symbolischer Größen einem Differenzierungsprozeß des menschlichen Bewußtseins entspricht. Da wir es aber bei den Archetypen, wie eingangs gezeigt, nicht nur mit bloßen Objekten der Vorstellung, sondern auch mit autonomen Faktoren, d. h. mit lebendigen Subjekten zu tun haben, so läßt sich die Bewußtseinsdifferenzierung als die Wirkung der Intervention seitens transzendental bedingter Dynamismen verstehen. In diesem Fall wären es dann die Archetypen, welche die primäre Wandlung vollziehen.

Da es nun aber in unserer Erfahrung keine psychischen Zustände gibt, welche man *introspektiv* außerhalb eines Menschen zu beobachten vermöchte, so kann das Verhalten der Archetypen ohne Einwirkung des beobachtenden Bewußtseins überhaupt nicht erforscht werden, und darum kann auch die Frage, ob der Prozeß beim Bewußtsein oder beim Archetypus anfängt, nie beantwortet werden; es sei denn, daß man entweder, im Widerspruch zur Erfahrung, den Archetypus seiner Autonomie berauben, oder das Bewußtsein zur bloßen Maschine erniedrigen will. Man befindet sich aber mit der psychologischen Erfahrung in bester Übereinstimmung, wenn man dem Archetypus ein bestimmtes Maß an Selbständigkeit und dem Bewußtsein eine dessen Grad entsprechende schöpferische Freiheit zugesteht. Daraus entsteht dann allerdings jene Wechselwirkung zwischen zwei relativ autonomen Faktoren, welche uns zwingt, in der Beschreibung und Erklärung der Vorgänge bald den einen, bald den anderen Faktor als handelndes Subjekt auftreten zu lassen, und zwar selbst dann, wenn Gott Mensch wird.

Dieser Schwierigkeit ist die bisherige Lösung dadurch entgangen, daß sie nur den einen Gottmenschen, Christus, anerkannte. Durch die Einwohnung der dritten göttlichen Person im Menschen, nämlich des Heiligen Geistes, entsteht eine Christifikation vieler, und dann erhebt sich das Problem, ob diese vielen lauter totale Gottmenschen seien. Eine derartige Wandlung würde aber zu unleidlichen Kollisionen führen, ganz abgesehen von der unvermeidlichen Inflation, welcher die gewöhnlichen, von der Erbsünde nicht befreiten Sterblichen sofort erliegen würden. In diesem Falle tut man wohl gut daran, sich an Paulus und dessen Bewußtseinsspaltung zu erinnern: einerseits fühlt er sich als von Gott unmittelbar berufenen und erleuchteten Apostel, andererseits als sündigen Menschen, der den «Pfahl im Fleisch» und den ihn plagenden Satansengel nicht loszuwerden vermag. Das heißt, selbst der erleuchtete Mensch bleibt der, der er ist, und ist nie mehr als sein beschränktes Ich gegenüber dem, der ihm einwohnt, und dessen Gestalt keine erkennbaren Grenzen hat, der ihn allseits umfaßt, tief wie die Gründe der Erde und weiträumig wie der Himmel.

Nachwort[166]

Ihre Bitte, Ihnen etwas über die Entstehungsgeschichte meines Buches, *Antwort auf Hiob,* mitzuteilen, stellt mich vor eine schwierige Aufgabe, denn die Geschichte dieses Buches kann schwerlich in ein paar Worte gefaßt werden. Seit Jahren beschäftigte ich mich mit dem darin behandelten zentralen Problem, und der Strom der Gedanken wurde durch vielerlei Quellen gespeist, bis schließlich – und erst nach reiflicher Überlegung – die Zeit gekommen schien, diese Gedanken in Worte zu fassen.

Den unmittelbaren Anlaß zu diesem Buch gaben wohl gewisse Fragen, die in meinem Buch *Aion* berührt wurden, speziell das Problem von Christus als einer symbolischen Figur und jenes des Antagonismus Christus – Antichrist, wie es sich nach der traditionellen Symbolik des Tierkreiszeichens der Fische darstellt.

Im Zusammenhang mit der Diskussion dieser Probleme und der Erlösungslehre kritisierte ich die Idee der «privatio boni» [das Böse als bloßes Fehlen des Guten]; denn sie stimmt nicht überein mit den psychologischen Erkenntnissen. Die psychologische Erfahrung zeigt, daß allem, was wir «gut» nennen, ein ebenso substantielles «Böses» oder «Übel» gegenübersteht. Wenn das «Böse» nicht existiert, dann müßte alles, was ist, notgedrungen «gut» sein. Nach dem Dogma kann weder das «Gute» noch das «Böse» im Menschen seinen Ursprung haben, da «der Böse», als einer der Söhne Gottes, vor dem Menschen war. Die Idee der «privatio boni» begann erst nach Mani in der Kirche eine Rolle zu spielen. Vor dieser Häresie lehrte CLEMENS von Rom, daß Gott die Welt mit einer rechten und einer linken Hand regiere; mit der rechten Hand war Christus gemeint, mit der linken Satan. Die Auffassung von CLEMENS ist offensichtlich monotheistisch, da er die Gegensätze im einen Gott vereinigt.

Später jedoch wird das Christentum dualistisch, insofern als der in Satan personifizierte Teil der Gegensätze abgespalten wird und Satan im

Zustand ewiger Verdammnis verbleibt. Dies stellt das zentrale Problem dar. Es ist von primärer Bedeutung und bildet den Ausgangspunkt der christlichen Erlösungslehre. Wenn das Christentum den Anspruch erhebt, eine monotheistische Religion zu sein, so ist die Annahme der im einen Gott enthaltenen Gegensätze unerläßlich. Damit erhebt sich ein schwerwiegendes religiöses Problem: das Problem Hiob. Es ist das Ziel meines Buches, die historische Entwicklung dieses Problems seit der Zeit Hiobs durch die Jahrhunderte bis zu den neuesten symbolischen Geschehnissen, wie z. B. die assumptio Mariae usw., aufzuzeigen.

Überdies wurde ich durch das Studium der mittelalterlichen Naturphilosophie – die für die Psychologie von größter Bedeutung ist – dazu geführt, nach einer Antwort zu suchen auf die Frage: was für ein Gottesbild hatten diese alten Philosophen? Oder vielmehr, wie sollten die Symbole, die ihr Gottesbild ergänzten, verstanden werden? Alles wies auf eine complexio oppositorum hin und rief die Erinnerung an Hiobs Geschichte wieder in mir wach: Hiob, der Hilfe von Gott gegen Gott erwartet. Diese höchst eigenartige Tatsache setzt eine ähnliche Auffassung der in Gott enthaltenen Gegensätze voraus.

Andererseits sah ich mich durch vielerlei Fragen aus allen Teilen der Welt – und nicht nur von Patienten – veranlaßt, eine ausführlichere und vollständigere Antwort auszuarbeiten, als ich dies in *Aion* getan hatte. Mehrere Jahre lang zögerte ich, da ich mir über die Konsequenzen dieses Schrittes und den zu erwartenden Sturm im klaren war. Aber ich war von der Dringlichkeit und Bedeutungsschwere des Problems gepackt und konnte mich davon nicht freimachen. So sah ich mich gezwungen, das ganze Problem aufzunehmen, und dies tat ich, indem ich eine von subjektiven Emotionen begleitete persönliche Erfahrung beschrieb. Ich wählte diese Form absichtlich, weil ich den Eindruck, ich hätte beabsichtigt, eine «ewige Wahrheit» zu verkünden, vermeiden wollte. Das Buch soll nichts anderes sein als die fragende Stimme eines einzelnen, der hofft oder erwartet, der Nachdenklichkeit seiner Leser zu begegnen.

Anmerkungen

PSYCHOLOGIE UND RELIGION

Vorrede

Die Terry Lectures wurden 1937 an der Yale University gehalten und erschienen 1940 aus dem Englischen übersetzt bei Rascher, Zürich. GW 11.

I. Die Autonomie des Unbewußten

[1] RUDOLF OTTO, *Das Heilige,* Breslau 1917, Neuauflage München 1936.

[2] Die gratia adiuvans und die gratia sanctificans sind die Wirkungen des sacramentum ex opere operato. Das Sakrament schuldet seine Wirksamkeit der Tatsache, daß es unmittelbar durch Christus selbst instituiert ist. Die Kirche ist unfähig, den Ritus mit der Gnade zu verbinden in der Weise, daß der actus sacramentalis die Gegenwart und die Wirkung der Gnade hervorbrächte, d. h. res et sacramentum. Somit ist der durch den Priester ausgeführte Ritus nicht causa instrumentalis, sondern bloß causa ministerialis.

[3] «But our esteem for facts has not neutralized in us all religiousness. It is itself almost religious. Our scientific temper is devout.» *Pragmatism,* London-New York 1911, p. 14f.

[4] CICERO, *De Inventione Rhetorica.* II, p. 147: «Religion ist das, was einer gewissen höheren Natur [die man göttlich nennt] Pflege und heilige Scheu entgegenbringt.» CICERO, *Pro Coelio.* 55: «Religiös ein Zeugnis mit Eidestreue ablegen.» (Lat. Text s. jeweils GW.)

[5] HEINRICH SCHOLZ, in: *Die Religionsphilosophie des Als-Ob,* Leipzig 1921, besteht auf einem ähnlichen Gesichtspunkt; siehe auch H. R. PEARCY, *A Vindication of Paul,* New York 1936.

[6] JUNG, *Diagnostische Assoziationsstudien.* 1910/11, GW 2.

[7] *Das Gilgamesch-Epos.* Übersetzt von ALB. SCHOTT, Stuttgart 1934.

[8] J. G. FRAZER, *Taboo and the Perils of the Soul,* London 1911, p. 30ff. A. E. CRAWLEY, *The Idea of the Soul,* London 1909, p. 82ff. L. LÉVY-BRUHL, *La Mentalité Primitive,* Paris 1922.

[9] G. M. FENN, *Running Amok,* London 1901.

[10] M. NINCK, *Wodan und germanischer Schicksalsglaube,* Jena 1935.

[11] L. LÉVY-BRUHL, *Les Fonctions Mentales dans les Sociétés Inférieures.* 2. Aufl. Paris 1912; und *La Mentalité Primitive,* Paris 1922, chap. III, «Les Rêves».

[12] FR. HÄUSSERMANN, *Wortempfang und Symbol in der alttestamentlichen Prophetie,* Gießen 1932.

[13] In: *De Magia. De Observatione Somniorum et de Divinatione Astrologica, libri tres,* Köln 1598, p. 147 (lat. Text s. GW; auch im folgenden).
[14] L. c., p. 142.
[15] L. c., p. 145.
[16] L. c., p. 129.
[17] L. c., p. 130.
[18] L. c., p. 131 f.
[19] *Dialogorum Libri IV,* cap. 48. In: PERERIUS, l. c., p. 132. Vgl. auch MIGNE, *Patr. lat.,* T. 77, col. 412.
[20] Vgl. E. A. WALLIS BUDGE, *The Book of Paradise,* London 1904, I, p. 37 ff.
[21] L. c., p. 33 f. und p. 47.
[22] L. c.
[23] *Commentarius de Praecipuis Generibus Divinationum,* Wittenberg 1560, p. 270 (lat. Text s. GW).
[24] L. c.
[25] PERERIUS, l. c., p. 143.
[26] L. c., p. 146; vgl. 1 Kor 2,11.
[27] JUNG, *Traumsymbole des Individuationsprozesses.* In: *Psychologie und Alchemie.* 1952. 2. Teil, s. Grundwerk 5. Die hier angeführten Träume werden dort von einem andern Gesichtspunkt aus untersucht. Da Träume viele Aspekte haben, können sie von verschiedenen Seiten betrachtet werden.
[28] FREUD, *Traumdeutung.* 1900, Wien 1925. HERBERT SILBERER, in: *Der Traum,* Stuttgart 1919, stellt einen vorsichtigeren und ausgeglicheneren Gesichtspunkt dar. Betreffs des Unterschiedes zwischen FREUDS und meinen eigenen Ansichten verweise ich den Leser auf meine kleine Studie über dieses Thema, *Der Gegensatz Freud-Jung* in: *Seelenprobleme der Gegenwart,* GW 4. Weiteres Material in: *Über die Psychologie des Unbewußten,* 1960, p. 91 ff. GW 7, Paragr. 121 ff. Sowie W. M. KRANEFELDT, *Die Psychoanalyse,* 1930. GERHARD ADLER, *Entdeckung der Seele,* Zürich 1934. TONI WOLFF, *Einführung in die Grundlagen der Komplexen Psychologie,* in: *Studien zu C. G. Jungs Psychologie,* Zürich 1959.
[29] Vgl. die Beziehung von Odin als Gott der Dichter, Seher und rasenden Enthusiasten, und Mimir, dem Weisen, zu Dionysos und Silenos. Das Wort Odin hat eine Wurzelverbindung mit dem gallischen οὐατεις, irisch faith, lateinisch vates, ähnlich wie μάντις und μαίνομαι. MARTIN NINCK, *Wodan und germanischer Schicksalsglaube,* Jena 1935, p. 30 ff.
[30] In: *Über das Unbewußte,* 1918: GW 10.
[31] Vgl. meinen Aufsatz *Wotan.* In: *Aufsätze zur Zeitgeschichte,* 1946: GW 10. Die Wotanparallelen in NIETZSCHES Werk sind zu finden in dem Gedicht von 1863–64, *Dem unbekannten Gott.* In: E. FOERSTER-NIETZSCHE, *Der werdende Nietzsche,* München 1924, p. 239. *Also sprach Zarathustra,* pp. 366, 143 und 200. In: *Nietzsches Werke,* Leipzig 1901, Bd. VI. Der Wotantraum von 1859 in: E. FOERSTER-NIETZSCHE, l. c., p. 84 ff.
[32] Vgl. *Die Beziehungen zwischen dem Ich und dem Unbewußten.* 1950: Grundwerk 3, *Anima und Animus. Psychologische Typen.* Definitionen s. u. «Seele» und «Seelenbild»: GW 6. *Über die Archetypen des kollektiven Unbewußten; Über den Archetypus mit besonderer Berücksichtigung des Animabegriffes.* In: *Von den Wurzeln des Bewußtseins.* 1954: Grundwerk 2.
[33] Vgl. *Über den Archetypus mit besonderer Berücksichtigung des Animabegriffes* (GW 9/I) Grundwerk 2.

[34] EDWARD MAITLAND, *Anna Kingsford, Her Life, Letters, Diary and Work,* London 1896, I, p. 129 ff.

[35] Die Aussage über die hermaphroditische Natur der Gottheit im *Corpus Hermeticum,* Lib. I (ed. W. SCOTT, *Hermetica,* I, p. 118: ὁ δὲ νοῦς ὁ πρῶτος ἀρρενόθηλυς ὤν) ist wahrscheinlich PLATO entnommen, *Symposion* XIV. Es ist fraglich, ob die späteren mittelalterlichen Darstellungen des Hermaphroditen aus dem «Poimandres» stammen (*Corpus Hermeticum,* Lib. I), da die Figur im Westen sozusagen unbekannt war, bevor der *Poimander* 1471 von MARSILIUS FICINUS gedruckt wurde. Indessen besteht eine Möglichkeit, daß einer der wenigen Gelehrten jener Zeit, welche Griechisch verstanden, die Idee aus einem der damals existierenden Codices Graeci auflas, so zum Beispiel dem *Codex Laurentianus* 71, 33, dem *Parisinus Graecus* 1220, dem *Vaticanus Graecus* 237 und 951, alle aus dem 14. Jahrhundert. Es gibt keine älteren Codices. Die erste lateinische Übersetzung durch MARSILIUS FICINUS hatte eine sensationelle Wirkung. Vor diesem Datum haben wir aber die hermaphroditischen Symbole des *Codex Germanicus Monacensis* 598 von 1417. Es erscheint mir wahrscheinlicher, daß das hermaphroditische Symbol aus arabischen oder syrischen, im 11. oder 12. Jahrhundert übersetzten Mss. stammt. In dem alten lateinischen *Tractatulus Avicennae,* der stark von arabischer Tradition beeinflußt ist, finden wir: «Das Elixir ist die wollüstige Schlange, die sich selber schwängert.» In: *Artis Auriferae.* 1593, I, p. 406. Obschon es sich um einen PSEUDO-AVICENNA und nicht um den authentischen IBN SINA (970–1037) handelt, gehört er zu den arabo-lateinischen Quellen der mittelalterlichen Hermetischen Literatur. Wir finden denselben Passus in dem Traktat *Rosinus ad Sarratantam* (*Artis Auriferae.* I, p. 303): «Et ipsum est serpens seipsum luxurians, seipsum impraegnans» usw. «Rosinus» ist eine arabo-lateinische Korruption von «ZOSIMOS», dem griechischen neuplatonischen Philosophen des 3. Jahrhunderts. Sein Traktat *Ad Sarratantam* gehört zu derselben Literaturgattung, und da die Geschichte dieser Texte noch völlig im dunkeln liegt, kann vorderhand niemand sagen, wer von wem kopierte. Die *Turba Philosophorum,* Sermo LXV, ein lateinischer Text arabischen Ursprungs, macht ebenfalls die Anspielung: «Das Zusammengesetzte erzeugt sich selber.» In: J. RUSKA, *Turba Philosophorum,* Berlin 1931, p. 165. Soweit ich herausfinden kann, ist der erste, den Hermaphroditen mit Sicherheit erwähnende Text der *Liber de Arte Chimica incerti autoris,* 16. Jahrhundert (in: *Artis Auriferae.* I, p. 575 ff.). Der Text lautet, p. 610: «Dieser Mercurius aber besteht aus allen Metallen [und ist] Mann und Frau und das zwitterhafte Wunderwesen in eben der Vereinigung von Körper und Seele.» (Lat. Texte s. GW.) Von späterer Literatur erwähne ich nur HIERONYMUS REUSNER, *Pandora,* 1588; *Splendor Solis,* in: *Aureum Vellus,* 1598; MICHAEL MAJER, *Symbola aureae mensae,* 1617, und *Atlanta Fugiens,* 1618; J. D. MYLIUS, *Philosophia Reformata,* 1622.

[36] Der *Tractatus Aureus Hermetis* ist arabischen Ursprungs und gehört nicht zum *Corpus Hermeticum.* Seine Geschichte ist unbekannt (erstmals gedruckt in: *Ars Chemica,* 1566). DOMENICUS GNOSIUS hat zu dem Text einen Kommentar geschrieben in: *Hermetis Trismegisti Tractatus vere Aureus de Lapidis Philosophici Secreto,* 1610. Er sagt (p. 101): «Wie dem Körper eines in der Sonne Wandelnden ständig sein Schatten folgt..., so trägt unser adamischer Hermaphrodit, wenn er auch in Gestalt eines Mannes erscheint, doch immer in seinem Körper verborgen die Eva d. h. seine Frau mit sich herum» (lat. Text s. GW). Dieser Kommentar, zusammen mit dem Text, ist wiedergegeben in J. J. MANGETUS, *Bibliotheca chemica curiosa,* 1702, I, p. 401 ff.

[37] Eine Beschreibung beider Figuren in: *Die Beziehungen zwischen dem Ich und dem Unbewuß-*

ten, 1950. Grundwerk 3, *Anima und Animus.* Siehe auch *Psychologische Typen,* Definitionen s. u. «Seele»: GW 6; vgl. EMMA JUNG, *Ein Beitrag zum Problem des Animus,* in: *Wirklichkeit der Seele,* Zürich 1947.

[38] Anima und Animus treten nicht nur in negativer Form auf. Sie erscheinen gelegentlich sogar als Quelle der Erleuchtung, als Boten (ἄγγελοι) und als Mystagogen.

[39] (Vgl. *Psychologie und Alchemie,* 1952: Grundwerk 5, *Die Mandalasymbolik,* 16. und 18. Traum.)

II. Dogma und natürliche Symbole

[1] (*Vgl. Psychologie und Alchemie.* 1952: Grundwerk 5, pp. 145 ff.)

[2] (Vgl. Grundwerk 5, p. 205.)

[3] Einem Bischof sind vier Kerzen für eine private Messe erlaubt. Ebenso haben gewisse Formen von feierlicheren Messen, wie z. B. die Missa cantata, vier Kerzen, während noch höhere Formen sechs und sieben verwenden.

[4] Origenes, *In Jeremiam homilia.* XX, 3. In: MIGNE, *Patr. gr.,* T. 13, col. 532 (lat. Text s. GW).

[5] IRENAEUS, *Adversus haereses.* I, 29, 2. In: E. KLEBBA, *Des heiligen Irenaeus fünf Bücher gegen die Häresien.* 1912, p. 82.

[6] Siehe E. ZELLER, *Die Philosophie der Griechen* (2. Aufl. 1856–1868), worin alle Quellen gesammelt sind. Die «Vier ist die Quelle und die Wurzel der ewigen Natur.» (I, p. 291.) Nach PLATO stammt der Körper aus der «Vier». Den Neuplatonikern zufolge bezeichnete PYTHAGORAS selber die Seele als ein Quadrat (ZELLER, III, II, p. 120).

[7] Die «Vier» erscheint in der christlichen Ikonologie hauptsächlich in der Gestalt der vier Evangelisten und ihrer Symbole, angeordnet in einer «Rose», einem Kreis oder einer Melothesia, oder als Tetramorphus, z. B. im *Hortus deliciarum* der HERRAD VON LANDSPERG, und in Werken mystischer Spekulation: Ich erwähne nur: 1. JAKOB BOEHME, *Vierzig Fragen von der Seele.* 2. HILDEGARD VON BINGEN, *Codex Luccensis,* fol. 372, und *Codex Heidelbergensis, Scivias, Darstellungen des mystischen Universums;* vgl. CH. SINGER, *Studies in the History and Method of Science.* 3. Die bemerkenswerten Zeichnungen von OPICINUS DE CANISTRIS im *Codex Palatinus Latinus* 1993, Vatikan; vgl. R. SALOMON, *Opicinus de Canistris, Weltbild und Bekenntnisse eines avignonesischen Klerikers des 14. Jahrhunderts.* 4. HEINRICH KHUNRAT, *Von hylealischen, das ist primaterialischen catholischen, oder allgemeinem natürlichen Chaos.* 1597, p. 204 und p. 281. Er sagt hier, die «Monas catholica» entstehe von der Rotation des «Quaternarium». Die Monas wird gedeutet als ein Bild und eine Allegoria Christi. Weiteres Material in H. KHUNRAT, *Amphitheatrum Sapientiae Aeternae,* 1604. 5. Die Spekulationen über das Kreuz. («de quatuor... generibus arborum facta fuisse refertur crux» – es wird gesagt, das Kreuz sei aus vier Holzarten gemacht worden.) Vgl. BERNARDUS, *Vitis Mystica.* cap. XLVI, in: MIGNE, *Patr. lat.,* T. 184, col. 732; vgl. W. MEYER, *Die Geschichte des Kreuzholzes vor Christus,* 1881, p. 7. Bezüglich der Quaternität siehe auch DUNBAR, *Symbolism in Medieval Thought and its Consummation in the Divine Comedy,* New Haven 1929.

[8] Ich verweise auf die Systeme von ISIDORUS, VALENTINUS, MARCUS und SECUNDUS. Ein äußerst lehrreiches Beispiel ist die Symbolik des Monogenēs im *Codex Brucianus* (Bruce Ms. 96, Bodleian Libr., Oxford. In: C. A. BAYNES, *A Coptic Gnostic Treatise,* 1933, pp. 59 und 70 ff.)

9 Ich verweise auf die mystischen Spekulationen über die vier Wurzeln (EMPEDOKLES' ῥιζώματα) = die vier Elemente und die vier Qualitäten (feucht, trocken, warm, kalt), die der alchemistischen Philosophie eigentümlich sind. Darstellung in PETRUS BONUS, *Pretiosa Margarita Novella,* 1546. Ein «Artis metallicae schema», basierend auf einer Quaternatio in JOANNES AUG. PANTHEUS, *Ars Transmutationis Metallicae,* 1519, p. 5; eine «quaternatio elementorum» und von chemischen Prozessen in RAYMUNDUS LULLIUS, *Theorica et Practica* (*Theatrum Chemicum,* IV, 1613, p. 174); Symbole der vier Elemente in M. MAJER, *Scrutinium Chymicum,* 1687. Derselbe Autor hat einen interessanten Traktat geschrieben: *De Circulo Physico Quadrato,* 1616. Ähnliche Symbolik in MYLIUS, *Philosophia Reformata,* 1622. Darstellungen der Hermetischen Erlösung (aus REUSNERS *Pandora* von 1588 und aus dem *Codex Germanicus Monacensis* 598) in Form einer Tetras mit den Symbolen der Evangelisten in: Grundwerk 6, Abb. 231 und 232; über die Symbolik der «Vier»: Grundwerk 5, *Die Mandalasymbolik,* Abs. zu Anm. 156 ff. Weiteres Material in H. KÜKELHAUS, *Urzahl und Gebärde,* Berlin 1934. Östliche Parallelen in H. ZIMMER, *Kunstform und Yoga im indischen Kultbild,* Berlin 1926; WILHELM und JUNG, *Das Geheimnis der goldenen Blüte,* 1957, Olten 1971 (GW 13). Die Literatur über die Kreuz-Symbolik gehört ebenfalls in diesen Zusammenhang.

10 Dieser Satz klingt vielleicht anmaßlich, insofern ich zu vergessen scheine, daß es sich zunächst um einen einzigen und einmaligen Traum handelt, aus dem man keine zu weitreichenden Schlüsse ziehen darf. Meine Schlußfolgerung gründet sich aber nicht etwa nur auf diesen Traum, sondern auf viele ähnliche Erfahrungen, auf die ich a. a. O. schon hingewiesen habe.

11 Ich verweise den Leser auf CLAUDIUS POPELIN, *Le Songe de Politphile ou Hypnérotomachie de Frère Francesco Colonna,* Paris 1883. Dieses Buch ist vermutlich von einem Kleriker des 15. Jahrhunderts geschrieben. Es ist ein ausgezeichnetes Beispiel eines «Anima-Romans». Siehe auch L. FIERZ-DAVID, *Der Liebestraum des Poliphilo,* Zürich 1947.

12 Die Gewänder sind nicht nur Schmuck, sondern auch Schutz für den zelebrierenden Priester. Die «Furcht Gottes» ist keine grundlose Metapher, denn dahinter steht eine entsprechende Phänomenologie. Vgl. dazu 2 Mos., 20, 18 f.

13 Gnosis als eine besondere Art der Erkenntnis ist nicht mit «Gnostizismus» zu verwechseln.

14 Siehe *Psychologische Typen,* Definitionen s. u. «Bild»: GW 6; und *Theoretische Überlegungen zum Wesen des Psychischen.* In: *Von den Wurzeln des Bewußtseins.* 1954: Grundwerk 2, pp. 42 ff.

15 Der Ausdruck «Archetypus» wird von CICERO, PLINIUS und anderen verwendet. Als ausgesprochen philosophischer Begriff erscheint er im *Corpus Hermeticum,* Lib. I. (W. SCOTT, *Hermetica,* I, 116, 8. a: Εἴδες ἐν τῷ νῷ τὸ ἀρχέτυπον εἶδος, τὸ προάρχον τῆς ἀρχῆς, τὸ ἀπέραντον).

16 ADOLF BASTIAN, *Das Beständige in den Menschenrassen.*1863, p. 75; *Die Vorstellungen von der Seele.* 1874; *Der Völkergedanke im Aufbau einer Wissenschaft vom Menschen.* 1881; *Ethnische Elementargedanken in der Lehre vom Menschen.* 1895.

17 NIETZSCHE, *Menschliches, Allzumenschliches,* I, 12. und 13.: «... Im Schlaf und Traum machen wir das Pensum früheren Menschtums noch einmal durch... – Ich meine: wie jetzt noch der Mensch im Traume schließt, schloß die Menschheit auch im Wachen viele Jahrtausende hindurch: die erste causa, die dem Geiste einfiel, um irgend Etwas, das der Erklärung bedurfte, zu erklären, genügte ihm und galt als Wahrheit... Im Traum übt sich dieses uralte Stück Menschtum in uns fort, denn es ist die Grundlage, auf der die höhere Vernunft

sich entwickelte und in jedem Menschen sich noch entwickelt: der Traum bringt uns in ferne Zustände der menschlichen Cultur wieder zurück und gibt ein Mittel an die Hand, sie besser zu verstehen.»

[18] HUBERT et MAUSS, *Mélanges d'Histoire des Religions,* Paris 1909, p. XXIX (franz. Text s. GW).

[19] L. LÉVY-BRUHL, *Les Fonctions Mentales dans les Sociétés Inférieures,* Paris 1912.

[20] Bezüglich der Psychologie der Tetraktys siehe *Das Geheimnis der goldenen Blüte.* 1957, p. 21 ff., Olten 1971 (GW 13); *Die Beziehungen zwischen dem Ich und dem Unbewußten,* 1950, Grundwerk 3, *Die Mana-Persönlichkeit;* HAUER, *Symbole und Erfahrung des Selbstes in der indoarischen Mystik,* Zürich 1934.

[21] (Eine Reihe dieser Träume findet sich in *Psychologie und Alchemie.* 1952, Grundwerk 5, *Die Initialträume.)*

[22] Eine ausgezeichnete Darstellung des Problems in MICHAEL MAJER, *De Circulo Physico Quadrato,* 1616.

[23] Vgl. M. BAUMGARTNER, *Die Philosophie des Alanus de Insulis,* Münster 1896, II, p. 118 (lat. Text s. GW)

[24] R. W. EMERSON, *Essays,* Boston – New York 1903, I, p. 301 ff.

[25] PLATO, *Timaeus,* 7; J. C. STEEBUS, Coelum Sephiroticum. 1679, p. 15. (Lat. Text s. GW).

[26] STEEBUS, l. c., p. 19 (lat. Text. s. GW). M. MAJER (*De Circulo,* p. 27) sagt: «der Kreis ist ein Symbol der Ewigkeit oder ein unteilbarer Punkt.» Betreffs des «runden Elementes» vgl. *Turba Philosophorum*, Sermo XLI, (ed. RUSKA, p. 148), wo «das Runde, welches das Erz in Vier wandelt», erwähnt ist. RUSKA sagt, daß in den griechischen Quellen kein ähnliches Symbol anzutreffen sei. Das ist nicht ganz richtig, da wir ein στοιχεῖον στρογγύλον in ZOSIMOS' περὶ ὀργάνων finden. (BERTHELOT, *Collection des Anciens Alchimistes Grecs.* 1887, III, XLIX, 1.) Vielleicht kommt die gleiche Symbolik auch in ZOSIMOS' ποίημα vor (BERTHELOT, l. c., III, V bis) in der Gestalt des περιηκονισμένον, das BERTHELOT mit «objet circulaire» übersetzt. (Es bestehen aber berechtigte Zweifel an der Richtigkeit dieser Übersetzung.) Eher dürfte des Zosimos sogenanntes Omega-Element als Parallele genannt werden. Er bezeichnet es selber als «rund». (BERTHELOT, III, XLIX, 1.) Die Idee des schöpferischen Punktes in der Materie ist erwähnt in SENDIVOGIUS, *Novum Lumen.* In: *Musaeum Hermeticum.* 1678, p. 559. «Es gibt nämlich in jedem Körper ein Zentrum oder einen Ort, bzw. Samen- oder Keimpunkt.» Dieser Punkt ist als «ein Punkt, der von Gott stammt» bezeichnet. l. c., p. 59. Es handelt sich um die Doktrin der «Panspermia», über welche ATHANASIUS KIRCHER, S. J. (*Mundus Subterraneus.* 1678, II, p. 347) sagt: «So geht auch aus den heiligen mosaischen Offenbarungen ... hervor, daß Gott am Anfang der Schöpfung eine gewisse Materie, die wir nicht unpassend Chaotisch nennen, aus dem Nichts erschaffen habe... in welcher alle Dinge... wie in einer ‹Samenallheit› vermischt verborgen waren... wie wenn Er aus dieser vorliegenden Materie, die auch durch die Bebrütung des Heiligen Geistes schon befruchtet war, nachher alles... herausgeholt hätte... Aber Er beseitigte diese chaotische Materie nicht sofort, sondern wünschte, daß sie bis zum Weltende weiter bestehe wie zu Beginn der Welt, sodaß sie bis zum heutigen Tag voll der Samenallheit aller Dinge...» (lat. Texte s. GW).

Diese Ideen führen zurück zum «Herabsteigen» oder «Fall der Gottheit» in den gnostischen Systemen (vgl. F. W. BUSSELL, *Religious Thought and Heresy in the Middle Ages*, London 1918, p. 554 ff.); REITZENSTEIN, *Poimandres*, Leipzig 1904, p. 50; G. R. S. MEAD, *Pistis*

Sophia. London 1921, p. 36 ff., und vom selben Autor: *Fragments of a Faith Forgotten.* London 1906, p. 470.

[27] «Es gibt im Meere einen runden Fisch ohne Gräten und Schuppen, und er hat in sich eine Fettigkeit» [= Wurzelfeuchte = anima mundi in der Materie eingeschlossen] (lat. Text s. GW): Allegoriae super Turbam, in: *Artis Auriferae.* 1593, I, p. 141.

[28] *Timaeus*, 7.

[29] Vgl. Anm. 26.

[30] «Denn wie der Himmel, soweit man ihn sieht, ... rund in Gestalt und Bewegung ist, so auch das Gold» (lat. Text. s. GW): M. MAJER, *De Circulo*, p. 39.

[31] *Rosarium Philosophorum* (in: *Artis Auriferae.* 1593, II, p. 261). Der Traktat wird PETRUS TOLETANUS zugeschrieben, welcher in Toledo um die Mitte des 13. Jahrhunderts lebte. Er soll entweder ein älterer Zeitgenosse oder ein Bruder von ARNALDUS DE VILLANOVA gewesen sein, dem berühmten Arzt und Philosophen. Die jetzige Gestalt des *Rosarium*, auf dem Erstdruck von 1550 basierend, ist eine Kompilation und geht wahrscheinlich nicht weiter als auf das 15. Jahrhundert zurück, obschon gewisse Teile im frühen 13. Jahrhundert entstanden sein mögen.

[32] *Symposion* XIV.

[33] PETRUS BONUS in JANUS LACINIUS, *Pretiosa Margarita Novella.* 1546. Betreffs der Allegoria Christi siehe *Die Lapis-Christus Parallele.* In: *Psychologie und Alchemie.* 1952: Grundwerk 6.

[34] BEATI THOMAE DE AQUINO, *Aurora sive Aurea Hora.* Vollständiger Text in dem seltenen Druck von 1625: *Harmoniae Imperscrutabilis Chymico-Philosophicae sive Philosophorum Antiquorum Consentientium Decas* I. Der interessante Teil des Traktates ist der erste Teil, *Tractatus Parabolarum*, wegen seines blasphemischen Charakters in den Drucken von 1572 und 1593 in *Artis Auriferae* ausgelassen. Im *Codex Rhenovacensis* der Zentralbibliothek Zürich fehlen ungefähr vier Kapitel des *Tractatus Parabolarum.* Der *Codex Parisinus*, Fond Latin 14006 der Bibliothèque Nationale, enthält einen vollständigen Text des *Tractatus Parabolarum.*

[35] Ein gutes Beispiel ist enthalten im Kommentar von D. GNOSIUS zum *Tractatus Aureus Hermetis.* (Wiedergegeben in: *Theatrum Chemicum.* 1613, IV, p. 672 ff., und in J. J. MANGETUS, *Bibliotheca Chemica Curiosa.* 1702, I, p. 400 ff.)

[36] In *Aurea Hora*, vgl. Anm. 34. (Lat. Text s. GW.) ZOSIMOS (BERTHELOT, *Alch. Grecs*, III, XLXI, 4–5) aus einer Hermetischen Schrift zitierend, sagt, daß ὁ ϑεοῦ υἱὸς παντογενόμενος sei *Adam* oder *Thot*, der aus den vier Elementen und den vier Himmelsrichtungen bestehe. Vgl. *Psychologie und Alchemie.* 1952: Grundwerk 6, 5. B. e.

[37] In *Aurea Hora* (siehe Anm. 34). Für den lateinischen Text, siehe Kap. III. Anm. 73.

[38] Vgl. *Psychologie und Alchemie*: Grundwerk 6, 2. A.

[39] (HORAZ, *Epistulae.* I, X, 24. Lat. Text. s. GW.)

[40] CHARLOTTE A. BAYNES, *A Coptic Gnostic Treatise*, Cambridge 1933, pp. 22, 89, 94.

[41] Das *Rosarium Philosophorum*, einer der ersten synoptischen Versuche, gibt eine ziemlich umfassende Darstellung der mittelalterlichen Quaternität.

[42] (Vgl. H. DIELS, *Die Fragmente der Vorsokratiker*, Berlin 1951, p. 311, Frgm. 6: «Denn die vier Wurzelkräfte [ῥιζώματα] aller Dinge höre zuerst...»)

[43] Vgl. z. B. den 5. und 8. der *Annual Reports of the Smithsonian Institution*, Bureau of Ethnology, Washington (1887 und 1892).

[44] Vgl. die paläolithischen (?) «Sonnenräder» von Rhodesien.

[45] (Im Kommentar zu *Das Geheimnis der goldenen Blüte.* 1929. Neuauflage 1957. GW 13)
[46] GEORG KOEPGEN, *Die Gnosis des Christentums*, Salzburg 1939, pp. 189, 190.
[47] l. c., p. 185 ff.
[48] DORNEUS meint, daß Gott am zweiten Schöpfungstag, als er die oberen von den unteren Wassern schied, eben den binarius (Zweizahl) erschuf, und aus diesem Grunde hätte er es unterlassen, am Abend des zweiten Tages zu sagen – was er doch an allen andern gesagt hätte – nämlich, «daß es gut war». Die Verselbständigung der Zweizahl sei der Ursprung der «Verwirrung, Spaltung und des Streites». Aus dem binarius ging «sua proles quaternaria» (ihre viergestaltige Nachkommenschaft) hervor. Da die Zweizahl weiblich sei, so bedeute sie auch *Eva*, während die Dreizahl *Adam* entspreche. Daher habe der Teufel auch zunächst Eva versucht. «Es wußte nämlich [der Teufel], der ja von aller List erfüllt ist, daß dem Adam die Eins aufgeprägt war; darum hat er nicht ihn zuerst angegangen, denn er glaubte nicht, daß er etwas ausrichten könne: ebenso aber wußte er, daß Eva von ihrem Gatten abgetrennt worden war gleichsam als eine natürliche Zwei von der Einheit seiner Dreiheit. Daher, unterstützt von einer gewissen Ähnlichkeit der einen Zweizahl zur anderen…, unternahm er den Angriff auf die Frau. Es sind nämlich alle geraden Zahlen weiblich und ihr Anfang ist die Zwei und ist auch der Eva diese erste [gerade] Zahl zugehörig» (lat. Text s. GW): DORNEUS, *De Tenebris contra Naturam et Vita Brevi*. In: *Theatrum Chemicum*. 1602, I, p. 527. (In diesem Traktat und dem folgenden *De Duello Animi cum Corpore*, l. c., p. 535 ff. findet sich alles hier Erwähnte). Der Leser wird bemerkt haben, daß Dorneus mit großer List den binarius als geheime *Verwandtschaft zwischen dem Teufel und dem Weibe* aufgedeckt hat. Er ist der erste, welcher den Zwiespalt zwischen Dreiheit und Vierheit, zwischen Gott als Geist und der Empedokleïschen Natur aufzeigt und damit der alchemistischen Projektion den Lebensfaden durchschneidet – allerdings unbewußterweise! Dementsprechend nennt er auch den quaternarius «*infidelium* medicinae fundamentum» (die Grundlage der heidnischen Medizin). Ob mit den «infideles» die Araber oder die alten Heiden gemeint sind, lassen wir dahingestellt. Auf alle Fälle hat DORNEUS in der Vierheit ein mit der Natur des Weibes verbundenes Widergöttliches gewittert. Ich verweise in diesem Zusammenhang auf die Ausführungen unten betreffend die «virgo terra».
[49] Ich beziehe mich nicht auf das Dogma von der menschlichen Natur Christi.
[50] Die Identifikation hat nichts zu tun mit der katholischen Auffassung von der Assimilation des individuellen Menschenlebens an das Christusleben und von der Aufsaugung des Individuums in das corpus mysticum der Kirche. Sie ist vielmehr das Gegenteil dieser Auffassung.
[51] Ich verweise hauptsächlich auf Werke, die alchemistische Legenden (Lehrerzählungen) enthalten. Ein gutes Beispiel ist M. MAJER, *Symbola aureae mensae*, 1617, die symbolische Peregrinatio enthaltend, p. 569 ff.
[52] Soweit mir bekannt ist, enthält die alchemistische Literatur keine Klagen über Verfolgung durch die Kirche. Die Autoren spielen gewöhnlich auf das ungeheure Geheimnis des Magisteriums als einen Grund zur Geheimhaltung an.
[53] Siehe *Psychologie und Alchemie*: Grundwerk 6, Abb. 232 (aus REUSNER, *Pandora*. 1588. Die Glorifizierung des Körpers in Form der Himmelfahrt Mariae). AUGUSTIN hat die Jungfrau auch durch die Erde symbolisiert: «Die Wahrheit ist aus der Erde entstanden, weil Christus aus der Jungfrau geboren wurde»: *Sermones* 189, II. In MIGNE, *Patr. lat.*, T. 38, col. 1006. Dasselbe TERTULLIAN: «Jene jungfräuliche Erde wurde noch nicht vom Regen benetzt und

auch nicht von Fluten befruchtet»: *Adversus Judaeos*, 13. In: MIGNE, *Patr. lat.*, T. 2, col. 635 (lat. Texte s. GW).

[54] «Aus zwei Dingen bestehend», nämlich der Stein (Lapis Philosophorum), der männliche und weibliche Natur in sich vereinigt. (Vgl. *Psychologie und Alchemie*, 1952: Grundwerk 6, Abb. 125.)

III. Geschichte und Psychologie eines natürlichen Symbols

[1] *Wandlungen und Symbole der Libido.* 1912. Neuauflage: *Symbole der Wandlung.* 1952: Grundwerk 7 u. 8.

[2] Eine Wiederholung des alten Symbols des οὐροβόρος, des «Schwanzfressers».

[3] Eine östliche Parallele ist der «Kreislauf des Lichtes» in dem chinesischen alchemistischen Traktat: *Das Geheimnis der goldenen Blüte,* herausgegeben von WILHELM und JUNG: Olten 1971; vgl. GW 13.

[4] Der «schwarze Vogel» bezieht sich auf eine vorhergehende Vision, in der ein *schwarzer Adler* einen goldenen Ring forttrug. (Diese ganze Vision wird in *Psychologie und Alchemie* [Grundwerk 5, *Die Vision von der Weltuhr*] besprochen.)

[5] Die bekannten «Aderlaßmännchen» sind Melothesiae.

[6] WALLIS BUDGE, *Osiris and the Egyptian Resurrection,* I, p. 3; *The Egyptian Book of the Dead* (facsimile), London 1899, Pl. 5. In einem Ms. des 7. Jahrhunderts (Gellone) sind die Evangelisten dargestellt mit den Köpfen ihrer symbolischen Tiere anstatt mit menschlichen Köpfen.

[7] Ein Beispiel in: *Das Geheimnis der goldenen Blüte* (GW 13).

[8] KAZI DAWA-SAMDUP, *Shrīchakrasambhāra Tantra.* ed. ARTUR AVALON, London 1919.

[9] ABBÉ JOSEPH DELACOTTE, *Guillaume de Digulleville, Trois Romans-Poèmes du XIVe Siècle,* Paris 1932.

[10] Der Heilige Geist ist der Urheber der viriditas. Siehe unten.

[10a] PLATO, *Timaeus.*

[11] Bei GERARDUS DORNEUS findet sich ebenfalls die Vorstellung von sich durchschneidenden und störenden Kreisfiguren: nämlich das Kreissystem der Trinität einerseits und der teuflische Versuch zu einem eigenen System andererseits. So sagt er: «Ferner ist zu bemerken, daß das Zentrum die Eins sei und dessen Kreisperipherie die Drei, alles, was aber zwischen (sie und) das Zentrum eindringt und die einbeschlossene Einheitsdomäne betritt, ist als Zwei anzusehen, sei es, daß es ein anderer Kreis... oder sonst irgendeine (geometrische) Figur sei.» Der Teufel habe sich nämlich quasi auch einen Zirkel fabriziert und damit ein Kreissystem zu zeichnen versucht, was ihm aber (aus bestimmten Gründen) mißlungen sei, denn er habe am Ende nur «die Figur einer Doppelschlange mit vier Hörnern und daher eine in sich selber gespaltene Einheitskampfdomäne» (lat. Texte s. GW) herausgebracht. Als binarius in persona (personifizierte Zweizahl) konnte der Teufel auch gar nichts anderes erzeugen. (*De Duello.* In: *Theatrum Chemicum.* 1602, I, p. 547.) Der Teufel tritt als Nachahmer, ἀντίμιμος, schon in der Alchemie des ZOSIMOS auf. (BERTHELOT, *Alch. Grecs.* III, XLIX, 9. Vgl. dazu auch C. SCHMIDT, *Pistis Sophia.* 1925, passim.)

[12] Ein eigenartiges Zusammentreffen von Drei und Vier ist die Allegorisierung Mariens mit den drei Männern im Feuerofen, wo ein Vierter erscheint, der als Christus gedeutet wird,

bei WERNHER VOM NIEDERRHEIN. SALZER, *Die Sinnbilder und Beiworte Mariens,* Linz 1886, p. 21 f.

[13] Siehe R. EISLER, *Weltenmantel und Himmelszelt,* München 1910, I, p. 85 ff.

[14] SALZER, l. c., p. 66 f.

[15] Siehe ZELLER, *Die Philosophie der Griechen,* Tübingen u. Leipzig 1868, III, II, p. 120. Nach ARCHYTAS ist die Seele ein Kreis oder eine Kugel.

[16] Siehe die Invokation in den *Thomasakten.* (MEAD, *Fragments of a Faith Forgotten,* London 1931, p. 422.) Vgl. ferner «sedes sapientiae» *(Lauretanische Litanei)* und die Lesungen aus den *Sprüchen* an den Marienfesten. (Sprüche 8,22–35.)

[17] Bei den Gnostikern ist die Quaternität entschieden weiblich. Siehe IRENAEUS, *Adversus Haereses.* I, cap. XI. In der Übersetzung von KLEBBA, 1912, p. 35.

[18] *Die Gnosis des Christentums,* Salzburg 1939, p. 194.

[19] Siehe *Psychologische Typen,* Definitionen, «Seele» und «Seelenbild»: GW 6. (Siehe auch *Aion.* 1951, p. 25 ff., GW 9, II, Paragr. 19.)

[20] Ein besonderer Fall ist die sogenannte «minderwertige Funktion». Siehe *Psychologische Typen,* Definitionen. (Siehe auch *Aion,* pp. 22 ff., l. c., Paragr. 13 ff.)

[21] Allgemein bekannt durch sein Buch: *Das Naturgesetz in der Geisteswelt.* 1889. Das Zitat stammt aus einer kleinen Schrift: *Das Beste in der Welt.*

[22] Siehe IRENAEUS, *Adversus Haereses.* I, XXV, 4. In KLEBBA. 1912, p. 76. Ebenso MEAD, *Fragments,* p. 231. Ein ähnlicher Gedankengang findet sich in der *Pistis Sophia* (siehe CARL SCHMIDT, *Pistis Sophia,* Leipzig 1925, p. 215).

[23] PREUSCHEN, Antilegomena, Gießen 1901, p. 44 u. p. 139.

[24] Im tibetischen Buddhismus sind die vier Farben mit psychologischen Qualitäten verbunden (vier Formen der Weisheit). Siehe meinen Kommentar zu EVANS-WENTZ, *Das tibetanische Totenbuch:* Olten 1971 und GW 11.

[25] Siehe *Psychologische Typen,* Definitionen, «Symbol»: GW 6.

[26] Das Kreuz hat auch die Bedeutung eines *Grenzsteines* zwischen Himmel und Hölle, indem es mitten im Kosmos aufgerichtet ist und sich nach allen Seiten erstreckt. (Vgl. J. KROLL, *Gott und Hölle,* Leipzig 1932, pp. 18, 3.) Eine ähnliche, kosmische Mittelstellung hat auch das tibetische Mandala, das häufig genau bis zur Mitte aus dem auf der Hölle liegenden Erdreich in den Himmel aufragt (vergleichbar den halbkugeligen Stupas von Sanchi in Indien). Dasselbe habe ich mehrfach bei individuellen Mandalas gefunden, welche oben die helle, unten die dunkle Welt repräsentieren oder in diese Welten hineinragen. Im «umgekehrten Auge» oder «philosophischen Spiegel» JAKOB BOEHMES *(40 Fragen von der Seele)* liegt ein ähnlicher Versuch vor.

[27] (Vgl. die Illustrationen in: JUNG, *Über Mandalasymbolik.* In: *Gestaltungen des Unbewußten.* 1950: GW 9/I und *Mandala,* Olten 1977.)

[28] «Aktive Imagination» ist ein terminus technicus, der sich auf eine von mir angegebene Methode der Bewußtmachung unbewußter Inhalte bezieht. (Vgl. *Die Beziehungen zwischen dem Ich und dem Unbewußten.* 1950: Grundwerk 3, pp. 105 ff. *Zum psychologischen Aspekt der Kore-Figur* in: JUNG und KERÉNYI, *Einführung in das Wesen der Mythologie.* 1951 GW 9/I, s. Register; *Mysterium Coniunctionis.* 1956: GW 14/II, s. Register; u. a. a. O.)

[29] Betreffs der Psychologie des Mandalas siehe meinen Kommentar zu: *Das Geheimnis der goldenen Blüte.* 1957, p. 21 ff.: Olten 1971 u. GW 13. (Siehe auch *Über Mandalasymbolik.* In: *Gestaltungen des Unbewußten.* 1950: GW 9/I.)

30 Siehe *Psychologische Typen,* Definitionen, «Selbst»: GW 6. (Siehe auch *Die Beziehungen zwischen dem Ich und dem Unbewußten.* 1950: Grundwerk 3, p. 60 f.; *Aion.* 1951, p. 44 ff. GW 9/II, Paragr. 43 ff.)

31 Siehe J. W. HAUER, *Symbole und Erfahrung des Selbstes in der indo-arischen Mystik,* Zürich 1934.

32 Über den Begriff der «Relativität Gottes» siehe *Psychologische Typen.* 1950, p. 322 ff. GW 6, Paragr. 456 ff.

33 Diese Tatsache liegt der Theorie des Animismus zugrunde.

34 Betreffs des Begriffs «Inflation» siehe: *Die Beziehungen zwischen dem Ich und dem Unbewußten.* 1950: Grundwerk 3, p. 60 f.

35 PLUTARCH, *De defectu oraculorum,* 17.

36 Abgedruckt in: MANGETUS, *Bibliotheca Chemica Curiosa.* 1702, I, p. 408 (lat. Text s. GW).

37 *Theatrum Chemicum.* 1661, VI, p. 431 (lat. Text s. GW).

38 Vgl. die ähnliche Formel im *Fundamentum* der Ignatianischen *Exercitia spiritualia.*

39 *Corpus Hermeticum.* Lib. IV, 4.

40 (merc.) tous aëreus et spiritualis (völlig luftartig und geistig). THEOB. DE HOGHELANDE, *Theatrum Chemicum.* 1602, I, p. 183.

41 BERTHELOT, *Alch. Grecs.* III, VI, 5.

42 MYLIUS, *Philosophia Reformata.* 1622, p. 42. HILDEGARDS *Hymnus* in: DANIEL, *Thesaurus.* 1856, V, pp. 201–2. [Lat. Texte s. GW.] DORNEUS, *Congeries.* In: *Theatrum Chemicum.* 1602, I, p. 584. *Turba Philosophorum.* In: *Artis Auriferae.* 1593, I, p. 89.

43 Eine ursprünglich platonische Vorstellung.

44 MYLIUS, *Philosophia Reformata.* p. 8 (lat. Text s. GW).

45 GREGORIUS, *Expositiones in Librum primum Regum.* In: MIGNE, *Patr. lat.,* T. 79, col. 23.

46 Im System der Barbelioten spielt die Barbelo oder Ennoia die Rolle der anima mundi. BOUSSET hält den Namen Barbelo für ein korruptes παρθένος. Er wird auch übersetzt als «in der Vier ist Gott» oder «Gott ist die Vier».

47 Dieser Gedanke wurde formuliert im Begriff der «anima in compedibus», der gefesselten oder eingesperrten Seele. (DORNEUS, *Speculativa Philosophia.* In *Theatrum Chemicum.* 1602, I, pp. 272, 298; *De Spagirico Artificio.* l. c., pp. 457, 497.) Ich habe bis jetzt keine Beweise dafür gefunden, daß die Naturphilosophie des Mittelalters sich irgendwie an häretische Traditionen bewußt angelehnt hätte. Die Parallelen sind aber erstaunlich. Im Komariostext des 1. Jahrhunderts (BERTHELOT, *Alch. Grecs.* IV, XX, 8) kommen schon die «Gefesselten im Hades» vor. Zum Funken in der Finsternis und dem in der materia eingeschlossenen und gefangenen Geist vgl. LEISEGANG, *Gnosis.* 1924, pp. 154 f. und 233. Ein ähnliches Motiv ist der Begriff der «natura abscondita», die sich im Menschen sowohl wie in allen Dingen findet und der «anima» wesensverwandt ist. So sagt DORNEUS (*De Spagirico Artificio,* p. 457): «Im menschlichen Körper ist eine gewisse himmlische Substanz verborgen, deren Natur nur den wenigsten bekannt ist.» In seiner *Philosophia Speculativa* sagt derselbe Autor: «In den natürlichen Dingen liegt eine gewisse Wahrheit, die vom äußeren Auge nicht gesehen, sondern nur vom Geist allein wahrgenommen werden kann. Diese Erfahrung haben die Philosophen gemacht, und sie fanden, daß ihre Kraft so groß ist, daß sie Wunder vollbrachte.» L. c., p. 298. (Lat. Texte s. GW.) Der Begriff der «verborgenen Natur» kommt übrigens schon bei PSEUDO-DEMOKRITOS vor. (BERTHELOT, *Alch. Grecs.* II, III, 6.)

48 Klassisches Beispiel ist die *Visio Arislei* (*Artis Auriferae.* 1593, I, p. 146 ff.). Ebenso die

Träume des ZOSIMOS. (BERTHELOT, *Alch. Grecs.* III, I–VI; und JUNG: *Die Visionen des Zosimos,* 1954: Grundwerk 9.) Offenbarung des Magisteriums im Traum in: SENDIVOGIUS, *Parabola* (MANGETUS, *Bibliotheca Chemica Curiosa.* 1702, II, p. 475).

[49] *Artis Auriferae.* I, p. 151.

[50] BERTHELOT, *La Chimie au Moyen-Age.* 1893, III, p. 50.

[51] *Rosinus ad Sarratantam.* In: *Artis Auriferae.* I, p. 311 (lat. Text s. GW).

[52] *Aureum Vellus.* 1598, p. 5.

[52a] Gleicherweise heißt es im *Rosarium Philosophorum,* p. 292, daß nur der das Werk tun könne, der es vermöge, sich selbst zu durchschauen. (In: *Artis Auriferae.* II, p. 292.)

[53] *Speculativa Philosophia.* In: *Theatrum Chemicum.* 1602, I, p. 267.

[54] Dies bei OLYMPIODOR. (BERTHELOT, *Alch. Grecs.* II, IV, 43.)

[55] *Erlösungsvorstellungen in der Alchemie* (Grundwerk 6).

[56] MYLIUS (*Philosophia Reformata,* p. 106) sagt, daß die männliche und die weibliche Komponente des Steines zuerst getötet würden, «damit sie in einer neuen unverderblichen Auferstehung wieder so zum Leben gelangen, daß sie nachher unsterblich sind». Der Stein wird auch dem zukünftigen Auferstehungsleib als ein corpus glorificatum verglichen. Die *Aurea Hora* (oder *Aurora consurgens*) sagt: «Ähnlich dem Leib, der am Tag des Gerichts verklärt wird.» In: *Artis Auriferae.* I, p. 201. Vgl. HOGHELANDE, *Theatrum Chemicum.* 1602, I, p. 189. *Consilium Conjugii.* In: *Ars Chemica.* 1566, p. 128. *Aurea Hora.* In: *Artis Auriferae.* I, p. 195. DJÂBIR. *Le Livre de la Miséricorde.* In BERTHELOT, *La Chimie au Moyen-Age.* III, p. 188. *Le Livre d'Ostanès.* In: BERTHELOT, l. c., p. 117. KOMARIOS. In: BERTHELOT, l. c., III, VIII, 2 und III, 2. *Turba Philosophorum,* ed. RUSKA, p. 139. M. MAYER, *Symbola Aureae Mensae.* 1617, p. 599. *Rosarium Philosophorum.* 1550, fol. 2 a, IV. Illustration.

[57] *Aphorismi Basiliani.* In: *Theatrum Chemicum.* 1613, IV, p. 368. THEOBALD DE HOGHELANDE, l. c., 1602, I, p. 178. DORNEUS, *Congeries,* l. c., I, p. 585, und viele andere Stellen.

[58] *Philosophia Reformata.* 1622, p. 21.

[59] KOEPGEN *(Die Gnosis des Christentums)* spricht sehr richtig vom «kreisförmigen» Denken der Gnosis, was ein anderer Ausdruck für Ganzheits- (symbolisch: Rundheits-)Denken ist.

[60] BERTHELOT, *Alch. Grecs.* IV, XX. Nach F. SHERWOOD TAYLOR, *A Survey of Greek Alchemy,* in: Journ. of Hellenist. Stud., L, p. 109 ff., wahrscheinlich der älteste griechische Text des 1. Jahrhunderts. Siehe auch J. HAMMER-JENSEN, *Die älteste Alchymie,* Kopenhagen 1921.

[61] BERTHELOT, *Alch. Grecs.* III, I ff.

[62] SCOTT, *Hermetica,* Oxford 1924.

[63] Siehe *Psychologie und Alchemie,* 1952, p. 395 ff.: Grundwerk 6, 3. A. *Die Methode.*

[64] BERTHELOT, *Alch. Grecs.* II, I f.

[65] Vgl. BERTHELOT, *Alch. Grecs.* III, VI.

[66] In: *Coelum Sephiroticum.* 1679, p. 26 (lat. Text s. GW).

[67] (L. c.; lat. Text s. GW.)

[68] L. c., p. 33 (lat. Text s. GW).

[69] L. c., p. 38 (lat. Text s. GW).

[70] *Kitab al'ilm al muktasab,* ed. E. J. HOLMYARD, Paris 1923.

[71] Vgl. M. MAJER, *Symbola aureae mensae,* p. 592.

[72] SCOTT, *Hermetica.* I, p. 149 ff.

[73] Vgl. ZELLER, *Die Philosophie der Griechen.* III, II, p. 158.

[74] PETRUS BONUS, *Pretiosa Margarita.* 1546.

[75] In: *Theatrum Chemicum.* VI, p. 431 (lat. Text s. GW).

[76] *Arca Arcani.* In: *Theatrum Chemicum.* VI, p. 314 (lat. Text s. GW).

[77] *Elucidarius artis transmutatoriae.* In: *Theatrum Chemicum.* VI, p. 228f. (lat. Text s. GW).

[78] *La Vertu et la propriété de la Quinte Essence.* 1581, p. 18.

[79] Siehe M. MAJER, *De Circulo.* 1616, p. 15.

[80] ed. BARACH und WROBEL, Innsbruck 1876.

[81] «Primae materiae, id est hyles, confusio.» L. c., pp. 5, 18.

[82] L. c., pp. 7, 18–19 (lat. Text s. GW).

[83] L. c., pp. 56, 10.

[84] BERNARDUS SYLVESTRIS, *De mundi universalitate,* Innsbruck 1876.

[85] Vgl. M. MAJER, *Symbola aureae mensae.* 1617, p. 380; *Visio Arislei,* in: *Artis Auriferae.* 1593, I, p. 146ff.

[86] Zum Beispiel: der Genius des Planeten Merkur enthüllt dem PSEUDO-DEMOKRITOS die Geheimnisse. (BERTHELOT, *Alch. Grecs.* I, Introduction, p. 236.)

[87] DJABIR, im *Livre de la Miséricorde,* sagt, daß der Philosophische Stein dem Mikrokosmos entspreche. (BERTHELOT, *La Chimie au Moyen-Age,* III, p. 179.)

[88] Es fällt schwer, nicht anzunehmen, daß die Alchemisten durch den allegorischen Stil der Patristischen Literatur beeinflußt waren. Sie beanspruchen sogar einige Väter als Vertreter der Königlichen Kunst, z. B. ALBERTUS MAGNUS, THOMAS VON AQUIN und ALANUS DE INSULIS. Ein Text wie die *Aurora Consurgens* ist voll von allegorischen Deutungen der Heiligen Schrift. Er wird sogar dem THOMAS VON AQUIN zugeschrieben. (Vgl. die seither erschienene Arbeit von DR. M.-L. VON FRANZ, *Aurora Consurgens.* In: JUNG, *Mysterium Coniunctionis,* III. 1957: GW 14/III.) Immerhin wurde das Wasser als allegoria spiritus sancti verwendet: «Die Gnade des Heiligen Geistes ist ein lebendiges Wasser», RUPERT, Abt von Deutz. In: MIGNE, *Patr. lat.,* T. 169, col. 353. «Das strömende Wasser des Heiligen Geistes», BRUNO, Bischof von Würzburg. In: MIGNE, l. c., T. 142, col. 293. «Das Wasser ist das Einströmen des Heiligen Geistes», GARNERIUS von St. Victor. In: MIGNE, l. c., T. 193, col. 279. Das Wasser ist auch eine allegoria humanitatis Christi (GAUDENTIUS. In: MIGNE, l. c., T. 20, col. 983). Sehr oft erscheint das Wasser als Tau (ros Gedeonis). Tau ist ebenfalls eine allegoria Christi: «Tau wurde im Feuer gesehen», ROMANUS, *De Theophania.* In: PITRA. *Analecta sacra.* 1876, I, p. 21. «Nun ist der Tau Gideons zur Erde geflossen», ROMANUS, *De Nativitate.* l. c., p. 237. Die Alchemisten nahmen an, daß die aqua permanens mit der Kraft begabt sei, einen Körper in Geist zu verwandeln und ihm die Eigenschaft der Unzerstörbarkeit zu verleihen. (*Turba Philosophorum,* ed. RUSKA, 1931, p. 197.) Das Wasser wurde auch acetum (Essig) genannt, «durch den Gott das Werk vollbringt und durch den die Körper die Geister aufnehmen und selber geistig werden»: *Turba,* p. 126. Ein anderer Name ist «spiritus sanguis» (Geistblut). *Turba,* p. 129. Die *Turba* ist ein früher lateinischer Traktat des 12. Jahrhunderts, übersetzt aus einer ursprünglich arabischen Kompilation des 9. und 10. Jahrhunderts (RUSKA). Ihre Inhalte stammen indessen aus hellenistischen Quellen. Die christliche Anspielung in spiritualis sanguis könnte von byzantinischen Einflüssen herrühren. Die aqua permanens ist Quecksilber, argentum vivum (Hg). «Unser Qecksilber ist unser klarstes Wasser»: *Rosarium Philosophorum,* in: *Art. Aurif.* II, p. 213. Die aqua wird auch «Feuer» genannt (ignis, l. c., p. 218). Der Körper wird durch Wasser und Feuer verwandelt, eine vollständige Parallele zu der christlichen Idee der Taufe und der geistigen Verwandlung. (Lat. Texte s. GW.)

[89] *Missale Romanum.* Der Ritus ist alt und als benedictio minor (oder major) salis et aquae etwa seit dem 8. Jahrhundert bekannt.
[90] In: *Isis, die Prophetin, zu ihrem Sohn Horos* (BERTHELOT, *Alch. Grecs.* I, XIII) bringt ein Engel Isis ein kleines Gefäß mit durchsichtigem Wasser gefüllt, das arcanum. Dies ist eine offensichtliche Parallele zum Kratēr des Hermes (*Corpus Hermeticum,* Lib. I) und demselben bei ZOSIMOS (BERTHELOT, *Alch. Grecs.* III, LI, 8), wo der Inhalt Nous ist. In des PSEUDO-DEMOKRITOS φυσικὰ καὶ μυστικά (BERTHELOT, l. c., II, I, 63) wird vom göttlichen Wasser gesagt, es bewirke Verwandlung, indem es die «verborgene Natur» an die Oberfläche bringe. Im Traktat des KOMARIOS begegnen wir den wunderbaren Wassern, die einen neuen Frühling heraufführen. (BERTHELOT, l. c., IV, XX, 9, oder Übersetzung p. 281.)
[91] GNOSIUS (in *Hermetis Trismegisti Tractatus vere Aureus* etc., cum Scholiis Dominici Gnosii, 1610, pp. 44 und 101) spricht vom «Hermaphroditus noster Adamicus», wo er die Quaternität im Kreis behandelt. Das Zentrum ist «ein Mittler, der Frieden unter den Feinden stiftet», deutlich ein vereinigendes Symbol (vgl. oben pp. 93 f., s. auch *Psycholog. Typen,* Def., s. u. «Symbol»). Der Hermaphrodit stammt von dem «serpens se ipsum impraegnans» (s. *Artis Auriferae.* I, p. 303), welcher nichts anderes ist als Mercurius, die anima mundi. (M. MAJER, *Symbola Aureae Mensae,* p. 43, und BERTHELOT, *Alch. Grecs.* I, 87.) Der Ouroboros ist ein hermaphroditisches Symbol. Der Hermaphrodit wird auch Rebis genannt («aus Zweien gemacht»), er wird öfter in einer Apotheose dargestellt (z. B. im *Rosarium Philosophorum* in: *Artis Auriferae.* II, pp. 291 und 359; dasselbe in REUSNER, *Pandora.* 1588, p. 253).
[92] Die *Aurora Consurgens* (I. Teil) sagt, SENIOR zitierend: «Es gibt Eines, das niemals stirbt, weil es in stetiger Zunahme verharrt, wenn der Körper verklärt sein wird in der letzten Auferstehung der Toten... Dann wird der zweite Adam zum ersten und zu seinen Söhnen sagen: Kommt her, ihr Gesegneten meines Vaters...» (lat. Text s. GW).
[93] Zum Beispiel ALPHIDIUS (vermutlich dem 12. Jahrhundert angehörig): «Das neue Licht wird von ihnen erzeugt, dem kein Licht in der ganzen Welt gleicht» (lat. Text s. GW). *Rosarium Philosophorum,* in: *Artis Auriferae.* II, p. 248; dasselbe HERMES, *Tractatus Aureus.*
[94] Vgl. *Das Geheimnis der goldenen Blüte.* 1957, Olten 1971 (GW 13).
[95] Vgl. *Psychologie und Alchemie.* II. Teil: *Traumsymbole des Individuationsprozesses,* Grundwerk 5.
[96] Siehe A. E. WAITE, *The Secret Tradition in Alchemy,* London 1926.

DAS WANDLUNGSSYMBOL IN DER MESSE

Zwei Vorlesungen, gehalten auf der Eranos-Tagung 1941. Zuerst erschienen im Eranos-Jahrbuch 1940/41; dann in revidierter und erweiterter Form in: *Von den Wurzeln des Bewußtseins.* 1954. GW 11.

I. Einleitung

1 Die nachfolgende Darstellung und Untersuchung des Hauptsymbols der Messe bildete ursprünglich den Gegenstand von zwei Vorlesungen im Psychologischen Club in Zürich. Sie waren gedacht als kommentierende Ergänzungen zu zwei in der gleichen Gesellschaft ge-

haltenen Vorträgen von Herrn Dr. GALLUS JUD, Lic. theol., katholischem Seelsorger in Zürich, welcher sowohl die geschichtliche Entwicklung wie die liturgische Struktur und Allegorik der Messe behandelte. Ich bin ihm für die Durchsicht und Korrektur der Kapitel I und II [hier: II und III] zu besonderem Dank verpflichtet.

[2] Die folgenden Zitate stammen aus *Das Neue Testament,* übersetzt von CARL VON WEIZSÄCKER. 1888. An anderen Stellen werden auch Luther Bibel und Zürcher Bibel zitiert.

[3] Joh 13,2.

[4] Joh 15,1,4,5.

[5] Dies hat mit der offiziellen kirchlichen Auffassung des Geistes nichts zu tun.

[6] ERNST KÄSEMANN, *Leib und Leib Christi,* Tübingen 1933, p. 120.

[7] Herr Dr. G. JUD macht mich freundlichst aufmerksam auf die ebenfalls in Betracht kommende Stelle Mal 1,10–11: «Quis est in vobis qui claudat ostia et incendat altare meum gratuito? ... et in omni loco sacrificatur et offertur nomini meo oblatio munda.»

[8] Der Priester ist nicht der Herr der Darbringung dieser Gaben: «Vielmehr ist das, was die Darbringung derselben hauptsächlich bewirkt, die heiligende Gnade. Denn darin besteht ja ihre Darbringung: in ihrer Heiligung. Derjenige aber, der jedesmal die heilige Handlung vollzieht, ist ihr (der Gnade) Diener; und deshalb sind die Gaben und ihre Darbringung dem Herrn immer angenehm. Wenn der Diener schlecht ist, so ändert das an den Gaben und ihrer Darbringung nichts. Der Priester ist nur der Diener, und selbst dies hat er von der Gnade, nicht aus sich.» JOSEPH KRAMP, *Die Opferanschauungen der römischen Meßliturgie,* Regensburg 1924, p. 148.

[9] D. h. bevor er nicht die vorbereitenden Handlungen der Messe vorgenommen hat.

[10] L. c., p. 17.

II. Die einzelnen Teile des Wandlungsritus

[1] Bei der nachfolgenden Darstellung habe ich J. BRINKTRINE, *Die heilige Messe,* II. Auflage, Paderborn 1934, benützt.

[2] So im römischen Ritus. Im griechischen, unierten Ritus wird in beiderlei Gestalt kommuniziert.

[3] Deutung von YVO CARNOTENSIS (Bischof von Chartres, † 1116).

[4] ST. CYPRIAN wendet sich in seinem Brief an CAECILIUS gegen diesen häretischen Brauch. In: MIGNE, *Patr. lat.,* T. 4, col. 372 ff.

[5] (In der [alttestamentlichen] Präfiguration bedeutete das Wasser vom Fels das Blut aus [der Seitenwunde] Christi.) Der Ausdruck «umbra» (Schatten) bezieht sich auf die Präfiguration im Alten Testament, nach dem Satz: «Der Schatten [Präfiguration] im Gesetz [AT], das Bild im Evangelium, die Wahrheit im Himmel.» Das Zitat von AMBROSIUS bezieht sich, wohlverstanden, *nicht* auf die Eucharistie, sondern auf die allgemeine Wassersymbolik des frühen Christentums; ebenso die folgenden Johanneszitate. Auch AUGUSTIN sagt: «Dort war Christus der Fels, für uns ist Christus das, was auf den Altar Gottes gelegt wird.» In: *Tractatus in Joannem.* XLV, cap. 9.

[6] HENNECKE, *Neutestamentliche Apokryphen,* Tübingen 1924, p. 579 f.

[7] BERTHELOT, *Collection des Anciens Alchimistes Grecs.* 1887, III, LI, 8.

[8] *Corpus Hermeticum,* Lib. IV, 4. In: W. SCOTT, *Hermetica,* I, p. 151.

[9] H. STRACK und P. BILLERBECK, *Kommentar zum Neuen Testament aus Talmud und Midrasch,* München 1924, II, p. 492.

[10] Eine gnostische Liedersammlung des II. Jahrhunderts. Ode VI. In: HENNECKE, l. c., p. 441.

[11] Vgl. dazu ὕδωρ θεῖον, die aqua permanens der frühen Alchemie, sowie den Traktat des KOMARIOS. In: BERTHELOT, l. c., IV, XX.

[12] Dies ist *meine* Auffassung und nicht etwa die kirchliche Deutung, welche in dieser Handlung nur die Hingabe sieht.

[13] Vom arabischen musta'rib = arabisiert. Es handelt sich um den westgotisch-spanischen Ritus.

[14] Im Buddhismus wird peinlich auf die Rechtsläufigkeit der circumambulatio geachtet.

[15] Die Inzensation wird nur beim feierlichen Hochamt vorgenommen.

[16] Lat. Text s. GW.

[17] Lat. Text s. GW.

[18] Die Worte sollten, nach kirchlichem Gebrauch, ihrer Heiligkeit wegen in keine profane Sprache übersetzt werden. Obschon selbst Meßbücher gegen diese *weise* Verordnung sündigen, möchte ich es doch beim lateinischen Text ohne Übersetzung bewenden lassen.

[19] Lat. Text s. GW.

[20] Der genaue Text lautet: «... haec verba virtutem consecrativam sunt consecuta a quocumque sacerdote dicantur, ac si Christus ea praesentialiter proferret.» In: BRINKTRINE, *Die heilige Messe,* Paderborn 1934, p. 192.

[21] H. KLUG in: *Theologie und Glaube.* 1926, XVIII, p. 335 f. Zit. in: BRINKTRINE, l. c.

[22] Sessio XXII. H. DENZINGER, *Enchiridion.* 1921, p. 312 (lat. Text s. GW).

[23] «Die Messe ist aus dem Grunde ein Opferakt, weil Christus in gewisser Hinsicht darin stirbt und vom Priester geschlachtet wird» (lat. Text s. GW). Vgl. A. HAUCK, *Realenzyklopädie.* XII, p. 693. Die Frage der mactatio wurde schon von KABASILAS VON THESSALONIKE aufgeworfen. MIGNE, *Patr. gr.,* T. 150, col. 363 ff. Das Schwert als Opferinstrument tritt uns auch in den Zosimos-Visionen entgegen. Siehe unten, pp. 132 ff.

[24] In: *Die Opferanschauungen der römischen Meßliturgie,* Regensburg 1924, p. 56.

[25] BRINKTRINE, l. c., p. 200 ff.

[26] EUSEBIUS, Praeparatio evangelica. I, cap. IX/X. In: MIGNE, *Patr. gr.,* T. 21.

[27] Sidik ist ein phönizischer Gottesname.

[28] SIR LEONARD WOOLLEY hat in seinem Buch, *Abraham, Recent Discoveries and Hebrew Origins,* wo er über die Ausgrabungen in Ur berichtet, den Sachverhalt in sehr interessanter Weise aufgeklärt.

[29] KRAMP, l. c., p. 98.

[30] BRINKTRINE, l. c., p. 237.

[31] *Opuscula et Textus,* ed. RÜCKER, 1933, fasc. II. Zit. in: BRINKTRINE, l. c., p. 240 (lat. Text s. GW).

[32] Lat. Text s. GW.

[33] Diese Einheit ist ein gutes Beispiel für die «participation mystique», welche LÉVY-BRUHL für die primitive Psychologie als charakteristisch hervorgehoben hat und die neuerdings von den Ethnologen wieder in kurzsichtiger Weise bestritten wird. Damit soll der Gedanke der Einheit keineswegs etwa als «primitv» dargestellt, sondern vielmehr gezeigt werden,

daß die «participation mystique» das Symbol überhaupt kennzeichnet. Das Symbol schließt nämlich immer das Unbewußte mit ein, und damit wird auch der Mensch einbegriffen, welche Tatsache sich in der *Numinosität* des Symbols ausdrückt.

[34] Kramp, l.c., p.55.

[35] Das Wort «blutig» ist, wie auch der nachfolgende Satz besagt, symbolisch zu verstehen.

III. Die Parallelen zum Wandlungsritus

[1] *Einige Kapitel aus dem Geschichtswerk des Fray Bernardino de Sahagun.* Aus dem Aztekischen übersetzt von Ed. Seler. Herausgegeben von C. Seler-Sachs, Stuttgart 1927, p.259ff.

[2] F. Cumont, *Textes et Monuments.* 1899, I, p.182.

[3] Vgl. dazu die Zusammenstellung bei J.G. Frazer, *The Golden Bough.* Part III: *The Dying God,* London 1911. Zum eucharistischen Fischessen siehe meine Ausführungen in *Aion.* I. Teil, Kap. VIII: GW 9/II.

[4] Berthelot, *Alch. Grecs.* III, I, 2, 3; III, V; III, VI.

[5] Vgl. das Nähere in meiner Schrift: *Die Visionen des Zosimos* (Grundwerk 9). Dort findet sich eine deutsche Übersetzung der entsprechenden Zosimostexte.

[6] Berthelot, l.c., III, LI, 8. Vgl. oben, pp.116f.

[7] Vgl. *Psychologie und Alchemie.* 1952, p.340ff. (Grundwerk 6, 2.A.), wo ich einige Beispiele angeführt habe.

[8] Olympiodor schreibt diesen Effekt besonders dem Blei zu. Berthelot, *Alch. Grecs.* II, IV, 43.

[9] Vgl. *Die Visionen des Zosimos* (Grundwerk 9).

[10] Also ein «Homunculus» (ἀνθρωπάριον).

[11] Das Zerstückelungsmotiv gehört in den weiteren Zusammenhang der *Wiedergeburtssymbolik.* Deshalb spielt es auch eine bedeutende Rolle in den Initiationserlebnissen der Schamanen bzw. der Medizinmänner, welche zerstückelt und wieder neu hergestellt werden. (Ausführliche Beispiele bei M. Eliade, *Le Chamanisme.* 1951, p.47ff.)

[12] Näheres in: *Die Visionen des Zosimos* (Grundwerk 9).

[13] Eine Zusammenstellung bei Frazer, *The Golden Bough.* Part IV: *Adonis, Attis, Osiris,* London 1907, pp.242ff. sowie p.405, und in meinem Buch, *Symbole der Wandlung.* 1952: Grundwerk 8, *Die zweifache Mutter,* Abs. zu Anm. 179ff. Siehe auch Colin Campbell, *The Miraculous Birth of King Amon-Hotep* III, London 1912, p.142: (Es handelt sich um die Präsentation des toten Sen-nezem vor Osiris, dem Herrn von Amentet). «In this scene the god is usually represented enthroned. Before and behind him, hanging from a pole, is the dripping skin of a slain bull that was slaughtered to yield up the soul of Osiris at his reconstruction, with the vase underneath to catch the blood.»

[14] Vgl. Selers Darstellung in Hastings, *Encyclopaedia of Religion and Ethics.* VIII, p.615f., 487ff.

[15] Zusammenstellung bei L. Frobenius, *Das Zeitalter des Sonnengottes,* Berlin 1904, p.30.

[16] Barbiere als relativ wohlhabende Leute im alten Ägypten, was auf ein blühendes Gewerbe deutet. (Siehe Erman, *Ägypten und ägyptisches Leben im Altertum,* Tübingen 1885, p.411.)

[17] *Chymische Hochzeit,* datiert 1459, wurde 1616 in Straßburg publiziert. Sie wurde von Jo-

HANN VALENTIN ANDREAE verfaßt und unter dem Namen CHRISTIAN ROSENCREUTZ herausgegeben. Vgl. auch *Die Psychologie der Übertragung,* Grundwerk 3.

[18] Da ANDREAE ein gelehrter Alchemist war, so ist es nicht ausgeschlossen, daß er eine Abschrift des *Codex Marcianus,* in welchem die Schriften des ZOSIMOS überliefert sind, zu Gesicht bekommen hat. Solche Handschriften gibt es in Gotha, Leipzig, München und Weimar. Von Drucken ist mir nur eine seltene italienische Ausgabe des 16. Jahrhunderts bekannt.

[19] Hierher gehören das «Scheren eines Menschen» und das «Rupfen eines Vogels», welches weiter unten bei den magischen Opferrezepten erwähnt ist. Auf ein ähnliches Motiv könnte auch das «Wechseln der Perücke» beim ägyptischen Totengericht hindeuten. Vgl. dazu die Darstellung im Grabe des Sen-nezem. (CAMPBELL, *The Miraculous Birth,* London 1912, p. 143.) Wenn der Tote vor Osiris geführt wird, ist seine Perücke *schwarz.* Unmittelbar darauf (beim Opferakt im Papyrus von Ani) ist sie *weiß.*

[20] Vgl. hierzu PLUTARCH, Quaestiones convivales IV, 5 und DIOGENES LAERTIUS, II, § 112. (REITZENSTEIN, *Poimandres,* Leipzig 1904, p. 75 f. und p. 112.) In einem dem MASLAMA AL-MADJRITI untergeschobenen Text, genannt *Ghâya al-hakîm,* wird folgende Vorschrift zur Ausführung der Saturninvokation gegeben: «Arrive vêtu à la manière des Juifs, car il est leur patron.» In: DOZY et DE GOEJE, *Nouveaux documents pour l'étude de la religion des Harraniens.* 1883, p. 350.

[21] ORIGENES, *Contra Celsum.* VI, 31. MEAD, *Pistis Sophia.* cap. 31. BOUSSET, *Hauptprobleme der Gnosis,* Göttingen 1907, p. 351 ff. Vgl. ROSCHER, *Lexikon,* s. u. «Kronos», II, Sp. 1496. Der Drache (χρόνος) und Kronos vermischen sich häufig.

[22] E. v. LIPPMANN, *Entstehung und Ausbreitung der Alchemie,* Berlin 1931, II, p. 229.

[23] Siehe dazu meine Ausführungen in *Aion.* 1951, p. 114 ff. GW 9, II, Paragr. 128 ff.

[24] GW 14/III (lat. Text s. GW).

[25] Abbildung in REUSNER, *Pandora,* 1588, und auf dem Frontispicium des *Poliphile* von BEROALDE DE VERVILLE, 1600. Die Darstellungen zeigen meistens zwei Löwen, die sich gegenseitig auffressen. Aber auch der Ouroboros wird öfters als zwei sich gegenseitig verschlingende Drachen dargestellt. (*Viridarium Chymicum,* 1624.)

[26] Vgl. *Rosarium Philosophorum,* in: *Artis Auriferae.* 1593, II, p. 206 (lat. Text s. GW).

[27] Vgl. das Kreterfragment des EURIPIDES (in: DIETRICH, *Eine Mithrasliturgie.* 1910, p. 105): «... ein heiliges Leben führend, seit ich in die Mysterien des idaeischen Zeus eingeführt wurde und das rohe Fleisch des Zagreus, des nachtwandernden Hirten, aß.» (Griech. Text s. GW.)

[28] (Vgl. BERTHELOT, l. c., III, I, 2.)

[29] «Da ist auch das himmlische oder vielmehr das göttliche Wasser der Alchemisten ... ein Pneuma, ... von der Natur des Äthers und die Quinta Essentia der Natur.» HERMOLAUS BARBARUS, *Corollarium in Dioscoridem.* Zit. in: M. MAJER, *Symbola Aureae Mensae.* 1617, p. 174.

«Mit dem Ausdruck Geist aber wird in dieser Kunst nichts anderes als das Wasser angegeben...» THEOBALDUS DE HOGHELANDE in: *Theatrum Chemicum.* 1602, I, p. 196. «Wasser» ist ein «spiritus extrahendus» oder «... ein Geist, der im Bauch (der Materie) verborgen ist, und es wird ein Wasser und ein Körper ohne Geist entstehen, der von geistiger Natur ist.» MYLIUS, *Philosophia Reformata.* 1622, p. 150. Man sieht in diesem Zitat deutlich, wie nahe «Wasser» und «Geist» im Geiste des Alchemisten miteinander verbunden sind.

«Aber das glorreiche himmlische Wasser, nämlich unser Erz, und unser Silber, unser durchsichtiger Stoff, und alle unsere Reden, welches alles ein und dasselbe ist, nämlich die Weisheit, die Gott gegeben hat, wem er wollte.» *Consilium Conjugii,* in: *Ars Chemica.* 1566, p. 120. (Lat. Texte s. GW.)

30 BERTHELOT, *La Chimie au Moyen Age.* 1893, III, p. 53.

31 Lat. Text s. GW.

32 MYLIUS, l. c., p. 121 und 123. Zur Gleichung Wasser = Blut = Feuer vgl. GEORGE RIPLEY, *Opera Omnia Chemica.* 1649. pp. 162, 197, 295 und 427.

33 RIPLEY, l. c., p. 62; *Rosarium Philosophorum,* p. 264.

34 MYLIUS, l. c., p. 42.

35 HENRICUS KHUNRATH, *Von Hylealischen... Chaos.* 1597, p. 274 f.

36 BERTHELOT, *Alch. Grecs.* I, XIII.

37 BERTHELOT, l. c., III, LI, 8, und *Hermetica,* IV, 4 (ed. W. SCOTT. I, p. 151.)

38 BERTHELOT, l. c., III, VI, 5, vgl. oben p. 108.

39 *Theatrum Chemicum,* 1622, V, p. 155. Von späteren Autoren erwähne ich STEEBUS, *Coelum Sephiroticum, 1679.* «Der Urheber jedes tieferen Verständnisses... die Macht allen Geistes kommt vom himmischen Merkur.» Für das Astrologische vgl. BOUCHÉ-LECLERCQ, *L'Astrologie Grecque.* 1899, pp. 312, 321 ff. (Lat Text s. GW.)

40 *Aurora Consurgens.* Bei MYLIUS, l. c., p. 533, ist er ein Lebensspender.

41 *Lexicon Alchemiae.* 1612.

42 *Symbola Aureae Mensae.* 1617, p. 592.

43 L. c., p. 600.

44 RIPLEY, *Opera.* Vorrede; und bei KHUNRATH, *Von Hylealischen... Chaos.* Mercurius spielt etwa die Rolle der Weltseele bei PLUTARCH.

45 DORNEUS, in: *Theatrum Chemicum.* 1602, I, p. 589.

46 Vgl. *Der Geist Mercurius.* In: *Symbolik des Geistes:* GW 13.

47 Abbildung in *Splendor Solis.* In: *Aureum Vellus.* 1598.

48 Vgl. H. KHUNRATH, *Von Hylealischen... Chaos,* 1597, und *Amphitheatrum Sapientiae Aeternae.* 1604.

49 GERARDUS DORNEUS: *Speculativa Philosophia,* in *Theatrum Chemicum.* 1602, I, p. 284 ff. (Lat. Text s. GW.) Siehe auch nächstes Kapitel und *Der philosophische Baum:* GW 13.

50 In gleicher Richtung weist DORNS Bemerkung (l. c., p. 288): «(gladium) arbori supra fluminis ripam suspensum fuisse.»

51 DORN sagt selber wenige Seiten später: «Wisset, Brüder, alles was bisher gesagt wurde und was noch gesagt werden wird, kann man auch auf das alchemistische Werk beziehen» (lat. Text s. GW).

52 LEISEGANG, *Die Gnosis,* Leipzig 1924, p. 171 f.

53 Das Folgende bei HIPPOLYTUS, *Elenchos.* Ed. P. WENDLAND, 1916, Bd. III, VI, 4 ff.

54 Vgl. Gen. 3, 24.

55 LEISEGANG, l. c., p. 80.

56 Darum wird er als *Hermaphroditus* bezeichnet.

57 Als Selbsttöter stellt ihn der *Skorpion* dar.

58 Ich habe bis jetzt nur *einen* alchemistischen Autor gefunden, welcher angibt, das Panarium des EPIPHANIUS gelesen zu haben, wobei er seinen ehrlichen Abscheu vor den Häresien bekundet. Das Schweigen der Alchemisten in dieser Hinsicht ist allerdings nicht er-

staunlich, denn schon die bloße Nachbarschaft der Häresie war lebensgefährlich. So mußte z. B. noch etwa neunzig Jahre nach dem Tode des TRITHEMIUS VON SPANHEIM, des angeblichen Lehrers des PARACELSUS, Abt SIGISMUND VON SEON eine Verteidigungsschrift verfassen, in welcher er den TRITHEMIUS vom Vorwurf der Ketzerei rein zu waschen versuchte. (Vgl. *Trithemius sui-ipsius Vindex.* 1616.)

[59] *Ars Chemica.* 1566, p. 259. Abgedruckt in MANGET, *Bibliotheca Chemica Curiosa.* 1702, II, p. 235 f. (lat. Text s. GW).

[60] «Micreris» ist wohl ein korrupter «Mercurius». Der Traktat ist abgedruckt in: *Theatrum Chemicum.* 1622, V, p. 101 ff.

[61] L. c., p. 103 (lat. Text s.GW).

[62] L. c., p. 68 (lat. Text s. GW).

[63] *Artis Auriferae.* 1593, I, p. 139 ff.

[64] L. c., p. 151.

[65] L. c., p. 140.

[66] L. c.

[67] L. c., p. 139.

[68] L. c., p. 151.

[69] L. c. (lat. Texte s. jeweils GW).

[70] *Papyri Graecae Magicae,* übersetzt und herausgegeben von KARL PREISENDANZ, 3 Bde., 1928 und 1931.

[71] In: *Theatrum Chemicum.* 1622, V, p. 153.

[72] L. c., p. 151 (lat. Text s. GW). Zu dieser Frage kommt noch in Betracht: l. c., pp. 127, 128, 130, 149 u. a.

[73] DOZY ET DE GOEJE, *Nouveaux Documents pour l'étude de la religion des Harraniens.* 1883, p. 365.

[74] BERTHELOT, *Alch. Grecs.* III, XXIX, 4, ebenso I, III, 1 und III, II, 1.

[75] THORNDIKE, *A History of Magic and Experimental Science.* I, p. 705.

[76] *The Jewish Encyclopedia.* 1906, XII s. v. «Teraphim».

[77] MICHA JOSEF BIN GORION, *Die Sagen der Juden,* Berlin 1935, p. 325. Dr. RIWKAH SCHAERF hat mich freundlichst auf diese Überlieferung aufmerksam gemacht.

[78] Vgl. die alchemistische «albedo» und den oben erwähnten «homo albus». Siehe p. 142 dieses Bandes.

[79] HASTINGS, *Encyclopaedia of Religion and Ethics.* VI, 535 f.

[80] *Varia Historia.* XII, 8.

[81] R. B. ONIANS, *The Origins of European Thought,* Cambridge 1951, p. 101 ff.

[82] *Psychologie und Alchemie.* 1952, p. 538 ff: Grundwerk 6, 5. B. f.

[83] Vgl. hierzu das klassische Beispiel des *I Ging* (herausgegeben von RICHARD WILHELM, Jena 1924 bzw. P. H. OFFERMANN, Olten 1975).

[84] «Mystische» bzw. *unbewußte* Identität findet sich in jedem Fall von Projektion, indem der projizierte Inhalt im an sich fremden Objekt eine scheinbare Verwandtschaft desselben mit dem Subjekt erzeugt.

IV. Zur Psychologie der Messe

[1] Entsprechend Joh 6,44: «Niemand kann zu mir kommen, wenn nicht der Vater, der mich gesandt hat, ihn zieht» (lat. Text s. GW).

[2] «Und gestorben ist Gottes Sohn, was geradezu glaubhaft ist, weil es ungereimt ist. Und begraben ist er auferstanden; das ist gewiß, weil es unmöglich ist» (lat. Text s. GW): *De Carne Christi,* 5).

[3] Die Gewagtheit, ja Gefährlichkeit dieses Argumentes von TERTULLIAN ist unbestreitbar, jedoch kein Gegengrund gegen dessen psychologische Richtigkeit.

[4] Joh 10,30; 14,9. Luther Bibel.

[5] L.c., p. 54f.

[6] Die Berechtigung dieses Schlusses gründet sich auf die Tatsache, daß jedes Symbol einen objektiven und einen subjektiven (auf die Psyche bezüglichen) Ursprung hat, daher es auf der «Objektstufe» sowohl wie auf der «Subjektstufe» gedeutet werden kann. Diese Konsideration ist in der praktischen Traumanalyse von Wichtigkeit. Siehe: *Psychologische Typen,* Definitionen: GW 6.

[7] Weiteres Material bei EISLER, *Orpheus-the Fisher*, London 1921, p. 280ff.

[8] Gleichermaßen sind bei der Jagd die «rites d'entrée» wichtiger als die Jagd selber, denn von den Riten hängt es ab, ob die Jagd erfolgreich ist oder nicht.

[9] Vgl. dazu *Psychologische Typen*, Definitionen, «Symbol»: GW 6.

[10] Siehe LEISEGANG, *Der Heilige Geist,* Leipzig 1919, p. 248ff.

[11] *Les Fonctions mentales dans les sociétés inférieures,* Paris 1912.

[12] «Die Seele (anima), welche sich außerhalb des Körpers Dinge von äußerster Tiefe imaginiert...» (lat. Text s. GW): MICHAEL SENDIVOGIUS, *De Sulphure.* (16. Jahrhundert) In: *Musaeum Hermeticum.* 1678. p. 617.

[13] Die Parallele hierzu ist die totale Vernichtung der Opfergabe durch Verbrennen, ins Wasser oder in Abgründe werfen.

[14] Wenn tatsächlich nichts anderes hinter dem Menschen stünde als eine kollektive Wertnorm einerseits und die Naturtriebe andererseits, so wäre jede Durchbrechung der moralischen Norm nichts als eine Auflehnung des Instinktwesens. Damit wären wert- und sinnvolle Neuerungen unmöglich, denn Instinkte sind das Älteste und Konservativste in Tier und Mensch. Diese Ansicht vergißt den *schöpferischen* Trieb, der sich zwar wie ein Instinkt verhalten kann, dagegen aber eine fast ausschließlich auf die Species Homo sapiens beschränkte Seltenheit der Natur ist.

[15] Vgl. das schon erwähnte Logion Jesu: «Wenn du weißt, was du tust, so bist du selig. Wenn du aber nicht weißt, was du tust, so bist du verflucht und ein Übertreter des Gesetzes.»

[16] Ich muß hier, um Mißverständnisse zu vermeiden, betonen, daß ich nur vom persönlichen Erlebnis rede und nicht von dem der Glaubensüberzeugung zugrundeliegenden Mysterium der Messe.

[17] Vgl. dazu die Bedeutung des «vereinigenden Symbols» in: *Psychologische Typen.* GW 6, Paragr. 315ff.

[18] In der indischen Philosophie haben wir die Parallele Prajâpati und Purusha Nârâyana, wobei ersterer letzteren zum Opfer auffordert. Die beiden sind aber im Grund identisch. Zur Opferaufforderung: *Satapatha-Brâhmana.* In: *Sacred Books of the East,* Vol. XLIV, 1900,

p. 172f. Opferung des Purusha in *Rigveda* X, 90. A. HILLEBRANDT, *Lieder des Rgveda,* Göttingen-Leipzig 1913, p. 130f.

[19] Dieser Widerspruch ist insofern unvermeidlich, als der Begriff des Selbst nur antinomische Aussagen erlaubt. Das Selbst ist per definitionem der Begriff einer umfänglicheren Wesenheit als der bewußten Persönlichkeit. Infolgedessen ist letztere nicht imstande, ein das Selbst umfassendes Urteil zu fällen; d.h. jedes Urteil und jede Aussage darüber ist unvollständig und muß daher durch eine bedingte Negation ergänzt (nicht aufgehoben) werden. Wenn ich daher setze: «das Selbst *ist*», so muß ich ergänzen: «und es ist, als ob es *nicht wäre*». Der Vollständigkeit halber könnte die Setzung auch umgekehrt werden: «Das Selbst *ist nicht*, und es ist zugleich, als ob es *wäre.*» Diese Umkehrung erübrigt sich allerdings gegenüber der Tatsache, daß es nicht bloß ein philosophischer Begriff, wie z.B. KANTS «Ding an sich», sondern ein psychologischer Erfahrungsbegriff ist, was dessen Hypostasierung unter den angegebenen Kautelen ermöglicht.

[20] Insofern das Selbst dem Ich Veranlassung zur Selbstbesinnung gibt. Zur Empirie des Selbst vgl.: *Psychologie und Alchemie.* 1952: Grundwerk 5, *Die Initialträume* und *Die Mandalas in den Träumen.*

[21] Wenn ich für die entsprechenden seelischen Vorgänge den unhistorischen Terminus des «Selbst» setze, so geschieht dies mit der bewußten Absicht, keine Übergriffe zu begehen, sondern durch meine Terminologie auszudrücken, daß ich mich auf das Gebiet der Erfahrungspsychologie beschränke.

[22] J. FIRMICUS MATERNUS, *De errore profanarum religionum,* 7, 8 (griech. Text s. GW).

[23] HIPPOLYTUS, *Elenchos.* VIII, 15.

[24] Auch vermöge der Tatsache, die ich hier bloß streife, daß das Unbewußte nur bedingt an die Grenzen von Zeit und Raum gebunden ist. Die gar nicht seltenen sogenannten telepathischen Erscheinungen beweisen, daß für die Psyche Raum und Zeit nur relative Gültigkeit besitzen. Den Beweis hierfür haben die RHINEschen Experimente erbracht. Vgl. hierzu meinen Aufsatz *Synchronizität als ein Prinzip akausaler Zusammenhänge:* GW 8.

[25] Die «Hölle» könnte in diesem Zusammenhang befremden. Ich bitte aber meinen Leser, sich einmal den *Ulysses* von JAMES JOYCE näher anzusehen, oder die *Aufzeichnungen und Bekenntnisse eines gerechtfertigten Sünders* von JAMES HOGG.

[26] Wie dieses Opfer von der jüdischen Frömmigkeit empfunden wurde, zeigt folgende Talmudlegende: «Und ich, rief Abraham, schwöre, nicht eher vom Altar zu steigen, bis Du mich erhört hast: Als Du mir befahlst, Issak, meinen Sohn, zu opfern, verstießest Du wider das Wort: ‹In Issak soll Dir der Samen genannt werden›. Ich aber schwieg. Wenn nun meine Nachkommen sich einst gegen Dich vergehen werden, und Du sie dafür strafen willst, dann erinnere Dich, daß auch Du nicht ohne Fehl bist, und verzeihe ihnen.» «Wohlan denn», entgegnete der Herr, «da ist ein Widder, hinter Dir in der Hecke mit seinen Hörnern hangend, den opfere statt Deines Sohnes Isaak. Und wenn Deine Nachkommen einst sündigen werden, und ich am Neujahrstag über sie zu Gericht sitze, dann sollen sie das Horn eines Widders blasen, daß ich Deiner Worte gedenke und Gnade ergehen lasse für Recht.» (FROMER und SCHNITZER, *Legenden aus dem Talmud,* Berlin 1922, p. 34f.) Ich verdanke diese Notiz der freundlichen Mitteilung von Herrn cand. phil. H. Imhof.

[27] Is 53,5: «Und er war doch… zerschlagen um unserer Verschuldungen willen; die Strafe lag auf ihm zu unserem Heil» (Zürcher Bibel; lat. Text s. GW).

[28] (Vgl. *Antwort auf Hiob* in diesem Band.)

[29] CAUSSINUS, *De Symbolica Aegyptiorum Sapientia. Polyhistor Symbolicus, electorum symbolorum et parabolarum historicarum stromata.* 1623. p. 348. Ebenso PHILIPPUS PICINELLUS, *Mundus Symbolicus.* 1681, I, p. 419 (lat. Texte s. GW).
[30] M. ELIADE, *Le Chamanisme,* Paris 1951, p. 39.
[31] Dies vor allem bei GERARDUS DORNEUS, *De Speculativa Philosophis.* In: *Theatrum Chemicum.* 1602, I, p. 276f.
[32] Vgl. hierzu meine Ausführungen in *Aion*, 1. Teil, Kap. V; GW 9/II.
[33] Die *Acta Joannis* gehören wahrscheinlich ins 2. Jahrhundert, möglicherweise in die erste Hälfte. (TH. ZAHN, *Acta Joannis,* Erlangen 1880.) Bezüglich Text siehe E. HENNECKE, *Neutestamentliche Apokryphen,* Tübingen 1924, p. 186ff.
[34] Joh 15,5. Zürcher Bibel.
[35] Eine ähnliche Vorstellung ist die, daß jeder Mensch ein Sonnenstrahl sei. Dieses Bild findet sich bei dem spanischen Dichter JORGE GUILLEN *(Lobgesang,* in Auswahl übertragen von E. R. CURTIUS, Zürich 1952), ebenso in einem gnostischen Texte des 2. (?) Jahrhunderts. GUILLEN sagt:

«Wohin könnt' ich, wohin irren?
Meine Mitte ist der Punkt hier...»
....
«Ins Endlose aufsteigend:
Nur ein Strahl mehr der Sonne.»

[36] Vgl. dazu meine Ausführungen in *Aion.* I, Kap. IV (GW 9/II) und *Psychologie und Dichtung:* GW 15
[37] Die Universalität dieser Gestalt dürfte der Grund dafür sein, daß ihre Epiphanien so verschiedengestaltig sind, was gerade in den *Johannesakten* deutlich zum Ausdruck kommt. So sieht (HENNECKE, l. c., p. 185) Drusiana den Herrn einmal in der Gestalt von Johannes und ein andermal als einen Jüngling. Jacobus sieht ihn als Kind, Johannes aber als Erwachsenen. Letzterer sah ihn bald als kleinen unansehnlichen Mann, bald als eine Gestalt, die bis zum Himmel reichte (l. c., p. 185), bald fühlte er dessen Körper als stofflich konkret, bald als immateriell, d. h. als substanzlos (l. c., p. 186).
[38] *Der Geist Mercurius,* Kap. 9: GW 13
[39] Das «haec meditare» (ταῦτα μελέτα), 1 Tim 4,15, hat die Bedeutung von «daran denken, Sorge tragen».
[40] *Acta Apostolorum Apocrypha,* ed. LIPSIUS und BONNET, Leipzig 1898, Vol I, p. 197.
[41] E. HENNECKE, *Neutestamentliche Apokryphen.* Tübingen 1924, p. 248.
[42] ἐν ὑπερουρανίῳ τόπῳ.
[42a] Vgl. hierüber *Aion:* GW 9/II.
[43] E. HENNECKE, l. c., p. 248.
[44] 'Ανάγγη βιάβα unsicher.
[45] Ich folge im wesentlichen der Übersetzung bei E. HENNECKE, *Neutestamentliche Apokryphen,* Tübingen 1924, p. 186ff.
[46] Vgl. *Aion:* GW 9/II.
[47] Die Quaternität, die schon in der Ezechielvision sich andeutet, meldet sich im unmittelbar vorchristlichen *Liber Henoch* vernehmlich zu Worte. (Vgl. *Antwort auf Hiob,* in diesem Band pp. 258ff.) In der Zephanja-Apokalypse erscheint Christus von einem Kranz von Tauben umgeben. (STERN, *Die koptische Apokalypse des Sophonias.* 1886, p. 24.) Vgl. dazu das Ap-

sisbild von St. Felix in Nola, das ein Kreuz von Tauben umgeben darstellt. Dasselbe in S. Clemente in Rom. (WICKHOFF, *Das Apsismosaik in der Basilica des Hl. Felix zu Nola,* 1889, p. 158 ff., und ROSSI, *Musaici Cristiani delle Chiese di Roma anteriori al secolo XV.* Abb. XXIX.)

[48] Dargestellt durch die amorphe Volksmenge.

[49] Ich erinnere an das inspirierte Reden und die Glossolalie.

[50] *Actus Vercellenses.* In: E. HENNECKE, l. c., p. 247 f.

[51] HENNECKE, l. c., p. 188.

[52] Gen 3,5.

[53] Die Möglichkeit der Inflation wurde durch das Wort Christi «Ihr seid Götter» (Joh 10,34) recht nahe gerückt.

[54] Vgl. W. PAULI, *Der Einfluß archetypischer Vorstellungen auf die Bildung naturwissenschaftlicher Theorien bei Kepler.* In: *Naturerklärung und Psyche,* Zürich 1952.

[55] Siehe dazu die bemerkenswerte Darstellung einer Bewußtseinsentwicklung in einem altägyptischen Text, der von H. JACOBSON neu übersetzt und kommentiert wurde, *Das Gespräch eines Lebensmüden mit seinem Ba,* Zürich 1952.

[56] Diese Auffassung dürfte implicite in der Kenosisstelle (Phil 2,5 f.) enthalten sein. «Diese Gesinnung heget in euch, die auch in Christus Jesus war, der, als er in Gottes Gestalt war, es nicht für einen Raub hielt, wie Gott zu sein, sondern sich selbst entäußerte (wörtlich entleerte, ἐκένωσεν, exinanivit), indem er Knechtsgestalt annahm.» Zürcher Bibel.

[57] Man vergleiche hierzu die umfassende Darstellung bei M. ELIADE, *Le Chamanisme,* Paris 1951.

[58] Ich verweise auf den Vortrag von PROF. PORTMANN, *Die Bedeutung der Bilder in der lebendigen Energiewandlung.* Eranostagung 1952.

[59] (Vgl. ERICH NEUMANN, *Ursprungsgeschichte des Bewußtseins,* Zürich 1949, p. 259 ff.)

[60] Vgl. dazu *Aion.* 1951, p. 237 ff., GW 9/II, Paragr. 249 ff.

ANTWORT AUF HIOB

Zürich 1952, ergänzt 1961. GW 11.

* Cap. V, in MIGNE, *Patr. lat.,* T. 1, col. 615 f. (lat. Text s. GW).

[1] Hiob 39,34 f.

[2] L. c., 9,2–32.

[3] L. c., 10,7.

[4] L. c., 13,3.

[5] L. c., 13,15.

[6] L. c., 13,25.

[7] L. c., 19,6.

[8] L. c., 27,2 und 5–6.

[9] L. c., 34,12.

[10] L. c., 34,18 f.

[11] L. c., 16,19–21.

[12] L. c., 19,25.

[13] Psalm 89,34–36 [neue Zählung].
[14] L.c., 89,47–48 u. 50.
[15] Oder gar «gesegnet» zu werden, was erst recht verfänglich ist.
[16] Sacharja 4,10. Siehe auch Weisheit 1,10. «Denn das Ohr des göttlichen Eifers hört alles, und selbst das leiseste Gemurmel bleibt nicht verborgen.»
[17] Ps 89 wird als ein David zugeschriebenes und im Exil gedichtetes Gemeindelied angesehen.
[18] Satan ist wohl eines der Gottesaugen, das «auf der Erde herumstreift und hin und her wandert». (Hiob 1,7) In der persischen Tradition ist Ahriman aus einem Zweifelsgedanken Ahuramazdas hervorgegangen.
[19] Hiob 38,2.
[20] L.c., 38,3.
[21] L.c., 40,3 f.
[22] L.c., 40,7–9.
[23] Hier wird auf eine Vorstellung der Kabbala angespielt. (Diese «Schalen» [Hebr. kelipoth] bilden die zehn Gegenpole zu den zehn sefiroth, den zehn Stufen in der Offenbarung der göttlichen Schöpferkraft. Die Schalen, welche die bösen und dunkeln Mächte darstellen, waren ursprünglich mit dem Licht der sefiroth vermischt. Der *Sohar* beschreibt das Böse als ein Produkt des Lebensprozesses der sefiroth. Daher mußten die sefiroth von der übeln Beimischung der Schalen gereinigt werden. Die Ausmerzung der Schalen fand statt im «Zerbrechen der Gefäße», wie es in den Schriften der Kabbala – vor allem von LURIA und seiner Schule – beschrieben wird. Dadurch gewannen die Mächte des Bösen eine eigene und wirkliche Existenz. Vgl. G. SCHOLEM, *Die jüdische Mystik in ihren Hauptströmungen.* 1957, Zürich p. 293.)
[24] Hiob 42,2.
[25] L.c., 42,3–6.
[26] L.c., 41,25.
[27] Ezechiel 1,25 f.
[28] Hiob 9,32. Die naive Annahme, daß der creator mundi ein bewußtes Wesen sei, ist als ein folgenschweres Präjudiz zu bewerten, indem es später zu den unglaublichsten logischen Verrenkungen Anlaß gab. So wäre z.B. der Unsinn der privatio boni [Das Böse als das (bloße) Fehlen des Guten] nie nötig gewesen, wenn man nicht hätte voraussetzen müssen, daß die Bewußtheit eines guten Gottes unmöglich böse Taten hervorbringen könne. Die göttliche Unbewußtheit und Unreflektiertheit dagegen ermöglicht eine Auffassung, welche das Handeln Gottes dem moralischen Urteil enthebt und zwischen der Güte und der Fruchtbarkeit keinen Konflikt aufkommen läßt.
[29] Hiob 42,7.
[30] Vgl. *Das Wandlungssymbol in der Messe,* pp. 136 ff. dieses Bandes; und *Aion.* 1951, pp. 114 ff.: GW 9/II.
[31] Sprüche 8,22–31.
[32] Die Weisheit Jesu, des Sohnes Sirachs. 24,3–18.
[33] 2 Sam 5,23 f.
[34] Hohes Lied 4,8.
[35] L.c., 4,12–14.
[36] L.c., 5,5.

[37] Die Weisheit Salomos 1,6 (LXX: Φιλάνθρωπον πνεῦμα σοφία. Ebenso 7,23.)
[38] L. c., 7,22 (LXX: πάντων τεχνῖτις.)
[39] L. c., 7,22–26.
[40] L. c., 8,3.
[41] L. c., 8,6.
[42] L. c., 9,10 und 17.
[43] L. c., 6,18 und 8,13.
[44] L. c., 1,15.
[45] L. c., 2,10–19.
[46] Hiob 2,3.
[47] Prediger 9,16.
[48] (Was den nicht gottähnlich geprägten Teil der Menschheit anbetrifft, der wahrscheinlich von Anthropoiden aus der Zeit vor Adam stammt, siehe oben, pp. 213 f.)
[49] Welche Ansicht sich bei PHILO JUDAEUS findet.
[50] Vgl. meinen Kommentar zum *Bardo Thödol:* GW 11.
[51] Vgl. φρονίμως im Gleichnis vom ungetreuen Haushalter (Lukas 16,8).
[52] Hiob 28,12: «Doch die Weisheit – wo ist sie zu finden?» Ob diese Stelle eine spätere Interpolation ist oder nicht, tut hier nichts zur Sache.
[53] Joh 1,3. «Alle Dinge sind durch dasselbe geworden, und ohne das Wort ist auch nicht eines geworden, das geworden ist.»
[54] Sprüche 8,29–30.
[55] Hiob 40,10 und 14.
[56] Auch in der christlichen Tradition besteht die Auffassung, daß der Teufel um die Absicht Gottes, Mensch zu werden, schon viele Jahrhunderte zuvor wußte und darum den Griechen den Dionysosmythus einblies, damit sie, wenn die frohe Botschaft sie in Wirklichkeit erreichte, sagen konnten: «Na ja, das wußten wir schon längst». Als später die Conquistadoren in Yucatan die Mayakreuze entdeckten, haben die spanischen Bischöfe wieder dasselbe Argument gebraucht.
[57] Joh 14,6.
[58] Markus 3,21.
[59] Lukas 10,18.
[60] Offenbarung 7,4.
[61] L. c., 19,20.
[62] Joh 14,12.
[63] L. c., 10,34.
[64] Röm 8,17.
[65] Joh 14,16 f.
[66] L. c., 14,26 und 16,13.
[67] Apostelgeschichte 14,11.
[68] «Mancipem quendam divinitatis, qui ex hominibus deos fecerit.» TERTULLIAN, *Apologeticus adversus gentes*. In: MIGNE, *Patr. lat.,* T. 1, col. 386.
[69] 1 Joh 4,1.
[70] 1 Kor 2,10.
[71] Mt 26,39.
[72] Abraham und Isaak.

[73] Seine Berufungsvision fällt auf das Jahr 592 a. Chr. n.
[74] Es ist überhaupt ein Irrtum anzunehmen, eine Vision sei eo ipso krankhaft. Sie kommt als Phänomen bei Normalen zwar nicht häufig, aber auch nicht zu selten vor.
[75] Ez 1,26.
[76] Dan 7,13.
[77] Genesis 6,3 f.
[78] Henoch 7,2. (Die Zitate aus dem Buch Henoch stammen aus *Die Apokryphen und Pseudepigraphen des Alten Testaments.* Übersetzt und herausgegeben von E. KAUTZSCH. Tübingen 1900. Neuauflage 1921.)
[79] L. c., 7,3–6.
[80] L. c., 9,5–11.
[81] L. c., 22,1–9.
[82] L. c., 40,7.
[83] Ähnlich Kap. 87 f. Von den vier «Wesen, die weißen Menschen gleichen», führen drei Henoch, einer aber fesselt einen Stern und wirft ihn in den Abgrund.
[84] Drei haben Tiergesichter, einer ein Menschengesicht.
[85] Henoch 46,1–3.
[86] L. c., 47,4.
[87] L. c., 48,1.
[88] L. c., 48,4,6–7.
[89] L. c., 49,1–3.
[90] Synonym zu Scheol.
[91] Henoch 51,1 und 3.
[92] L. c., 51,4.
[93] L. c., 54,6. Hier erfahren wir nun doch, daß der Exodus der 200 Engel ein Streich Satans war.
[94] Henoch 58,6.
[95] L. c., 60,10.
[96] L. c., 71,5–7.
[97] L. c., 71,14.
[98] L. c., 71,17.
[99] Der Verfasser des Henochbuches hat als den Helden seiner Darstellung Henoch erwählt, den Sohn des Jared, den «siebenten von Adam», der «mit Gott wandelte» und, anstatt zu sterben, einfach verschwand, d. h. von Gott entrückt wurde. («... und auf einmal war er nicht mehr da; denn Gott hatte ihn hinweggenommen.» Gen 5,24.)
[100] Hiob 19,25.
[101] Infolge der conceptio immaculata ist schon Maria von den anderen Sterblichen verschieden, was durch die Assumptio noch bekräftigt wird.
[102] Vermutlich als «Morgenstern». (Vgl. dazu Offb 2,28 und 22,16.) Das ist der Planet Venus mit seinen psychologischen Implikationen und nicht etwa einer der beiden malefici, Saturn oder Mars.
[103] Joh 14,16.
[104] L. c., 14,12.
[105] L. c., 10,35.
[106] Eine apokryphe Einschaltung zu Lukas 6,4. («Mensch, wenn du weißt, was du tust, so

bist du selig; wenn du aber nicht weißt, was du tust, so bist du verflucht und ein Übertreter des Gesetzes.») *Codex Bezae Cantabrigiensis.* ed. by F. H. SCRIVENER. 1864.
[107] 1 Joh 1,5.
[108] L. c., 2,1–2.
[109] L. c., 3,9.
[110] L. c., 2,18 f. und 4,3.
[111] Offb 1,16–17.
[112] L. c., 2,5.
[113] L. c., 2,20–28.
[114] L. c., 3,3.
[115] L. c., 3,19.
[116] L. c., 4,3.
[117] L. c., 4,6.
[118] Dies ist eine Anspielung auf die «Luminosität» der Archetypen. (Vgl. *Theoretische Überlegungen zum Wesen des Psychischen:* Grundwerk 2.)
[119] Offb 5,6.
[120] L. c., 6,10.
[121] L. c., 6,16–17.
[122] L. c., 12,1.
[123] L. c., 11,19. Die arca foederis [Bundeslade] ist eine Allegoria Mariae.
[124] Vgl. J. F. RUSKA, *Tabula Smaragdina.* Heidelberg 1926. S. auch *Die Psychologie der Übertragung:* Grundwerk 3, p. 148 f.
[125] Offb 12,5 und 2,27.
[126] L. c., 12,9.
[127] Man kann es zwar für wahrscheinlich halten, daß Johannes den Letomythus kannte und dieser ihm daher bewußt war. Unbewußt und unerwartet aber war ihm wohl die Möglichkeit, daß sein Unbewußtes diesen heidnischen Mythus zur Charakterisierung der Geburt des zweiten Messias benützen würde.
[128] Offb 12,16.
[129] Vgl. M.-L. v. FRANZ, *Die Passio Perpetuae.* In: JUNG, *Aion.* 1951: GW 9/II.
[130] Der Sohn würde dann dem filius sapientiae der mittelalterlichen Alchemie entsprechen.
[131] Vielleicht bezeichnenderweise ist hier von der 7,9 erwähnten «großen Menge, die niemand zählen konnte, aus allen Nationen und Stämmen und Völkern und Sprachen, die vor dem Thron und vor dem Lamm stand», nicht mehr die Rede.
[132] Offb 14,4.
[133] Sie gehören eigentlich in den Kult der großen Mutter, indem sie den entmannten Galloi derselben entsprechen. Vgl. dazu die seltsame Stelle Mt 19,12, wo von Eunuchen die Rede ist, die sich «um des Reiches der Himmel willen» selber kastriert haben, wie die Kybelepriester, die in der Nachfolge ihres Sohngottes Attis sich selbst zu entmannen pflegten.
[134] Vgl. dazu auch Offb 19,5.
[135] L. c., 14,14 und 17. In dieser Parallelfigur könnte leicht Johannes selbst vermutet werden.
[136] L. c., 14,20.
[137] L. c., 15,6–7 und 16,1 ff.
[138] L. c., 18,20.
[139] L. c., 19,15.

[140] L. c., 19,13.
[141] L. c., 19,11. Hier könnte ebenfalls astrologische Spekulation über die zweite Hälfte des christlichen Äons in Frage kommen, nämlich Pegasus als Paranatellon des Aquarius.
[142] L. c., 20,3.
[143] L. c., 20,10 und 21,1.
[144] L. c., 19,7.
[145] L. c., 21,2.
[146] L. c., 21,11.
[147] L. c., 21,16–27.
[148] L. c., 22,1–2.
[149] In China ist Himmel = rund und Erde = viereckig.
[150] Sir 24,11 und 18.
[151] TERTULLIAN, *Adversus Judaeos,* XIII. In MIGNE, *Patr. lat.,* T. 2, col. 635. «... jene jungfräuliche, noch nicht vom Regen benetzte und von Fluten befruchtete Erde, aus der im Anfang der Mensch geformt wurde und aus der nun Christus, geboren von einer Jungfrau, Fleisch geworden ist» (lat. Text. s. GW). Vgl. *Psychologie und Religion,* p. 66 f. dieses Bandes. S. auch *Psychologische Typen,* 1950, p. 311 GW 6, Paragr. 443.
[152] Ez 1,18.
[153] Christus gab dem Apostel Johannes nicht mit Unrecht den Zunamen: «Sohn des Donners».
[154] 1 Joh 4,7–21.
[155] Herostrates zerstörte im Jahre 365 a. Chr. n. den Tempel der Artemis in Ephesus, um seinen Namen zu verewigen.
[156] Psychologisch fällt unter den Gottesbegriff jede Idee von etwas Letzthinnigem, Erstem oder Letztem, Oberstem oder Unterstem. Der jeweilige Name tut nichts zur Sache.
[157] Der Gottesbegriff als die Idee einer allumfassenden Ganzheit schließt auch das Unbewußte ein, also, im Gegensatz zum Bewußtsein, auch die objektive Psyche, welche Absicht und Willen des Bewußtseins so oft durchkreuzt. Das Gebet z. B. verstärkt das Potential des Unbewußten, daher die oft unerwarteten Wirkungen des Gebetes.
[158] HORAZ, *Epistulae.* II, 2.
[159] Vgl. oben.
[160] *Constitutio Apostolica «Munificentissimus Deus».* In: *Acta Apostolicae Sedis.* Commentarium officiale. 1950. § 21: «Es geziemte sich für die Braut, die der Vater versprochen hatte, in den himmlischen Gemächern zu wohnen.» – JOHANNES DAMASCENUS, *Encomium in Dormitionem,* etc. Hom. II, 14 (vgl. MIGNE, *Patr. gr.,* T. 96, col. 742.). § 26: Vergleich mit der Braut des Hohenliedes. § 29: «... so stieg zugleich die Arche auf, die er geheiligt hatte, als an diesem Tage die Jungfrau Mutter in ihr himmlisches Brautgemach aufgenommen wurde. (Lat. Texte s. GW.) ANTONIUS VON PADUA. *Sermones Dominicales,* etc. 1895.
[161] *Constitutio Apostolica,* § 27: «Und überdies sahen die scholastischen Gelehrten die Himmelfahrt der Jungfrau und Gottesgebärerin nicht nur in verschiedenen Figuren des Alten Testamentes angedeutet, sondern auch in jenem mit der Sonne bekleideten Weibe, das der Apostel Johannes auf der Insel Patmos schaute» (lat. Text s. GW).
[162] Die Hochzeit des Lammes wiederholt die annunciatio et obumbratio Mariae.
[163] *Codex Bezae* zu Lukas 6,4. S. oben.
[164] (Lat. Text s. GW).

[165] Die päpstliche Ablehnung des psychologischen Symbolismus dürfte sich daraus erklären, daß es dem Papst in erster Linie daran liegt, die Wirklichkeit des metaphysischen Geschehens zu betonen. Durch die allgemein vorherrschende Unterschätzung der Psyche wird nämlich jeder Versuch zu einem adaequaten psychologischen Verstehen von vornherein des Psychologismus verdächtigt. Vor dieser Gefahr muß verständlicherweise das Dogma geschützt werden. Wenn man in der Physik das Licht zu erklären versucht, so erwartet niemand, daß es dann kein Licht mehr gäbe. Von der Psychologie glaubt man aber, daß alles das, was sie erklärt, damit wegerklärt sei. Ich kann natürlich nicht erwarten, daß irgendeinem zuständigen Collegium mein besonderer, abweichender Standpunkt bekannt ist.
[166] Aus einem Brief an *Pastoral Psychology* (Great Neck, N. Y.), VI, 60 (Januar 1956).

Register

Grundwerk C.G. Jung

BAND 1
GRUNDFRAGEN ZUR PRAXIS

BAND 2
ARCHETYP UND UNBEWUSSTES

BAND 3
PERSÖNLICHKEIT UND ÜBERTRAGUNG

Die Beziehungen zwischen dem Ich und dem Unbewußten

I. Die Wirkungen des Unbewußten auf das Bewußtsein
Das persönliche und das kollektive Unbewußte
Die Folgeerscheinungen der Assimilation des Unbewußten
Die Persona als ein Ausschnitt aus der Kollektivpsyche
Die Versuche zur Befreiung der Individualität
aus der Kollektivpsyche

II. Die Individuation
Die Funktion des Unbewußten – Anima und Animus
Die Technik der Unterscheidung zwischen dem Ich
und den Figuren des Unbewußten
Die Mana-Persönlichkeit

Die Psychologie der Übertragung

Die Bilderserie des Rosarium Philosophorum als Grundlage
für die Darstellung der Übertragungsphänomene

BAND 4
MENSCHENBILD UND GOTTESBILD

Psychologie und Religion

Die Autonomie des Unbewußten
Dogma und natürliche Symbole
Geschichte und Psychologie eines natürlichen Symbols

Das Wandlungssymbol in der Messe

Einleitung
Die einzelnen Teile des Wandlungsritus
Die Parallelen zum Wandlungsmysterium
Zur Psychologie der Messe

Antwort auf Hiob

BAND 5
TRAUMSYMBOLE DES
INDIVIDUATIONSPROZESSES

Einleitung in die religionsgeschichtliche Problematik der Alchemie

Traumsymbole des Individuationsprozesses

I. Einführung
Das Material – Die Methode

II. Die Initialträume

III. Die Mandalasymbolik
Über das Mandala – Die Mandalas in den Träumen
Die Vision der Weltuhr – Über die Symbole des Selbst

BAND 6
ERLÖSUNGSVORSTELLUNGEN
IN DER ALCHEMIE

Die alchemistischen Grundbegriffe
Die psychische Natur des alchemistischen Werkes
Das Werk
Die Materia prima
Die Lapis-Christus-Parallele
Die alchemistische Symbolik im religionsgeschichtlichen Rahmen

BAND 7
SYMBOL UND LIBIDO

Über die zwei Arten des Denkens
Vorgeschichte
Der Schöpfungshymnus
Das Lied von der Motte
Über den Begriff der Libido
Die Wandlung der Libido

BAND 8

HEROS UND MUTTERARCHETYP

Die Entstehung des Heros
Symbole der Mutter und der Wiedergeburt
Der Kampf um die Befreiung von der Mutter
Die zweifache Mutter
Das Opfer

BAND 9

MENSCH UND KULTUR

Vom Werden der Persönlichkeit
Die Frau in Europa
Die Ehe als psychologische Beziehung
Die Lebenswende
Seele und Tod
Das Gewissen in psychologischer Sicht
Gut und Böse in der analytischen Psychologie
Die Visionen des Zosimos
Die träumende Welt Indiens
Was Indien uns lehren kann
Zur Psychologie östlicher Meditation
Vorwort zum I Ging
Psychologie und Dichtung
Paracelsus als Arzt
Sigmund Freud

Gesammelte Werke von C.G. Jung

Band 1
Psychiatrische Studien

Band 2
Experimentelle Untersuchungen

Band 3
Psychogenese der Geisteskrankheiten

Band 4
Freud und die Psychoanalyse

Band 5
Symbole der Wandlung

Band 6
Psychologische Typen

Band 7
Zwei Schriften über Analytische Psychologie

Band 8
Die Dynamik des Unbewußten

Band 9/I
Die Archetypen und das kollektive Unbewußte

Band 9/II
Aion. Beiträge zur Symbolik des Selbst

Band 10
Zivilisation im Übergang

Band 11
Zur Psychologie westlicher und östlicher Religion

Band 12
Psychologie und Alchemie

Band 13
Studien über alchemistische Vorstellungen

Band 14/I
Mysterium Coniunctionis

Band 14/II
Mysterium Coniunctionis

Band 14/III
Mysterium Coniunctionis.
Ergänzungsband «Aurora consurgens»

Band 15
Über das Phänomen des Geistes in Kunst
und Wissenschaft

Band 16
Praxis der Psychotherapie

Band 17
Über die Entwicklung der Persönlichkeit

Band 18/I
Das symbolische Leben. Verschiedene Schriften

Band 18/II
Das symbolische Leben. Verschiedene Schriften

Band 19
Bibliographie
und andere Werkausgaben im Walter-Verlag

quaternistäl 52